담화론과 문법론

담화론과 문법론

김진아 지음

역락

한국어판 서문

한국어판 '담화론과 문법론'을 펴내며

담화론과 문법론 — 이 두 가지 분야는 지금까지 서로 다른 길을 걸어왔다. 각각 언어를 비추어 보는 핵심적인 연구 분야임에도 불구하고 그동안 서로의 이점을 보지 못한 채 각자 다른 방향을 보며 길을 걸어온 것이다. 이 책 담화론과 문법론은 담화론과 문법론이라는 그러한 두 분야를 하나로 통합하여 한국어와 일본어의 <말해진 언어>의 모습을 비추어 본 것이다.

원래 '담화'와 '문법'이 따로따로 존재하는 것은 아니다. 언어연구가 언어를 담화론과 문법론이라는 다른 시각에서 따로따로 보아 왔을 뿐이다. 실은 담화론과 문법론을 통합함으로써 언어의 참된 모습을 현실감 있게 그리고 깊이 있게 그려 낼 수 있다.

<말해진 언어> 즉 음성으로 실현되는 입말에 대해서, 특히 문법론적인 관점의 연구는 아직 출발단계에 지나지 않는다. 그러나 우리는 <말해진 언어>의 중요한 부분은 이미 다 알고 있다고 자못 착각하고 있는 부분도 있다. 우리가 알고 있는 문법론이란 기본적으로는 <쓰여진 언어>에 입각한 문법론이었던 것이다. <말해진 언어>와 <쓰여진 언어>는 너무나도 다르다. 그러한 다른 부분들이 이 책에서 밝혀질 것이다. <말해진 언어>의 문법론은 참된 <말해진 언어>를 허심탄회하게 바라보고 이제 새로운 출발에 나서야 한다.

독자 여러분과 그 즐거움을 함께할 수 있다면 하는 것이 이 책의 바람이다.

이 책은 2013년에 도쿄 구로시오 출판에서 먼저 일본어로 출판되었다. 이

것은 그 한국어판이다.

저자는 재외연구 기간인 2014년 1년 동안 연세대학교 언어정보연구원에서 연구원으로 지낼 수 있었다. 그때의 인연으로 연세대학교 교수님이신 언어정보연구원 서상규 원장님께서 도움을 주셔서 이 책을 출판하게 되었다. 한국에서도 이 책을 내자는 원장님의 말씀 한 마디가 없었더라면 이 책은 나오지 못했을 것이다. 이 책의 부족한 부분에도 많은 지도를 주셨다. 연구와 책에 대한 원장님의 사랑과 정열에는 고개를 들지 못할 뿐이다. 무한한 존경의 마음을 담아 깊은 감사의 말씀을 드린다.

이 책의 번역을 도와 주셨던 메이지가쿠인(明治學院)대학의 고근욱 선생님과 연세대학교 한국어학당 이수미 선생님의 노고에도 감사를 드린다. 두 분의 정성이 없었더라면 이 책은 시작되지도 못 했을 것이다.

그리고 일본어판에서 아낌없는 지도를 주셨던 노마 히데키(野間秀樹) 교수님께 이번 한국어판에서도 많은 조언과 가르침을 받았다. 깊은 감사의 말씀을 드리고 싶다.

이 책의 출판에 세심하고 따뜻한 배려를 아낌없이 주셨던 역락의 이대현 사장님께 진심으로 감사를 드린다. 서울의 출판사 사무실에서, 도쿄의 레스토랑에서 뵈었던 사장님의 소탈하고 따뜻하신 웃음을 잊을 수 없다.

역락의 홍혜정 과장님께도 깊은 감사의 말씀을 드리고 싶다. 홍혜정 과장님께서는 몇 번이고 반복되는 집요한 교정을 마다 않으시고 정열적으로 이 책을 완성시켜 주셨다.

이제 한국의 독자 여러분과 이 책을 함께할 수 있음에 가슴 깊은 곳에서의 감사함으로 마음이 벅차오른다. 감격스러울 뿐이다. 더 많은 노력을 하라는 격려임을 잊지 않을 것이다. 독자 여러분들의 따뜻한 가르침을 얻을 수 있기를 바라며 진심으로 감사를 드리는 바이다.

_김진아

들어가며

수북이 쌓여 있는 책들 사이에서 열심히 쓴 내 원고들이 드디어 세상에 나아가 빛을 볼 준비를 하고 있다. 너무나 기쁜 일이다. 두려움 또한 감출 수 없으나 이제 내 작은 울타리를 떠나 더욱 더 큰 세상에서 여러분의 가르침을 받고 싶다.

<담화론과 문법론>이라는 제목은 '담화론'과 '문법론'을 별개로 논하고자 한 것이 아니라 '담화론'과 '문법론' 각각의 연구 분야를 살리면서 하나의 연구 속에 통합하려 함을 표현한 것이다.

이 책은 '말해진 언어'라는 하나의 대상을 담화론과 문법론이라는 두 가지 관점에서 조명해 보고자 한다. 한국어와 일본어의 말해진 언어의 모습은 어떠한 것인지 그 편린(片鱗)만이라도 밝힐 수 있다면 하는 바람이다.

제1장에서 제5장까지는 '말해진 언어'의 실현체(實現體)인 '담화'의 분석을 위해 그 원리나 개념 정의, 디바이스를 구축한다.

제6장부터 제8장까지는 실제 데이터를 고찰하여 얻은 담화의 모습, 이른바 실현된 언어의 살아 있는 모습에 대한 기술이다.

우선 <서장 : 담화론과 문법론의 통합>에서는 이 책의 목적과 함께 '담화론'과 '문법론'의 통합을 지향하는 이유를 기술했다. 여기에서는 진정한 '말해진 언어'를 보기 위해서는 '담화론'과 '문법론'이라는 두 가지 분야의 조명이 필요하다는 저자의 입장과 이 책을 성립시킨 출발점에 대해서 논의하였다.

<제1장 : 언어의 실현체론>에서는 이 책이 다루고 있는 대상과 관련된 개념들을 더 명확히 정립시키기 위해 연구에서 빈번하게 혹은 거의 자명한 것처럼 사용되어 온 용어의 재정의(再定義)에 중점을 두었다. 무릇 연구에서 '언어'라고 불리며 실제로 다루고 있던 것은 무엇인가, '말해진 언어'나 '쓰여진 언어'란 무엇인가, '구어'나 '문어'란? '담화'나 '텍스트'란? 등과 같은 물음을 세우고 본 연구와 관련된 주요 논고들이 이러한 용어들을 어떻게 규정하고 있는지 살펴본다.

이와 같은 과정을 통해 이 책에서 사용하는 용어의 개념을 확정짓고 '말해진 언어'의 실현체인 '담화'를 비추는 연구의 틀을 정립한다.

<제2장 : 담화론이란>에서는 이 책이 문제 삼는 '담화론'의 정의와 '담화론'은 언어학 안에서 어떠한 자리에 확립되어야 할 것인가에 대해서 고찰한다. '어용론(語用論)', '회화분석(conversation analysis)', '담화분석(discourse analysis)'의 성립이나 기존 연구의 정의를 조명하면서 이들 세 가지 분야를 포함하는 <말해진 언어>의 연구로서 '담화론'을 규정한다. 본래 '회화분석', '담화분석'이라는 명명은 연구의 '방법론'을 가지고 언어학의 한 분야를 명명하고 있는 느낌이 있다. 또 여러 연구가 이 세 분야들의 경계를 구분하고 있지만 실은 구별하기 어려운 점도 많다.

이 책에서 '담화론'이라는 명칭을 사용하는 것은 이들 분야가 다루고 있는 대상이나 방법을 언어학의 하나의 영역으로서 구축시키기 위한 시도이다. 또한 '담화'의 하위 범주를 확정하고 '담화'의 범위와 다양성을 확인한다.

<제3장 : 연구방법론>은 '말해진 언어' 연구에 있어서 가장 중요한 핵심을 이루는 '데이터 수집 방법'과 '분석 방법'에 대해 고찰한다. '말해진 언어'에 의한 데이터는 '거기에 가면 언제나 구할 수 있는 것'이 아니라 '살아 있는 인간에게서 그 순간에만' 수집할 수 있는 것이다. 직접 사람과 만나서야만 얻을 수 있는 데이터 수집은, 여러 가지 고통이 뒤따른다. 두 번은 없는, 단 한 번밖에 없는 데이터라는 각오로 처음부터 정밀한 계획으로 임하지 않으면 안 된다.

또한 얻어진 '말해진 언어'를 분석하기 위해 '쓰여진 언어'로 전환하는 작업, 이는 바로 '언어음'을 '문자'로 보여 주는 과정이며, 이 과정이야말로 '쓰여진 언어'와 다른 '말해진 언어'란 무엇인가를 가르쳐 주는 연구의 진수이기도 하다.

이렇게 문자화된 '말해진 언어'의 담화는 분석을 위해 여러 언어단위로 구분된다.

<제4장 : 담화단위론>에서는 '문장'이나 'turn'을 중심으로 한 '담화의 단위'에 대해 기술한다. 특히 이 책에서는 '맞장구 발화'와 'turn'에 주목하여 기존의 연구와는 달리 '맞장구 발화도 turn으로서 실현한다'는 점을 분명히 밝히며, 'turn'이라는 개념을 새롭게 정립시켰다. 또 말해진 언어를 분석해 본 사람만이 알 수 있는 '과연 이 문장의 어디까지를 한 문장의 끝으로 볼 것인가?'라는, 그야말로 '말해진 언어'이기 때문에 나타나는 끊어지지 않는 '제3종의 문장'의 존재에 대해서 언급한다.

<제5장 : 문장구성론>에서는 '담화'를 구성하는 '문장'의 구조를 비추기 위한 틀을 구축한다. 특히 문장의 가장 핵심적인 부분인 '문말'(文末)에 주목하여 '서술어문'(敍述語文)과 '비서술어문'(非敍述語文)이라는 틀을 분석의 중심적 개념으로 도입한다. 기존의 많은 문법 연구에서 거의 언급되지 않았던 '비서술어문'은 '말해진 언어'의 담화를 비추기 위해서는 없어서는 안 될 불가결한 존재임을 알게 된다.

제6장, 제7장, 제8장은 실제 데이터를 분석한 결과와 그에 대한 고찰이다. 데이터는 도쿄말 화자, 서울말 화자에 의한, 2명씩의 일본어 회화 40쌍, 한국어 회화 40쌍의 대화에서 얻은 총 80쌍의 '자유담화'에 의한 담화 데이터이다. 사용하는 방언과 세대별, 남녀별 등 조건을 엄격히 제한하여 얻은 실질 인원수 총 160명의 화자에 의한 데이터이다.

<제6장 : 문장의 분포>에서는 '서술어문'과 '비서술어문'의 사용 양상을 한국어와 일본어 두 언어에서 비추어본다. 본래 한국어나 일본어의 '말해진 언

어'는 몇 개의 문장으로 구성되는가? '말해진 언어'의 담화에서는 대체 얼마만큼의 문장이 서술어로 맺어지는가?와 같은 기본적인 물음의 해답을 찾는다.

<제7장 : 비서술어문론>에서는 담화에서 서술어로 맺어지지 않은 문장의 실제 모습을 조명해 본다. 제5장에서도 다루고 있으나 문말을 서술어로 맺지 않은 문장을 선행 연구에서와 같이 '한 단어문'(一語文)이나 '문장의 파편' 등으로 보는 것이 아니라 '비서술어문'이라는 관점에서 그 출현양상을 극명(克明)하게 조사한다. 형태론적 관점, 통사론적 관점, discourse syntax적 관점에서 '비서술어문'의 해석(解析)을 시도한다 :

A：お住まいは? (사시는 곳은?.)
B：ずっと東京で. (쭉 도쿄에서.)

A：男女比どのくらい? (남녀 비율은 어느 정도?)
B：18人中2人とか. (18명 중에 2명쯤.)
A：(人名) の學年も. ((이름)네 학년도.)

위의 담화의 예와 같이 복수의 화자의 발화에 걸쳐 나타나 그 상호작용 속에서 확대되는 '비서술어문'을 'discourse syntax(담화통사론)'라는 관점에서 비추어 본다. '조사'류는 일반적으로 문말에 나타나는 것을 주요 기능으로 볼 수 없음에도 불구하고 담화에서는 격조사나 보조사 등이 문말에 자리잡음으로써 담화통사론적인 흥미로운 기능을 보여 준다. 조사류의 이런 '담화통사론적인 기능' 또한 담화 속에 나타나는 '비서술어문'의 지극히 자연스러운 모습이자 말해진 언어의 생동감을 느끼게 하는 액티브(active)한 모습이기도 하다.

<제8장 : 완충표현론>에서는 한국어와 일본어의 '말해진 언어'의 담화를 구성하는 '문장'의 문말에 주목하여 문말에서 '완충표현'의 구조와 종류를 그려 낸다. '완충표현'이란 "혼자예요."라고 말할 것을 "혼자 같은 느낌이에

요.”와 같이 표현하는 등, 명확함을 잃게 하고, 애매하게 혹은 간접화하는 ‘화자의 양태(樣態)적인 태도’를 나타내는 표현을 말한다.

‘서술어문’과 ‘비서술어문’은 문장을 구조적인 관점에서 보는 것이다.

이런 기능적인 표현 중에 ‘서술어문’과 ‘비서술어문’의 중간적인 모습을 보이는 문장도 이 장을 통해 발견할 수 있다.

‘완충표현’은 일본어를 예로 들어보면 “一人みたいです.”(혼자인 것 같아요.)와 같은 짧은 문장부터, “管理がずさんになっ {たり} とか} してんのかな} とか} 思っ} たんですけど(lit. 관리가 허술하게 됐거나든가 하는 걸까라든지 생각했는데요.)”와 같이 몇 개의 ‘완충체’가 붙어서 완성된 문장까지도 존재한다. 실제로 찾아보면 알 수 있듯이 ‘완충표현’은 그 형태가 굉장히 다양하기 때문에 ‘-거나(たり)’ ‘-든가(とか)’와 같은 ‘완충체’가 무질서하게 배열되어 있는 것처럼 보이기도 한다. 그러나 이런 ‘완충표현’은 실제로는 인용구조, 연체수식구조, 부정구조, aspect적 · taxis적 성질을 가진 구조, 한국어의 -더-에 의한 체험법 구조 등 다양한 문법적인 구조를 살려, 풍요로운 형태를 만들어 내는 것이다.

거기에는 ‘잉여구조’(剩餘構造)와 ‘결여구조’(缺如構造)라고 부를 수 있는 문장의 구조를 이용한 원리적인 장치가 숨겨져 있음을 알 수 있다.

‘완충표현’은 ‘쓰여진 언어’를 중심으로 구축되어 온 ‘문법론’의 기본적인 관념을 넓힐 수 있는 언어 사실이 되기도 할 것이다. ‘쓰여진 언어’에서는 쉽게 만날 수 없는 제7장의 ‘비서술어문’과 제8장의 ‘완충표현’의 모습은 ‘말해진 언어’가 대체 어떤 것인가를 우리들에게 생생히 보여 준다.

이 책은 한국어와 일본어의 ‘말해진 언어’를 비추고자 하는 실로 작은 도전이자 시도이다. 아낌없는 충고와 교시를 간절히 바란다.

이 책의 제2장 ‘담화론이란?’은 金珍娥(김진아 2012b)에, 제4장 ‘담화단위론’은 金珍娥(김진아 2004a · 2004b)에, 제7장 ‘비서술어문’은 金珍娥(김진아 2010)에, 제8장 ‘완충표현론’은 金珍娥(김진아 2009)에 게재된 원고를 가필 보완한 것이다.

차 례

서장

담화론과 문법론의 통합

담화론과 문법론의 통합

0.1 이 책의 목적

이 책의 목적은 담화론과 문법론의 통합을 통해 한국어와 일본어의 <말해진 언어>의 살아 있는 모습을 비추어 보는 데에 있다. 아울러 연구의 기초가 되는 여러 가지 개념들을 정립시키고, 연구의 방법론을 정식화하는 것을 목표로 한다.

0.1.1 담화와 담화론

이 책이 <**담화론**>(discourse theory)이라 부르며 다루게 될 문제의 대부분은, <**담화분석**>(discourse analysis)이라고 불리어 온 분야에 속한다.

담화분석이라는 용어는 Harris(1951)가 처음으로 사용하였다. 그 이후 언어를 관찰하는 데 있어서 <말해진 언어>와 <쓰여진 언어>를 불문하고, 문장이라는 틀을 넘어선 더 큰 언어단위, 즉 담화나 텍스트와 같은 연구를 대상으로 할 때 이 용어가 사용되게 되었다.

이 책에서는 <**담화**>(discourse)와 <**텍스트**>(text)를 구별한다. <말해진 언어>의 실현체를 <담화>라 하고, <쓰여진 언어>의 실현체를 <텍스트>라 부른다. 또 담화분석이라는 용어는 학문 분야를 가리키는 말로써 사용되는 경우가 많았으나, 이 책에서는 학문 분야의 명칭으로는 <담화론>을 사용하고, 담화론의 핵심이 되는 연구 방법을 <담화분석>이라 불러 구별하기로 한다.

이를 전제로, 이 책에서는 학문 분야로서의 <담화론>을 다음의 두 가지 조건을 갖춘 연구로 규정한다 :

1) <말해진 언어>에 대한 연구
2) 문장 단위를 넘어서는 <담화> 단위의 연구

제1장에서 자세히 논의하겠으나 언어에는 적어도 <말해진 언어>와 <쓰여진 언어>라는 2가지 실현형태가 존재한다. 이 책에서는 단순히 문장 단위를 넘어서는 대상을 보는 것만으로 <담화론>이라고는 부르지 않는다. <쓰여진 언어>가 아닌 음성언어에 의해 실현된 <말해진 언어>를 대상으로 하는 한편, 하나의 문장 내부에 제한되지 않고 문장 단위를 넘어선 대상을 보는 연구를 <담화론>이라 규정하고자 하는 것이다.

0.1.2 담화론 연구와 문법론 연구의 통합

현재까지의 담화론 연구와 문법론 연구는 각각의 분야에서 실로 값진 수확을 얻고 있다. 선인들이 개척한 토대는 넓고 깊다. 다만 유감스럽게도 담화론과 문법론은 융합되지 않고 각각 독자적으로 연구되어 온 감이 없지 않아 있다. 이 두 분야의 성과를 통합하여 전개시킬 수 있다면 얼마나 좋을까. 담화론에 있어서도 문법론에 있어서도 언어 연구의 이 두 분야를 통합한 관점을 도입하게 된다면 이제까지 드러나지 않았던 언어의 여러 눈부신 모습들이 더 확실한 윤곽을 띠고 나타나게 될 것이다.

이 책은 담화론과 문법론의 이와 같은 통합에서 얻을 수 있는 결실에 대한 소소한 보고이다. 담화론과 문법론의 통합을 통해 한국어와 일본어의 모습을 비추어 보는 것, 그것이 이 책이 지향하는 바이다.

0.2 담화론과 문법론 연구

문법론 연구는 형태론과 통사론의 두 가지 측면에서 오늘날의 언어 연구를 크게 발전시켰다. 문법론은 언어 연구의 오랜 역사 속에서 다양한 학파를 만들어 낼 정도로 깊이 있고 풍부한 연구 내용을 자랑하며, 언어학에 있어서는 강대한 힘을 가지고 군림하고 있다.

담화론으로 말하자면, 연구 역사의 길이에 있어서나 연구의 깊이에 있어서나 문법론과는 비교가 안 되는 분야였다. 그런 담화론이 수많은 연구에 의해 발전하고, 언어 연구에서 어느 정도의 지위를 확고히 굳히게 된 것은 최근의 일이다. 이와 같은 발전은 문장 단위에 머물러 있던 기존의 언어 연구의 대상을 <담화> 단위로 넓히고 더 나아가 실제로 <말해진 언어>를 연구 대상으로 삼게 됨으로써 얻을 수 있었던 것이라 말해도 좋을 것이다.

0.2.1 문법론에 담화론의 시점을

문법가는 <말해진 언어>와 <쓰여진 언어>라는 언어의 실현형태에 따른 언어 표현의 차이를 어떻게 인식하고 있을까? <쓰여진 언어>를 주된 연구 대상으로 삼으면서 혹시 그것이 <말해진 언어>까지 포함한 랑그(langue)의 모든 것을, 경우에 따라서는 파롤(parole)의 형태까지 다루고 있다고 믿고 있는 것은 아닐까? 혹은 연구 대상으로 하고 있는 <쓰여진 언어>라는 실현형태야말로 언어 연구의 본질이라고 믿고 있는 것은 아닐까?

<말해진 언어>에 주목하여 그것을 듣고 쓰는 방식으로 대상화하려는 문법가도 많다. 언어학의 중심적인 인물이었던 Edward Sapir(1884-1939), Leonard Bloomfield(1887-1949)와 같은 연구자들은 실제 언어를 관찰하기 위해 듣고 적어서 얻은 문장도 연구 대상으로 삼았다.

그러나 아무리 원래의 자료가 <말해진 언어>라고 하더라도 만약 그것이 문맥에서 떨어져 나와 단일 문장으로 다루어진다면 그것은 단일 문장의 층위를 넘어설 수 없다. 또 <듣고 쓰는> 방법에도 실은 큰 함정이 숨어 있다. 그것이 녹음이나 녹화를 사용한 철저한 기록 없이 말을 <듣는> 행위라면, 정확성이라는 점에서도, 재현성(再現性)이라는 점에서도, 그리고 무엇보다 <말해진 언어>를 <쓰여진 언어>로 수용하는 과정에서 생각하지 못한 중대한 착오가 생겨날 수 있다는 점에서 사실상 종종 문제가 될 수 있다.

중요한 것은 문법론에 다음과 같은 시점이 있는가 없는가이다 :

실제의 <말해진 언어>에 있어서의 일련의 동적인 흐름으로서 <담화>를 본다.

이런 관점에 선 문법 연구가 전혀 없는 것은 아니지만 전면적이고 본격적인 연구는 필자의 관견(管見)으로는 발견할 수 없다.

0.2.2 담화론에 문법론의 시점을

그렇다면 반대로 담화론 연구에서 문법론은 필요하지 않은 것일까? 담화론의 중요한 부분 중 하나라 할 수 있는 pragmatics에 대해 Levinson(1983:21)은 다음과 같이 서술하고 있다 :

> (중략) 한 발화를 이해한다는 것은 발화된 단어의 의미나 단어 간의 문법적인 제관계를 이해하는 것을 훨씬 넘어서는 것을 내포한다(중략). 본디 어떤 발화를 이해한다는 것은 말해진 것을 서로 상정하고 있는 것, 혹은 그 이전에 말해진 것과 연결시키는 추론(inferences) 과정을 동반한다. (인용자 역)

"문법적인 제관계를 이해하는 것을 훨씬 넘어"선다는 개념 부여가 지나치게 강조된 나머지 담화론에서는 어느새 "문법적인 제관계를 아는 것"이 경시되고, 마치 필요 없는 것처럼 생각되는 경향이 있는 것은 아닐까.

담화론의 일부 연구자들은 이렇게 말한다. "우리의 연구는 언어 연구가 아니라 화자와 청자의 상호작용을 관찰하는 연구이다." "우리의 연구는 언어학이 아니라 심리학이다."

그러나 담화를 구성하는 화자와 청자의 상호작용 혹은 다양한 언어행위를 형성하고 떠받치고 구축하는 것은 다름 아닌 바로 언어이며 그 언어를 구축하고 있는 문법이다. 화자와 청자의 상호작용, 예를 들어 칭찬이나 의뢰, 배려, 맞장구 같은 행위도 다름 아닌 언어가 지탱하고 있음을 잊어서는 안 된다. 담화론은 "발화된 단어의 의미나 단어들 간의 문법적인 제관계를 이해하는 것을 훨씬 넘어서는 것"에 의미를 부여한 나머지 어느새 문법과는 매우 거리가 먼, 문법을 잃어버린 언어 연구로 발전하고 있는 것일지도 모른다.

0.3 담화론과 문법론의 현 단계

담화론과 문법론의 관계를 대략적으로 말하자면, 본질은 같은 대상을 보고 있음에도 불구하고 그 시점이 서로 막혀 있는 경향이 있다. 그리고 그로 인해 서로가 각자 다른 길을 걷고 있는 것이다.

문법가는 또 담화론 연구가 전통적인 언어 연구의 기본을 이해하지 못하고 있다며 좀처럼 담화분석의 연구 방법이나 성과를 문법 연구에 도입하려 하지 않는다. 예를 들어 담화를 구성하는 <맞장구 발화>의 중요성을 문법가들은 얼마나 인식하고 있을까?

담화론에 있어서의 중요한 논고인 水谷信子(미즈타니 노부코 1988:4-5)에서는 “시험 삼아 일절 맞장구를 치지 않고 사람의 이야기를 가만히 듣고 있으면 상대는 곧 불안해져서 이야기를 그만 두어 버린다. 맞장구는 단순히 질문에 대한 대답이 아닌 것이다.”라고 하며 주의 깊게 관찰하고 있다. 요컨대 <맞장구 발화>가 없으면 실제로는 ‘말이 안 되는’ 것이다. ‘맞장구’라는 용어가 나오는 문법서는 얼마나 될까?

또, 문법가들은 자주 ‘みたいな(같은)’, ‘とかいって’(라고 하면서)’처럼 이 책에서도 다루고 있는 <완충표현>으로 끝나는 문장을 <올바르지 않은 문장>이나 <예외직인 문장>, <붕괴된 문장>, <생략된 문장>으로 몰아 버린다. 실제로 다수 나타나고 있음에도 불구하고 그것들을 있는 그대로 보려 하지 않는다. 그러나 그것들이 살아 있는 언어의 생생한 모습이라는 사실을 인정하지 않는다면 언어 연구는 언제가 됐든 그 한계를 넘어서기는 힘들 것이다.

현대 언어학의 원점이라고도 말할 수 있는 소쉬르(Saussure)로 돌아가서 생각해 보아도 좋다. 파롤과 랑그는 구별할 수는 있지만 분리할 수는 없다. 예를 들어 파롤을 개인이 실제로 말한 <말해진 언어> 속에서 보고, 랑그 속에서 사회적 언어 습관에 따른 <문법>의 형태를 본다면, 그러한 연구야말로 두 가지 관점의 연결 없이는 안 될 것이며 두 가지 관점이 연결될 때 인간이 사용하는 언어의 전체 모습에 다가설 수 있을 것이다.

문법론과 담화론은 서로 간에 귀를 닫아 버리는 연구에서, 서로가 뒷받침해 나갈 수 있는 열린 연구로의 큰 방향 전환이 필요한 것은 아닐까?

이 책은 실제로 말해진 담화를 확인하고, 담화를 이루는 문장 하나하나를 문법적으로도 분석하는 방법을 통해, 파롤은 어떻게 랑그를 구축하고 있는가, 랑그는 실제로는 파롤 속에서 어떻게 나타나고 있는가 하는 언어 본연의 모습에 조금이나마 다가가고자 하는 것이다.

담화를 이루는 문장이나 발화를 문법론의 관점에서도 비추어 봄으로써, 전통적인 담화론 내부에서만 논의되어 왔던 발화 기능이나 언어 행동의 메커니즘은 더욱 선명히 그 모습을 드러낼 수 있을 것이다.

0.4 언어 사용에 있어서 <화자의 의식>과 <실제로 나타나는 언어의 모습>

담화론과 문법론의 통합이 원활히 이루어지지 않는 근본적인 원인 중 하나로 언어 사용에 있어서의 화자의 의식을 들 수 있다. 화자란 또한 종종 연구자 자신이기도 하다.

격식을 차리는 자리에서 화자는 종종 규범적인 언어 사용을 의식하고 자신은 그 의식에 따라 말하고 있다고 착각을 하는 경우가 많다. 자신의 언어 사용이 규범적이라고 믿는 의식은, 말이 끝난 이후에도 변하지 않는다. 몇 가지 예를 들어 보자.

<가볍고 일상적인 말투>와 <격식을 차린 정중한 말투>의 두 가지 말투가 혼재된 스피치 레벨(speech level)의 전환에 관한 연구인 김진아(金珍娥 2002)에서는, 초면인 두 사람의 회화를 조사하여 담화 자료로 사용했다. 담화 자료의 녹음을 끝낸 후 "화자는 어떤 말투로 말했는가?", "격식을 차린 정중한 말투뿐만 아니라 가볍고 일상적인 말투도 사용하였는가?"라는 취지의 질문을 하자, 초면인 두 사람은 격식을 차려야 하는 경우였으므로 "가볍고 일상적인 말투는 전혀 사용하지 않았다.", '처음 만난 상대에게' 혹은 '윗사람에게' "가볍고 일상적인 말투를 사용했을 리가 없다.", "마지막까지 격식

을 차린 정중한 말투로 이야기했다." 등으로 대답을 하였다. 그 자리에서 녹음한 회화를 들어 보게 하자 모두 하나같이 놀랐다. 일상적인 말투와 정중한 말투가 어지러이 혼재되어 있었고, 일상적인 말투에서 정중한 말투로 정중한 말투에서 일상적인 말투로 화계의 전환이 자유자재로 이루어지고 있었기 때문이다.

이 책의 제8장에서 다룰, 'みたいな(같은)' 'とかいって(라고 하면서)' 등의 일본어의 <완충표현>을 고찰함에 있어서도, 언어에 대한 화자의 의식과 실제 사용이 다른 측면을 몇 번이고 확인할 수 있었다. 일본어의 다수의 논고들이 'みたいな(같은)' 'とかいって(라고 하면서)' 등의 <완충표현>은 "젊은 층에서 주로 나타나는 언어 현상"이라 하고 있으나, 본 연구에서는 <완충표현>을 더 길게 사용하는 것은 40대 남녀이며, 사용 빈도에 있어서도 20대 남녀와 비교해 뒤떨어지지 않았다. 의식 조사나 연구자의 직감에 의한 논고들과는 매우 다른 결과이다. <완충표현>은 '젊은이'들의 것이라는 것은, '젊은이'가 아닌 연구자의 망상일 수도 있다.

화자의 의식이란 이런 것이다. 실제 <말해진 언어>에서는 <완충표현> 또한 이런 식으로 화자의 의식 여부와 관계없이 출현한다 :

> 언어 사용에 대한 <화자의 의식>과 <실제로 나타나는 언어의 형태>는 종종 다르다.

이 명제도 다시 이 책의 연구에 의해 확인될 것이다. 이 책이 행하고자 하는 연구는 규범에 이끌린 의식을 근거로 하는 연구가 아니라 실제로 나타난 언어의 있는 그대로의 모습을 언어 연구의 근거로 삼는 연구이기 때문이다.

문법가들은 자신들의 의식 속에 있는 <언어>라는 것이 —— 그것은 실은 으레 <쓰여진 언어>에 기초를 둔 언어이지만 —— 실제로 <말해진 언

어>와 얼마나 크게 다른지를 자각하지 못하고 있다. 이와 같은 문제의 중대함을 인식한다면 담화론과 문법론의 통합은 언어 연구의 돛이 되어 줄 것이다. 그리고 절대로 늦출 수 없는, 바람과 파도를 가로지르며 나아갈 수 있는 강력한 힘으로 존재할 것이다.

0.5 한국어와 일본어 대조연구

일본에서 이루어지고 있는 한국어와 일본어의 대조연구와 한국어 연구의 영역에서도 담화론 연구가 이루어지고 있다. 한국어와 일본어의 대조연구와 한국어만을 대상으로 하는 연구는, 학회 발표 등은 매우 활발히 진행되고 있으나 논문이나 서적의 형태로 출간된 논고는 아직 많지 않다. 일본어의 경우 담화분석 연구가 서적 형태로 다수 출간되어 있는 것에 비해서, 한국어와 일본어의 대조연구, 한국어에 대한 연구는 아직 뒤처져 있다고 말할 수 있다.

본 연구가 한국어와 일본어의 대조연구를 중심에 세우고 있는 연유이기도 하다.

일본어와 크게 다른 언어가 아닌, 매우 닮은 구조를 가진 한국어이기에 서로를 대조함으로써 각각의 모습이 더욱 선명해질 것이다. 단순히 비교하면 흥미롭다는 이유에서가 아니라, 비교해 봄으로써 비로소 밝혀지는 것이 있기에, 언어학에 있어서 대조연구는 불가결하다. 이 또한 한국어와 일본어의 대조연구가 갖는 큰 의의 중 하나이다.

다시 한 번 확인하자. 담화론과 문법론의 통합을 도모하는 한편, 한국어와 일본어를 비추어 본다. 이것이 이 책이 지향하는 바이다.

제1장

언어의 실현체론

<말해진 언어>와 <쓰여진 언어>

언어의 실현체론

<말해진 언어>와 <쓰여진 언어>

'담화란?', '말해진 언어란?', '입말이란?', 혹은 '텍스트란?', '쓰여진 언어란?', '글말이란?'과 같은 물음에 우선 답해 두어야 한다.

이 질문들은 당연히 고찰되어야 할 기본적인 물음이며 경우에 따라서는 연구의 근간을 뒤흔들만한 결정적인 물음이기도 하다.

먼저 '말이란?', '언어란?'이라는 물음을 생각하고, 이 책에 있어서의 <말해진 언어>와 <쓰여진 언어>, <담화>와 <텍스트>, <입말>과 <글말>의 개념을 정식화하자. 이러한 용어의 개념을 기존 연구의 정의에서 확인하면서 본서에서의 정의를 정립시키도록 하겠다.

이러한 작업은 이 책이 목표로 하는 실제로 <말해진 언어>에 의한 <담화>를 보다 구체적이고도 선명히 그려낼 수 있게 하는 전제가 된다.

1.1 언어란?

'말', '언어'에 대해 여러 학자들은 어떻게 생각하고 있었을까. 다시 그 정의나 기술을 간단히 살펴보자.

우선 ソシュール(Saussure 1940;1972)는 '언어(言語)(langue)'와 '말(言) (parole)'을 구별하고 '언어(langue)'에 대해 다음과 같이 서술하고 있다 :

ソシュール(Saussure 1940;1972:21)
그것은 언어능력의 사회적 소산이며 동시에 이 능력의 행사(行使)를 개인에게 허락하도록 사회단체가 채용한 필요한 제약의 총체이다.

'말(言)(parole)'에 대해서는 다음과 같이 서술하고 있다 :

ソシュール(Saussure 1940;1972:34)
그것은 사람들이 말하는 것의 총화(総和)로 다음의 것들을 포함한다 :
a) 개인적 결합, 이것은 말하는 자의 의지에 의존한다 ; b) 마찬가지로 의지적 발성행위, 이는 그 결합의 수행에 있어서 필요한 것이다. 그래서 말 속에는 집단적인 것은 하나도 없다 ; 그 현상은 개인적이고 순간적이다.

또, '언어(言語)(langue)'와 '말(言)(parole)'의 관계에 대해서는 다음과 같은 기술이 보인다:

ソシュール(Saussure 1940;1972:33)
말(言)이 사람에게 이해되고 그 모든 효과를 내기 위해서는 언어가 필요하다; 그런데 언어가 성립하기 위해서는 말이 필요하다; 역사적으로 보면 언제나 '말'로서의 사실이 앞서 있었다. (중략) 언어(言語)를 진화시키는 것은 말(言)이다. (중략) 그래서 언어(言語)와 말(言)은 서로가 서로를 유지시킨다. ; 전자는 후자의 도구이며, 동시에 그 소산이다.

즉, ソシュール(Saussure 1940;1972)는 "발성행위", "말하는 것"같은 기술에서 보면 '말(言 parole)'을 <말해진 언어>로 보고, '언어(言語 langue)'를 그 언어의 <체계>로 보고 있다고 말할 수 있을 것이다. 그 '언어(言語 langue)'의 진화를 서술하는 데 있어서도 '말(言 parole)', 즉 <말해진 언어>를 상정하고 있다고 해도 좋을 것이다.

한편, '글쓰기(書 écriture)'에 대해서는 '언어(言語)'와의 비교를 통한 다음과

같은 기술이 보인다 :

ソシュール(Saussure 1940;1972:28)
언어 신호는 말하자면 손으로 만질 수 있다. 글쓰기(書)는 그것들을 제약적인 영상으로 정착시키는 것이 가능한 반면, 말(言)하는 행위의 경우에는 그 전부를 남김없이 투영시키는 것이 불가능할 것이다.

ソシュール(Saussure 1940;1972:40)
언어(言語)와 글쓰기(書)는 두 가지의 분명한 기호체계이다; 후자의 유일한 존재 이유는 전자를 표기하는 것이다. 언어학의 대상은 쓰여진 말과 말해진 말의 결합이다라고는 정의되지 않는다; 후자만으로 그 대상을 형성하는 것이다. 그러나 쓰여진 말은 그것을 영상(映像)으로 하는 말해진 말과 격렬히 뒤섞인 결과 주역을 빼앗고 만다; 그 결과 사람은 음성기호의 표기에 대해 그 기호와 동일한 정도의, 아니 그 이상의 중요성을 부여하게 된다.

ソシュール(Saussure 1940;1972)는 언어학 연구의 대상은 <말해진 언어>라고 분명히 말했다. 한편으로는 <말해진 언어>의 투영이자 손으로 만질 수 있는 <쓰여진 언어>가 언어학의 주역을 빼앗아 버린다는 매우 흥미로운 견해를 서술하고 있다. 이와 같은 지적은 <말해진 언어>에 의한 <담화>를 연구 대상으로 하는 이 책과 같은 연구와도 일맥상통하는 바가 있다. <말해진 언어>를 연구하기 위해서도 후술하는 바와 같이 그 '영상(映像)'인 <문자화> 작업을 빼놓을 수 없다. 그런데 본래 <말해진 언어>를 보기 위해 문자화된 <쓰여진 언어>의 분석이 어느새 주역이 되어버린 아이러니가 숨어 있는 것이다.

한편 Sapir(1921:8)는 언어를 다음과 같이 정의하고 있다 :

언어란, 의도적으로 산출한 기호 체계에 의해 사상, 감정 또는 욕망을 전달하기 위한 완전히 인간적이고 비본능적인 방법이다. 이 기호들은 우선 무엇보다

> 청각적이며 소위 '음성기관'에 의해 산출된다. (安藤貞雄 안도 사다오 일본어 역 1998:21)

<쓰여진 언어>에 대해서는 Sapir(1921:10)는 다음과 같이 서술하고 있다 :

> 쓰여진 형식은 말해진 형식의 이차적인 기호—기호의 기호—이다. (安藤貞雄 안도 사다오 일본어 역 1998:39)

즉, Sapir(1921)는 '언어'는 음성에 의한 <말해진 언어>이며, <쓰여진 언어>는 <말해진 언어>의 '이차적인 기호(secondary symbols)'로서 설명하고 있는 것이다.

그렇다면 일본어학이나 한국어학에서는 '말', '언어'가 어떻게 설명되고 있을까. 일본어학에서는 다음과 같은 정의가 보인다 :

> 大槻文彦(오쓰키 후미히코 1897:1)
> 사람의 목소리 중에서 의의가 있는 것을 언어라 한다. 사람은 언어에 의해 그 사상을 말한다. 언어를 물건에 적는 표시(シルシ : 標)를 글자(字) 혹은 문자(文字)라 하고, (중략)

> 松下大三郎(마쓰시타 다이자부로 1930;1974:1)
> 언어는 소리(聲音) 혹은 문자를 기호로서 사념(思念)을 표시하는 방법물이다.

> 山田孝雄(야마다 요시오 1936:1)
> 사람이 사상을 발표하고, 다른 사람에게 전하는 방법으로서, 그 사상을 소리(聲音)로 표현한 것이다.

> 橋本進吉(하시모토 신키치 1948;1956:2)
> 언어는 일정한 음성에 일정한 의의가 결합한 것으로 사람들이 자신의 사상을

발표하고 타인에게 알리기 위한 수단으로 사용하는 것이다.

時枝誠記(도키에다 모토키 1950;1966:15)
하나. 언어는 사상의 표현이자 이해이다. 사상의 표현과정 및 이해과정 그 자체가 언어이다.
둘. 언어는 음성(발음행위) 혹은 문자(기재행위)에 의해 행해지는 실현행위이다. 동시에 음성(청취행위) 혹은 문자(독서행위)에 의해 행해지는 이해행위이다.

河野六郎(고노 로쿠로 1994:3-4)
문자도 하나의 언어기호이다. 그것은 음성에 의한 일차적인 언어기호를 그 성립의 기반으로 하나, 반드시 단순히 그것이 비춰지는 것만은 아니다. 언어기호로서 음성과 문자는 그 성격을 달리하고 그 사용을 달리한다.

오쓰키 후미히코[大槻文彦]는 언어는 음성에 의한 것이고, 언어를 쓰는 것을 문자라 보았으며, 야마다 요시오[山田孝雄], 하시모토 신키치[橋本進吉]는 언어를 음성에 의한 것으로 보았다. 마쓰시타 다이자부로[松下大三郎], 도키에다 모토키[時枝誠記], 고노 로쿠로[河野六郎]는 음성 혹은 문자에 의한 것으로 보고 있다.

한국어학으로 눈을 돌려보면, 다음과 같이 유길준[兪吉濬], 최현배[崔鉉培], 이희승[李熙昇]은 '언어'는 언어음에 의한 것으로 보고 있다는 사실을 알 수 있다. 또 최현배[崔鉉培]는 '문자'는 시각적으로 볼 수 있는 형태로 정의하고, 박승빈[朴勝彬]은 언어음에 의한 '언어'를 일차적인 것으로 보고 문자를 이차적인 것이라고 말하고 있다.

兪吉濬(유길준 1906:1)
言語ᄂᆞᆫ人의思想을聲音으로發ᄒᆞᄂᆞᆫ者라

崔鉉培(최현배 1929;1994:35)
사람의 생각을 소리로 나타낸 것을 말(言語)이라 하느니라. 사람의 생각에 꼴(形)을 주어 눈에 보히도록 하기 위하여 쓰는 표(符號)를 글자(文字)라 하느니라.

朴勝彬(박승빈 1931:1)
言語는 먼저 成立되고 文字는 後에 作成된 것이니 言語는 本이오 文字는 말이라 故로 言語의 法則을 硏究함에 際하야 文字에 拘泥되디 말디라.

李熙昇(이희승 1949:7)
마음 속에 먹은 생각을 다른 사람에게 알리기 위하여 입으로 내는 소리를 말(言語)이라 이른다. 그러므로 말이 되는 소리는 반드시 어떠한 뜻을 지니고 있어야 한다.

<말>, <언어>에 대한 이들 여러 학자들의 이론을 간략하게 훑어본 것만으로도 매우 흥미로운 견해의 차이가 드러난다.

그러나 ①말, 혹은 언어는 <음성>에 의한 것이며, ②그것을 눈에 보이는 형태로 나타낸 기호로서 <문자>를 정립시키고 있으며, ③음성에 의한 것과 문자에 의한 것 둘 다 말 혹은 언어로 보고 있다는 점에 있어서 어느 정도는 공통된 견해를 가지고 있다고 해도 좋을 것이다.

문자는 처음에는 음성에 의한 말을 시각적으로 나타내기 위한 이차적인 기호로서 만들어졌다고 말할 수도 있다. 다만, 문자에 의한 말을 <소리를 내어 읽는다>라는 형태를 통해 다시 이차적인 <말해진 언어>가 만들어지는 현실도 일상 속에서 우리들은 수없이 경험하고 있다.

1.2 언어의 존재양식

이렇게 <말>, <언어>의 개념을 살펴보았다. 이 책에서는 <말>, <언어>의 서로 다른 존재양식에 주목하여, <음성에 의한 말>을 그 결과물에 주목한다는 점에서 <말해진 언어>라 부르고, <문자에 의한 말>을 쓰여진 결과물에 주목한다는 점에서 <쓰여진 언어>라 부른다. <음성에 의한 말>과 <문자에 의한 말>의 두 가지 언어의 실현형태를 각각 독립된 존재양식으로서 구별하는 입장을 취하는 것이다. 바로 河野六郎(고노 로쿠로 1994:3-4)가 지적하고 있는 것처럼 음성에 의한 말의 실현과 문자에 의한 말의 실현이 절대 같은 것일 수 없기 때문이다.

이러한 언어 존재양식의 차이로 구별할 수 있는 <말해진 언어>와 <쓰여진 언어>, <담화>와 <텍스트>, <입말체>와 <글말체> 같은 여러 개념을 정리하고 정립시켜 보겠다.

1.2.1 <말해진 언어>와 <쓰여진 언어>

노마 히데키(野間秀樹 1996a:3)는 "언어의 존재양식에는 말해진 언어(spoken language)와 쓰여진 언어(written language)의 두 가지가 있다"고 설명하고, 언어가 어떻게 실현되느냐 하는 차이에서 언어의 두 가지 존재양식을 다음과 같이 정식화하고 있다 :

> 말해진 언어 : 음성으로서의 존재양식을 가진 언어
> 쓰여진 언어 : 문자로서의 존재양식을 가진 언어

이러한 관점은 노마 히데키(野間秀樹 1996a, 2002a), 野間秀樹(노마 히데키 2007a,

2008)에서 거듭 강조되고 있는 것이다. <말해진 언어>와 <쓰여진 언어>의 본질적인 차이에 주목한다면, 양자를 하나의 카테고리에 넣는 것이 아니라 이와 같이 <말해진 언어>와 <쓰여진 언어>의 구별에 입각하여 언어 연구가 이루어져야 할 것이다.

이 책에서도 이것을 출발점으로 하여 언어 존재양식에 따라 <말해진 언어>와 <쓰여진 언어>를 구별한다.

1.2.2 문체로서의 <입말체>와 <글말체>

기존의 많은 일본어 연구들은 <음성>에 의한 언어와 <문자>에 의한 언어를 일본이로 '하나시코토바'(話しことば)와 '가키코토바'(書きことば)리고 부르고 있다. '하나시코토바'(話しことば)는 한국어로 직역하면 <말하기 말>, '가키코토바'(書きことば)는 <쓰기 말> 정도의 뜻이다. 그러나 이러한 문체의 차이를 나타내는 명명에 의해 언어 존재양식의 차이를 구별하고자 함으로써, 1.4에서 후술하는 바와 같이 언어 연구에 있어서 문제를 일으키는 계기가 되기도 하였다.

이 책에서는 <음성>에 의한 언어와 <문자>에 의한 언어를 언어 존재양식의 차이에서 <말해진 언어>(話されたことば)와 <쓰여진 언어>(書かれたことば)라 부르고, '하나시코토바'(話しことば)와 '가키코토바'(書きことば)라는 용어와는 엄밀히 구별하는 입장을 취한다.

그리고 언어표현상의 문체의 차이로서 '하나시코토바'(話しことば)와 '가키코토바'(書きことば)를 이하와 같이 정의하고 한국어 한국어로서는 각각 <입말체>와 <글말체>라는 용어를 사용한다 :

입말체 <하나시코토바>(話しことば) : 말해진 언어에서 주로 사용되는 표현이나 문체
글말체 <가키코토바>(書きことば) : 쓰여진 언어에서 주로 사용되는 표현이나 문체

이와 같은 <담화>와 <텍스트>, <입말체>와 <글말체>의 차이와 정의는 金珍娥(김진아 2006, 2009), 野間秀樹(노마 히데키 2007a, 2008) 등에서도 언급하고 있다.

1.2.3 <말해진 언어>의 <담화>와 <쓰여진 언어>의 <텍스트>

이 책의 <담화>와 <텍스트>는 다음과 같이 정의할 수 있다.[1)]

담화 : <말해진 언어>로 이루어진 한 덩어리의 실현체
텍스트 : <쓰여진 언어>로 이루어진 한 덩어리의 실현체

또 <담화>와 <텍스트>는 다음과 같은 성격을 갖는 것으로 생각된다.

담화 : 과정으로서 전개된다
텍스트 : 결과로서 구축된다

어느 쪽이나 생산과정과 그 결과 자체는 있을 것이나 <말해진 언어>인 <담화>는 언어장(言語場)에 남겨지지 않고, <쓰여진 언어>인 <텍스트>는 언어장을 초월하여 여전히 남아 있다고 말할 수 있다.

흥미로운 것은, 종종 이야기되는 것처럼 'text'의 어원은 '엮어서 만든 것'

---

1) <담화>를 분석하기 위해 문자화함으로써 얻어지는 <쓰여진 언어>는 어디까지나 문자화 이전의 <말해진 언어>의 투영이며, 글쓴이가 생각해서 쓴 정리된 <쓰여진 언어>의 본질과 사뭇 다른 메타언어적인 성격도 갖는다.

이고, 'discourse'의 어원은 '코스에서 벗어나 뛰어다니는 것'이다.[2] 용어 어원에서도 이와 같은 용어의 성격의 차이를 짐작할 수 있다.

1.3 기존의 연구는 <담화>와 <텍스트>를 어떻게 다루고 있는가?

이상과 같이 이 책의 용어의 정의를 확인하였다. 그렇다면 여러 연구자들은 <담화>와 <텍스트>라는 용어를 어떻게 정의하고 있는지, 어떻게 보고 있는지 살펴보자. <담화>와 <텍스트>라는 용어가 언어학자들에 의해 다양한 의미로 사용되고 있는 점이 대단히 흥미롭다.

1.3.1 구미(歐美) 언어학에서의 <담화>와 <텍스트>의 정의

1.3.1.1 구미(歐美)의 학자들이 말하는 <담화> (1)

언어학에 있어서 <담화>(discourse)라는 용어를 최초로 사용한 것으로 알려진 Harris(1951)는 말하는 것과 쓰는 것을 합쳐 <담화>라고 부르고 있다.

그런데 실제 해당 논고에서는 <담화>(discourse)의 예로 기본적으로는 <쓰여진 언어>에 의한 예가 제시되고 있다. Harris(1951:11-12)는 담화의 필요성을 다음과 같이 서술하고 있다 :

> 한편 하나의 발화보다 긴, 하나로 연속된 것(stretches)은, 현행 기술언어학에서

---

2) 小西友七・南出康世(고니시 도모시치・미나미데 고우세 2001) 참조.

> 는 보통 고려되고 있지 않다. 언어학자가 사용하는 (여러) 발화(uttrerances)는, 종종 보다 긴 (여러) 담화(discourse) 속에서 나타난다. 그 담화에는 한 사람의 화자(피험자에게서 얻어진 텍스트 속에서), 혹은 한 사람 이상의 화자(회화 속에서)가 포함된다. 그렇지만 언어학자는 한 번에 하나의 발화 속에서만 여러 요소의 상호관계를 고려한다. 이는 소재의, 그에 어울리는 기술을 가능하게 한다. 왜냐하면 각각의 발화(혹은 발화 타입) 속에서 여러 요소의 제관계가 밝혀지며, 그리고 어떠한 보다 긴 발화도 발화의 하나의 연속으로서, 즉 정해진 제관계를 가진 여러 요소의 연결(succession of elements)로서 기술할 수 있기 때문이다. (중략) 그와 같은 연구가 필요로 하는 데이터나 분석의 양은 단일한 여러 발화 안에서 여러 요소의 관계를 정하기 위해 요구되는 양보다 많다. 이러한 이유로 현재의 실천은 발화에 그치고, 이하에서 설명할 그 절차도 이 점을 뛰어넘지 못하는 것이다. (인용자 역)

Harris(1951)는 발화 간의 상호관계를 보기 위한 담화의 필요성을 말하면서도 Harris(1951:vii)의 서문에서는 “Exact linguistic analysis does not go beyond the limits of a sentence”(언어의 정밀한 분석은 하나의 문장(sentence)의 경계를 넘지 않는다.)고 강조하고 있는 점이 상당히 흥미롭다.

또한 Benveniste(1966:129,130)와 그 영문 번역본인 Benveniste(1971:10)에서는 ‘discours’(담화)에 대해 이하와 같이 논하고 있다 :

> 우리들은 여기에서 다음과 같은 결론을 얻는다. 즉 문장(불어 : phrase; 영어 : sentence)을 가지고 기호의 한 가지 시스템(불어 : systeme de signes; 영어 : a system of signs)으로서의 언어의 영역에서 벗어나, 다른 세계, 커뮤니케이션----그 표현이 담화(불어 : discours; 영어 : discourse)인 것인데----그 수단으로서의 언어 세계에 들어가는 것이다. (인용자 역)

즉, Benveniste(1966:129-130)는 문장 ‘phrase’(sentence)를 “기호 시스템으로서의 언어” 영역에, 담화 ‘discours’(discourse)를 “커뮤니케이션 수단으로서의 언어” 영역으로 보고 있는 것이다. 매우 명석한 개념 부여이다.

<담화>에 대해서 다른 논자들은 이하와 같이 정의하고 있다 :

Wunderlich(1976:120)
나는 담화를 발화행위의 연속이라고 생각한다. (인용자 역)

Crystal(1980:115)
담화는 언어학에 있어서, 이론 이전의 상태를 가지는, 행동 단위이다; 그것은 예를 들어 대화, 농담, 설교, 인터뷰 등 인식 가능한 모든 말하기라는 언어 행위를 구성하는 발화의 집합이다.(인용자 역)

Schiffrin(1994:39)
담화는 (복수의) 발화(utterances)이다. 이 관점은 담화는 언어의 다른 단위보다 '높은 차원의'(above) 즉 보다 큰(larger than) 것이라는 사고방식을 취한다; 그렇지만 발화(문장이 아닌)는 담화가 그것에 의해 구성되는 보다 작은 단위라고 봄으로써 우리는 이렇게 말할 수 있다. 담화는 언어구조의 문맥이 없는 단위의 집합체가 아니라 언어 사용의, 본질적으로 문맥화된 단위(inherently contextualized units)의 집합체(a collection)로서 나타난다.(인용자 역)

Schiffrin, Tannen & Hamilton(eds.)(2001:1)은 'discourse'라는 용어를 각 분야의 언어 연구자가 다른 의미로 사용하고 있다고 말하며 대부분의 경우 "문장보다 큰 것"으로 정하고 있다고 말한다. 또 <discourse 연구>는 <언어사용 연구>로 이해하는 경우가 많다고도 서술하고 있다.

같은 책에서 Tannen(2001:3)은 담화분석의 전개를 되돌아보고, 담화분석의 다양화에 따라 'discourse'(담화)라는 용어는 오늘날 거의 '언어'(language)와 동일한 것으로 되어 있다고까지 말하고 있다.

1.3.1.2 구미(歐美)의 학자들이 말하는 <담화> (2)

한편, <말해진 언어>와 <쓰여진 언어>를 구별하지 않고 명확히 둘을

<담화>라고 부르는 연구자도 적지 않다. Sinclair & Coulthard(1975:8)에서는 'written text'도 'spoken text'도 'discourse' 안에서 다루고 있다.

또 이하에 제시하는 Stubbs(1983:1)와 같이 <말해진 언어>와 <쓰여진 언어>를 포함하여 <담화>라 부르고, <담화>와 <텍스트>의 구별을 하지 않는 것을 명언(明言)하는 입장도 있다 :

> Stubbs(1983:1,9)
> '담화분석'이라는 용어는 극히 애매하다. 이 책에서는 나는 이 용어를 주로 '자연히 생겨난, 연속체를 이루는 음성(音聲) 언어 및 서기(書記) 언어에 의한 담화 분석'이라는 의미로 사용하기로 한다. 대략적으로 말해 이는 문장과 혹은 절(節)의 한 단계 위에 위치하는 언어, 즉 회화에 있어서 말의 교환이나 쓰여진 텍스트와 같은 더 큰 언어단위의 연구를 가리킨다. (중략) '텍스트'와 '담화'라는 용어는 종종 애매하고 혼란을 초래하므로 설명이 필요하다. 나는 이 두 가지 용어 사이에 중대한 경계선을 그을 생각은 없다. (南出康生・內田聖仁 미나미데 고세이・우치다 세이지 일본어 역 1989:2,11)

1.3.1.3 구미(歐美)의 학자들이 말하는 <텍스트>

'텍스트 언어학'을 주장하는 입장에서는 <텍스트>가 어떻게 그려지고 있을까. Beaugrande & Dressler(1981)은 '텍스트'에 대해 다음과 같이 서술하고 있다 :

> Beaugrande & Dressler(1981:3)
> 텍스트란, 커뮤니케이션을 위한 사태로, 텍스트성의 7가지 기준을 충족시키는 것이라고 정의한다. (池上嘉彦・三宮郁子・川村三喜男・伊藤たかね 이케가미 요시히코・산노미야 이쿠코・가와무라 미키오・이토 다카네 편 일본어 역 1984:5)

그리고 '텍스트성'의 7가지 기준으로, 결속구조(문법적 의존에 근거하여 성립), 결속성(텍스트 세계, 즉 표층 텍스트의 배후가 되는 개념), 의도성, 용인성, 정보성, 장면성, 텍스트 간 상호관련성을 들고 있다. 또 '텍스트 언어학'에 대해서도 이하와 같이 역설하고 있다 :

> Beaugrande & Dressler(1981:15)
> 텍스트의 경우는 그 대부분의 측면은 텍스트가 어떻게 생산되고, 제시되고, 그리고 수용되는가라는 관점에서 봤을 때 비로소 체계적으로 다룰 수 있는 것이다. 통상적인 언어학에서의 물음이 <분석을 통해 언어에 내재되어 있는 어떠한 구조를 명확히 밝힐 수 있는가> 에 있다고 한다면 우리가 제기하고 싶은 물음(Ⅲ.6 참조)은 <발견 가능한 구조가 결정과 선택이라는 조작을 통해 어떻게 만들어질 수 있는가, 그리고 그와 같은 조작은 커뮤니케이션의 상호작용에 있어서 어떠한 의미를 갖는가> 라는 것이 될 것이다. (池上嘉彦・三宮郁子・川村三喜男・伊藤たかね 이케가미 요시히코・산노미야 이쿠코・가와무라 미키오・이토 다카네 편 일본어 역 1984:22-23)

요컨대 Beaugrande & Dressler(1981)는 '텍스트'는 커뮤니케이션의 '사태'(出來事; occurrence)이며 '텍스트 언어학'은 커뮤니케이션이 상호작용에 의해 만들어지는 구조를 보는 것으로 다루고 있다고 말할 수 있다.

<텍스트>라는 용어로 <말해진 언어>와 <쓰여진 언어> 양자를 다루는 논고도 있다 :

> Halliday & Hassan(1976:1-2)
> 텍스트(text)라는 단어는 말해진 언어나 쓰여진 언어에 있어서 그것이 말해진 것이든 쓰여진 것이든 길고 짧음에 상관 없이 통일된 전체를 구성하는 한 구절을 가리키기 위해 언어학에서 사용된다. 텍스트는 언어사용의 단위이다. 텍스트는 통상 의미적인 단위로 생각되고 있다 : 즉 형태의 단위가 아닌 의미의 단위이다. (인용자 역)

> Crystal(1980:354)
> 주목해야 할 중요한 것은 텍스트는 쓰여진 혹은 말해진 소재의 집합체, 예를

들어 회화나 독화, 의식에서의 강연 등을 가리킬 수 있다는 점이다. (인용자 역)

Halliday & Hassan(1976)이나 Crystal(1980)은 '텍스트'는 실질적으로 말해진 <담화>를 포함할 수 있는 용어로 보고 있는 듯하다.

1.3.1.4 <텍스트>와 <담화>를 동일시하는 입장

Chafe(1992)는 <말해진 언어>와 <쓰여진 언어>를 구별하지 않고, '문장보다 큰 언어 단위'로서 <담화>, <텍스트>를 다루고 있다 :

Chafe(1992:356)
'담화'라는 용어는 각 학자들에 의해 다소 다른 방식으로 사용된다. 그러나 차이를 결정 짓게 하는 것은 독립된 문장의 경계를 넘어서는 것과 같은, 언어에 대한 공통의 관심이다. '텍스트'라는 용어도 마찬가지로 사용된다. 어느 쪽의 용어도 문장보다 큰 언어단위를 가리킬 수 있다. 이를테면 '하나의 담화'나 '하나의 텍스트'라고 말할 수 있는 것이다. (인용자 역)

1.3.1.5 <텍스트>와 <담화>를 구별하는 입장

이러한 흐름 속에서도 수는 많지 않으나 <담화>와 <텍스트>를 구별하는 정의도 보인다. <담화>와 <텍스트>를 구별하는 논의로 다음과 같은 것이 있다 :

Coulthard(1977;1985;3)
나는 이제까지 <하나시코토바>(입말)에 의한 것과 <가키코토바>(글말)를 구별하는 입장을 취해 왔다. (吉村昭市・貫井孝典・鎌田修 요시무라 쇼이치・누키 다카노리・가마타 오사무 일본어 역 1999:16)

van Dijk(1977:3)
화용론 레벨의 기술에서는 복문과 연속된 문장 사이에는 체계적인 차이가 존재한다. 그리고 문장의 의미는 같은 발화 내의 다른 문장의 의미에 의존하는지도 모른다. 복문이나 중문의 절(節)의 의미와 늘 같은 양상이 되는 것은 아니지만, 이러한 것은 발화가 더 큰 단위, 즉 텍스트의 그것이라는 점에서 재구성되어야 한다는 가정으로 우리를 이끌고 있던 이유이다. 이 용어는 여기서는 추상적인 이론 구조체, 보통 담화라 불리는 것을 내부에 가진 구조체를 나타내는 데 사용된다. 텍스트적인 구조에 배치될 수 있는 여러 담화는 이리하여 용인 가능성의 이 레벨에서 그 언어가 용인할 수 있을 담화이다. 즉 문법적으로 부합하는 해석 가능한 것이다. 대화적인 담화의 가능성을 우리는 경시하고 만다. 즉 다른 화자에 의한 일련(一連)의 발화 가능성을 말이다. 그렇지만 다음과 같이 가정해 볼 수 있을 것이다. 그런 일련의 발화도 또한 여기서 논의되는 바와 같이, 한 사람의 담화의 그것과 비슷한 텍스트 구조를 갖는다고. (인용자 역)

Brown & Yule(1983:24)
그런 접근법은 **생산물로서의 텍스트**라는 관점에서의 것으로 기술하자. 이들 두 가지(대상으로서의 문장(sentence)과 생산물로서의 텍스트를 가리킨다 : 인용자 주)의 광의의 접근법에 대해, 이 책에서 취하고 있는 관점은 **과정으로서의 담화**라는 관점으로 특징지을 수 있을 것이다. (인용자 역)

1.3.2 일본어학 학자들이 말하는 <담화>와 <텍스트>

한편 일본어학에서 처음으로 본격적으로 문장을 넘어서는 언어단위를 제창한 것은 時枝誠記(도키에다 모토키 1950)의 '글월(文章 text)'[3]이라는 단위였다. 영어권의 많은 논자들과 마찬가지로 <말해진 언어>, <쓰여진 언어>를 구별하지 않고 있으나, 문자로 쓰여진 언어에 특화하여 '글월'(text)이라고 부

3) 한국어의 '문장'이라는 용어는 일반적으로 일본어의 <문장>(文章)뿐만 아니라 <문>(文)에 상당하는 단위로서 활발히 사용된다. sentence와 text를 구별하기 위해, text로서의 '문장'은 '글월'이라는 용어를 필요에 따라 사용하기로 한다.

르고 있는 것이다. 그 이전에는 수사학, 문체론 등의 분야에서 '글월'이라는 용어가 사용되고 있었으나 문법론에서는 야마다 요시오(山田孝雄), 마쓰시타 다이자부로(松下大三郎), 하시모토 신키치(橋本進吉) 등의 대학자가 있으면서도 텍스트로서의 '글월'을 따로 채택하여 다루는 경우는 거의 없었다.

그 이유를 橋本進吉(하시모토 신키치 1948;1956:5)의 이하와 같은 기술에서 발견할 수 있다 :

> 사람들이 언어에 의해 자신의 사상을 전달하는 경우에는 언제나 그것을 문장(文)(sentence : 인용자 주)의 형태로 사용하므로, 하나의 문장만으로 목적을 달성하지 못하는 경우에도 문장을 몇 개이고 덧붙이는 것이지 문장 이외의 것을 사용하는 것이 아니기 때문에 문장은 문법을 다루는 언어단위의 가장 큰 것이며, 그것을 분해하면 더 작은 언어단위가 발견되는 것이다.

요컨대 '문장'(sentence) 이상의 대상이 있다고 하더라도 그것은 언제나 문장에서 만들어지며 문장으로 환원하여 볼 수 있다고 보고 있는 것으로 그 이상의 큰 언어단위로의 인식은 필요하지 않다고 생각하였을 것이다. 이 점은 <담화론> <텍스트론>과 그 이전의 문법론을 나누는 중요한 포인트가 된다.

글월(text)은 문장(sentence)으로 환원할 수 있다는 사고방식이 지배적인 가운데 도키에다 모토키(時枝誠記 1950)는 '어론(語論)'과 '문장론(文論)'에 더해 '글월론(文章論)'을 정립시키고, '글월'(文章)을 다음과 같이 정의했다 :

> 時枝誠記(도키에다 모토키 1950;1966:18,19)
> 글월(文章)은 종래 단어 및 문장의 집적, 혹은 운용으로서 다루어졌던 것으로 예를 들어 마쓰오 바쇼(松尾芭蕉)의 『오쿠노 호소미치(奥の細道)』[4]나 나쓰메

---

4) 에도[江戶]시대 1702년에 간행된 松尾芭蕉(마쓰오 바쇼 1644-1694)의 기행문집. 많은 하이쿠가 수록되어 있다. <오쿠노 호소미치>는 직역을 하면 <안쪽의 좁은 길>.

> 소세키(夏目漱石)의 『행인(行人)』[5]과 같은 한 편의 언어적 작품을 말하는 것이다. 이들 글월이 그 자신이 하나의 통일체라는 점에서 단어(語)나 문장(文)과 다름이 없다는 것은 확실하다.

글월이 "그 자신이 하나의 통일체"라는 것에 날카롭게 주목하고 있는 것이 보인다. 또 時枝誠記(도키에다 모토키 1950;1966:246)에서는 이하와 같이 '글월'(文章)의 '성분'에 대해서도 기술하고 있어 주목할 만하다 :

> 글월의 성분은 일반적으로 문절(文節), 문단(文段), 단락(段落)이라 불리는 혹은 전체와의 상호연관 상에서 장(章)이나 편(篇)이라 불리는 경우가 있다. (중략) 문론(文論)에서 여러 가지 격에 대한 설명이 있는 것처럼 문장론(文章論)에서도 당연히 그 성분론이 필요한 것이다.

요컨대 이 시기부터 時枝誠記(도키에다 모토키 1950)는 오늘날 담화론에서 말하는 '문단'(文段), '단락'(段落), '화단'(話段)이라는 단위의 필요성을 예기하고 있던 것으로, 이 점은 주목할 만하다.

한편, 일본의 대표적인 언어학사전인 龜井孝・河野六郎・千野榮一(가메이 다카시・고노 로쿠로・지노 에이치) 편저(1996)는 <담화>와 <텍스트>를 어떻게 정의하고 있을까 :

> 龜井孝・河野六郎・千野榮一(가메이 다카시・고노 로쿠로・지노 에이치 편저 1996:897) : '담화'에 대해서
> 몇 개의 문장이 연속되고 통일감 있는 내용을 가진 언어표현을 담화라 한다. 말해진 것, 쓰여진 것 둘 다를 포함한다. 예를 들어 일상회화, 스피치, 뉴스, 편지, 소설, 광고문 등. (중략) 담화는 텍스트(text)와 같은 의미로 쓰이는 경우도 있다. (중략) 국어학에서는 담화에 해당하는 개념으로서 '글월'(文章)이라는 용

---

5) 1912년에서 1913년에 걸쳐 <아사히신문>에 연재된 夏目漱石(나쓰메 소세키 1867-1916)의 장편 소설.

어가 사용되고 있다. (중략) 담화는 말이나 문장과 달리 언제나 구체적인 장(場)(field, 장면)이 있어야 성립하는 것이며, 이른바 파롤(parole)의 영역에 속하는 것이라고 말할 수 있다.

龜井孝・河野六郎・千野榮一(가메이 다카시・고노 로쿠로・지노 에이치) 편저(1996:956) : '텍스트'에 대해서
텍스트란 어떤 작품, 그것도 쓰여진 작품의 본체를 이루는 언어표현을 말한다. (중략) 텍스트란 본래 문헌학(philology)의 대상이다.

龜井孝・河野六郎・千野榮一(가메이 다카시・고노 로쿠로・지노 에이치) 편저(1996)는 <담화>는 <말해진 언어>와 <쓰여진 언어> 양자를 포함하는 것으로, <텍스트>는 <쓰여진 언어>만을 가리키는 용어로 보고 있다. <담화> 쪽을 보다 넓은 의미로 보고 있는 것이다.

1.3.2.1 일본어학의 <담화>의 위치

다음으로 <담화>라는 용어에 대한 여러 학자들의 정의를 살펴보자.

南不二男(미나미 후지오 1972)는 <담화>를 쓰여진 언어의 단위 명칭으로 사용하고 있으며, 久野暲(구노 스스무 1978;1996)에서도 연구자의 작문 등 쓰여진 언어에 의한 문장을 제재로 한 '담화'를 논하고 있다.

또 '하나시코토바'(입말체)와 '가키코토바'(글말체) 양자를 '담화'라 부르는 경우도 있다. 다음 예들에서 사용되는 '하나시코토바'(입말체)라는 용어는 이 책이 말하는 언어의 존재양식으로서의 <말해진 언어>와, 「표현・문체」로서의 <입말체>를 확실히 구별하지 않고 사용할 때가 종종 있다. '가키코토바'(글말체) 역시 마찬가지로 <쓰여진 언어>를 가리키는 것인지 표현이나 문체로서의 <글말체>를 가리키는 것인지 그 구별은 뚜렷하지 않다.

南不二男(미나미 후지오 1983:92)는 <말해진 언어>로서의 '하나시코토바'와 <쓰여진 언어>로서의 '가키코토바'의 예를 들고 "이와 같은 한 덩어리의

언어표현을 여기서는 '담화'라 부른다"고 정의하고 있다. 그 외의 논자들에서도 이하와 같은 기술이 보인다 :

メイナード(메이너드 2004:2)
'하나시코토바'와 '가키코토바'를 포함하여 담화라는 표현을 사용해 왔다.

砂川有里子(스나가와 유리코 2005:4)
'하나시코토바'든 '가키코토바'든, 커뮤니케이션을 위해 말을 사용하는 것을 '담화'라고 부르고 싶다. (중략) 생성 과정을 포함한 개념으로서 '담화'라는 용어를 사용하고, 문자화된 회화자료나 쓰여진 글월(文章)을 가리키는 경우에는 '텍스트'라는 용어를 사용하기로 한다.

岡本能理子(오카모토 노리코 2005a:333)
일반적으로 담화란, 하나의 문장을 넘어서는 어떠한 의미적 덩어리를 가진 결속성 있는 문장의 집합을 말한다. '하나시코토바'(여기서는 <말해진 언어>를 가리킴 : 인용자)에서는 회화(conversation), '가키코토바'(여기서는 <쓰여진 언어>를 가리킴 : 인용자)에서는 텍스트(text)를 가리키고 (중략) 구별하는 경향이 있다. (중략) 최근 '담화'의 경우에는 말하는이와 듣는이의 관계에 따른 상호행위에 주목한 실제의 회화, '하나시코토바'(여기서는 <말해진 언어>를 가리킴 : 인용자)를 가리키는 경우가 많아지고 있다.

이들은 '담화'라는 용어를 <말해진 언어> <쓰여진 언어>의 양쪽에서 사용하는 입장이라 할 수 있다.

1.3.2.2 일본어학의 <문장>, <텍스트>의 위치

'문장'과 '텍스트'에 관련해 다음과 같은 기술도 봐 두자 :

永野賢(나가노 마사루 1986:22)
문장(文章)이란 하나의 계속된 언어표현이며, 하나의 문장에서는 표현할 수 없는 하나의 사항을 두 개 이상의 문장(文)의 연결이라는 절차로 표현한 한 덩어리인 것이다.

野田尙史(노다 히사시 2002:17)
텍스트(text)는 보통 복수의 문장(文)으로 구성되어 있으나 텍스트를 구성하는 복수의 문장(文)은 모두 서로 대등한 관계로 연결되어 있는 것은 아니다.

1.3.2.3 일본어학에서 <담화>와 <텍스트>를 동일시하는 입장

다음과 같이 '담화'와 '텍스트', '문장'을 동일한 개념으로 보는 입장도 있다 :

池上嘉彦(이케가미 요시히코 1983;1999:7)
여기서 말하는 '텍스트'(text) 혹은 '담화'(discourse)란 '문장'(sentence)의 한층 더 위에 서는 언어적 단위를 상정하고 그것에 부여된 용어이다. 국어학에서는 '문장'이라는 용어로 생각되어져 왔던 것이 대부분 여기에 대응한다고 생각해도 좋다.

1.3.2.4 일본어학의 <담화>, <텍스트>를 구별하는 입장

일본어학에서는 '담화'라는 용어가 <말해진 언어>와 <쓰여진 언어>의 총체로서 불려지는 경우가 많고, 대체로 문장(文)보다 큰 단위로서 '문장'(文章), '담화', '텍스트'라는 용어를 사용하는 경향이 있었다. 그러나 사쿠마 마유미(佐久間まゆみ 2002)와 같이 '문장'(文章)과 '담화'를 '문자언어'와 '음성언어'로 명확하게 구별하는 입장도 있어 주목된다 :

佐久間まゆみ(사쿠마 마유미 2002:119)
문장(文章)과 담화는 각각 일본어의 문자언어와 음성언어에 의한 커뮤니케이션의 유일한 실현형태이며 가장 크고 가장 구체적인 언어단위이다.

1.3.3 한국어학 학자들이 말하는 <담화>와 <텍스트>

한국어학에서는 다음과 같은 정의가 이루어지고 있다 :

최현배(1929;1994:736)
글월갈(修辭學)은 많은 하나됨과 많은 따로섬을 가진 여러 월이 모혀서 커다란 생각의 발표가 된 것을 다루는 것이다.

이희승(1949:7)
말 소리는 아무 형체(形體)도 없어서 입으로 내는 직시에 곧 사라져 버리므로, 그것을 눈으로 볼 수 있는 표로 바꾸어서 적어 놓은 것이 곧 글(文章)이다.

또 '이야기'라는 용어로 담화나 텍스트의 개념을 정리하고 있는 이하와 같은 주장이 있다. 구미(歐美) 언어학이나 일본어학의 개념과는 다른 매우 흥미로운 용어이다 :

남기심 · 고영근(1985;1993:407)
이야기는 담화문법(談話文法, discourse grammar)의 '화'(話)에 해당하기도 하고 텍스트 문법(textgrammatik)의 텍스트(text)의 개념과 유사하기도 하다. 이야기에는 일차적으로 화자와 청자를 중심으로 나타나는 구체적인 언어활동은 물론 문장이 모여서 이루어진 한 덩어리의 글도 포함된다. 텍스트란 문장보다 한 단계 높은 문법단위로서…. (이하 생략)

고영근(高永根 1995:255-256,268)
필자는 양자가 대립된다는 관점을 취하기보다는 담화를 관찰적인 층위의 단위로 보고 텍스트를 추상적인 층위의 단위로 보아 전자가 후자에 종속되는 개념으로 파악하는 태도를 취하고자 한다. (중략) 텍스트가 문장을 뛰어넘는 단위이기는 하나 그 실체가 무엇인가 하는 문제에 대하여는 의견이 통일되어 있지 않다. 기호학적 관점에서 텍스트를 단순히 문장의 상위 단위로 보는 태도와, 행위이론의 관점에서 텍스트를 일차적인 언어단위로 보는 태도로 그 의견을 좁힐 수 있다. (중략) 텍스트를 우리말로 어떻게 불러야 할까? 구두어(口頭語)와 서사어(書寫語)에 나타나는 텍스트 자료를 포괄할 수 있는 합당한 용어의 탐색이 절실하다. 필자는 '이야기'라는 고유어를 텍스트에 해당하는 개념으로 쓰고자 한다.

1.3.4 여러 언어학자들이 말하는 <담화>와 <텍스트>의 용어를 되돌아보며

이상 <담화>와 <텍스트>를 둘러싼 논의를 검토해 보았다. 언어학자들은 담화와 텍스트, 글월(文章)을 문장(sentence)을 넘어선 언어단위로서 본다는 입장에는 대부분 공통된 견해를 보인다.

그러나 <말해진 언어>와 <쓰여진 언어>의 관계에서 담화와 텍스트의 용어의 정의를 보면 여러 언어학자들이 취하고 있는 입장은 크게 달라진다. 이 점에 관하여 <말해진 언어>와 <쓰여진 언어>라는 각각의 양식을 구별해서 다루고 있는가, 또한 용어상에서도 명시적으로 구별하고 있는가에 따라서 분류하면 대략 다음과 같이 나눌 수 있다 :

(1) <말해진 언어>와 <쓰여진 언어>의 구별이 불분명한 논고
- (1-1) '담화'를 <말해진 언어>로서 파악함 : Harris(1951), Benveniste(1966), Wunderlich(1976), Crystal(1980), Schiffrin(1994), 고영근(1995)
- (1-2) '담화'를 <쓰여진 언어>로서 파악함 : 南不二男(미나미 후지오 1972), 久野暲(구노 스스무 1978;1996)
- (1-3) '텍스트'를 <말해진 언어>로서 파악함 : Beaugrande & Dressler(1981)

(2) <말해진 언어>와 <쓰여진 언어>의 구별을 명시하지 않은 논고

(2-1) <말해진 언어>와 <쓰여진 언어>를 구별하지 않고 '담화'로 부름 : Stubbs(1983:1,9), Sinclair & Coulthard(1975:8), 南不二男(미나미 후지오 1983:92), メイナード(메이너드 2004:2), 砂川有里子(스나가와 유리코 2005:4), 岡本能理子(오카모토 노리코 2005a:333)

(2-2) <말해진 언어>와 <쓰여진 언어>를 구별하지 않고 '이야기'로 부름 : 남기심 · 고영근(1985;1995), 고영근(1995)

(2-3) <말해진 언어>와 <쓰여진 언어>를 명시적으로는 구별하지 않고 '텍스트'로 부름 : Halliday & Hassan(1976), Crystal(1980), 野田尙史(노다 히사시 2002)

(2-4) <말해진 언어>와 <쓰여진 언어>를 구별하지 않고 '문장'으로 부름 : 時枝誠記(도키에다 모토키 1950;1966), 永野賢 (나가노 마사루 1986:22), 최현배(1929:1994), 이희승(1949)

(2-5) <말해진 언어>와 <쓰여진 언어>를 구별하지 않고 <담화>와 <텍스트>도 구별하지 않음 : Chafe(1992), 이케가미 요시히코(池上嘉彦 1983)

(3) <말해진 언어>와 <쓰여진 언어>를 구별하는 논고

(3-1) <말해진 언어>와 <쓰여진 언어>를 구별하여 <담화>와 <텍스트>를 구별함 : Coulthard(1977;1985), van Dijk(1977), Brown & Yule(1983), 사쿠마 마유미(佐久間まゆみ 2002), 野間秀樹(노마 히데키 2007a, 2008), 金珍娥(김진아 2006)

위와 같이 분류해 봄으로써 <담화> <텍스트>라는 용어를 <말해진 언어> <쓰여진 언어>와의 관계에서 명확히 구별하여 논의하고 있는가를 파악할 수 있을 것이다.

이 책은 1.2.3에서 논의한 바와 같이 <말해진 언어>와 <쓰여진 언어>와

의 관계에서 <말해진 언어>의 실현체를 <담화>, <쓰여진 언어>의 실현체를 <텍스트>라고 부르며 구별한다.

1.4 '하나시코토바'(입말체)와 '가키코토바'(글말체)의 모호함

이렇게 기존의 논고들을 살펴봄으로써 또 한 가지 분명히 해야 할 용어의 문제와 부딪치게 된다. 그것은 일본어학의 '하나시코토바'(話ことば 입말체)와 '가키코토바'(書きことば 글말체)라는 용어이다.

'하나시코토바'(입말체)와 '가키코토바'(글말체)에 대해 大石初太郎(오이시 하쓰타로 1958:51)는 '하나시코토바'를 '음성에 의한 언어', '가키코토바'를 '문자에 의한 언어'로 분류하고 있다.[6] 또 金田一春彦(긴다이치 하루히코 1983:3)은 다음과 같이 논의하고 있다 :

> '하나시코토바'는 일종의 소리이다. 이것은 '가키코토바'가 일종의 도형인 것과 대비된다. (중략) 소리를 내는 것은 '말'(話し) 혹은 '말투'(物言い)이다. 그 결과 나온 소리가 말이며 이것을 '하나시코토바'라 부르는 것이 명확하다.

이렇게 '하나시코토바'를 '음성에 의한 언어', '가키코토바'를 '문자에 의한 언어'라 하는 사고방식을 일반적으로 취해 왔다. 그러나 '하나시코토바'(입말체)와 '가키코토바'(글말체)가 구별하기 어려운 대상이라고 보는 メイナード(메이너드 2004:2)와 같은 지적도 있다 :

---

6) 大石初太郎(오이시 하쓰타로 1958:51)는 "담화체의 가키코토바, 예를 들어 소설, 각본의 회화문 등은 (중략) 목적에 따라서는 그것들을 지교코시 하나시코토바에 대해 생각하는 것도 허용된다."라고도 말하고 있는데 이러한 표현에서 '하나시코토바'와 '가키코토바'를 명확히 구별하고 있지 않음을 알 수 있다. 그러나 이 책에서는 이하에서 서술하고 있는 바와 같이 소설, 각본의 회화문도 <입말체>라는 문체의 <쓰여진 언어>이며, <말해진 언어>의 일종으로는 생각하지 않는다.

> 예를 들어 기술(記述)되어 출판되는 '대담'(對談)을 생각해 보자. 그것은 분명히 문자화된 말이나 대담은 '하나시코토바'(입말체)에 가까운 형태로 기술된다. 마찬가지로 만화 안의 말, 소설의 회화 부분, 간단한 인터뷰 기사 등은 한층 더 '하나시코토바'에 가까운 표현이다. (중략) 그리고 인터넷 상의 BBS나 채팅에서 사용되는 일본어는 음성을 동반하지 않는 말이지만, '하나시코토바'처럼 기능한다. 이렇게 언어의 실제를 관찰해보면 소위 말하는 '가키코토바'(글말체)로서의 문장과 '하나시코토바'로서의 담화의 구별이 쉽지 않은 경우가 많다 :

또 岡本能理子(오카모토 노리코 2005b:346)도 다음과 같이 メイナード(메이너드 2004:2)와 동일한 문제를 지적하고 있다 :

> 문자로 전달된 것이 '가키코토바'(글말체)이고 음성으로 전달된 것이 '하나시코토바'(입말체)라고는 말할 수 없다. 특히 최근 활발해지고 있는 인터넷 상의 채팅(수다)이라 불리는 대화가 행해지고 있는 것을 보더라도 그 구별이 점점 더 어려워지고 있다.

그 개선책으로 メイナード(메이너드 2004:2)는 "'하나시코토바'(입말체)와 '가키코토바'(글말체)를 포함하여 담화"라고 보고 있으며, 岡本能理子(오카모토 노리코 2005b:346)는 "일본어 연구에서 1940년대부터 이 점에 주목하고 있던 永野賢(나가노 마사루 1947)는, '하나시코토바'와 '가키코토바'라는 구분이 아니라 듣는이가 눈앞에 있는 경우와 없는 경우로 나누어 전자를 '음성적 장면', 후자를 '문자적 장면'으로 보고 말과 '장면'의 관계를 파악했다"고 논하고, '음성'과 '문자'라는 말의 양식을 '장면'별로 정할 필요성을 기술하고 있다.

한편 水谷信子(미즈타니 노부코 2005:347)는 '하나시코토바'를 이하와 같이 정의하고 있다 :

> 상대가 있고 장면이 있는, 커뮤니케이션의 목적을 가지고 사용되는 것에 한정

> 한다. 또 음성언어이더라도 쓰여진 원고를 그대로 읽는 경우의 강연이나 텔레비전 뉴스는 '하나시코토바'(입말체)로서 다루지 않는다.

요컨대 "상대가 있고 장면이 있는 커뮤니케이션"을 보고, "강연이나 텔레비전 뉴스"는 '음성언어'이더라도 '하나시코토바'(입말체)가 아니라는 견해이다.

또 水谷信子(미즈타니 노부코 2005:348-349)는 '문자장면(文字場面)에서의 하나시코토바'(입말체)에 대해서 다음과 같이 서술하고 있다 :

> 전자메일이나 채팅 등에서는 문자 장면이면서도 종래 입말체의 특징이라 해왔던 '종조사'(終助詞)나 조사의 생략 등이 많이 보인다. 음성언어가 '하나시코토바'(입말체)가 아닌 것과 마찬가지로 문자언어도 '가키코토바'(글말체)라고 단순히는 말할 수 없게 되고 있다.…다양한 미디어의 발전에 따라 '하나시코토바'와 '가키코토바'의 경계가 모호해져 왔으며 (후략).

メイナード(메이너드 2004:2)와 岡本能理子(오카모토 노리코 2005:346)가 관찰한 양상이나 水谷信子(미즈타니 노부코 2005)의 이와 같은 견해는, 어휘나 문법 형태의 표현상의 문제와, 문체로서의 '하나시코토바'(입말체)와 '가키코토바'(글말체)의 구별이 애매해진 것에 대한 정확한 지적이다.

그런데 흥미롭게도 한편으로는 이러한 지적이 언어의 존재양식으로서의 <말해진 언어>와 <쓰여진 언어>를 본질적으로 구별할 수 없게 만드는 결과를 초래한다. 인터넷상의 쓰여진 채팅은 언어 존재양식의 관점에서는 의심할 것도 없이 <쓰여진 언어>로서 실현되었음에도 불구하고 그것들을 <말해진 언어>라는 뜻의 '하나시코토바'(입말체)로 논의하는 것은, 논의의 기준이 언어의 존재양식에서 출발했을 터인데 어느새 표현이나 문체레벨로 바뀌어져 버린 것을 뜻한다.

연구자들이 날카롭게 주목하고, 어떤 의미에서는 모순으로서 떠오른 이러한 문제는 <언어의 존재양식>과 <표현 · 문체>를 구별하는 것으로 극적으로 또 명확히 해결할 수 있다. <언어의 존재양식>과 <표현 · 문체>를 구별하는 관점에서 보면 다음과 같이 재규정할 수 있다 :

> '소설의 회화 부분'이나 '인터넷 상의 채팅'의 'ッテカンジデ' tekanjide(て感じで : 같은 느낌)'와 같은 표현은 말의 존재양식이라는 점에서는 어디까지나 <문자에 의한 말>이라는 존재양식으로 실현된 것이며, 표현, 문체라는 점에서는 <말하듯이 표현한다>라는 <입말체>의 표현 · 문체이다.
> 실제 회화에 나타난 'ノヨウデアル noyoudearu(のようである : –인 것 같다)' 등의 표현은 어디까지나 <음성에 의한 말>이라는 존재양식으로 실현된 것이며 <쓰여진 듯이 표현한다>라는 <글말체>의 문체로서의 실현이다.

'음성적 장면', '문자석 상면'과 같은 '상변'을 서술하는 것이 가능하나 하더라도 그것은 <언어의 존재양식>과 <문체>의 구별을 더 애매하게 할 수 있다. 또 "미디어의 발달에 따라 <말해진 언어>와 <쓰여진 언어>의 경계가 애매해지고" 있는 것이 아니라 그 '애매'함은 사실은 '음성'과 '문자'라는 언어의 존재양식과 '하나시코토바'(입말체)와 '가키코토바'(글말체)라는 문체의 구별이 이제까지 명확히 이루어지지 않았던 점에서 기인하는 것이다.

문자 언어, 즉 <쓰여진 언어>에서도 표현 · 문체로서의 <입말체>가 얼마든지 사용된다. 시나리오나 소설의 회화 부분 등이 그러하다. 음성언어, 즉 <말해진 언어>에도 표현 · 문체로서의 <글말체>가 얼마든지 사용될 수 있는 것이다.

1.5 <언어의 존재양식>과 <문체>와의 구별

앞서 살펴 본 것처럼 '담화'와 '텍스트', '하나시코토바'와 '가키코토바'

와 같은 용어는 연구자에 따라 다르게 사용되고 있고, 연구에 있어서는 반드시 명확한 개념 규정이 필요하다는 것을 알 수 있다. 특히 언어의 존재양식과 관련된 용어의 구별은 빼놓을 수 없다.

이 책에서는 다음과 같이 생각한다 :

<담화>와 <텍스트>는 언어의 존재양식인 <말해진 언어>와 <쓰여진 언어>에 의해 구별해야 할 대상이며, <입말체>와 <글말체>라는 언어표현, 문체의 차이로 구별해서는 안 된다.

즉 <말해진 언어>와 <쓰여진 언어>는 언어가 <음성으로서 존재하는가>, <문자로서 존재하는가>라는 언어가 존재하는 모습, 존재양식의 관점에서 구별하는 것이다. 존재양식은 문자 그대로 물리적으로 명백하게 구별할 수 있는 것이다. 이러한 물리적인 존재양식은 이 점에서 <입말체>와 <글말체>로 엄밀하게 구별된다 :

<말해진 언어>, <쓰여진 언어> : 언어의 물리적인 존재양식
<입말체>, <글말체> : 언어표현 · 문체

예를 들면 시나리오나 대본은 언어의 존재양식이라는 점에서 보면 어디까지나 <쓰여진 언어>이지만, 대본을 바탕으로 하여 연설이나 강연, 연극, 낭독 등으로 말해졌을 때는 그것은 물리적으로 <말해진 언어>로서 존재하는 것이다. Goffman(1981:162-195)은 강연에 대해 "청중을 어느 정도 상정한 소정의 텍스트(predetermined text)를 사용하면서도 강연자의 성별, 연령, 사회적 지위, 말투에 따라 청중과 직접적인 상호작용을 통해 이해를 구하는"(인용자가 요약) 것이라고 말하고 있다. 즉 <쓰여진 언어>를 바탕으로 <말하는> 경우에도 거기에서 화자의 개성, 사회적 속성, 듣는이의 반응 등 상호

작용이 있는 <말해진 언어>로서의 실현을 보는 것이다.

또 Goffman(1981:197-327)은 텍스트가 준비되어 있는 한 명의 말하는 이에 의한 라디오 방송에서는 "'uh' 등의 연결 발화나 말틀림, 그것의 수정, 말의 교체, 반복" 등이 보이며, 두 사람 이상의 회화에서는 "중복, 끼어들기, 애매성"(인용자가 요약) 등이 보인다고도 말하고 있다.

텍스트가 사전에 준비되어 있더라도 <쓰여진 언어>가 음성에 의해 <말해진 언어>로서 실현되자마자 언어의 존재양식이 달라지는 것과 동시에 언어의 표현 그 자체도 다르게 나타날 수 있는 것이다 :

> 원래는 <쓰여진 언어>이었더라도 그것이 일단 말해지는 형태를 취하자마자 그곳에서는 새롭게 <말해진 언어>로서의 존재를 보게 된다.

<쓰여진 언어>는 몇 번이고 반복해서 읽을 수 있으므로 결과적으로 처음의 형태가 남겨지지 않는 수정이 가능하다. 그런 면에서 정리되어 있다는 특징을 갖는다고 말할 수 있다. <말해진 언어>는 저돌적인 끼어들기, 도치, 말틀림과 그 수정, 반복, 덧붙이기, 말더듬기, 맞장구 등을 포함한 풍부한 언어현상이 자유롭게 나타난다.

양자의 더 큰 차이는 시간과 함께 순간적으로 사라져 버리는 선조성(線條性)[7]에 있다고 할 수 있다.

---

7) 말의 선조성이란, ソシュール(Saussure 1940;1972:101,146)에 의해 처음으로 다음과 같이 제창되었다 : "능기(能記)(여기서는 시니피앙 signifiant을 가리킴 : 인용자 주)는 청각적 성질의 것이므로, 시간 속에서만 전개되고, 그 여러 특질을 시간에 의존하고 있다 : a) 그것은 확장을 나타낸다. 그리고 b) 그 확장은 오직 하나의 차원에서 측정 가능하다 : 즉, 선이다.", "사람은 자칫하면 언어기호를 공간 속에 공존하고・혼동함이 없는 시각기호로 의심하고 싶어 한다 : 그리고 의의적 요소의 분해도 그와 동일하게 아무런 정신의 조작을 필요로 하지 않고 가능한 것으로 상상하고 있다. (중략) 그러나 주지하는 바와 같이 음연쇄(音連鎖)는 그 첫째 특질로서 선적이다." "그것만으로 보면 그것은 하나의 선, 하나의 이음새가 없는 리본에 지나지 않으며, 귀는 거기서 아무런 충분한・명확한 구분을 지각하지 않는다." 또 南不二男(미나미 후지오 1987:7)는 담화에는 "시간 축에 따른 행동 과정

이와 같은 선조성은 <말해진 언어>에서야말로 두드러진다. <쓰여진 언어>는 시간이 지나도 문자는 물리적인 한계까지 남아 그것을 시각적으로 파악하는 것이 가능하다.

낭독이나 뉴스, 강연 등 <쓰여진 언어>가 <말해진 언어>로서 나타날 때, 위에서 말한 <말해진 언어>의 특징이 경감되더라도, 그것은 어디까지나 <쓰여진 언어>가 아닌 음성언어로 <말해진 언어>로서 존재하는 것이다.

그리고 소설의 대화문이나 시나리오, 채팅 대화 등은 언어표현이 <입말체> 문체로 나타나더라도, 그것이 문자의 형태로 존재하고 있는 이상, <말해진 언어>로서는 존재하지 않는다. 쓰는 이 즉 필자의 사고에 의해 몇 번이고 정리되었을지도 모를 <쓰여진 언어>로서 존재한다. 다시 한 번, 이 책에서의 정의를 확인해 두자 :

말해진 언어 : 음성으로서의 존재양식을 갖는 언어
쓰여진 언어 : 문자로서의 존재양식을 갖는 언어

1.6 '구어'와 '문어'란?

'구어'와 '문어'라는 용어도 검토해 두지 않으면 안 된다. 이들 용어는 한국어와 일본어에서 사용되는 방식이 다르다. 한국어의 경우에는 노대규

(process)이 있다"고 하고, 노마 히데키(野間秀樹 1996a:17,2002a:73-74)는 "주로 소리로 듣는 청각적인 수용과정과 문자로 읽는 시각적인 수용과정을 겪는다는 언어의 전달과정의 차이를 넘어, 쓰인 언어는 말해지는 언어의 선조성(linearity)을 이미 부분적으로 상실하여 읽는 이의 내부에서 시간적인 가역성(可逆性 reversibility)을 획득하고 있다고 할 수 있다. 말하는 이(話者)의 입에서 나오는 소리는 선조성을 엄밀히 지키기 때문에 듣는 이(聽者)는 이미 지나간 음성을 되찾을 수 없다."고 말의 선조성에 대해 기술하고 있다.

(1996:15), 구현정 · 전영옥(2002:13-14) 등에서는 음성언어를 구어, 입말(口語)로, 문자언어를 문어, 글말(文語)로 부르고 있다.

'구어'나 '구어체'는 일본어에서도 한국어에서도 이른바 '하나시코토바'(話しことば)를 가리킬 수 있으나, '문어'나 '문어체'는 일본어에서는 일반적으로 <고어>(古語)를 가리킨다. 주로 헤이안(平安)시대의 언어를 중심으로 구성되는 고전어(古典語)이다. 한편 일본의 메이지(明治)시대의 소위 언문일치(言文一致) 운동을 겪고 제2차 대전 후에 널리 사용되게 된 <쓰여진 언어>에 사용되는 문체가 '구어'라 불린다. 신문, 잡지, 논문, 소설 등 현대 일본어의 대부분의 <쓰여진 언어>는 '구어'를 사용하는 셈이다. 그런데 <말해진 언어>에 대해서도 이 '구어'라는 용어를 사용할 경우가 있어서 이 또한 큰 혼란을 가져올 수 있는 용어이다.

한국어에서는 '구어'와 '문어'가 언어의 존재양식으로서의 <말해진 언어>, <쓰여진 언어>를 가리킬 수도 있고 또 표현이나 문체로서의 <입말체>, <글말체>를 가리키는 경우도 많다.[8] 즉, '구어', '문어'라는 용어는 언어의 존재양식을 가리키는 것인지 표현이나 문체를 가리키는 것인지가 불분명하다. 일본어학의 '하나시코토바'와 '가키코토바'처럼 한국어학에서도 '구어'와 '문어'라는 용어를 확실히 규정하지 않는다면 용어 사용상 그 모호함은 피하기 힘들 것이다.

일본어학에서 말하는 '구어체', '문어체'라는 용어는 본서에서는 <글말체>(書きことば)의 영역에 속하는 것으로, 어디까지나 <쓰여진 언어>(書かれたことば)의 문체를 가리키는 용어로서 규정한다.

이 책에서는 그 애매함을 피하기 위해서도 '구어' '문어'라는 용어는 사용하지 않기로 한다. 현대어 연구에서도 그렇고 문체사(文體史)를 볼 경우도 그렇고, 언어의 존재양식으로서의 <말해진 언어><쓰여진 언어>, 표현, 문

---

8) 구어와 문어의 용어에 있어서의 한국어와 일본어 사용법의 차이는 野間秀樹(노마 히데키 2008:351-352)의 각주 34)를 참조.

체로서의 <입말체><글말체>의 위치가 확립되어야 연구의 기초를 단단한 것으로 만들 수 있기 때문이다.

그러므로 예를 들면 이른바 '구어체'로 쓰여졌다고 불리는 소설이나 시나리오의 회화문은 <입말체>로 쓰여진, 어디까지나 <쓰여진 언어>의 영역의 것이며, 그런 소설이나 시나리오[9]는 절대 <말해진 언어>를 대신할 수 없고 <말해진 언어>도 아니다. 물론 반대로 표현・문체의 차원에서는 <말해진 언어>에도 고어적인 성질을 가진 '문어체' 표현이 나타날 수 있다.

1.7 언어의 존재양식에 비추어

구미(歐美) 언어학이나 일본어학, 한국어학에 있어서의 <말해진 언어>와 <쓰여진 언어>, <담화>와 <텍스트>, <입말체>(話しことば)와 <글말체>(書きことば)라는 용어의 개념을 고찰했다. 학자들의 정의와 기술에는 '언어', '말'에 대한 깊은 이해와 날카로운 통찰력이 관철되어 있었다. 대표적인 학자의 개념을 보는 것으로 용어의 대체적인 개념을 확인할 수 있었을 것이다. 동시에 용어 사용의 애매함이 언어 연구에 혼란을 초래하고 있다는 것도 아울러 엿볼 수 있었다.

이 책에서는 이와 같은 여러 학자들의 정의에 대해 배우며, 여러 개념들을 선명히 구별하고 재정립시키는 것에서부터 출발한다. 용어의 개념 규정은 경우에 따라서는 언어 연구의 근간과 관련된 것이기도 하다. 언어를 둘러싼 이러한 용어 개념 부여를 언제나 언어의 존재양식에 비추어 봄으로써 단단한 연구의 초석을 이룰 수 있게 될 것이다.

---

9) 노마 히데키(野間秀樹 1996a:36,2002a:96), 野間秀樹(노마히데키 2012d:528-529)에서는 소설이나 시나리오 등에서 보이는 회화문, 즉 쓰여진 문체의 회화체를 <의사회화체>(擬似會話体 : quasi-spoken style)라고 부르며, <말해진 언어>에서의 회화체와 구별하고 있다.

제2장

담화론이란

담화론이란

이 책이 <담화론>(discourse theory)이라 부르고 있는 연구는, 서론에서 본 바와 같이 ① <말해진 언어>에 대한 연구, ② 한 문장을 넘어서는 <담화> 레벨의 연구로 규정한다. 이 담화론을 기존의 연구 분야의 관점에서 보면 <화용론>(pragmatics), <회화분석>(conversation analysis), <담화분석>(discourse analysis)이라 불리는 분야도 포함하게 된다.

바꿔 말하면 이 책에서는 이들 3가지 분야를 핵으로 하는 연구 분야를 <담화론>이라는 형태로 통합하려는 것이다. 이는 위의 3가지 분야가 다음의 두 가지 점에서 공통되기 때문이다 :

① <문장>(sentence)의 단위를 넘어선 <담화>(discourse)의 흐름을 시야에 넣는다.
② 회화자 간의 <상호행위>(interaction)에 따른 양상을 본다.

이러한 점에서 <담화론>의 중핵을 다음과 같이 규정할 수 있다 :

<말해진 언어>의 실현인 <담화>에서, 회화자 간의 상호행위를 포함한 언어사용을 보는 언어학의 분야

이와 같은 과제를 다루는 연구는 다음과 같은 연구 분야가 된다 :

단어나 문장을 뛰어넘은, 보다 큰 시야에서 보는 실제의 <말해진 언어>의 연구

여기에서는 <화용론>, <회화분석>, <담화분석>의 3가지 분야에 대해 연구사적인 관점을 중심으로 간단히 정리해 보겠다.

2.1 <화용론> pragmatics

1940년대부터 1950년대에 이르는, 촘스키(N.Chomsky, 1928-)에 의한 <생성문법>을 중심으로 한 <문법론>이나 그에 뒤따른 <의미론> 등의 분야가 발달하던 시기, 문법론은 언어의 형식과 의미의 관계를 체계적이고 조직적인 것으로 파악하고, 주로 단일한 <문장> sentence을 연구 대상으로 하고 있었다고 말할 수 있다. 의미론에서도 문장의 의미가 '진실'인가 '거짓'인가와 같은 문제를 다루는 연구가 존재감을 나타내고 있었다. 이른바 '문맥에 따른 의미'나 '언외(言外)의 의미' 등에 대해서는 거론되는 일이 없었던 것이다.

1960년대에 들어서 철학자인 J.L.Ausitn(1911-1960)과 J.R.Searle(1932-)는 Ausitn(1962), Searle(1969)에서 **'발화 행위론(Speech Act Theory)'**을 제창한다. 거기에서는 어떤 문장이 '진실'인가 '거짓'인가를 떠나 발화하는 것이 행위가 되는 <수행문>이라는 것을 다루기 시작한다. 예를 들어 '시간이 없어.'라는 발화는 ① 문자 그대로의 '시간이 없어.'라는 의미와 ② '빨리 해.'라는 명령의 의미를 가지며 ③ 그 결과 상대방을 재촉하는 행위가 된다. Ausitn(1962)은 이들을 각각 ① 발화 행위(locutionary act) ② 발화 내 행위(illocutionary act) ③ 발화 매개 행위(perlocutionary act)라고 명명하고 있다.

이와 같은 <발화행위론>을 이어 받아 그 후 Grice(1989)는 **회화의 '협조의 원리'와 '회화의 함의(含意)'**를 제시하고, 청자나 화자 그리고 장면에 따라 회화의 의미 내용이 해석될 수 있다는, **<문맥>**이나 **<언외(言外)의 의미>**를 포함한

언어사용 연구를 더욱 더 발전시켰다.

이 시기부터 <화용론>pragmatics이라는 용어가 활발하게 사용되게 되었고, 문맥이나 <언외의 의미>를 포함한 언어사용 연구를 가리키게 되었다. <화용론>pragmatics이라는 용어는 미국의 철학자 모리스(C.W.Morris, 1903-1979)에 의해 처음 사용되었다고 한다. Morris(1938)의 일본어 번역서 モリス(Morris 1988;2005:52)는 '화용론pragmatics'이라는 말로 표현되고 있는 것은 기호와 그 해석자들과의 관계의 과학이다."라고 말하고 있다. 'pragma'는 고대 그리스어로 '행위(行爲)'의 의미를 갖는다. 'pragmatics'를 일본어에서는 **'어용론'**(語用論), 한국어에서는 **'화용론'**(話用論)으로 번역하는 경우가 많다. 이 책에서는 'pragmatics'를 <화용론>이라고 부르기로 한다.

<화용론> 연구는 그 후 Lakoff(1975)에서 출발하여 Leech(1983)나 Brown & Levinson(1987)에서 더욱 집대성된 **'공손 이론'**(politeness theory)과 Sperber & Wilson (1988)에 의한 **'관련성 이론'**(relevance theory) 등으로 발전되어 왔다.

<화용론>에 대해 Leech(1983)와 Yule(1996)에서 그 의의를 확인해 보자 :

> Leech(1983:1)
>
> 현재는, 나를 포함한 많은 사람들이 주장하고 있듯이 어용론(語用論), 즉 커뮤니케이션에서 어떻게 말이 사용되고 있는가,를 이해하지 않고서는, 언어의 참된 의미를 이해하는 것은 불가능하다(池上嘉彦 · 河上誓作(이케가미 요시히코 · 가와카미 세이사쿠 공역 1987;2000:1).

> Yule (1996:4)
>
> 화용론은 언어형식과 그 형식의 사용자와의 여러 관계에 대한 연구이다. (중략) 화용론을 통해 언어 연구를 행할 때의 이점은 사람들에 의해 의도된 의미, 상정, 목적이나 목표, 그들이 말할 때 행하는 행위의 종류(예를 들어 요청)에 대해 설명하는 것이 가능하다는 점이다(인용자 역).

"커뮤니케이션에서 어떻게 말이 사용되고 있는가"를 본다는 <화용론>의 이러한 정의에 따르면, "구성원들이 일상생활의 세계 속에서 실천적인 행위를 이루기 위해서 어떤 방법을 사용하고 있는가"라는, 이하의 **'민속방법론'**(ethnomethodology) 연구가 지향하는 바와, 같은 방향이라는 것을 알 수 있다.

한 마디로 말해 <화용론>이라는 연구 분야는 당시 문법론이나 의미론의 한계를 뛰어넘고자 하여 생겨난 학문 분야라고 말해도 좋을 것이다.

2.2 <**회화분석**> conversation analysis

<**회화분석**>은 1950년대의 사회심리학, 심리학적 생태학, 동물학 등의 연구자가 인간 행위를 관찰, 기술한 것에서 그 실마리를 찾을 수 있다. 이러한 방법은 언어학과, E.Goffman(1922-1982)이나 H.Garfinkel(1917-)과 같은 인류학자의 **민족지적 연구**(民族誌的研究 ethnomethodology)가 결합한 것으로, 언어학의 하나의 연구 분야로서 발전하게 되었다. <회화분석>의 가장 중요한 열쇠가 되는 것은 Goffman(1963)의 **'상호행위이론'**(相互行爲理論)과 Garfinkel(1967)의 **'민속방법론'** ethnomethodology이다.

Goffman(1963;1969:13-16)의 번역서인 ゴッフマン(Goffman 1980:56)은 "인간은 정보를 전달할 때 말해진 언어(speech)와 같은 사회적으로 확립된 언어수단, 혹은 그 대용이 되는 문자나 그림, 몸짓 등의 수단을 사용하나, 살아 있는 감각과 신체적 전달(얼굴을 찡그리거나 구두(口頭)로 말하거나 발로 차거나 하는)의 결합은, 대면적 상호작용 커뮤니케이션(face-to-face interaction)의 결정적 조건의 하나가 된다"라고 설명하고, 커뮤니케이션을 행하는 언어장(言語場)[1]에

1) 언어장(言語場)에 대해 河野六郎(고노 로쿠로 1977:6, 1994;1997:6)는 다음과 같이 설명하고 있다 : "음성에 의한 언어는 성질상, 장면에 의존하는 정도가 크다. 대화 장면은 화자와 청자 두 사람의 인간을 포함한 언어적 장(場)을 구성한다. 언어적 장(場)은 현실의 공

있어서의 상호작용의 중요성을 설명하고 있다. 한편 '민속방법론'을 발전시킨 Garfinkel(1967:11)은 '민속방법론'이라는 용어를 다음과 같이 설명하고 있다 :

> 나는 '민속방법론'이라는 용어를 다음의 의미로 사용한다 : 문맥과 관련된 표현의 합리적인 모든 특성과, 일상생활에서의 유기적인 인위적 실천의, 각각 진행되고 있는 사항으로서의, 실천적인 행동 연구 (인용자 역)

즉 '민속방법론'은 일상생활에서 사회 구성원들이 행위를 달성하기 위해 각각의 장(場), 문맥에서의 양상까지도 분석・연구하는 것이라고 말할 수 있다. サーサス(George Psathas 1995:12)는 다음과 같은 말로 '민속방법론'의 의의를 알기 쉽게 설명하고 있다 :

> 민속방법론적 접근이 연구하는 것은 다음의 것이다. (중략) 성원들이 일상생활의 세계 속에서 실천적인 행위를 달성하기 위해 어떠한 방법을 사용하고 있는가, 라고 하는 것을 주의 깊게 연구하려 한다면, 일상생활의 방법론을, 즉 ethno(어떤 집단 구성원의 혹은 집단의) methodology 즉 구성원들 자신의 모든 방법을 기술(記述)・분석하는 것이 될 것이다.

이와 같은 Goffman의 '대면적 상호작용'과 Garfinkel의 '민속방법론'의 방법을 이어 받아 <회화분석>을 제창한 것으로 알려진 연구자가 젊은 나이에 타계한 H.Sacks(1935-1975)이다. Sacks는 언어학 연구에 있어서는 아마 처음으로 회화자 간의 실제 회화를 녹음하고 관찰하는 연구 방법을 취한 한 명일 것이다.[2] 그렇게 함으로써 turn-taking이나 adjacency pair와 같은, 회화를 행

간적 장면이 아니라 그 장면에 기초한 두 사람의 인간 사이의 심리적인 장면이며, 거기에는 우선 두 사람 사이의 공감이 근저(根底)에 흐르고 있다." 野間秀樹(노마 히데키 2008:324)는 "실제로 언어가 행해진 장을 <언어장>(言語場 linguistic field)이라 부른다. 언어가 실천되고 언어가 실현하는 장(場)이다."라고 말한다. 어휘의미론에서 사용되는 <어휘장=낱말밭>과는 다른 개념이다.

2) Hutchby & Wooffitt(1998;2008) 참조.

할 때의 구조와 규칙을 기술할 수 있게 되었다.

또한 테이프 레코더의 발전에 따라, 생생한 데이터를 사용하여 사람들이 사회적 장면과 문맥 안에서 어떠한 말투와 방법으로 커뮤니케이션을 실천하는가를 자세히 보는 연구가, 하나의 큰 분야로 발전해 갔다. 이러한 흐름 속에서 Sacks, E.Schegloff(1937-), G.Jefferson(1938-2008)과 같은 연구자들에 의해 회화의 구조를 보는 <회화분석>이 발전해 왔다고 할 수 있다.

2.3 <담화분석> discourse analysis

앞서 기술한 바와 같이 <담화분석>이라는 용어는 Harris(1951)가 처음으로 사용한 것으로 알려져 있다. 그 이후 이 용어는 언어를 보는데 있어서 한 문장이라는 틀을 넘어선, 회화나 텍스트 등의 보다 큰 언어단위를 대상으로 하는 연구를 가리켜 사용되는 경우가 대부분이다.

Levinson(1983)은 회화를 분석하는 두 가지 주요한 방법으로서 회화분석(conversation analysis)과 담화분석 (discourse analysis)을 다음과 같이 비교하고 있다 :

> Levinson(1983:286,287)
> 담화분석(DA)은 언어학 특유의 방법론뿐만 아니라 언어학 특유의 이론적인 원칙과 기본적인 개념(예 : 규칙, 적격한 공식)을 사용한다. (중략) 이에 반해 회화분석(CA)은 Sacks, Schegloff, Jefferson, Pomerantz 등에 의해 실천된 바와 같이 성급한 이론적 구축을 삼가는 엄격한 경험적 접근법이다. 자연스럽게 이루어지는 회화의 많은 기록에서 공통적으로 반복되는 패턴 탐구를 지향하고 있다. (중략) 이 방법은 근본적으로 귀납적이다. DA의 경우 전형적인 첫 단계인 (통상은) 제한된 자료의 직접적인 범주화를 꾀하는 것에 반해, CA는 자연스럽게 이루어지는 회화의 많은 기록을 검토하여 반복적인 패턴을 발견하는 것이다. (인용자 역)

요컨대 Levinson(1983)은 '담화분석'은 언어학의 방법과 이론을 사용하는 것이고, '회화분석'은 실험적 실증에 의해 반복적인 패턴을 발견하는 경험적, 기능적인 것으로 구별하고 있다. 또 Yule(1996)은 '담화분석'을 이하와 같이 서술하고 있다 :

> Yule(1996:83)
> 말해진 것과 쓰여진 것의 형태와 기능의 훨씬 넓은 분야의 연구가 담화분석이라 불리운다. (중략) 언어학의 논점에서 제한하면, 담화분석은, 의도를 표현하기 위한 언어가 어떤 문맥에서 사용되는 공정(工程)의 기록(말해진 것이든 쓰여진 것이든)에 초점을 맞춘다. (인용자 역)

즉, <말해진 언어>와 <쓰여진 언어> 양자를 <담화>로 보고, 거기에 나타난 언어의 형태와 기능을 추구하는 연구로서 설명하고 있다. Yule(1996:71)은 '회화분석'에 대해서 회화분석 설명의 도입 부분에서 다음과 같이 기술하고 있다 :

> Yule(1996:71)
> 그렇지만 회화의 구조, 즉 '내가 말하고-상대가 말하고-내가 말하고-상대가 말하는' 기본적인 패턴은 우리들이 최초로 습득하고 가장 빈번하게 사용하는 상호작용의 기본적인 성격에서 생겨난다. 이것이 회화의 구조이다. (중략) 화용론의 결정적인 측면으로서의 이와 같은 구조를 더 상세히 보지 않으면 안 된다. (인용자 역)

이와 같은 설명에서 Yule(1996)은 '회화분석'을, '회화의 구조'를 보는 연구로 보고 담화분석과 구별하고 있다는 것을 알 수 있다.

최근에 이르기까지 양자의 이와 같은 개념 정의가 일반적이며 널리 사용되고 있는 듯 하다. 이러한 정의에서도 알 수 있듯이 <회화분석>은 실제의 회화를 분석하고, 대체로 회화의 구조를 추구하는 연구 분야로서 논해지고

있다. 이에 반해 <담화분석>은, <화용론>이나 <회화분석>과 다음과 같은 점에서 다르다고 할 수 있다 :

① <담화분석>에서는 <쓰여진 언어>와 <말해진 언어> 양쪽을 대상으로 하는 경우가 적지 않다.

② 한 문장보다 큰 담화라는 단위를 대상으로 언어의 형태나 기능 등을 추구하는 경향이 있다. 즉 상대적으로 언어학의 이론들과 문법적인 관점에서 보려는 경향이 보인다.

<담화분석>은 <쓰여진 언어>와 <말해진 언어> 양쪽을 <담화>로 이름지은 큰 단위로 보며, '생략', '도치', '시점' 등의 문법 연구를 중심으로 한 '담화의 문법'[3]이라는 사고방식이 제기되기도 한다. 또한 접속사, 간투사, 부사 등의 단어나 구에 의해 언어형식이 발화를 연결하는 '담화표지' discourse marker 등의 연구들이 주류를 이루고 있다. 대략적으로 말하면 <담화분석>은 언어가 어떤 기능을 하고 있는가를 담화라는 단위 안에서 보는 연구라고 할 수 있다.

2.4 <담화론>은, <화용론> <회화분석> <담화분석>의 세 가지 분야를 포함한다

Leech(1983), Yule(1996) 등 많은 연구자들에 의해 <화용론>과 <회화분석>, <담화분석>을 구별하려는 논의가 이루어지고 있으나, 연구자에 따라서는 위의 세 가지 영역이 종종 겹쳐진다.

이 책에서는 이러한 세 가지 분야의 구별보다는, 오히려 이 세 분야가 통

---

3) 久野暲(구노 스스무 1978:1996) 참조.

합될 수 있는 성질에 중점을 둔다. 전술했던 것처럼 <화용론>, <회화분석>, <담화분석>의 세 가지 분야는 다음과 같은 점에 있어서 공통되기 때문이다 :

> 한 문장을 단위로 하여 언어의 형식이나 의미를 논하는 것을 뛰어넘어, 문맥이나 말하는이와 듣는이가 존재하는 회화(會話) 장면, 즉 <언어장>(言語場) 안에서 회화하는 사람들 간의 <상호작용>(相互作用)·<상호행위>(相互行爲)에 의한 언어 사용을 <담화>라는 단위로 파악하려고 한다.

그리고 바로 이 점이야말로 기존 언어 연구와 가장 다른 점이라고 말해야 할 것이다.

이 책에서 말하는 <담화론>은 <화용론>이나 <회화분석>, <담화분석>의 연구 방법을 이용하면서, <말해진 언어>의 <담화>를 보는 분야이다. 특히 회화자 간의 <상호작용>으로 생겨나는, 회화자 간의 <언어사용>에 주목하는 것이다 :

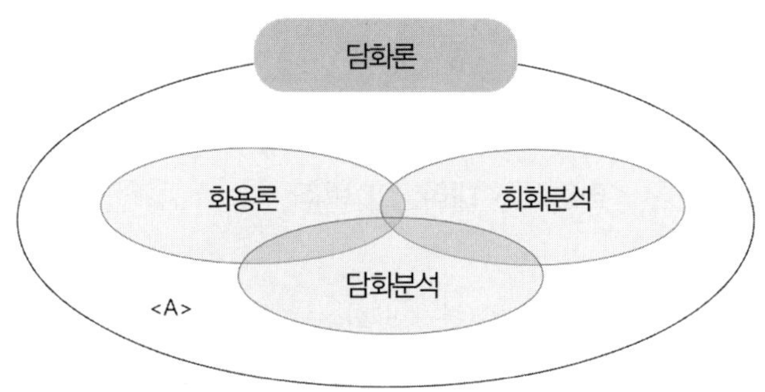

<그림 1> <말해진 언어>를 대상으로 하는 <담화론>의 구성도

<담화론>은 <화용론>, <회화분석>, <담화분석>을 포함하는 것이기도 하나, <화용론>, <회화분석>, <담화분석> 이외의 것도 포함시킬 수 있을

것이다. 상기의 그림에서 <A> 가 나타내고 있는 부분이다. 예를 들어 <담화>의 <말해진 언어>를 대상으로 <쓰여진 언어>에서 주로 연구되어 온 문법 범주를 고찰하는 **문법연구** 등이 포함될 수 있다.

또한 **사회언어학**의 관점에서 보는 연구도 포함될 수 있을 것이다. 즉, 담화론이라는 연구 분야는 <화용론>, <회화분석>, <담화분석>에 머물지 않는다. 실제로 <말해진 언어>를 대상으로 한, 앞으로 개척해야 하며 아직 밝혀지지 않은 새로운 연구가 잠재되어 있는 언어학의 보고라 할 수 있다.

2.5 <담화>의 하위 범주

<담화>라 부를 수 있는 <발화의 덩어리>의 종류도 언어장(言語場)에 따라 다양한 유형으로 분류할 수 있다. 여기서는 <담화>라는 개념을 비롯하여, 그 하위 범주로 규정될 수 있는 몇 종류의 <발화의 덩어리>의 개념을 정리해 두고자 한다. <담화론> 연구의 윤곽을 보다 선명히 그리기 위함이다.

2.5.1 <담화>, <회화>, <대화>의 범주

<말해진 언어의 한 덩어리>를 <담화>, <회화>, <대화> 등으로 부를 수 있다. 언어장(言語場)을 구성하는 화자의 존재 방식에 따라 본 연구에서는 각각의 개념을 구별한다 :

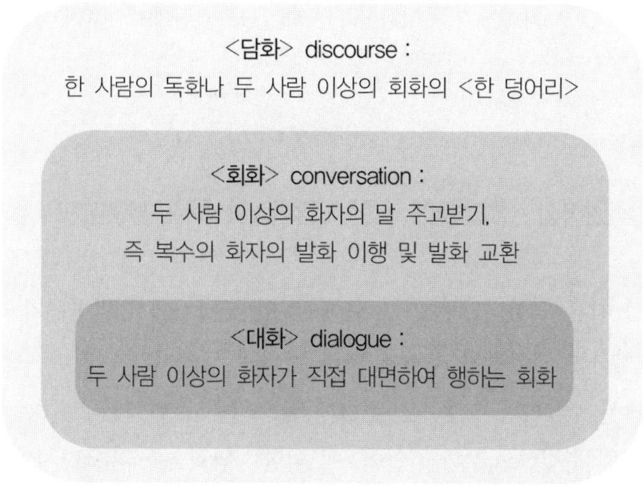

<담화> discourse :
한 사람의 독화나 두 사람 이상의 회화의 <한 덩어리>

<회화> conversation :
두 사람 이상의 화자의 말 주고받기,
즉 복수의 화자의 발화 이행 및 발화 교환

<대화> dialogue :
두 사람 이상의 화자가 직접 대면하여 행하는 회화

<그림 2> <담화> > <회화> > <대화>라는 범주적인 포섭관계

우선 <담화>는 <말해진 언어의 한 덩어리>라는 관점에서 통합적인 명칭으로 사용한다. 화자가 한 사람이든 여러 명이든 <말해진 언어>가 실현되면 모두 <담화>가 실현된 것이 된다. 이런 <담화> 중에서 두 사람 이상의 화자가 말을 주고받는 것은 <회화>라고 부른다. 복수(複數)의 화자와 발화 교환이 이루어지는 것이 <회화>이다. 이런 <회화>가 언어장(言語場)에서 직접 대면하여 성립된 것을 <대화>라고 한다. <대화>와 <회화>는 발화가 상대와의 상호작용 안에서 이루어지고 있다는 점이 공통된다. **<직접 대면>**에 중심을 두는 담화가 <대화>이고, <회화>는 <대화>를 포함한 것이다. 전화 등 매체를 사용하여 말을 주고받는 것은 회화이지만, <대화>라고는 보지 않는 것이다.

한편 <**독백**>monologue은 소리내어 말하는 혼잣말, 그리고 혼자 행하는 녹음이나 녹화 등이다. 청중이 있는 강의나 강연은 독백적인 성격을 띠지만 사실 회화적인 성격 또한 농후하다. <담화>는 turn의 이행이나 교환이 없는 <독백>과 함께 <대화>와 <회화>를 포함할 수 있다. 이 책에서는 <담화> > <회화> > <대화>라는 대소(大小) 관계로 이 세 분야를 구별한다.

2.5.2 <언어장>(言語場)에 의한 <담화>의 하위 범주

이처럼 같은 담화라도 누가 누구에게, 어떤 장소에서 말하는가 라는, 담화를 구성하는 언어장의 조건에 따라 담화의 모습이 달라진다.

여기에서 <담화의 양상>을 정립시키는 일은, <언어연구> 즉 <담화분석>을 위해 수집한 <말해진 언어>에 의한 <담화>를, 흔들리지 않는 견고함으로 자리매김하는 일이기도 하다. 언어장마다 달라지는 조건에 따라 <담화>는 다음과 같이 몇 개의 하위 범주로 분류할 수 있다.

우선 미리 준비된 <쓰여진 언어>에 의한 텍스트가 있는가 없는가에 따라서 담화를 **<자유담화>**와 **<구속담화>**로 나눌 수 있다[4] :

<자유(自由)담화> : 미리 준비된 <쓰여진 언어> 에 의한 텍스트 없이, 자유롭게 말하는 담화. 언어장 안에서 화자와 청자의 상호작용이 이루어진다는 점이 특징적이다.

<구속(拘束)담화> : 미리 준비된 <쓰여진 언어>의 텍스트가 있고, 그 텍스트에 따라 말하는 담화. 언어장에서 화자와 청자가 상호작용이 이루어지기 어렵다는 점이 특징적이다.

---

4) 구현정 · 전영옥(2002:14)에서는 데이터를 "전달 매체에 의한 구분"으로서, 일상대화, 전화대화, 상담, 인터뷰를 구어(口語), 강연, 연설, 발표를 '문어(文語)적 특징을 지닌 구어(口語), 희곡, 시나리오, 대본, 소설의 대화를 '구어(口語)적 특징을 지닌 문어(文語), 에세이, 소설, 학술서적, 교과서를 문어(文語)의 4가지 그룹으로 나누고 있다. 전영옥(2008:5)에서는 "상호작용성과 실시간성의 특성"에 의해 학술서적, 신문기사를 문어(文語), 소설류를 준구어(準口語), 독화, 대화를 구어(口語)로 나누고 있다.

<자유담화>는 <말해진 언어>의 자연스러움을 있는 그대로 가장 잘 파악할 수 있는 담화이고, <구속담화>는 그 표현상, 상대적으로 <쓰여진 언어>에 더 가까울 것이라고 예상된다.

또한 화자와 청자가 직접 마주하는 <대면적 상호작용(face to face interaction)의 유무(有無)>에 따라 <대화형 담화>와 <강연형 담화>, <방송형 담화>로 나눌 수 있다 :

<대화형 담화> : 화자와 청자가 직접 만나, 상호작용에 의해 이루어지는 담화. 개인 대 개인의 언어장에 많이 나타난다.
<강연형 담화> : 화자와 청자의 상호작용이 매우 약한 담화. 강연이나 낭독 등 대부분이 공적인 언어장에서 나타난다. 청자의 반응에 따라 표현이나 음성을 바꿀 수 있다는 점에서는 상호작용이 있다고 인정된다. 연극 등도 이 유형에 속한다.
<방송형 담화> : 화자와 청자의 상호작용이 나타나지 않는 담화. 시나리오에 따른 드라마나 영화, 뉴스 등 청자의 반응이 실시간으로 화자에게 반영되지 않는다. 미디어를 사용한 공적인 언어장에서 많이 볼 수 있다.

개인용이라 하더라도 영상 편지와 같은 것도 일종의 <방송형 담화>일 것이다.

다음으로, 담화분석에서 종종 사용되는 실험방법으로서 '칭찬'이나 '의뢰' 등 <미리 말할 주제가 정해져 있는 담화>가 있다. 인터뷰 등에서도 이런 타입의 담화가 나타난다. 주제가 부여되어 있는 이런 담화를 <주제담화>라 부르고, 주제가 부여되지 않은 <비주제담화>와 구별한다. <주제담화>도 보통은 미리 준비된 <쓰여진 언어>에 따른 텍스트가 없고 청자와 화자가 직접 만나 상호작용을 통해 이루어지는 담화이며, <자유담화>의 일종이다. 이 점에 있어서는 <말해진 언어>의 성격이 생생히 나타나는 담화이다. 다만

<자유담화>와 비교해 자유로움과 자연스러움이 손상될 위험을 내포하고 있다. 주제를 부여하지 않은 담화는 <비주제담화>라고 부른다 :

<주제담화> : 미리 준비된 주제에 맞추어 말하는 담화
<비주제담화> : 미리 준비된 주제 없이 말하는 담화

또 직접 대면하지 않고, 예를 들어 전화 등의 매체를 사용한다는 제한이 있는 담화는 그러한 매체의 제한을 두지 않는 담화와 구별된다. 화자와 청자가 직접 만나, **대면적 상호작용**(face to face interaction) 안에서 구축되는 담화와, 상대가 보이지 않는 곳에서 음성에만 의존하여 상호작용을 구축해 가는 담화는, 예를 들어 언어화된 맞장구 표현을 자주 요구하는 등, 언어사용의 면에서도 크게 차이가 나타날 수 있다. 이러한 매체의 유무에 따라 담화를 <직접담화>와 <매체담화>로 구별할 수 있다 :

<직접담화> : 매체를 사용하지 않고 직접 대면하여 행하는 담화
<매체담화> : 전화 등의 매체를 사용하는 담화

이들 담화의 종류는 다음의 그림과 같이 정리할 수 있다 :

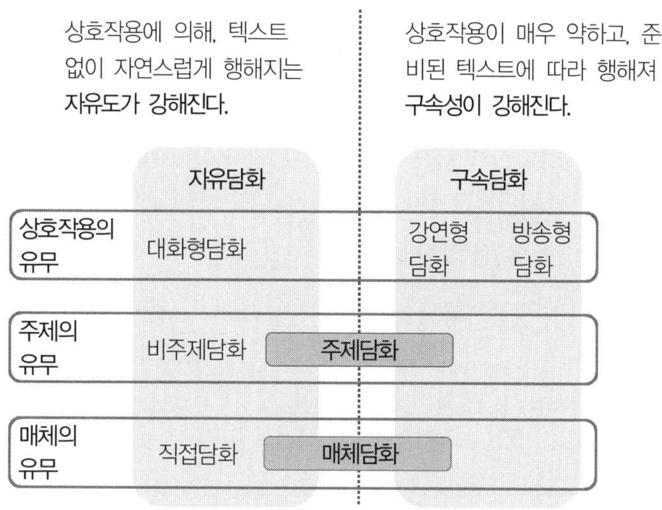

<그림 3> 언어장면에 따른 <담화>의 하위 범주

<강연형 담화>와 <방송형 담화>는 준비된 텍스트에 따라 행해진다는 점에서 **구속성**이 강하다고 볼 수 있다. 그러나 <주제담화>와 <매체담화>는 주제가 정해져 있다는 점과 매체를 사용한다는 점에서 어느 정도의 구속성은 있으나, 수행하는 내용은 텍스트에 의거하지 않는다는 점에서 <자유담화>와 <구속담화>의 중간에 위치할 수 있다.

연구와 교육에 있어서는 그 목적에 따라 이 2.5.2에서 정리한 바와 같이 다양한 타입의 담화를 엄밀히 구별하며 마주해 나가야 한다.

제3장

연구방법론

연구방법론

제3장에서는 담화론 연구를 지탱하는 <말해진 언어>의 데이터 수집 방법과 수집한 데이터를 객관적인 데이터로 대상화하는 과정에 대해 논의한다. <말해진 언어>의 데이터 수집, 데이터화는 <말해진 언어>의 <담화> 연구에 있어서 반드시 거쳐야만 하는 가장 엄격하고 어려운 과정이다.

Hutchby & Wooffitt(1998;2008:17-18)에 따르면, <회화분석>을 제창하고 회화를 녹음하여 분석한 첫 연구자로 간주되는 Sacks는, 일상 회화의 규칙과 구조적인 체계를 발견하기 위해서는 자연스럽게 이루어진 회화를 녹음하여 반복해 관찰하는 것이 가장 좋은 방법이라고 말했다.

회화를 녹음하고 분석하는 과정을 실제로 경험하고 담화 분석을 수행한 사람은, 이 데이터가 이른바 '듣고 쓰기'로 적어서 분석한 데이터와 매우 다른 양상으로 나타나는 것을 통감할 것이다. 많은 고민과 시간 투자를 감수해야 하지만 유감스럽게도 <말해진 언어>의 데이터화의 과정을 직접 경험한 적이 없다면 <말해진 언어>, <말하는 것>의 실체, 본연의 모습을 이해하는 것은 지극히 어려운 일이다 :

> 머릿속에서 '이렇다'라고 믿고 있는 <말해진 언어>와, 실제로 녹화·녹음한 <말해진 언어>는 종종 매우 동떨어져 있다

그렇다면 실제로 <말해진 언어>를 녹화·녹음하면 되지 않을까, 간단하

다고 생각할지도 모른다. 그러나 회화를 녹음하여 분석할 만한 데이터로서 완성해 가는 과정에는 많은 어려움이 뒤따른다.

그럼 도대체 무엇이 어려운 것일까? 이 장에서는 연구자가 <말해진 언어>의 데이터를 수집할 때 필요한 방법론에 대해 논하고자 한다.

3.1 말해진 언어의 데이터화를 위한 관점

<말해진 언어>를 데이터로서 다루기 위한 연구 방법론을 여기서는 크게 다음과 같은 관점에서 살펴보겠다 :

1. 한국어와 일본어의 <말해진 언어>의 데이터
2. <말해진 언어>의 데이터 수집 방법론
   - 화자 선정의 원칙
   - 기재의 원칙
   - 데이터 수집의 과정
3. <말해진 언어>의 데이터 구축 방법론
   - 복선적 문자화 시스템
   - 표기법

일반적으로 <담화>를 데이터로 사용하기 위해서는 수차례에 걸쳐 재현 가능한 데이터, 즉 <반복 가능한 기록>이 필요하다.

실제 <담화>는 <녹화>, <녹음>, <문자화> 등으로 부를 수 있는 과정을 거쳐 <데이터화>되어, <영상>, <음성>, <텍스트>와 같은 형태의 데이터로 실현된다.

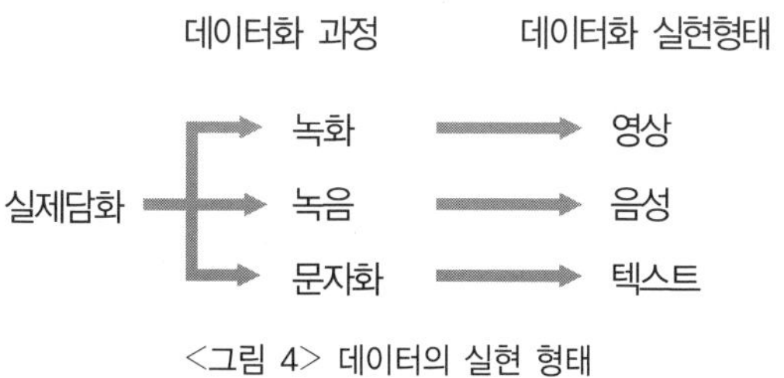

<그림 4> 데이터의 실현 형태

이 중에서 가장 문제가 되는 것이 <문자화>일 것이다. <문자화>는 다름 아닌 <말해진 언어>를 사실상 <쓰여진 언어>로 옮기는 작업이기 때문에 본질적인 어려움이 뒤따른다. <말해진 언어>에서 <쓰여진 언어>로 라는 존재양식 자체를 변환시키는 작업이기 때문이다.

실제 담화 기록으로서의 녹화나 녹음은 기재(機材)의 발전과 함께 연구자에게는 나날이 다루기 쉬워지고, 사람이 관여하는 부분이 상대적으로 줄어들고 있는 반면, 문자화는 사람이 관여하는 부분이 크다. 문자화에는 연구자의 사상이 전적으로 드러난다고 말할 수 있다.

이러한 <문자화>는 <말해진 언어> 연구를 위해서는 불가결하다. 즉 분석, 계량을 위해서도 <문자화> 과정을 거친 <텍스트>가 이용되는 것이다.

3.2 말해진 언어의 언어 자료

데이터의 양은 많을수록 좋다. 그러므로 그러한 거대한 데이터를 지향하는 마음은 데이터를 공유하고자 하는 행동으로 옮겨진다. 이런 요구 속에서 <말뭉치>corpus가 탄생했다.

corpus라는 명칭은 龜井孝・河野六郎・千野榮一(가메이 다카시・고노 로쿠로・지노 에이치 편저 1996:738)에는 '자료체(資料體)'라고 번역되어, "언어 분석의 대상이 되는 데이터・자료의 집합체"라고 되어 있다. 세계 최초의 본격적인 말뭉치라 할 수 있는 Brown Corpus(the Brown University corpus of American English)는 <쓰여진 언어>의 말뭉치로 1961년에 공개되었다.

<말해진 언어> 연구가 활발하게 진행되면서 담화분석, 사회언어학, 방언학, 제2언어습득 등의 다양한 분야에서 다량의 <말해진 언어> 데이터를 필요로 하게 되었다. <말해진 언어>의 음성 데이터를 모아 문자전사 작업을 통해 기계적인 처리가 가능하도록 말뭉치 구축이 이루어지게 된 것이다.

현재는 '말뭉치 언어학(Corpus Linguistics)'[1]이라는 분야도 정착하여 <쓰여진 언어>뿐만 아니라 <말해진 언어>의 말뭉치도 공개되고 있다.

Gibbon, Moore & Winski(1998:79)는 <말해진 언어의 말뭉치> a spoken language corpus의 개념에 대해 다음과 같이 서술하고 있다 :

> 말해진 언어 말뭉치는 말해진 언어의 기록의 집합체이며, 컴퓨터가 읽을 수 있는 형태로 다루는 것이 가능하고, 그것을 만든 곳뿐만 아니라 다른 기관에서도 재이용이 가능할 만큼 충분한 주석과 자료가 달려 있는 것이다. (인용자 역)

이하 한국어와 일본어 말뭉치 중, 일단은 <말해진 언어> 말뭉치 중심으로 살펴보자.

3.2.1 일본어의 <말해진 언어> 말뭉치

일본어의 경우에는 「일본어 입말체 말뭉치(日本語話しことば)」(Corpus of Spontaneous

---

1) 齋藤俊雄・中村順作・赤野一郎(사이토 도시오・나카무라 준사쿠・아카노 이치로 1998)에 따르면, '말뭉치 언어학'이란 컴퓨터 처리가 가능한 말뭉치를 기초로 하여 언어 기술을 행하는 언어학을 말한다.

Japanese : CSJ)가 일본 국립국어연구소와 통신종합연구소에 의해 구축되었다.

國立國語研究所(국립국어연구소 2004;2008), 前川喜久雄(마에카와 기쿠오 2004), '일본어 입말체 말뭉치 개요')의 보고에 따르면, 1999년부터 2003년까지, 단어 수로는 약 750만 단어, 시간으로는 660시간의 음성 데이터가 구축되어 있다고 한다. CSJ는 자발 음성을 대상으로 한 데이터 베이스이기 때문에 1) 정리된 내용을 가지고 (즉, 잡담이 아닌), 2) 전국 공통어인 (즉 어휘와 문법에 방언적 특징이 없는), 3) 독화(모놀로그) 음성을 주요한 대상으로 하고 있다. 연인원수로 3302명, 중복되는 화자를 제외하더라도 총 1417명이라는 거대한 양으로 굉장한 성과라 하지 않을 수 없다.[2)]

한편 일본어 담화 말뭉치로서는, 東京外國語大學(도쿄외국어대학)이 수행한 21세기 COE 프로그램 '언어운용을 기반으로 하는 언어정보학거점'에서는 宇佐美まゆみ(우사미 마유미)의 지도하에 2003년에 수집된 'BTS에 따른 다언어 입말체 말뭉치-일본어회화1 (일본어 모어화자 간의 회화)'와 'BTS에 따른 다언어 입말체 말뭉치-일본어회화2 (일본어 모어화자 학습자 간의 회화)'가 2005년 6월 공개되었다.[3)] 공개된 보고서에 따르면 '일본어회화1 (일본어 모어 화자 간의 회화)'는 친구 간의 회화와 초대면의 회화로 나뉘어져 있으며, 그런 '일본어 모어 화자 간'의 회화는 총 121 회화, 21시간 분량의 데이터이다. 또 '일본어회화2 (일본인[4)]과 학습자 간의 회화)'는 총 57 회화, 약 7시간 분량의 데이터이다.[5)]

---

2) 그 중 대화에 참가하고 있는 도쿄(東京)나 지바(千葉), 사이타마(埼玉), 가나가와(神奈川)의 '수도권' 출생지인 화자는 16명이다. 또 담화의 유형을 보면 총계 약 661.6시간의 3,302개의 방대한 파일 중에 1인 담화인 강연이나 낭독 등이 대부분을 차지하고 있으며, '자유담화'는 3.6시간, 16개 파일이다.

3) 宇佐美まゆみ(우사미 마유미) 감수(2005) 참조.

4) 일본인이라고 해서 반드시 일본어 모어 화자인 것은 아니지만 여기에서는 사실상 일본어 모어 화자를 가리키는 것으로 생각된다.

5) '일본어 모어 화자 간의 회화'는 '거절'과 '의뢰'나 '논문지도'등의 <주제가 있는 회화>와 전화의 <매체를 사용한 회화>, <자유대화>에 상당하는 '일상회화'로 구성된다. '일상회화'는 49개 회화, 약 17시간(1046분)의 데이터로 구성되어 있다.

또 Usami(2002)에서도 대량의 일본어 <말해진 언어> 회화 데이터가 이용되고 있다. 30대 여성을 기준화자로 삼고 남녀별로 20대, 30대, 40대 화자와 조(組)를 이루게 하여 회화를 녹음한 데이터이다. 84명의 화자로부터 72회화를 수집하고 있다. 이는 실제의 <말해진 언어>의 담화 데이터이며 조건이 통제되어 있다는 점, 그리고 그것이 개인이 수집한 대량의 데이터라는 점, 정밀한 문자화와 coding이 이루어졌다는 점 등을 생각할 때 기존의 일본어 자유회화 말뭉치 중에서는 양적으로나 질적으로나 획기적인 담화 데이터라 할 수 있을 것이다.

3.2.2 한국어의 <말해진 언어> 말뭉치

한국어에서는 1998년부터 '21세기 세종계획 국어 특수자료 구축'이라는 이름으로 문화관광부와 국립국어연구원이 협력하여 연세대학교의 서상규와 임용기의 책임 하에[6] 대규모의 <쓰여진 언어>와 <말해진 언어> 말뭉치가 구축되기 시작했다. 국립국어원・문화관광부(2008)의 연구 보고서에 따르면, 특히 <말해진 언어>의 경우에는 1998년부터 2004년까지 구축된 말뭉치는 '원시 말뭉치'[7]가 333만, '형태소 분석 말뭉치'가 68만 어절에 달하고 있다.[8]

---

6) 21세기 세종계획의 국어 특수자료 구축 분과는 1998년-2002년과 2006년-2007년은 서상규가, 2003년-2005년은 임용기가 연구책임자를 맡았다.

7) '원시 말뭉치'는, 언어학적 분석을 위해서 21세기 세종 계획의 서식에 따라 정밀하게 전사된 말뭉치를 뜻하며, '형태소 분석 말뭉치'는 어절을 문법적 구성에 따라서 단어 또는 형태소 수준으로 분석하여 이들 각각의 문법 범주를 구분하여 주석한 말뭉치를 뜻한다.

8) 21세기 세종계획 국어 특수자료 구축 연구보고서(2008:17-18)에 따르면, 원시 말뭉치는 총 4,204,082 어절(문절)로 총 7,005명의 대화와 독백으로 이루어져 있으며 24-48쪽에 걸쳐 모든 말뭉치 표본의 파일명, 표본의 제목, 독백과 대화 구분, 공적・사적 구분, 텍스트 유형, 어절수, 구축 연도 등의 목록이 공개되어 있다. 한편, 형태소 분석 말뭉치는 총 1,008,668어절이 구축되었으며(같은 보고서 49쪽), 49-56쪽에 걸쳐 주석파일명, 원시파일명, 제목, 대화와 독백의 구분, 공적・사적 구분, 텍스트 유형, 어절수, 저작권 동의 확보

담화의 종류는 1인 담화와 2인 이상 담화로 나누고, 강의, 강연, 방송 등의 공적인 담화와 수업에서의 회화, 병원에서의 회화, 회의, 전화를 사용한 회화, 주제를 정한 회화, 일상 회화 등의 사적인 회화로 분류되어 있다.

또 방대한 데이터의 검색이나 용례 검색을 쉽게 처리할 수 있도록 하는 것을 목표로 하여, 전사 방법이나 체계 등의 자연언어 처리성(machine readable)에도 세심한 주의를 기울였다.

위 말뭉치는 처음에는 방송이나 강연 등의 담화가 대부분을 차지하고 있었으나, 2001년부터 2사람 이상이 참가하는 일상회화의 데이터의 양도 급격히 증가하였다. 한국어에 있어서는 처음 편찬되어 공개된 언어 말뭉치이며, 그 방대한 양과 정밀한 형태소 분석 등은 한국어 연구의 역사에 큰 업적을 남긴 소중한 성과이다. 한국어의 여러 가지 연구에 있어서 이미 귀중한 공헌을 많이 이루고 있다. 이 점에서는 일본어 연구의 말뭉치가 공헌한 수준을 훨씬 능가하는 것이라고도 할 수 있겠다.

3.3 말해진 언어의 데이터 수집 방법론

여기서는 <말해진 언어>의 데이터를 수집할 때의 ① <화자 선정의 원칙>, ② <기재(機材)의 원칙>, ③ <데이터 수집 순서의 원칙>에 대해 논의한다.

3.3.1 화자 선정의 원칙

<말해진 언어>는 화자의 살아 있는 말 그 자체이며, 화자와 상대가 내

여부, 원시말뭉치 구축 연도, 주석말뭉치 구축 연도 등의 목록이 공개되어 있다. 이상, 서상규 선생님의 교시에 의함.

어나고 자란 지역, 연령, 성별, 사회집단에 따라 언어사용은 다른 양상을 보인다. 화자의 이와 같은 여러 조건을 파악하는 것은 각각의 조건이 화자의 언어사용에 어떠한 영향을 미치고 있는가를 파악하기 위한 것이며, 언어 연구에 있어서는 불가결한 과정이다. 따라서 무작정 회화를 녹음해서 수집한다고 해서 되는 것은 아니다 :

> 먼저 <담화>에 참가하는 화자의 언어 형성지, 연령, 성별, 사회적 지위, 친소관계 등, 화자의 여러 조건을 통제한 후에 회화에 참가할 화자를 구성한다.

화자의 조건은 예를 들어 '나이가 몇 살이다'와 같은 각 화자의 조건만을 보는 것이 아니라, 언어장(言語場)을 구성하는 참가자로서의 참가자 상호 간의 관계에도 주목해야 한다. 서로 친한 관계인지, 초면인지, 윗사람과 아랫사람의 관계인지 등을 파악하는 것이다. 연구 목적에 따라서는 의사와 환자, 교사와 학생과 같은 현장의 관계를 가장 중요시하여 화자를 선정해야만 하는 경우도 있다. 이런 경우에는 그 상황을 우선 조건으로 설정하여 데이터를 작성하지만, 화자의 언어 형성지, 연령, 성별과 같은 정보를 문제가 되지 않는 한도 내에서 공개하는 것이 필요하다.

3.3.1.1 화자의 언어형성지의 원칙

담화분석을 실행하는데 있어서 담화 참가자인 화자의 모어가 어떤 언어인지를 확인하는 것은 매우 중요하다. 특히 지역 방언에 따라 언어 그 자체도 언어사용 습관도 다를 수 있다. 화자의 모어를 특정하기 위해서 <언어 형성지>를 파악해야만 한다.

화자에게 모어를 물어 "가장 말하기 쉬운 말은 도쿄 방언이다."라는 등 주관적으로 회화 협력자 스스로 답한 조건을 기준으로 특정짓는 경우가 있다. 그러나 "도쿄 방언으로 말한다." "오사카 방언으로 말한다." "서울 방언으로 말한다." 등의 화자 스스로의 주관만으로, 그 화자의 모어를 특정짓는 것은 사실상 불가능하다. 해당 지방 방언의 모어화자가 아니라도 다른 지역 방언으로 말하는 것이 가능하고 특정 방언에 다른 방언이 혼재되는 경우도 얼마든지 일어날 수 있기 때문이다. 중요한 것은 <'어떤 방언으로 말한다' 라고 그 화자가 생각하고 있는가>가 아니라 <그 화자의 언어는 어떤 방언 속에서 형성되어 있는가>이다 :

태어나고 자란 지역, 즉 언어 형성기[9]를 보낸 지역을 특정한다.

예를 들어 일본어는 도쿄방언 화자, 한국어는 서울방언 화자로 제한할 경우, 태어나 자란 지역, 언어 형성기를 보낸 지역이, 일본어 모어 화자는 도쿄에, 한국어 모어 화자는 서울에 살았던 화자로 선정한다. 수도권의 언어를 조사한다면 아무리 넓더라도 예를 들어 사이타마(埼玉)현, 가나가와(神奈川)현, 지바(千葉)현, 혹은 서울, 수원으로 한정하는 등 지역적인 제한도 필요하다.

3.3.1.2 화자의 세대 선정의 원칙

화자의 세대 선정의 원칙은 20대, 30대, 40대와 같은 세대별 화자의 언어사용의 차이를 분석할 때 필요하다.

예를 들어 20대와 30대의 회화라고 한다면, 실제 연령차는 2살 밖에 되지 않는 29세와 31세의 회화도 20대와 30대의 대화로서 성립해 버린다. 이런 방식으로는 20대와 30대라는 세대별 언어사용을 보는 것의 의의가 흔들린다. 정확한 세대별 언어사용을 고찰하기 위해서는 10살 정도는 연령차이

9) 中島和子(나카지마 가즈코 2005:803)는 <언어형성기>를 '2,3세~12,13세'로 보고 '이미 모어가 형성된 고등학생 · 대학생'이라 서술하고 있다. 고등학생은 모어 형성이 끝난 것으로 보고 있는 것이다. 그러나 이 책에서는 가능하면 <그 지역에서 고등학생까지 지낸 모어 화자>가 안정적이고 바람직하다고 본다.

가 있는 쪽이 바람직하다. 예를 들어 20세-23세, 즉 <20대 초반>, 30세-33세인 <30대 초반>, 40세-43세인 <40대 초반>과 같은 식으로 연령의 범위를 정하는 것이 바람직하다. 이렇게 하면 세대별 언어사용이 더 선명하게 부각될 수 있을 것이다.

3.3.1.3 **화자의 연령 선정의 원칙**

한국에서는 일반적으로 만 나이를 적용하고 있지 않다. 그러므로 화자의 연령을 선정할 때 일본어 모어 화자와 한국어 모어 화자의 연령을 통일하기 위해서는 모두 만 연령으로 통일한다.

또 <같은 연령 간의 회화>를 수집한다면, <태어난 해>가 같은 화자 간으로 설정한다. 태어난 해가 1년이라도 빠르면 윗사람으로 대우하는 습관이 일본에도 없지는 않으나, 한국어권에서는 그 점에 무게를 두는 경향이 크다. 언어사용 면에서도 일본어 이상으로 연령에 따른 차이가 크게 나타난다. 한두 살이라는 연령차는 <같은 연령 간의 회화> 그룹에 넣어 버리는 연구가 많지만, 이는 큰 문제를 내포한다. 이런 점은 세심한 주의가 필요하다.

3.3.1.4 **화자의 사회계층 선정의 원칙**

화자가 소속되어 있는 사회계층은 언어사용에 관여할 수 있으므로[10] 연구 목적에 따라 제한이 필요하다. 직종, 직위, 학력 등의 조건이 전형적이다. 소위 '고등교육을 받은' 사람들의 언어사용을 보는 경우라면 예를 들어 한국의 전문대학 졸업, 일본의 단기대학졸업 이상의 화자의 학력을 조건으로 하는 등 어느 정도의 객관적인 기준이 필요할 것이다.

---

10) 사회학자인 W.Labov, J.J.Gumperz, P.Trudgill 등은 사회계층이 언어사용에 영향을 미치고 있다고 설명하고 있다. Labov(1972), Gumperz(1982), Trudgill(1974) 참조.

3.3.1.5 화자의 친소관계 선정의 원칙

화자 간의 친소관계(親疎關係), 즉 친밀도의 차이는 문말의 언어표현 등, 언어사용의 차이에 큰 영향을 미친다. 연구 목적이나 내용을 생각하여, 친소관계에 따른 언어사용의 차이를 보는 것이라면 <초대면 간의 회화>와 <친구 간의 회화>와 같이 친소별 회화를 설정한다. <친구 간의 회화>를 수집하는 경우에는 두 화자의 친밀도를 제3자인 연구자가 규정하기는 힘들다. 이런 경우 한 사람의 화자에게 가장 친하다고 생각되는 친구를 동반하게 하여 회화를 부탁하는 등의 방법을 생각할 수 있다.

3.4 기재(機材)의 원칙

회화를 데이터화하기 위해서는 목적에 맞는 기재가 필요하다. 기록은 녹화와 녹음 양쪽을 동시에 진행하는 것이 바람직하다. 시각적인 영상 없이는 언어장의 본연의 모습, 화자의 의도와 세밀한 뉘앙스, 표정, 발화 수행의 개시와 종료 같은 것을 특정하기 어렵기 때문이다. 기재는 그때그때 가장 신뢰성이 높고 고성능인 것을 선택한다. 녹음 기재는 실패에 대비해 2종류 이상을 언제나 병용한다. 또한 가능한 한 자연스러운 회화를 얻기 위해 회화의 녹음, 녹화는 연구자 부재 하에 행한다. 담화를 대상으로 한 음성학적 연구가 아닌 이상 담화연구에는 방음실 등보다도 소리의 판별, 발화의 판별 등이 가능한 조용한 장소, 밖의 잡음이 들리지 않는 장소, 편히 쉴 수 있는 장소를 선택한다.

3.5 데이터 수집 순서의 원칙

<말해진 언어>의 담화를 녹음할 때의 순서는 극히 중요하다. 인간을 대상으로 한 데이터는 두 번 다시 같은 것을 얻을 수 없다.

한 가지 순서가 잘못 되더라도 돌이킬 수 없는 일이 되므로, 순서에는 세심한 배려가 필요하다.

3.5.1 녹음・녹화의 순서

이하와 같은 순서에 따라 데이터의 녹음・녹화를 행한다. 순서는 宇佐美まゆみ(우사미 마유미 1997b)를 따른다 :

① 연구 목적에 맞추어 화자의 조건(언어형성지, 연령, 성별, 친밀도 등)을 정한다.
② 회화의 그룹, 짝을 정한다.
③ 화자의 조건에 맞는 회화 협력자를 구한다.
④ 잡음이 없는 조용하고 편히 쉴 수 있는 공간, 장소를 준비한다.
⑤ 회화가 이루어질 장소에 녹음・녹화에 사용되는 기재를 미리 준비하고 배터리나 기록미디어 등을 점검한다.
⑥ 녹음, 녹화 전에 다른 방에서 회화 협력자에게 화자의 속성 등을 묻고, 앙케이트Ⅰ(아래의 3.5.2에서 제시한다)을 실시한다.
⑦ 녹음・녹화 기재가 준비되어 있는 방으로 회화 협력자를 회화 그룹별로 안내하고 회화를 녹음・녹화한다.
⑧ 회화가 끝난 후, 회화의 감상 등을 묻는 앙케이트Ⅱ (아래의 3.5.2에서 제시한다)를 실시한다.
⑨ 녹음된 회화를 한국어와 일본어의 문자화 원칙에 따라, 가능한 한 <말해진 언어>의 특징을 살려 정밀히 기술할 수 있는 문자화를 실행한다.

⑩ 문자화가 끝난 일본어 데이터는 다른 일본어 모어 화자가, 한국어 데이터는 다른 한국어 모어 화자가, 각각 전체 데이터의 회화 녹음을 들으며 문자화한 파일을 점검한다.

3.5.2 2차적 데이터로서의 앙케이트

상기의 <데이터 수집의 순서> 중에 ⑥의 회화 녹음 전에 실시하는 앙케이트Ⅰ과, ⑧의 회화 녹음 후에 실시하는 앙케이트Ⅱ는 회화 분석을 행할 때 연구자가 2차적 데이터로 이용할 수 있다 :

앙케이트Ⅰ : 회화의 녹음·녹화 전에 실시한다. 화자의 이름, 연령, 성별, 언어형성시기 등 화자의 여러 조건을 묻는다.

앙케이트Ⅱ : 녹음 종료 후에 실시한다. 녹화·녹음, 회화와 관련한 감상을 묻는다.

회화의 감상은 '녹음·녹화는 어느 정도 의식했는가' 등의 질문에 대해 5단계 평가로 답하게 한다. 그 중 한 예를 들면 다음과 같다 :

- 녹음·녹화는 어느 정도 의식했습니까?

1. 전혀 의식하지 않았다
2. 거의 의식하지 않았다
3. 다소 의식했다
4. 꽤 의식했다
5. 매우 의식했다

- 위의 질문에서 4, 5로 답한 분만 답해 주십시오.

녹음·녹화를 의식했다고 하셨는데, 회화는 어느 정도 말할 수 있었습니까?

1. 아주 자연스럽게 말할 수 있었다

2. 꽤 자연스럽게 말할 수 있었다
3. 그런대로 자연스럽게 말할 수 있었다
4. 그다지 자연스럽게 말할 수 없었다
5. 전혀 자연스럽게 말할 수 없었다

상기의 2가지 질문에 대해 녹음·녹화를 의식하고 '그다지 자연스럽게 말할 수 없었다'와 '전혀 자연스럽게 말할 수 없었다'의 4와 5 레벨에 체크된 회화는 연구자가 데이터를 분석할 때 감안해야 할 사항이다. 다만 그런 4와 5 레벨에 체크된 회화도 해당 언어장에 있어서 다른 회화와 같이 <자유담화>이므로, 특별하게 다루지 않는 것이 원칙이다. 예를 들어 '긴장해서 말할 수 없었다.' 와 같은 것도 이를테면 지극히 <자연스러운> 말의 본연의 모습인 것이다. 참고로 필자가 160명, 총 80쌍을 대상으로 한 조사에서는 4와 5 레벨의 '꽤 의식했다.', '매우 의식했다.' '그다지 자연스럽게 말할 수 없었다.', '전혀 자연스럽게 말할 수 없었다.'라고 대답한 화자는 없었다.

이렇게 얻어진 담화 데이터를 문자화 시스템에 따라 문자화를 행한다.

3.6 말해진 언어의 데이터화를 위한 문자화

<말해진 언어>의 담화를 연구하기 위해서는 순간적으로 사라져 버리는 <말해진 언어>를 기재를 사용하여 녹화·녹음한 것만으로는 충분한 데이터로 볼 수 없다. 어떻게 해서든 <소리>를 시각화하여 붙잡아두지 않으면 안 된다.

이런 <말해진 언어>의 시각화는 **담화의 문자화**를 통해서만 얻을 수 있다. 실제로 나타나는 언어의 본연의 모습을 묘사하고 본질을 파악하는 데 있어

서 문자화는 이것 없이는 얻을 수 없는, 절대 불가결한 과정으로서 존재한다.

<문자화>라고 하면 좌담회 등의 소위 <테이프 옮겨 적기>와 같은 작업을 상상하기 쉽다. 그러나 담화론 연구에 있어서의 <문자화>는 말의 내용을 파악하기 위한 목적의 <테이프 옮겨 적기>와는 전혀 다른 수준의 작업이다 :

> 음을 문자로 나타내는 작업은 우선 그 소리가 <언어음>인가 아닌가라는 물음에서부터 시작된다.

이 소리가 <웃음>소리인가 간투사적인 <언어음>인가, 이 소리는 <숨을 내쉬는> 소리인가, 대답을 하는 <언어음>인가, 이 소리는 단지 <신음소리>인가, 발화와 발화 사이를 잇는 간투사적인 <언어음>인가, 와 같은 <언어음>인지 아닌지 구별하기 어려운 문제가 계속해서 눈앞에 나타난다. 일본어라고 해서 가나(かな)로 모든 방언을 표기할 수 있는 것도 아니고, 한국어라고 해서 한글로 모든 방언을 표기할 수 있는 것도 아니다. 방언마다 모음, 자음 같은 음소의 체계도 다를 수 있고 음가 자체도 다를 수 있다. 이런 점만 보더라도 언어를 문자화하는 작업의 어려움을 알 수 있을 것이다. 여기서는 일본어는 도쿄 방언 화자, 한국어는 서울 방언 화자를 예로 들어 생각해 보겠다.

3.6.1 <문자화>의 표기기호

녹음한 회화를 문자화할 때 '[' 나 '//' 같은 기호를 사용하는 경우가 있다. サーサス(George Psathas 1998:155)는 이런 회화표기기호에 대해 다음과 같이 말하고 있다 :

> 회화표기기호는 회화의 조직과 관련한 현상을 장악하기 위해 게일 제퍼슨에

의해 고안되었다. 이들은 침묵의 위치, 발화의 개시, 중복발화 및 턴과 턴의 이행, 턴의 완료 등 상호행위적인 단위와 관련한 현상을 명확히 기록해 둔다. 확실히 이 기호 시스템은 토크의 분석에 있어서 행해지는 모든 특질을 파악할 수 있는 것은 아니나, 독자는 이로 인해 상호작용 속의 토크의 조직 분석에 가장 관련되어 있는 특징에 대한 기술을 얻을 수 있다.

요컨대 표기기호는 <말해진 언어>가 <쓰여진 언어>가 되는 순간, 잃어버릴 것이 분명한 음성이나 음조, 숨 고르기, 상대와의 상호작용 같은 생생한 <말해진 언어>의 특징을, 발화와 함께 이해하고 가능한 범위에서 읽을 수 있게 하기 위한 수단이라고 할 수 있다.

G.Jefferson이 고안한 것으로 알려진 회화표기기호는 지금도 많은 연구자가 응용하고 사용하는 표준적인 것이 되어 있다. 예를 들어 동시에 개시된 발화는 '[[', 동시에 개시된 것이 아니라 중복된 경우, 중복이 시작된 위치는 '['나 '//', 앞의 발화의 끝과 다음 발화의 개시와의 사이에 간격이 없는 경우에는 '=', 음이 늘어지는 경우는 ' : ', 하락음조에는 '. ', 상승음조에는 '?' 등이 제시되어 있다. 상세한 내용은 サーサス(George Psathas 1998:156-174)를 참조하길 바란다. 이런 기호를 사용한 일본어 회화의 문자화를 다음 예1)에서 확인해 보도록 하겠다.

3.6.2 복선적 문자화 시스템

金珍娥(김진아 2004b, 2006)는 <문자화>에 있어서 <**복선적(複線的) 문자화 시스템**>을 제기하고 있다. 이 방법에서는 발화의 동시개시, 발화의 중복, turn의 이행 등과 관련한 특별한 기호를 사용하지 않고도, 더 명확히 그리고 직감적으로 이해하기 쉬운 형태로 발화의 위치를 나타낼 수 있다.

<복선적 문자화 시스템>은 문자화 방법뿐만 아니라 한국어와 일본어의

문자화의 표기법까지 포함한 문자화 시스템으로서 제기되었다. 가장 주목해야 할 것은 **문자화할 때 <발화를 배열하는 방향>**이다.

3.6.3 기존의 문자화 시스템－<단선적(單線的) 문자화 시스템>

우선 담화분석의 기존의 많은 연구에서 사용하고 있는, 발화 순서를 위에서 아래로 문자화하는 시스템을 보자. 문자화한 회화의 예는 담화론 연구에 시사하는 바가 큰 好井裕明・山田富明・西阪仰(요시이 히로아키・야마다 도미아키・니시자카 아오구 편 1994;2004:182)에서 발췌한 것이다.

다음의 예를 turn의 전개에 맞추어 도식화한 것이 <그림 5>이다 :

1N : どした—どれっ
2G : ひねっ＝
3N :→＝ひねった, ひねつたぁ, ん—何でっ
4G : 体育でね—
5N :→うん, うん, ┌何やってて
6G : └あの—
7G : ハ—ドル ┌やってて
8N : └あ—ハ—ドルで着地んとき
9G : うん
10N : ふ—ん, う—んとね＝
11G :→＝前, 痛んでるやつで—
12N : 前から
13G : また—治ったんだけど ┌1回
14 :→ └いつ—
いつ痛くなったの—体育祭＝
15G : ＝の前で—, 陸上部んきた—

↓ ∴ 시간의 흐름

화자 A : 발화
화자 B : 발화
화자 A : 발화
화자 B : 발화

예1) 요시이 히로아키・야마다 토미아키・니시자카 아오구 편(1994;2004:182)
＝ : 말, 발화가 끊김 없이 연결되어 있음을 나타냄.
[: 참여자들의 말이 겹쳐져 있음을 나타냄.

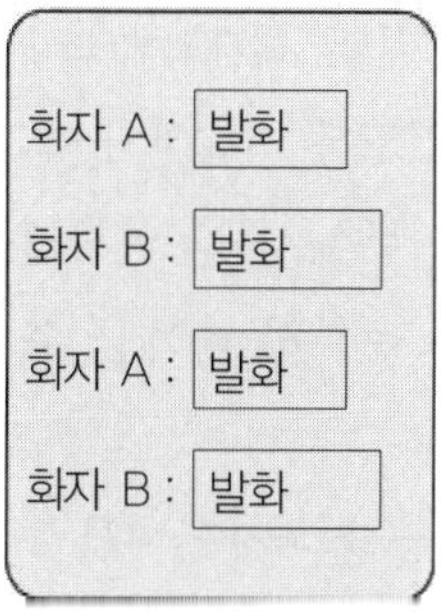

<그림 5> 종래의 문자화방법－단선형 : 수직으로 나타나는 turn의 전개

위의 문자화 방법은 일반적으로 널리 이용되고 있는 전형적인 것이며 정교하고 치밀한 것이다. 그런데 이 <그림 5>의 문자화 방법을 수직이 아니라 수평으로 나타내면 사실은 다음의 <그림 6>과 같은 단선적으로 구조화되어 있다는 것을 알 수 있다 :

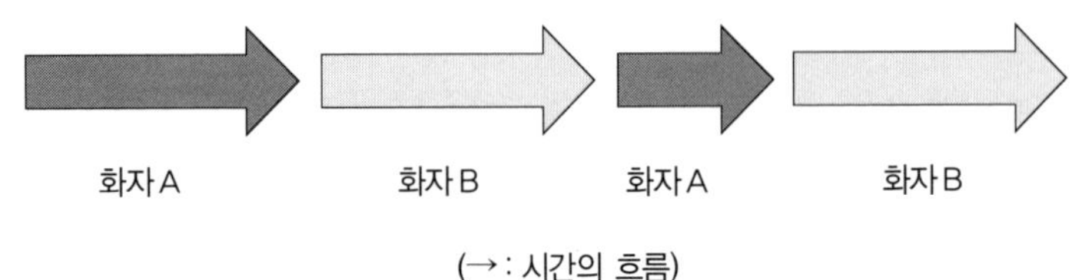

<그림 6> 단선형 : 수평으로 표현되는 턴(turn)의 전개

이러한 문자화 방법을 **<단선적(單線的) 문자화 시스템>**이라고 부를 수 있을 것이다. 이와 같은 단선화 시스템은 데이터로서 단순히 다루기 쉽다는 이점이 있는 한편, 다음과 같은 문제가 있다.

예1)을 보면 ① 복수 화자의 발화가 겹쳐진 경우 ② 발화가 상대방의 발화에 끼어든 경우 ③ 발화가 상대방의 끼어들기에 의해 끊긴 경우 등은, 기호도 많이 필요해지고 발화의 흐름을 직관적으로 파악하기 힘들다.

요컨대, **화자교체(turn-exchange)**나 **끼어들기**, **겹쳐진 발화** 등을 한눈에 파악할 수 있도록 기술하기 어려운 것이다. 흐르는 회화가 기호로 끊기고 그로 인해 이른바 '문장'의 틀을 넘지 못 하고 <말해진 언어> 본연의 특징적인 모습을 충분히 나타낼 수 없다 :

> 복수 화자에 의해 동적으로 뒤섞여 나타나는 담화의 발화를, 단선형 구조화는 단순한 문장의 정적이고 직선적인 배열로 환원시켜 버린다.

일반적으로 <단선적 문자화 시스템>에서는, 힘들게 수집한 <말해진 언어>

만의 생생한 고유의 특징을 살려 그려내는 것이 불가능해져 버리는 것이다.

3.6.4 회화를 멀티 트랙으로 본다－<복선적(複線的) 문자화 시스템>

여러 선행 연구의 한계를 뛰어넘기 위해서는 담화의 <흐름>이라는 언어의 본질적인 부분에 눈을 돌리지 않으면 안 된다. 문자화에 있어서, 일찍이 ソシュール(1940:146)에 의해 시사되고, 南不二男(미나미 후지오 1987:7), 노마 히데키(野間秀樹 1996a:17), Noma(2005:65-66) 등이 역설하는 언어의 <선조성>(線條性)이라는 성격이 중요하다.[11] 복수의 화자가 존재하는 경우, 선조성은 단선적인 것이 아니라 틀림없이 복선적인 것이다. 시간의 흐름과 함께 담화의 흐름을 보기 위해서는 복수의 문자열에 따른 가시화, 구조화를 지향해야 한다 :

> 담화는 언제나 화자가 도식적으로 서로 교체하면서 <단선적>으로 나아가는 것이 아니라, 복수의 화자의 발화가 동시에 진행되거나 도중에 겹쳐지며 병행하여 <복선적>으로 나아가는 것이다.

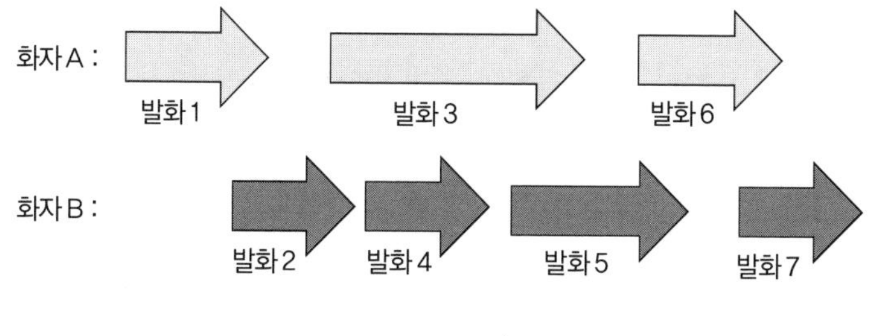

(→ : 시간의 흐름)

<그림 7> 복선적(複線的) 문자화 시스템의 turn의 전개 : 복선형

11) '선조성'에 대해서는 이 책 제1장 주 7) 58, 59페이지 참조.

바로 이런 복선적인 구조야말로 담화, 특히 자유회화와 같은 담화의 본질적인 본연의 모습이라고 하겠다. 시나리오의 표기가 대표하는 것처럼 단선적 문자화 시스템은 담화 구조의 가장 중요한 것을 놓칠 수 있는 것이다. 이런 문자화 시스템을 <복선적 문자화 시스템>이라고 부르는 것은 위와 같은 연유에서이다. 어떤 발화와 상대의 발화가 중복되어 있는가, 어느 발화의 어느 부분에서 끼어 들었는가 등을, 즉 중복, latching(연속발화. 음성적으로 쉼이 없고 연결되어 발화되는 두 개의 문장), 끼어들기 등을 기호가 아닌 복선적으로 나타냄으로써 각각의 발화의 모습을 시각적으로 생생하게 보여줄 수 있다 :

30대 남자	(네, 그래요? あ, そうですか		여러 가지 그렇습니까. いろいろそうですか.			아, 뭐 그렇다면. あ, まあだったら.		으-음) う~ん.
30대 남자		部内ん中でいろいろ (부내에서 여러 가지		行ってますけど. 하고 있습니다만.	はは(笑). 하하 (웃음).		行ってますけど. 하고 있습니다만.)	

<담화론>을 연구하는데 있어서는 복수 화자의 발화로 구성된 담화를 생생히 그려낼 수 있는 방법이 강구되어야만 하는 것이다. 시간축에 따른 <복선적 문자화 시스템>의 문자열의 복선적인 구조화[12)]는 두 사람의 회화뿐만 아니라 3명 이상의 화자에 의한 담화의 문자화에 있어서도 발화의 중복이나 끼어들기의 위치, 화자 교체가 이루어지는 위치 등을 훨씬 정밀하고도 직관적으로 표기할 수 있다. 복수의 화자의 발화에 있어서도 시간의 흐름에 따라 담화의 흐름을 동시에 문자화=시각화=구조화하는 것이다.

---

12) 李麗燕(이려연 2000)에서는 <문자화>에 대한 설명은 없으나, 예로 들고 있는 회화는 이 책과 동일한 복선적인 문자화를 행하고 있다.

3.7 <복선적 문자화 시스템>의 한국어와 일본어의 표기법

수집한 회화를 <데이터화>하기 위해서는 **표기법의 통일**도 중요하다. 예를 들어 일본어의 표기법은 기본적으로는 우선 **'내각고시'**(內閣告示)를 따르고, 한국어의 표기법은 기본적으로 한국의 문교부 공시가 제정한 **'한글 맞춤법'**, **'표준어 규정'**, **'외래어 표기법'**에 따른다. 특히 <말해진 언어>의 특징을 살리기 위해 두 언어 모두 이른바 '표준어' '공통어'의 형태뿐만 아니라 여러 가지 <이형태>까지도 시야에 넣고 <표준어형과 다른 형태>의 표기에도 배려해야 한다.[13)]

3.7.1 **일본어의 표기법**[14)]

일본어는 '내각고시(內閣告示)'를 따르며, <말해진 언어>의 특징을 살리기 위한 새로운 표기법도 고려하여 다음과 같이 표기한다 :

① 한자와 가나(仮名)가 섞인 문장을 원칙으로 한다.
- 전문용어, 고유명사 등의 가타가나로 쓰는 습관이 강한 것은 가타가나(片仮名)를 사용한다.
  예 : ト書き.
- 관용적으로 한자와 가나가 섞인 것과 히라가나(平仮名)의 양방 표기가 사용되는 것은 원칙적으로는 한자와 가나가 섞인 것으로 한다.
  예 : 例えば. 即ち.

② 가나의 사용은 내각고시(1986)의 '현대가나표기법'(現代仮名遣い)을 기본적

13) 방언을 문자화하는 경우에는 정서법이 아니라 방언의 특징을 살릴 수 있는 표기법으로 통일하는 것도 가능하다.

14) 이 절은 일본어의 표기를 어떤 규칙에 따라 하였는지를 설명하는 부분이므로 일본어를 그대로 옮기는 것이 적절하다고 판단하여 예시 부분의 문장을 번역 없이 제시한다.

으로 따른다.

- 한자보다 히라가나 표기가 더 관용적으로 되어 있는 단어는 히라가나로 나타낸다.

  예 : もらう. まいる. いただく. くださる.

- 조동사류는 히라가나로 나타낸다.

  예 : やってみる. 取っておく.

- 형식명사류는 히라가나로 나타낸다.

  예 : こと. もの. ところ.

③ 외래어 표기는 내각고시(1991)의 '외래어 표기'(外來語の表記)를 기본적으로 따른다.

- 어형이나 그 표기방법에 대해서는 관용적으로 정해져 있는 것은 그에 따른다.

  예 : アジア. アパート. ガソリン.

- 표기방법이 정확히 정해져 있지 않은 것이나 개인의 이름, 지명, 명칭 등은 원음에 가장 가까운 가나로 표기한다.

  예 : Stubbs, Micle : マイケル・スタッブズ

④ 오쿠리 가나(送り仮名)는 내각고시(1973)의 '오쿠리 가나 붙임법(送り仮名のつけ方)을 기본적으로 따른다.

- 잘못 말한 단어, 끝까지 말하지 않아 의미의 판별이 불가능한 단어 등은 한자를 쓰지 않고 히라가나로 나타낸다.

  예 : がっこ, 學校が. ご,ご.

⑤ 사용하는 한자는 내각고시(1986)의 '당용한자표'(当用漢字表)를 참고한다.

- 자체(字体)는 많이 쓰는 자체(字体)를 사용한다.
- 신자(新字)와 구자(旧字)가 병용되는 것은 신자를 사용한다. 개인의 이름이나 명칭 등은 예외로 한다.

⑥ 수사는 いち, に, さん, し(일, 이, 삼, 사…)의 한자어 수사는 아라비아 숫자 '1,2,3,4…'로 표기한다. ひとつ, ふたつ, みっつ, よっつ…(하나, 둘, 셋, 넷…)의 고유어 수사는 한자가 섞인 '一つ, 二つ, 三つ…'로 표기한다.

⑦ 일반적으로 로마자를 사용하는 약어 등은 로마자를 사용한다.

  예 : URL. ISBN.

⑧ 일반적으로 기호를 나타내는 것은 기본적으로는 기호로 나타낸다.

  예 : 10%

<말해진 언어>의 특징을 살리기 위해 다음과 같은 표기 원칙도 세운다 :

① 단어의 표기로서 일반적으로 정해져 있지 않은 촉음(促音)이나 요음(拗音), 장음(長音)이 음성상 들어 있는 경우에는, 촉음 「っ」, 요음 「ん」, 장음 「ー」으로 나타낸다. 장모음이 긴 경우에는 「ー」를 한 음절의 상당분 만큼 복수 이용한다. 얼마나 음을 늘리고 있는가를 표시하기 위해서이다. 필러(사이 연결 말)나 간투사, 그 외에 강조하고 있는 단어 등에 많이 사용한다 :

예 : えーっと. うーんとね. はっ. へー.
おもっしろい. ってゆーか.

② 장음을 나타내는 히라가나 「う」, 「い」가 발음상 사라진 경우에는 표기하지 않는다.

예 : でしょ. だろっ.

③ 장음을 나타내는 히라가나 「う」, 「い」를 장음기호 「ー」로 나타내는 것이 <쓰여진 언어>에서 어느 정도 일반화 되어 있는 것은 장음기호 'ー'를 사용한다.

예 : ちょーおかしいでしょ.

④ <문어체>와는 다른 형태로 나타나는 소위 <입말체>의 형태도, 이형태 혹은 단축형으로 인정하고 문자화한다 :

<표 1> 일본어의 표준어형과 이형태, 축약형 등의 예

	표준어형	이형태 등
용언	してしまった	しちゃった
	というか	ちゅーか. てゅーか. てゆーか. ってゆーか. つーか
	いいです	いいっす
	みせて	みして
	やってくるの	やってくんの
	明日かもしれない	明日かもしんない. 明日かもしんね
	だめになってしまう	だめんなっちゃう
부사	ほんとうは	ほんとは
간투사	うん	ん. う
	そう	そ. そっ
	すみません	すいません. すんません

⑤ 「웃음」은 맞장구와 동일한 언어표현으로 다룬다. 원음에 가장 가까운 철자로 히라가나로 표기한다. 'はは(하하)'의 경우 응답사 'はい' (네)를 'は'로 말하는 발화도 있기 때문에 구별하기 위해 모든 웃음소리에는 뒤에 「(笑)」를 표기한다.

예 : ははは(笑). へへへ(笑). くくく(笑).

⑥ 숨을 들이쉬는 소리나 혀를 차는 소리 등은 준언어음으로 인정하고, 원음에 가장 가까운 철자의 히라가나로 표기한다. 뒷부분에 '숨(息)'과 '혀차기(舌打)' 라고 표기한다.

예 : すー(息). つっ(舌打)

⑦ 기침, 하품 등의 소리는 언어음으로 인정하지 않으므로 '기침(咳)', '하품(あくび)'이라고 표기한다.

3.7.2 한국어의 표기법

한국어의 표기법은 '맞춤법', '표준어규정', '외래어표기법'을 기본적으로 국립국어연구원(1995)에 따른다. 또 말해진 언어의 특징을 살리기 위해 새로운 표기법도 제시하겠다 :

① 한자는 사용하지 않고 한글로 기록하는 것을 원칙으로 한다.
② 정서법에 맞추어 '띄어쓰기'를 한다.
③ 외래어는 '외래어표기법'에 따르는 것을 원칙으로 한다.

- 표기법에 정해져 있지 않은, 단체명, 상품명 등은 원음에 가깝게 기록한다.[15)]
  예 : 아르방스, 르나포프
- 일반적으로 로마자를 사용하는 약어 등은 로마자를 이용한다.
  예 : URL, ISBN
- 일반적으로 기호를 나타내는 것도 기본적으로는 기호로 표시한다.
  예 : '퍼센트'는 10%. ('프로'라고 발음된 경우에는 한글로 '10프로'와 같이 기록한다.)

15) '외래어 표기법'의 원칙은 원음주의(영어 : 프라그, 체코 : 프라하)이나 이 책에서는 화자의 원음에 가깝게 표기한다.

- 외래어 표기법에 정해져 있는 표준어형에 따르고 있지 않은 발음은 발음된 것에 따른다.

  예 : '케이크'를 '케익'이라고 하는 경우

④ 숫자는, 한자어 수사는 아라비아 숫자로, 고유어 수사는 한글로 표시한다.

- 공일학번, 칠삼년생 등 두 자리수 이상의 수사를 단독 수사의 나열로서 발음하는 경우 한글로 표시한다.
- 일월, 시월 등의 월명은 전부 한글로 표시한다.

⑤ 한국어의 한글 맞춤법을 활용함에 있어서 반드시 짚고 넘어가야 할 중요한 문제가 있다. 예를 들어 "갈 거예요." 는 농음화(된소리 되기)에 의해 표준어에서도, 그리고 서울말에서도 [갈 꺼에요]라고 발음된다. 담화분석의 문자화를 행하는 많은 연구가 거의 자음이 [g]로 유성음화되는 경우가 없음에도 불구하고 한글 맞춤법을 따르지 않고 이 발음을 굳이 [꺼]로 표기하고 있다. 본 연구에서는 표기와 발음이 다른 것 중에, 농음화, 격음화(거센소리 되기), 비음화, 종성의 초성화(소위 연음화) 등 발음변화의 규칙에 따른 것은 한글 맞춤법에 따라 표기하기로 한다 :

예 : 갈 거예요. [갈 꺼에요]
제가 할게요. [제가 할께요]
어제 거로 주세요. [어제 꺼로 주세요]
막막하죠. [망마카죠]
이렇게 [이러케]
문이 안 열려요. [무니 안 녈려요]

발음 변화를 그대로 표기하기로 하면 예를 들어 '갈 사람'을 '갈 싸람'으로 하거나 '일본 사람'을 '일본 싸람' 등으로 해야 한다. 이러한 방식으로는 수습할 수가 없게 된다. 일정한 원칙으로 선을 그어야하기 때문에 기본적으로는 정서법을 따르는 것이 좋다.

⑥ <해요체의 어미> '-요', <공손화 표지> -'요/-이요'는 입술을 좁게 앞으로 내민 [요 jo]로 발음되는 경우는 거의 없고, 보통 개구도(開口度)가 넓은 [여 jʌ] 에 가깝게 발음되는 경우가 많다. 그러나 이들은 맞춤법에 따라

'요'로 문자화한다.

예 : 집에요?

어제 왔었어요.

아니요.

또한 <아니요>는 '아니'의 높임말이다. 종종 실수로 <아니오>로 표기되나, 이는 고쳐야 한다. <아니요>는, 3음절로 발음되는 것은 <아니요>, 2음절로 발음되는 것은 <아뇨>로 표기한다.

<말해진 언어>의 특징을 살리기 위해 다음과 같은 표기 원칙도 세운다 :

① 조사나 어미의 모음 ㅗ [o]가 ㅜ [u]로 발음되는 것은 발음대로 ㅜ [u]로 문자화한다. 이런 발음은 서울말의 특징 중 하나이다.

예 : 밥은 먹구(먹고) 왔어요.

저두. (저도)

② 조사 '-는'의 '-ㄴ'으로의 축약, 모음 '이' 의 축약 등, 축약에 따른 발음의 변화는 발음대로 문자화한다.

예 : 그게 어딨는 (어디 있는)건가.

전 재밌어요. (저는 재미있어요)

③ 모음 ㅟ [wi]와 모음 ㅓ [ʌ] 가 합쳐져 모음이 단축된 [ujʌ]는 컴퓨터에서 일반적으로 사용할 수 있는 폰트로는 처리할 수 없는 글자이므로 「ㅜㅕ」[16]로 나타내는 것으로 한다.

예 : 수ㅕ요. (쉬어요)

바꾸ㅕ어요. (바뀌었어요)

④ 서울 방언에서는 일반적으로 '에' 와 '애'는 구별하지 않고, [e]보다 조금 넓은 [e̞] 정도로 발음된다. 여기서의 표기는 기본적으로는 정서법을 따른다.

⑤ 이하 표시된 형태들은 모두 이형태로 인정하고 각각 실제로 나타난 이형태의 형태로 문자화한다. 모두 데이터에 실제로 나타난 형태들이다 :

---

16) '21세기 세종계획 국어특수자료 구축'(2008)에서는 「쉬'어요」와 같이 「'」로 나타내고 있다. 이 책에서는 「3.8. 문자화의 기법」에서도 설명하고 있으나 데이터화를 위한 기호 사용과 중복되는 것을 피하기 위해 언어표현은 한글 자모로 나타낸다.

<표 2> 한국어의 표준어형과 이형태, 축약형 등의 예

	표준어형	이형태 등
용언	같아요	같애요
	그렇지, 그렇죠	그쵸, 그죠, 그치, 글치, 그릇치
	기다렸어	기달렸어
	쉬었거든요	숶거든요
	사귀어요	사겨요
	예쁘다	이뿌다
	재미있어서	재밌어서
	(힘)세지	쎄지
	낳다	나요, 났어요, 나서, 나나야지
	놓아	나
	가르쳐	가르켜, 가리켜[17]
	줄였으면	쭐였으면
	가지고	가지구, 갖구
	갖고	갖구
접속사	그래 가지고	그래 가지구
	그래 갖고	그래 갖구, 글 갖구
	그리고	그리구, 그러구
	그러면	그믄, 그믄, 금
	그러니까	그니까, 그닌까, 그니깐, 그닌깐, 근까, 긍까, 닌까, 니까, 그르니까, 그르닝까
	뭐라고 그러지	모라 글지
	아니면	아님
	근데	은데, ㄴ데
어미	-더라도	-더래도
	-더라니까	-더래니까, 드래니까
	-이라던지	-이래든지
	-니까	-닌까, -니깐, -닌깐,
	-거든요	-거던요
	하려고요	할려구요, 할라구요
	할까	하까
	한다던가	한데던가
	하나 보지?	하나 부지?
	어떡하냐	어떡허냐

17) <가리키다>와 <가르치다>는 다른 의미이지만 서울말에서 종종 혼용된다.

부사	좀, 조금	쫌, 쪼끔, 쬐끔, 쪼금
	되게	디게
	뭐	모, 머
	제일	젤
	때문에	땜에
	다음에	담에
	그냥	기냥
	다른	따른
	처음부터	첨부터
	이런 데	요론데
	아무튼	암튼
	너무	넘
	별로	별루
	확실히	학실히
	이렇게	이케, 힉케, ㅎ케[18]
명사	갓난쟁이	깐난쟁이
	성질이	승질이
움라우트	먹이다	멕이다
	맡기다	맽기다

⑥ 간투사류는 발음에 가장 가까운 표기를 한다.

예 : 아. 어. 에. 네. 예. 녜. 아휴. 아우. 헉. 헤. 하. 호.

⑦ '웃음'은 맞장구와 동일한 언어표현으로 다룬다. 원음에 가장 가까운 철자로 표기한다. '웃음'이 끝나는 부분에 「(웃음)」을 표기한다.

예 : 하하하(웃음). 헤헤(웃음). 크크크(웃음).

⑧ 숨을 들이쉬는 소리나 혀를 차는 소리 등은 준언어음으로 인정하고, 원음에 가장 가까운 표기를 한다. 뒷부분에 「(숨)」과 「(혀차기)」라고 표기한다.

예 : 스읍(숨). 스(숨). 쯔읍(숨). 쩻(혀차기). 쯧쯧(혀차기)

⑨ 기침, 하품 등의 소리는 언어음으로 인정하지 않는다. 단순히 「(기침)」, 「(하품)」으로 표기한다.

⑩ 음을 끄는 소리가 긴 경우에는 「ㅡ」를 한 음절의 상당분 만큼 복수 이용한다. 얼마나 음을 끌고 있는가를 나타내기 위해서이다.

18) <힉> 혹은 무성화(無聲化)가 더 진행되어 모음이 탈락하고 [hk^{h}e]가 된 것.

3.8 문자화의 기법(記法)

문자화에 필요한 기호류는 기본적으로 모두 1바이트의 반각 ASCII 문자를 이용한다 :

① 문장 끝에 붙이는 기호는 다음과 같다 :

a 문장 끝에는 모두 「.」를 붙인다. 결과적으로 「.」의 수는 모든 문장의 수와 일치한다.

b 서술문에는 「.」를 붙인다 :

예 : 저예요.

c 의문문에는 「?」 뒤에 「.」를 붙인다. 「?.」가 된다 :

예 : 언제예요?.

d 맞장구를 포함한 간투사류만으로 끝난 발화, 웃음소리도 하나의 문장으로 판정하고, 발화의 뒤에 「.」를 붙인다. 간투사류와 웃음소리는 그 음성에 가장 가까운 표기를 한다.

e 준언어음인 '숨을 들이쉬는 소리'나 '혀를 차는 소리' 등 (표기를 참조)은 문장으로 인정하지 않고 '.'는 붙이지 않는다.

② 다음의 경우에 ' , '를 이용한다 :

- 도치문[19] 앞 :

  예 : 언제 돌아오는 거예요?, 한국에.

- 고쳐서 혹은 반복해서 하는 말의 앞

  예 : 이제 끝, 끝입니까?

- 항목이나 사항을 열거하는 말의 뒤 :

  예 : 집에 돌아갈지, 식사를 갈지, 영화를 볼지, 빨리 정해.

- 문장 앞이나 문장 중간의 맞장구 등, 간투사 전후 :

  예 : A : 아, 그렇군요.

  B : 이름이, 에, 재미있네요.

---

19) <도치문>에 대해서는 7.6.5를 참조.

- 문장 중간 웃음소리의 전후 :

  예 : 철야를 하고, 하하(웃음), 그대로 돌아가 버렸어.

③ 문장 중간에 '직접인용'이 포함된 경우는 ' '로 묶는다 :

예 : 엄마가 '빨리 지금 와' 하니까 뭐.

한국어에서는 '간접인용'이 애매하고 그 형태를 정하는 것이 상당히 어렵다. 이 책에서는 한국어와 일본어를 통일시키기 위해 명확한 직접인용에만 기호를 붙인다.

④ 책, 영화 등의 제목에는 " "를 이용한다 :

예 : "세상의 중심에서 사랑을 외치다" 봤어?

⑤ 소리를 끌거나, 늘리는 경우에는 '−'를 이용한다 :

예 : A : 완전히 새롭다는− −. 그−, 좀−.

B : 아−−, 그렇습니까.

'그래서−', '가서−' 등은 음을 끄는 현상으로 판단한다. 음을 끄는 현상이 문장을 끝내기 위한 '머뭇거림'인지, 문장을 계속하기 위한 '머뭇거림'인지를 화자가 아닌 분석자가 객관적이고도 명확하게 판단하는 것은 불가능하다.[20] 음을 늘리는 것은 명확히 판단할 수 있으므로 '음을 늘리는' 현상으로 기호화 한다.

⑥ 알아듣기 불가능한 부분은 발화의 길이에 맞추어 '***'를 이용한다.

⑦ 발화와 발화 사이의 휴지(pause)는 휴지가 2초 이상이 되면 '(3초침묵)'과 같이 초수와 함께 기록한다.

⑧ 중복, latching(음성적으로 쉼이 없고 연결되어 발화되는 두 개 이상의 문장)

20) 金珍娥(김진아 2002:62) 및 이 책 4.4.4의 '중도종료발화문장' 참조. 상대에 의해 종료된 발화문장을 '비의지적 중도종료발화문장'이라 하고 화자가 종료한 발화문장을 '의지적 중도종료발화문장'으로 보고 있다. 말 머뭇거림에 의한 '중도종료발화문장'은 '의지적 중도종료발화문장'으로 본다.

등은 기호가 아닌 이 책의 문자화의 특징인 '복선적 시스템'으로 시각적으로 표기한다.

⑨ 화자를 논문상에서 인용할 경우 회화 협력자의 프라이버시를 위해 '30대 남자', '20대 여자'와 같이 세대와 성별의 속성으로 표시한다. 회화 속에 나타나는 인명 등은 '(이름)'으로 표기한다.

제4장

담화단위론

turn, turn-taking, 맞장구 발화, 문장

담화단위론

turn, turn-taking, 맞장구 발화, 문장

제4장에서는 문장(sentence), turn을 중심으로 한 <담화의 단위>에 대해서 논의해 보겠다. <담화>를 분석하고자 할 때 해당 <담화>는 어떠한 형태로든 <단위>로 나뉘어져야 한다. 담화의 이런 단위는 문자화나 분석 과정에서 다양한 문제를 야기하고, 또 연구 결과를 좌우한다. 주목해야 할 것은 담화단위가 <분석의 단위>로서만 필요한 존재가 아니라는 점이다 :

> 담화를 형성하는 단위에 주목하는 것은, 어떠한 단위로 담화가 구조화되고, 구성되는가라는 <단어나 문장이 담화를 형성하는 과정>을 보는 것이기도 하다.

담화단위에 대한 규명은 단순히 정의를 내리는 것으로 끝나는 것이 아니라 **담화를 동적으로 성립시키는 요소의 본연의 모습에 대한 묘사**이기도 하다. 그러한 묘사 과정을 거침으로서 비로소 담화의 구조를 더 분명히 밝힐 수 있을 것이다.

여기서는 우선 <담화단위>, <문장>, <turn>과 같은 담화단위의 개념을 확인하고 담화 안에 이러한 요소들을 정립시켜 보겠다.

또한 담화론의 현 단계에 있어서 가장 실천적이고도 화급한 문제라고 말할 수 있는 <맞장구 발화>와 <turn>과의 관계에 특히 주목함으로써, 담화구조 전체를 과부족 없이 꿰뚫을 수 있는 시좌(視座)를 획득하고, 음성언어에 의한 담화의 특징을 더 명확하고 현실성 있게 분석할 것을 지향한다.

본장의 이러한 작업은 단순히 연구의 전제에 그치지 않고 담화연구의 기초 확립을 위한 필수적인 과정이다.

4.1 담화연구의 선행연구에서 보이는 분석의 단위

담화의 분석단위로 선행연구에서는 무엇을 제시하고 있을까.

1.3.2에서 본 것처럼 일본어학에서는 時枝誠記(도키에다 모토키 1950;1966:21)가 <쓰여진 언어>에서 문장을 넘어서는 단위로 '글월'(文章)을 제창하고, <말해진 언어>에서 南不二男(미나미 후지오 1972)가 단위의 명칭을 '담화'로 이름 붙이고 회화를 구조상으로 나누는 것을 제안하였다. 그후 佐久間まゆみ(사쿠마 마유미 1987)는 '문단'(文段)과 '단락'(段落), 더 나아가 ザドラウスキー(자트로브스키 1991)에서는 '화단'(話段)이라는 단위를 사용해 회화의 구조를 파악하고자 하는 등 회화의 구조에 관한 단위연구가 계속되어 왔다.

또한 담화연구의 활성화에 따라 '담화'나 '화단'의 구성에 빠질 수 없는 더 국소적인 분석의 단위도 제안되고 있다. 영어에서는 다음과 같은 담화분석의 단위가 제안되었다 :

> Edwards(1993:19-27)
> '분석의 단위'(unit of analysis)는 '억양', '휴지', '통사론'(syntax)에 따라 결정된다. (인용자 역, 요약)

> Gumpers & Berenz(1993:95)
> 'information phrase'(정보구)의 성격을 정하는 가장 적절한 양식은 다음과 같은 것이다. 리듬에 의해 경계를 지을 수 있고, 프로소디(prosody)에 의해 규정되는 덩어리, 단일한 억양의 윤곽에 포함되는 어휘적인 연결이다. 또한 원형(原形)

으로서는 이들은 둘러싸인 구(phrase)의 여러 단위에서 휴지(休止)에 의해 구별된다. 그리고 의미적으로 해석 가능한 통사적 통일체를 구성한다. (인용자 역)

Chafe(1994:33,39-41)
문자화 시스템의 특징은 담화를 '억양 단위와 악센트 단위로 불리는, 인식의 의미 단위로 분할함으로써 도출된다.', '악센트 단위는 하나의 사고를 언어화하는 단위이며, 억양 단위는 하나 이상의 악센트 단위가 구성하고, 사고(思考)의 덩어리를 언어화하는 단위이다.' (인용자 역, 요약)

일본어에 대해 メイナード(메이너드 1993:96-99)는 일본어는 영어와 달라 억양의 특질만으로는 단위를 분별하기 어렵다는 점을 지적하고 다음과 같은 단위를 제안하고 있다 :

メイナード(메이너드 1993:96-99)
일본어에 적절한 발화의 세분화를 위해, 포즈에 의해 구분되는 어구(語句)인 'PPU (Pause-bounded Phrasal Unit)라는 단위', 'PPU의 다음 단위'로서 '문장이라는 단위'를 두고 있다.

宇佐美まゆみ(우사미 마유미 1997b)에서는 문자화의 단위에 대해 다음과 같이 서술하고 있다 :

宇佐美まゆみ(우사미 마유미 1997b:18-19,2005)
기본적으로 화자가 바뀔 때마다 행을 바꾼다. 또 동일 화자가 복수의 '발화문'(發話文)을 계속해서 말할 때는 '발화문'마다 행을 바꾼다. (중략)
회화라는 상호작용 안에서의 '문장'을 '발화문'이라고 부른다.

한국어에 대해서 서상규·구현정 공편(2002:328-329)에서는 '구어' 즉 <말해진 언어>의 문자화의 기본단위로서 '억양단위'(intonation unit)가 발화단위로서는 최적이라고 설명하고 있다.

위와 같이 영어와 일본어, 한국어의 담화단위와 관련한 선행연구에서는 모두 <쓰여진 언어>와는 다른, <말해진 언어>의 특징을 파악하기 위한 분석의 단위를 설정하고자 노력하고 있는 것을 볼 수 있다. 그 중에서도 <문장>이라는 단위가 종종 의식되고 있는 것도 간과할 수 없다. 그러나 이하의 논의와 같이 보족(補足)해야 할 점들도 떠오른다.

4.1.1 담화단위 설정에 관한 몇 가지 제안 - 본장의 구조

분석단위의 기준이나 개념의 경계가 불분명함은 자칫하면 분석자들의 내성에 큰 오차를 만들고, 담화분석의 신뢰성까지 잃게 될 수도 있다. 본장에서는 기존의 담화연구의 선행연구가 내포하고 있는 분석단위의 불분명함을 극복하고자 이하의 3가지 기준을 제시한다. 이 3가지 기준이야말로 바로 담화연구의 중요한 핵심을 이루게 될 것이다 :

① <맞장구 발화>를 <turn>으로 정립한다.
② <문장>의 이론적인 개념을 규정한다.
③ <문장>의 한 유형으로서 실제 다수 나타나는 <제3의 문장>을 부각시킨다.

4.1.1.1 <맞장구 발화>를 <turn>으로 정립한다

발화의 분석단위를 논하는 데 있어서 화급한 문제는 <간투사류 발화>, <맞장구 발화>를 <turn>이나 <문장>으로서 자리매김하는 것이다. 일본어의 경우 대부분의 담화연구에서는 'あー'(아-), 'ええ'(에에), 'そう、そう'(그래, 그래) 등의 <간투사류 발화>, <맞장구 발화>를 <turn>이나 <문장>으로 인정하지 않는다. 그로 인해 <간투사류 발화>, <맞장구 발화>가 사실상 담화의 중요한 요소임에도 불구하고 담화 단위로서 정립되지 못하고 있

다. 즉 담화 속에서 실제로는 존재하는 발화가 담화의 구조적인 단위로서 자리잡지 못하고 담화의 구성을 그리는 과정에서 누락되어 버리는 것이다. 참된 담화의 전체상을 그리고자 한다면 다음과 같은 지향성이 요구된다 :

> 실제로 존재하는 <간투사류 발화>나 <맞장구 발화>를 담화 속에 정확히 자리매김한다. 이를 위해서는 담화의 단위인 'turn'의 정의를 재검토할 필요성이 대두된다.

4.1.1.2 담화연구에서 <문장>의 이론적인 개념 규정

<문장>(sentence)은 전통적인 언어학적 사고에 있어서 분석단위의 결정적인 요소로 그 자리를 지켜 왔다. 그러한 연유로 일본어, 한국어의 여러 담화연구에서도 '문장'이라는 용어를 많이 사용하고는 있지만 그 정의를 제대로 파악하고 논의하려는 논고는 많지 않다. 담화의 명확한 단위로서의 문장이 명확한 디바이스로서 자리잡지 못한 채 '문장'이라는 용어가 다용되고 있어, 이론상, 사실상 혼란을 초래하기 쉽다.

담화론에서 <문장>을 생각할 때, 영어가 담화연구를 주도해 온 역사가 있고, 영어권에서는 주로 억양과 포즈를 기준으로 문장을 나눈다는 발상이 주류였다. 뒤늦게 출발한 한국어나 일본어의 담화연구는 영어에 대한 그러한 발상을 그대로 받아들이는 추세였다고 해도 좋을 것이다. 그러나 한국어와 일본어, 영어의 문장 구조를 보면 말할 것도 없이 큰 차이가 있다.

한국어나 일본어는 영어의 문장과 구조가 달라 문장을 끝맺는 서술어가 보통 문장의 제일 뒤, 즉 문말에 온다. 영어에 있어서는 서술어가 문장의 안쪽에 있으며 형태적으로도 예를 들어 동사의 의문형과 같은 <형태>를 설정할 수 없다. 그러한 이유도 있어, 문장의 끝을 억양에 의존하는 경향이 상대적으로 크다고도 말할 수 있다. 이에 비해 한국어와 일본어는 문장의 문말에 서술어가 있는 통사론적 구조와 용언이 종지형, 의문형 등 <형태>

상으로 명확한 윤곽을 갖는다는 형태론적 구조만으로도 우선 문자화의 단위나 분석의 단위로서 <문장>을 규정지을 수 있다 :

> 한국어와 일본어는 억양이나 포즈와 같은 음성적 특징과 함께 <문장>의 형태론적, 통사론적인 명확한 개념을 규정함으로써, <말해진 언어>에 더욱 더 적절한 담화 분석의 단위를 제기할 수 있다

4.1.1.3 문장은 어디에서 끊어지는가—<제3종의 문장>

억양이나 포즈 같은 음성적 특징에만 의존하는 단위 설정은, 연구의 실제 과정에, 특히 단위의 경계를 구분하는 과정에 많은 어려움을 초래한다. 녹화와 녹음, 그리고 문자화와 같은 실제 담화를 조사해 보면 금방 알 수 있는 일이지만 문장은 하나의 발화가 '문장으로서' 끝나는 부분, 즉 '문장의 경계'에서 알기 쉽게 억양이 바뀌거나, 포즈가 들어가거나 하지는 않는다. 다른 발화와 확실하게 구별할 수 있는 억양에 의해 평서, 의문, 감탄과 같은 구별을 가능하게 하는 발화도 존재하나, 실제로는 구별할 수 없는 발화가 수없이 존재한다. 덧붙여 말하자면 머릿속에서 생각하는 것만으로는 이 작업의 어려움은 알기 어렵다. 생생한 발화와 마주했을 때 비로소 처음으로 알게 되는 것이라고 해도 좋을 것이다. 담화 연구자라면 누구나 경험해 온 난제다. 요컨대 한 문장의 끝을 <어디에서 자를 것인가>를 음성적 특징만으로는 사실상 결정할 수 없는 경우가 많은 것이다 :

> 음성적인 특징만으로는 문장의 끝을 특정할 수 없다

형태론적 측면에서는 하나의 문장으로 인정할 수 있는 발화이지만, 억양이나 포즈와 같은 음성적 측면에서는 2개, 3개의 문장으로서 간주해야 할 발화와, 형태론적 측면에서는 2개, 3개의 문장이지만 음성론적 측면에서는

하나의 문장으로서 간주해야 할 발화가 실제로는 많이 존재한다. 분석에 있어서 다수의 오차를 낳는 이유가 되기도 하는 이런 발화의 존재, 그리고 어디서 어떻게 끊어야 하는가 등도 이제까지의 여러 담화연구에서는 논의되지 않았던 과제이기도 하다. 이에 본 연구에서는 언뜻 보기에는 불분명한 이러한 문장을 다음의 3가지 측면에서 정립시켜 보고자 한다 :

> 문장이 끝나는 방식이 음성적 측면과 형태론적 측면, 통사론적 측면에서 각각 다를 수 있는 제3의 문장을 담화상에서 인정한다.

<turn>과 <맞장구 발화>에 대해서는 4.2에서, <문장>의 이론적 개념 규정에 대해서는 4.3에서, <제3종의 문장>에 대해서는 4.4에서 논의하겠다.

4.2 turn과 맞장구 발화

본장에서 제안한 위의 3가지 과제 중에서 우선 'turn'과 <맞장구 발화>에 대해서 생각해 보자. 여기서는 <맞장구 발화>를 <실질적 발화>와 마찬가지로 'turn'이 되는 발화임을 논의하고자 한다. 이는 담화단위를 결정짓는 기반을 다지는 작업이기도 하다.

4.2.1 <turn>에 대해서

Sacks et al.(1974:699)는 사람과 사람이 회화를 할 때 대부분의 경우 한 번에 한 사람이 말하고 화자 교체는 반복적으로 이루어진다는 <turn-taking 시스템>을 제기했다. 발화의 구조적인 모습을 조명하려는 획기적인 논의였다고 말할 수 있다.

'turn-taking'에 관한 일본어 연구 및 한국어와 일본어의 대조연구는 Sacks et al.(1974)에 의한 <turn-taking 시스템>의 이론을 중심으로 다양한 면에서 담화의 구조를 밝히고자 노력해 왔다. 다만 그러한 많은 연구가 가장 중요한 'turn'과 'turn-taking'의 엄밀한 구별과 정의를 내리고 있다고는 말하기 어렵다. <무엇을 turn으로 보는가>에 대한 엄밀한 정의가 이루어지지 않아 특히 담화연구에 있어서 다음과 같은 문제가 나타난다.

4.2.1.1 <turn의 중복>의 문제

첫번째 중요한 문제는 <turn의 중복>을 어떻게 볼 것인가 하는 문제이다. 예를 들어 두 사람의 대화에서 두 화자의 발화가 겹쳐서 나타나는 것은 흔히 있는 일이다. 한 사람의 발화에 다른 화자가 <맞장구>를 치는 것 또한 빈번하게 나타나는 현상이다.

담화에서 맞장구 발화가 상대의 turn에 겹쳐지는 극히 일반적인 이러한 현상에 대해 "turn의 획득이 아니므로 그러한 맞장구 발화는 turn으로 인정하지 않는다"는 견해가 メイナード(메이너드 1993:135)와 宇佐美まゆみ(우사미 마유미 1997b, 2005)를 비롯해 많은 연구자들 사이에서 널리 인식되어 왔다.

원래 Sacks et al.(1974)나 Levinson(1983)은 <turn의 중복>을 "turn을 취하기 위해", "우연의 중복", "의도적 방해" 등으로 설명하고 있다. 그러나 이러한 기술을 보면 <turn>과 <turn-taking>의 엄밀한 구별, <turn의 중복>이라는 개념의 대상화가 선명하게 제시되어 있다고는 말하기 어렵다. 이런 점에서의 애매함이 turn의 중복이 가지는 성격 또한 애매한 것으로 만들어 왔다고 말할 수 있을 것이다. <turn의 중복>을 '발언권'의 '탈취', '취득'이라는 'turn을 취하기 위한' 수단으로만 본다면, 한 사람의 발화에 다른 사람의 발화가 겹쳐져서 나타나는 담화의 구조, 바로 담화가 <쓰여진 언어>가 아닌 <말해진 언어>이기 때문에 나타나는 본연의 모습을 구조화 · 가시화할 수 없게 된다 :

turn-taking론은 발화가 겹쳐져 출현할 수 있다. turn의 중복을 객관적이고 선명한 이론으로 정립시켜야 한다.

<turn의 중복>은 'turn'과 관련한 우연성이나 화자의 의도성, 목적의식성에서 찾는 것이 아니라 'turn'이 물리적으로 겹쳐져 있는가 아닌가 라는 한 점에서 그 기초를 찾지 않으면 안 된다. 물리적인 중복이라면 어떤 연구자라도 객관적으로 인정할 수 있는 기준이 된다. <turn의 중복>의 문제는 담화의 물리적이고도 동적인 구조를 있는 그대로 정면에서 파악하려고 하고 있는가 아닌가의 문제이기도 하다 :

<turn의 중복>은 '한 쪽의 화자가 말하고 있는 사이에, 다른 화자도 발화를 실현하고 있다'는 사실을 직시하고, 발화의 물리적인 모습이라는 형태상의 문제로 인식해야 한다.

4.2.1.2 맞장구 발화는 'turn'이다

'turn'을 둘러싼 또 하나의 중요한 문제는 <맞장구 발화>를 담화 구조 속에 어떻게 정립시킬 것인가 하는 문제이다. 'turn-taking'과 관련된 연구[1]와 turn과 관련된 맞장구 발화[2]를 둘러싼 한국어와 일본어의 여러 연구에

---

1) 일본어의 turn-taking에 관해서는 ザトラウスキー(자트로브스키 1993). Murata, K.(1994), 小室郁子(고무로 이쿠코 1995), 黒沼祐佳(구로누마 유카 1996) 등이 있으며 한국어와 일본어의 대조연구에서는 舟橋宏代(후네하시 히로요 1994), 金志宣(김지선 2000), 한국어에 있어서는 이원표(1999)등이 있다.

2) 맞장구 발화의 기능에 관한 연구로는 일본어에서는 水谷信子(미즈타니 노부코 1983, 1988), 小宮千鶴子(고미야 지즈코 1986), メイナード(메이너드 1987,1993), 黒崎良昭(구로사키 요시아키 1987), 松田陽子(마쓰다 요코 1988), 杉藤美代子(스기토 미요코 1993), 堀口純子(호리구치 스미코 1997) 등 다수의 연구가 있다. '듣고 있는 것', '이해', '동의' 등을 표하는 기능, 타이밍(Timing), 표현형식 등에 이르기까지 일본어의 맞장구 발화의 여러 가지 기능을 밝히고 있다. 한국어와 관련해서는 生越直樹(오고시 나오키 1988)가 학생 레포트를 대상으로 맞장구 치는 방법, 상대와 장면에 따른 차이, 형식 등을 다루었으며, 오승신(吳丞信 1997)은 간투사의 기능의 한 가지로서 '청자반응표시(backchanneling)'를 들고 있다. 한국어와 일본어의 대조연구인 任榮哲・李先敏(임영철・이선민 1995), 李善雅(이선아

서는 'turn', 'turn-taking'을 '화자 교체', '발언권', '발언권 교체', '말순서', '발화 순서', '발화 이어받기' 등으로 부르고 있으며, <맞장구 발화>를 'turn'혹은 'turn-taking'의 발화로서 인정하고 있지 않다는 점에서 공통된다. 즉 맞장구 발화는 'turn'이 아니라고 보는 것이다 :

> 기존의 담화연구에서는 <맞장구 발화>를 'turn'으로 보지 않는다. 그 결과 <맞장구 발화>는 'turn–taking'을 실현할 수 없는 발화로 인식되어 왔다.

거기에는 두 가지 원인을 생각할 수 있다 :

> ① 'turn'과 'turn–taking'의 엄밀한 정의나 구별이 이루어져 있지 않다.
> ② 여러 선행연구는 '실질적 발화'인가 '맞장구 발화'인가 라는 발화의 내용과 기능을 가지고 해당 발화가 turn인가 아닌가를 규정하려 하고 있다.

그러나 발화의 물리적인 수행을 가지고 turn을 규정하는 것이 가능하다면 <발화 수행>이라는 차원과 <발화 내용>이라는 차원은 다른 차원이며, 서로 구별하지 않으면 안 되는 것이다.

본장에서는 선행연구를 토대로 한국어와 일본어의 맞장구 발화를 정의하고, turn과 관련된 여러 개념들 또한 더 면밀히 정의하고, 구별하기로 한다.

2001) 등에서는 한국어보다 일본어에서 맞장구 발화의 빈도가 높고 더 다양한 양상을 나타내고 있는 것이 보고되고 있다.

turn과 관련하여 맞장구 발화를 언급하고 있는 연구는 일본어에 관해서는 メイナード(메이너드 1987,1993), ザトラウスキー(자트로브스키 1993), Murata,K(1994), 小室郁子(고무로 이쿠코 1995), 黑沼祐佳(구로누마 유카 1996), 陳姿菁(첸 즈칭 2001) 등이 있으며 각각 매우 흥미로운 연구 성과를 올리고 있다. 한국어에 대해서는 일본어만큼의 폭은 아니지만 이원표(1999), 한국어와 일본어의 대조연구에서는 舟橋宏代(후네하시 히로요 1994), 金志宣(김지선 2000), 金珍娥(김진아 2003)가 있다. 모두 맞장구 발화의 빈도, 양상, 기능 등에 관해 언급하고 있다. 일본어의 맞장구 발화를 한국어로 오승신(吳丞信 1997:79)은 '청자반응표지' (back channeling), 이원표(1999:32)는 '청자반응신호'(backchannel)라고 부르고 turn을 '발언권', '말순서'라고 부르고 있으나 turn과 맞장구 발화의 관계에 대한 기술은 보이지 않는다.

4.2.2 turn이란?

전술한 바와 같이 여러 선행연구에서는 'turn'과 'turn-taking'은 '발화의 주도권', '발화권', '말순서' 등으로 규정되어 있고, 주로 '발화권의 교체'로 인식되어 왔다. 또 'turn'과 'turn-taking'은 종종 구별되지 않고 논의되었다.

그러한 사고방식이 이른바 '실질적 발화'만을 'turn' 혹은 'turn-taking'의 발화로 보고, '맞장구 발화'는 'turn'과 관련이 없는 발화로 간주하는 결과를 초래한다.

'turn'과 'turn-taking'은 문자 그대로 다른 개념인 것이다. 또 'turn'의 개념 규정으로서 사용된 '순서', '주도권', '권리'와 같은 말도 서로 다른 개념이다.

'turn'을 문자 그대로 '순서'라고 한다면 'turn-taking'은 '순서 취하기(順番とり)'가 될 것이다. '순서' 그 자체와 그것을 '취하는 것'과는 마땅히 다른 개념으로 구별해야 한다. 그리고 또한 'turn'을 '순서'로 보는 소박한 생각을 더 깊이 파고들어 간다면, <'순서'란 과연 무엇인가>라는 것에까지 선명한 해답을 구해야만 한다.

담화에 있어서 말을 주고받는 그 'turn'이란, 궁극적으로 이하의 논점에 귀착된다 :

> 'turn'은 <누군가가 말하고 있다>라는 것에서 그 물리적인 기초를 찾을 수 있다.

바꿔 말하면, 'turn'이란 <화자가 누구인가>라는 점에 귀착된다. 따라서 'turn'은 다음과 같이 정의할 수 있다 :

> 'turn'이란 <발화의 물리적인 수행>, 더 정확히 말하자면 <발화의 지속적인 수행>이다.

<turn을 획득하고 있다>는 것은 바로 <화자가 물리적으로 발화를 수행하고 있다>는 사실에 근거를 두지 않으면 안 된다. 청자가 듣고 있는지 아닌지, 혹은 화제의 '주도권'을 쥐고 있는지 아닌지와 같은 것과는 무관한, 다른 차원의 일이기 때문이다.

본래 이야기의 '주도권'과 같은 개념에서는 두 사람의 화자가 있으면 양쪽 모두 '주도권'을 가지고 있다고 생각할 수도 있고, 제3자의 연구자 입장에서는 어느 쪽이 주도권을 쥐고 있다고 결정하기 어려운 경우도 많다 :

> 담화를 보는 데 있어서 발화의 물리적인 수행의 차원과 발화내용의 차원은 명확히 구별되어야 한다.

따라서 무릇 담화에서 발화가 물리적으로 수행하고 있는 물리적 시간은 당연히 그 화자의 'turn'이라고 하지 않으면 안 될 것이다. 상대방도 발화를 수행하고 있든 아니든 화자의 <발화의 실현이란 turn의 실현>인 것이다.

'turn'은 문장의 평면적인 단위와는 상관없이 담화에 있어서의 <화자가 누구인가>를 기준으로 하는 단위이며, 화자에 의한 <발화의 지속적인 수행>이다. 본 연구에서는 <turn>을 다음과 같이 정의한다 :

> turn : 한 사람의 화자가 전후의 침묵이나 상대의 발화에 의해 발화를 중단할 때까지의 발화 수행

이러한 관점에 서면 'turn-taking'이란 발화의 권리도 주도권의 탈취도 아닌 <turn의 이행>에 불과하다. 즉 'turn'이란 발화의 흐름을 동적으로 보는 단위인 것이다 :

> 'turn'이란 발화의 진행 과정 그 자체를 <동태(動態)>로 보는 개념이자 발화수

행의 동적인 단위이다.

4.2.2.1 turn-taking에서 turn-exchanging으로

기존의 연구에서는 turn-taking, 즉 turn을 획득하는 측에서만 turn 획득의 지점, 타이밍, 방법 등이 고찰되어 왔다.

그러나 turn의 이행은 turn을 이어 받는 화자의 입장(turn-taking)에서도 볼 수 있는 반면, turn을 먼저 가지고 있던 화자의 입장(turn-giving)[3])에서도 볼 수 있다. 즉, 하나의 turn에는 상대의 turn을 이어받는(taking) 측면이 있으면, 자신의 turn을 넘겨주는(giving) 측면 즉 양면이 있다. 화자가 상대에게 어떻게 turn을 '넘기는'지에 따라서도 turn을 '받는' 방법이 달라진다.

또 turn의 길이와는 관계없이 turn의 양면성, 양방향성은 항상 복합되어 나타난다. turn과 관련된 연구에서는 하나의 turn에 있어서 '받음'(taking)과 '넘김'(giving)이라는 양면성의 존재를 늘 인식하지 않으면 안 된다 :

<turn의 이행>에서는 언제나 전해주는(giving) 측면과 받는(taking) 측면이라는 두 가지 측면이 있다.

따라서 본 연구에서는 Sacks et al.(1974)에 의한 <turn-taking 시스템>을 <turn-taking>뿐만 아니라 <turn-giving>까지를 포함하는 <turn의 양면성, 양방향성>에 주목하여 <turn-exchanging 시스템>으로 보기로 한다.

<turn-exchanging 시스템>이란 turn이 어떻게 이행되는가 라는 turn 이행의 양상이며, turn을 획득하는 화자의 입장에서 본 turn-taking과 turn을 가지고 있던 화자의 입장에서 본 turn-giving의 두 가지 측면을 갖는 것이다.

3) 小室郁子(고무로 이코쿠 1995)는 "현 발화자가 청자에게 발화를 재촉하거나 질문을 하는 식으로 turn을 전달하는, 혹은 건네는" 것을 turn-yielding이라고 다루면서 "turn-taking과 turn-yielding을 병립, 대립하는 것"으로 서술하고 있다. 이 책에서도 1개의 turn을 동전의 양면과 같이 turn-taking과 turn-giving이라는 양면성에서 보기로 한다.

<표 3> turn-exchanging 시스템

turn-exchanging 시스템 : turn 이행의 양상	
turn-taking	turn-giving
turn을 받는 측에서 본 turn의 이행	turn을 가지고 있던 화자, 넘기는 측에서 본 turn의 이행

이와 같은 고찰을 토대로 하면 이제까지 개념 구별을 하지 않아 왔던 turn과 turn-taking, <turn의 중복>의 문제는, 말하자면 <turn의 존재양식>과 <turn의 전환양식>의 차이로서 구별할 수 있다 :

turn … 1인 화자의 발화의 지속적 수행
turn의 중복 … turn의 본연의 모습, turn의 존재양식
turn-taking … turn 전환의 양상

<turn의 존재양식>과 <turn의 전환양식>은 다음과 같이 정의할 수 있다 :

<표 4> <turn의 존재양식>과 <turn의 전환양식>

turn의 존재양식	turn의 전환양식
시간축 위에서 전개되는 turn의 형태적인 존재 방식	turn-taking과 turn-giving의 두 측면을 가진 turn 이행의 양상

金珍娥(김진아2003)에서는 <turn의 존재양식>을 고찰하는 데 있어서 <turn의 중복>의 관점에서 중복이 없는 turn을 <독립 turn>, 중복되어 있는 turn은 <공존 turn>이라 부르고 있다. 이 두 가지의 turn에 착목하여 한국어와 일본어의 시간축에 따라 turn이 나타나는 방법을 조사했다. turn의 형태적인 존재 방식의 조사이며, turn의 독립성의 관점에서 화자의 turn이 단독으로 독립되어 나타나는지, 상대의 turn과 중복되어 공존하며 나타나는

지를 알아보기 위한 조사이다.

초대면 회화의 처음 5분간의, 1분마다의 시간 변화에 따른 turn 독립성의 동적인 변화는 이하와 같은 결과를 보이고 있다 :

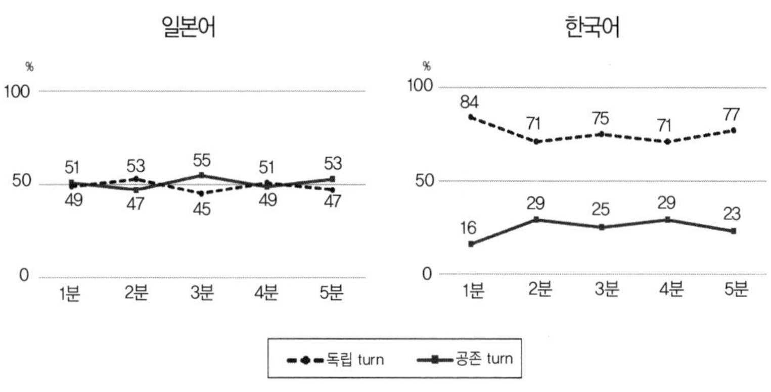

(수칙 : 1분마다 전체 화자 총 turn 수에 대한 '독립 turn · 공존 turn' 총수의 비율)

<그림 8> 시간의 흐름에서 본 turn의 독립성의 변화

일본어는 <독립 turn>과 <공존 turn>이 양적으로 길항(拮抗)하고 있으며 한국어는 <독립 turn>이 우세한 경향을 나타내고 있다. 또 turn의 독립성이 시간의 경과에 따라 크게 변화하지 않는 것은 turn의 전개 스타일이 회화 참가자의 친밀도의 증감, 화제의 변화 등에 크게 좌우되지 않는다는 것을 시사한다.

한국어와 일본어의 <turn의 존재양식>, 즉 <turn의 중복>이라는 관점에 주목함으로써 양 언어의 turn의 독립성, turn의 양상의 결정적인 차이를 엿볼 수 있는 것이다.

이러한 'turn'과 'turn-taking'의 개념을 기초로 하여 이하 <맞장구 발화>가 'turn'이며, 'turn-taking'의 발화가 되는 프로세스에 주목해 보자.

4.2.3 <맞장구 발화>란?

발화를 <맞장구 발화>(あいづち發話)와 <실질적 발화>(實質的發話)로 구별한 선구적 논고인 杉戸淸樹(스기토 세이주 1987:88)는 발화 기능, 발화 내용을 중심으로 양자를 다음과 같이 구별하고 있다 :

> 맞장구적인 발화 : '하-' '아-' '응' '아 그래요?' '그렇습니까?' '에 그렇군요.' 등의 응답사를 중심으로 하는 발화. 선행하는 발화를 그대로 반복하거나, 상대방이 한 말을 그대로 따라 하거나 단순한 되묻기 발화. '엣!' '아' '호-' 등의 감동사만의 발화. 웃음소리. 실질적인 내용을 적극적으로 표현하는 언어양식(단순한 반복 이외의 명사, 동사 등)을 포함하지 않고, 또 판단 · 요구 · 질문 등 청자에게 직접적인 작용도 하지 않는 발화"

> 실질적인 발화 : "맞장구적인 발화 이외의 종류의 발화. 어떠한 실질적인 내용을 표현하는 언어양식을 포함하며, 판단, 설명, 질문, 회답, 요구 등 사실의 기술이나 청자에게 직접적인 작용을 하는 발화"

또 맞장구의 발화기능에 관한 선행연구에서의 여러 정의가 있으나 金珍娥(김진아 2004b:93)에서는 선행연구에 입각하여 <맞장구 발화>를 다음과 같이 정의했다 :

> <맞장구 발화> = 듣고 있다는 것, 이해, 동의를 표하는 기능을 가진 짧은 표현. 예를 들어 '네, 예, 그래, 정말, 그렇네요.' 등의 이른바 맞장구말 및 상대 발화에 관한 짧은 반복이나 바꿔 말하기 등, 간투사 중에 '듣고 있는 것, 이해, 동의를 표하는' 기능을 포함한 발화를 맞장구 발화로 본다.

'그래?' '정말?' 등과 같은 의문이나 의심 등의 감정표출발화나 이들의 상승억양발화라도 상기의 정의와 같이 '듣고 있는 것'을 표명하는 기능을 하고 있는 것은 맞장구 발화로 본다. 또, 맞장구적인 기능을 하고 있다 하더라도 杉戸清樹(스기토 세이주 1987)에 따라 '실질적인 발화'를 포함한 표현은 맞장구 발화에서 제외하기로 한다.

金珍娥(김진아 2004b:93)에서는 杉戸清樹(스기토 세이주 1987:88)가 말하는 실질적 발화를 **'내용지향발화'**(内容志向発話 : content-oriented ufferance)라 부르고 있다. 또 杉戸清樹(스기토 세이주 1987:88)가 말하는 '맞장구적인 발화'를 포함하여 필러적 발화(filler)=말과 말 사이를 채우는 발화, 말 시작하기 표현 등 주로 담화적인 기능을 맡고 있는 발화를 **'기능지향발화'**(機能志向発話 : function-oriented-ufferance)라고 부르고 있다.

또한 본 연구에서는 웃음을 포함하여, 언어행동에 의한 맞장구 발화만을 연구 대상으로 하고 끄덕임 등의 비언어행동에 의한 맞장구 표현은 연구 대상에 포함시키지 않는다.

4.2.3.1 <맞장구 발화>인가 아닌가는 <발화권>의 유무로 정해지는가?

앞서 서술한 바와 같이 맞장구 발화는 발화 기능이라는 관점에서 규정하는 문제일 것이다. 그러나 Yngve(1970:568)와 メイナード(메이너드 1993:58)는 다음과 같이 말하고 있다 :

> Yngve(1970:568)
> 화자가 turn을 양보하지 않고 청자에게서 받는 "yes", "uh-huh" 등의 짧은 메시지
>
> メイナード(메이너드 1993:58)
> '맞장구'란 화자가 발화권을 행사하고 있는 사이에 청자가 보내는 짧은 표현(비언어행동을 포함)으로, 짧은 표현 중에 화자가 순서를 양보했다고 볼 수 있는 반응을 보인 것은 맞장구로 하지 않는다

이와 같은 정의에서는, 맞장구 발화를 '화자 교체'나 '발화권 교체'의 역

할은 없고, '발화 순서'와도 관계가 없는 것으로 보고 있는 것이다. 그러나 여기에서는 turn의 이행이라는 <담화의 물리적인 구성>의 차원과 <발화 기능>, <발화 내용>이라는 차원의 구별이 필요할 것이다 :

> '화자가 발화권을 행사하고 있는 사이에 청자가 보내는 짧은 표현'이라도, 또 '화자가 순서를 양보했다고 보이는' 것이라도 '듣고 있는 것, 이해, 동의' 등의 맞장구 기능을 가지고 있는 발화라면 그것은 다름 아닌 맞장구 발화이다.

예를 들어 '그게-' '그러니까-'와 같은 말머뭇거림(言いよどみ)은 필러적[4] 발화(filler)와 마찬가지로 말과 말 사이를 메우거나 발화를 시작하려는 발화 기능을 가진 것으로 생각될 수 있으나 그것이 듣고 있다는 것이나 이해, 동의를 표하고 있는 것이라면 맞장구 발화로서의 기능을 가진 것으로 보아야 한다. 말머뭇거림, 필러, 맞장구는 부분적으로는 공통되는 발화 기능을 가질 수 있는 것이며 또 한편으로는 전혀 다른 독자적인 발화기능도 각각 가지고 있는 것이다. <말머뭇거림 발화>와 <맞장구 발화>의 구별은 담화 구성의 차원이 아니라 발화 기능의 차이에서 다루어져야 할 것이다 :

> 담화 구성의 차원과 담화 기능의 차원은 서로 구별하여야 된다.

メイナード(메이너드 1993:58)의 '발화와 발화 사이에 청자가 보내는 짧은 표현'이므로 맞장구 발화라고 보는 주장은, turn 이행이라는 차원이 다른 문제를 가지고, '맞장구'라는 발화기능을 결정지으려는 것이라 할 수 있다.

---

4) 森山卓郎(모리야마 다쿠로 2005:188)는 "말하고자 하여 말을 찾거나, 회화의 순서를 얻기 위해 소리를 내거나 한다. 또 일시적으로 문장을 말하는 것을 중단해 버리는 경우도 있다. 그럴 때는 '저'나 '에'와 같은 말을 발화한다. 이를 '말머뭇거림'(filler)이라고 부른다." 고 말하며, '말머뭇거림'과 '필러filler'를 같은 것으로 기술하고 있다.

4.2.3.2 <맞장구 발화>는 <발화의 중복> 여부로 정해지는가?

한편 宇佐美まゆみ(우사미 마유미 1997b, 2005)의 '기본적인 문자화의 원칙'(Basic Transcription System for Japanese : BTSJ)에서도 <맞장구 발화>와 <발화의 중복>에 대해서 다음과 같은 기술을 볼 수 있다 :

> 화자의 발화와 겹쳐지는 짧은, 작은 소리의 맞장구(네, 예, 흠 등)는 그것이 상호작용에서 상대의 말을 듣고 있음을 표하는 것 이상의 적극적인 기능이 없는 한 ( )에 넣어 발화 안에서 가장 가깝다고 생각되는 위치에 삽입한다. 다만 맞장구 중에서도 발화자의 발화와 겹쳐지지 않는 것(중략 : 예1의 A2)이나 이해와 감탄을 표하는 등의 적극적인 기능을 가지고 있다고 판단되는 것은 줄을 바꾸어 한 줄을 쓴다. (宇佐美まゆみ 우사미 마유미 1997:19)

> 기본적으로는 화자가 교대할 때마다 줄(行)을 바꾼다. 그러나 화자가 교대하지 않더라도 동일 화자가 복수의 '발화문'을 계속해서 말할 때는 '발화문'마다 줄을 바꾼다.(예11). 또 상대의 발화에 겹쳐지는 짧고 작은 소리의 맞장구(흠-등)와 웃음은, ( )에 넣어 상대의 발화 중 가장 가깝다고 판단되는 위치에 삽인한다. (宇佐美まゆみ 우사미 마유미 2005:3)

이러한 기술에서 '적극적 기능을 하지 않는' 맞장구 발화, 상대의 발화와 '겹쳐지는 짧은' 맞장구 발화는, 하나의 '발화문'으로서 인정하지 않는다고 해석할 수 있다.

그러나 맞장구 발화가 적극적인 기능을 가지고 있는가, 어떤가, 긴가 짧은가와 같은 기준이 <문장인가 아닌가>를 결정짓는 조건은 될 수 없다. 문장이 그 '적극성'이나 '길이'에 의해 동정(同定)되는 것이 아닌 것과 마찬가지 이유에서다.

따라서 이 책에서는 맞장구 발화를 발화기능의 차원에서 동정한다. 말머뭇거림이나 말시작하기 표현, 맞장구 발화는 <발화 기능>의 관점에서 <실질적 발화>와 다른 발화일 뿐이다. 상대의 발화와 겹치는 발화, '응'과 같은 짧은 발화도, 의미를 가지고 발화된 이상, 물리적으로 존재하는 'turn'이자 문장이며 이러한 점은 <실질적 발화>와 다름이 없기 때문이다 :

> 소리가 작든 크든, 상대 발화와 겹쳐진 소극적인 발화이든 적극적인 발화이든, 어떠한 맞장구 발화도 물리적으로 'turn'을 <구성>하고 있다.

실질적 발화만을 'turn'으로 취급하고 맞장구 발화를 'turn'으로 인정하지 않으면 맞장구 발화가 물리적으로 존재하고 있음에도 불구하고 그러한 존재를 담화의 동적인 구조 속에 담을 수 없게 되는 것이다. 담화의 물리적 구조에 연구자에 의한 자의(恣意)적인 공백이 생기게 된다.

본 연구는 위와 같은 관점에서 실질적 발화뿐만 아니라 맞장구 발화도 문장, 'turn'으로 보는 것이다.

또 발화 사이에서 포즈(pause)가 어느 정도 나타나고 있는가, 상대의 발화와 겹쳐져 진행되고 있는가 등의 'turn'의 전개에 관한 문제는 <맞장구 발화>에만 특별히 관계된 것이 아니라 모든 발화에 관계되는 것임을 아울러 확인해 두자.

4.2.3.3 <turn의 흐름>이라는 관점에서 <맞장구 발화>를 본다.

위의 '발화권'의 유무나 '발화의 중복'의 여부로 맞장구 발화를 동정하는 논의를, 'turn'의 흐름이라는 관점에서 다시 정리해 보자.

이하는 メイナード(메이너드 1993:135)의 예이다. 'turn'을 '발화 순서'로 정의하고 있는 표기방법은 원문 그대로이며 음영을 표시한 부분은 인용자이다 :

[예1]

(5.43) B：へーえ都内全然わかんない。/　Rliv.24(R-turn)

(5.44) A：詳しいから。/　Rliv.25(R-turn)

(5.45) B：曙橋ね。/

Rliv.26/T2(=Rliv) (R/T-turn)

(A：5 ― うん)

예1을 보면 5.43, 5.44, 5.45 발화에는 turn임이 표시되어 있지만, ( ) 안의 A：5의 맞장구 발화에만 'turn'이라는 표시가 없다. 이 예에서도 알 수 있듯이 이 연구는 맞장구 발화를 turn으로 인정하지 않는다.

결과적으로 모든 발화를 <turn을 구성하는 발화>와 <맞장구 발화>로 나누고 있는 셈이다. 즉 turn이라는 담화 구성의 흐름에 따른 분류와 상대방에 대한 발화 기능에 따른 분류가 혼재되어 있는 것이다.

맞장구 발화를 turn과 관계없는 발화로 보는 이러한 견해는 단지 メイナード(메이너드 1993)뿐만 아니라 많은 선행연구에서도 나타나고 있다. 과연 담화의 구성단위를 사실상 turn과 맞장구 발화로 나누는 것은 적절한 것일까. 이하의 예를 생각해 보자：

[예2]

화자 A：그 사람하고는 나이가 같아요?

화자 B：네.

화자 A：전공도 같아요?

화자 B：그런데요.

예2에서 보이는 화자 B의 '네.'와 '그런데요'에 주목해 보자. 화자 A의 질문에 대한 대답이므로 당연히 turn으로 봐야할 것이며, メイナード(메이너드

1993) 등도 확실히 그렇게 하고 있다. 그러나 다음의 예는 어떨까. 여기서는 <복선적 문자화 시스템>[5]으로 표시하겠다 :

[예3] time →

화자A	그 사람은 마키 씨와 같은 나이이고 대학에서 전공도 같아요.
화자B	[네] [그러게요]

[예4] time →

화자A	그와는 나이도 같고, 대학에서 전공도 같아요.
화자B	[선배 아니야?] [전공은 뭐?]

종래의 연구가 받아들이고 있는 turn, turn-taking의 '화자 교체', '발화권', '발화권의 교체', '발화 순서'라는 정의에서 예3, 예4를 생각해 보겠다. 예3의 화자 B의 발화 '네'와 '그러게요'는 예2의 화자 B의 발화와 거의 동일한 표현에 의한 발화이다. 그러나 화자 A의 turn에 겹쳐져 있고 실질적인 내용을 포함하고 있지 않는 맞장구 발화라는 점에서 メイナード(메이너드 1993) 등의 선행연구는 이 예3의 '네', '그러게요'를 turn으로 보지 않고 화자 교체나 발화권의 교체, 발화 순서를 구성하는 것으로도 인정하지 않는 것이다. 예4의 화자 B의 발화 '선배 아니야?'와 '전공은 뭐?'는, 발화의 위치는 예3의 화자 B의 발화와 같으나 맞장구 발화가 아니라 실질적 발화이다. 선행연구의 정의에서는 예4의 화자 B의 발화는 '탈취・중복된 turn'으로 다루어져 화자 교체나 발화권, 발화 순서의 교체로서 인정되고 있다 :

> 완전히 같은 구조를 이루며 나타나고 있는 발화임에도 불구하고 한쪽은 그것이

5) 이 책이 제기하는 문자화 시스템. 이 책의 제3장과 金珍娥(김진아 2004b,2006) 참조.

<맞장구 발화>라는 이유로 turn으로 인정하지 않고 다른 한쪽은 <실질적 발화>라는 이유로 turn으로 인정하는 모순을 초래하고 있다.

이처럼 상대의 발화와 중복되는 발화를 turn으로 인정할 수 있다면 발화 기능이나 의미내용 여부와 관계없이, 실현된 발화는 모두 turn을 구성하는 요소라 할 수 있다. 같은 '네'라는 발화가 한쪽은 '대답'인 실질적인 발화가 되고 한쪽은 '듣고 있다는 신호'인 맞장구 발화가 되는 것, 그것은 발화의 기능이나 발화의 내용 차원에서 다루어져야 한다. 또한 해당 담화 안에서 발화가 어떠한 물리적인 흐름 속에서 수행되는가라는 차원, 즉 turn의 전개라는 담화 구성의 차원과는 확실히 구별되어야 한다. 기존의 turn-taking론이 <맞장구 발화>를 turn으로 인정할 수 없었던 이유는 바로 이 점에 있었다고 말할 수 있다.

이하 <맞장구 발화>를 turn, turn-taking의 발화로 보아야 할 실제의 기능을 제시하겠다.

4.2.3.4 turn에서 본 <맞장구 발화>의 두 가지 존재양식

<turn의 전개>라는 관점에서 맞장구 발화도 모두 turn을 <구성>하는 요소이며, 따라서 turn을 획득하고자 하는 작용도 할 수 있다는 점을 재확인해 두자.

모든 발화가 물리적으로 실현하는 것인 이상, 그 내용과도 어우러져 어떤 식으로든 turn의 전개에 관여할 수밖에 없다.

앞서 말한 'turn의 존재양식' 즉 '시간 축 위에서 전개되는 turn의 형태적인 존재의 방식'이라는 관점에서 맞장구 발화의 존재양식을 이하의 두 가지로 나눌 수 있다 :

<공존 turn>으로서의 <맞장구 발화>
<독립 turn>으로서의 <맞장구 발화>

맞장구 발화의 turn이 상대의 turn과 <공존>하고 있는가, <독립>해 있는가 라는 <맞장구 발화의 독립성>에 따라, 후술하는 바와 같이 맞장구 발화는 다른 기능을 한다. 이런 <공존 turn>으로서의 맞장구 발화와 <독립 turn>으로서의 맞장구 발화는 아래와 같이 도식화할 수 있다 :

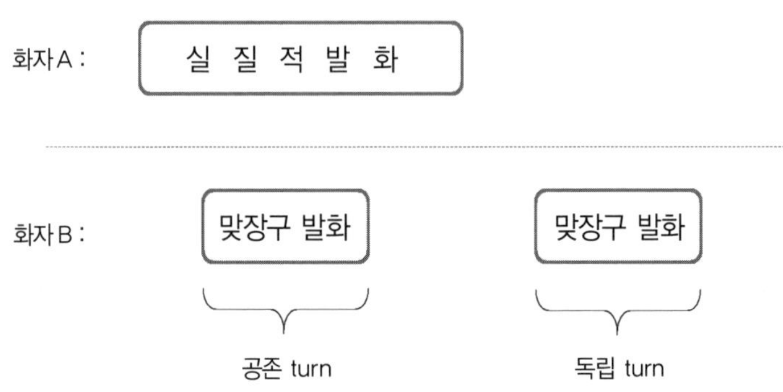

<그림 9> turn의 관점에서 본 <맞장구 발화>의 존재양식

4.2.3.4.1 <공존 turn>으로서의 <맞장구 발화>

우선 상대의 turn에서 <공존>하고 있는 맞장구 발화부터 확인해 보자 :

• 상대의 turn과 공존해서 나타나는 맞장구 발화

20대 일본여성	(아-no.62 응응no.63) へえー うんうん
동년 일본여성	もうずっと大學の學科の私の友達だった子，學科の教室がこの辺だったから (쭉 대학 학과에서 내 친구였던 아이, 학과 교실이 이 근처였으니까)

위 예의 발화 no.62, 63은 물리적으로는 turn을 구성하고 상대의 발화와 <공존>해서 실현되는 맞장구 발화이다.

이러한 <공존 turn>으로서의 맞장구 발화[6]는 堀口純子(호리구치 스미코 1988), メイナード(메이너드 1993)가 말하는 '듣고 있는 것이나 이해'의 기능과 ザトラウスキー(자트로브스키 1993), 水谷信子(미즈타니 노부코 2001), 畠弘巳(하타 히로오미 1982)가 말하는 '화자에게 말을 계속하라는 의미의 신호'라는 이 두 가지 기능을 가질 수 있는 것이다.

담화의 흐름에 있어서 어떤 지점에서의 마커(marker) 혹은 신호로서, 요컨대 '점'으로서의 <정적인 표시기능>을 한다고 말할 수 있다.

4.2.3.4.2 <독립 turn>으로서의 맞장구 발화

다음은 상대의 turn에서 <독립>해 있는 맞장구 발화를 살펴보겠다.

이하의 예와 같이 <독립>해 있는 맞장구 발화에는 발화 no.102와 같이 상대의 실질적인 발화를 유발하는 맞장구 발화와, 발화 no.104와 같이 자신의 실질적인 발화를 이끌어내는 맞장구 발화가 있다. 즉 상대의 발화에서 <독립>해 있는 맞장구 발화는 발화 no.102와 발화 no.104와 같이 다음 발화로의 이행을 재촉하고, 자신 혹은 상대의 다음 발화를 유발하는 기능도 하고 있다는 것을 볼 수 있다 :

• 상대의 turn과 독립하여 나타나는 맞장구 발화

일본여성 기준	(아-) あ[no.102]
일본여성 동년	戻って來てって感じなんですけど.[no.101] その前も，高校でちょっと教えてて.[no.103] (돌아오라는 느낌이긴 한데. 그전에도 고등학교에서 조금 가르쳐서)

6) 맞장구 발화의 기능에 대해 Schegloff(1982:79)는 맞장구적인 'uh-huh'라는 표현에 대해 "말의 계속, 주목, 관심, 이해를 표하는 (continuer, attention, interest, understanding)" 기능을 들고 있다. 또 일본어의 맞장구의 기능에 대해 メイナード(메이너드 1993)은 "계속하라는 시그널, 이해, 지지, 찬성의 의사표시, 감정표현, 정보의 추가·개정·요구표현"의 6개의 기능을 들고 있으며 堀口純子(호리구치 스미코 1997)는 "듣고 있다는 신호, 이해하고 있다는 신호, 동의의 신호, 부정의 신호, 감정의 표출"을 들고 있다.

•

일본여성 기준	(네- 고등학교에서 무엇을 가르쳤는지.) えー.[no.104] 高校で何を教えて.[no.105]
일본여성 동년	その前も, 高校でちょっと教えてて.[no.103] (그전에도 고등학교에서 조금 가르쳐서)

•

일본여성 기준	((학교명)대학이라는 곳의 네. 거기. 일본어학과예요.) (學校名)大學っていう所の[no.48] はい.[no.51] そこの[no.54] 日本語科です.[no.55]
일본여성 연상	はい.[no.49] 語学とか?[no.50] うん.[no.52] 有名ですね.[no.53] (네. 어학이나? 응 유명하지요.)

•

한국여성 기준	패키지로 가는 거.[no.134]
한국여성 연상	맞아요.[no.135] 그러니까 그런 거 보면 가고 싶은데

여러 선행연구는 맞장구 발화가 '듣고 있고, 이해하고 있음을 나타내는 기능, 화자가 말을 계속할 수 있도록 장려해 주는 기능'과 같은 기능이 있다고 설명한다. 그러나 이러한 주장이 사실상 <맞장구 발화>의 한 면만 보게 하는 함정에 빠지게 한다. 즉 <맞장구 발화>를 <청자로서의 역할>에서만 보고 있는 것이다. 그러나 여기서 흥미로운 사실은 위의 맞장구 발화의 예를 보더라도 알 수 있듯이 다음과 같은 기능이 존재한다는 것이다 :

> 맞장구 발화는 맞장구를 치는 것에 그치지 않고 그 맞장구 발화에 의해 종종 자신 혹은 상대의 다음의 실질적인 발화를 이끌어낸다. <맞장구 발화>의 작용은 <청자로서의 역할>에 머무르지 않는다. <맞장구>를 치는 것 바로 그것으로 인해 담화를 구축해 가는 <화자로서의 역할>을 갖는다.

기존의 연구에서 <맞장구>는 영어권의 담화연구서에서 흔히 'back channel'이라 칭해지고 있는 것을 봐도 알 수 있듯이 발화 내용 차원에 있어서 어디까지나 부수적인 것으로서만 인식되었다. 내용적인 부수성, 이차적인 존재로서의 취급이 어느새 <맞장구>의 물리적인 존재까지 위협하고 마치 존재하지 않는 것처럼 인식되어져 온 것이다.

이것이 기존의 연구가 <맞장구>를 turn으로 인정해 오지 않았던 배경이다. <실질적 발화>뿐만 아니라 <맞장구 발화> 역시 'back channel'(뒷면의 채널)이 아니라 'fore channel'(앞면의 채널)을 구성하는 것이다. **맞장구 발화는 담화를 구축해 가는 데 있어서 불가결한 구성요소인 것이다.**

4.2.3.5 <독립 turn>으로서의 맞장구 발화의 두 가지 동적인 기능

위에서 제시한 <독립 turn>의 맞장구 발화는 주 6)과 같이 여러 선행연구가 서술하고 있는 다양한 기능을 행하면서도 더 나아가 다음과 같은 새로운 동적인 기능도 행하고 있다.

예를 들어 화자 A의 발화에 대해 화자 B가 맞장구를 쳤다. 이 맞장구 발화로 인해 turn이 화자 B에게로 이행한 것이다. 이와 같이 맞장구 발화는 그 맞장구 발화 자체가 바로 turn의 이행을 선언하는 표지로서 기능한다 :

> 맞장구를 치는 것, 그 자체가 <지금부터는 내 turn이다>라고 선언하는 것이 된다. 맞장구 발화를 말하는 것 자체가 turn 이행의 performative(수행적)인 기능인 것이다.

이와 같은 기능을 <turn 이행 표지의 기능>이라고 부를 수 있을 것이다.

또 화자가 상대 발화에 대해 맞장구를 치고, 한편으로 그 맞장구 발화가 계기가 되어 맞장구를 친 화자 자신의 발화를, 혹은 상대의 발화를 유발하는 기능을 하는 경우도 있다. 맞장구 발화의 이러한 기능을 <turn 유발기능>(trigger function)이라 부르기로 한다 :

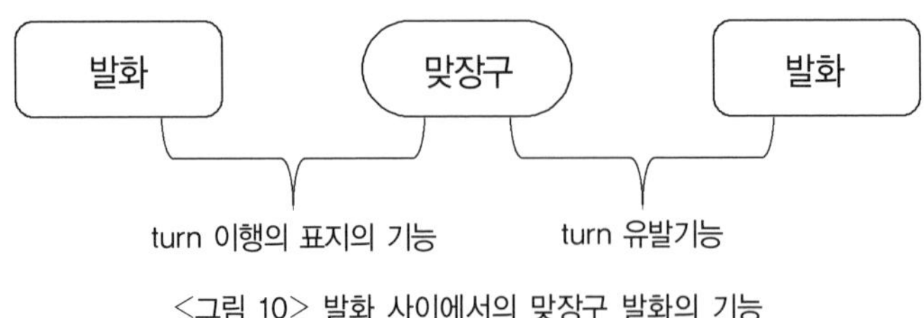

<그림 10> 발화 사이에서의 맞장구 발화의 기능

위의 그림과 같이 맞장구 발화는 이러한 ① turn 이행 표지의 기능과 ② turn 유발기능이라는 두 가지 기능을 담당한다. 또 발화와 발화를 연결하는 요소로서 다음의 발화가 어느 방향으로 진행되어 갈 것인가 하는 방향 설정까지 담당한다. 즉 담화의 역동성을 지탱하는 **<생산적인 결절 고리>**(node)가 된다 :

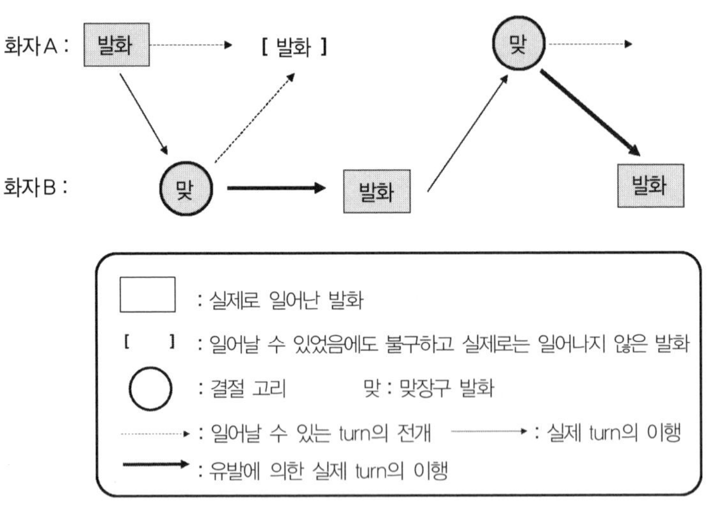

<그림 11> 생산적인 결절 고리(node)로서의 맞장구 발화

생산적인 결절 고리로서의 역할을 하는 맞장구 발화는 turn의 전개에 있어서 선적(線的)인 동시에 동적(動的)인 기능을 담당하며 당연히 turn을 구성

하고 획득한다.

즉, 맞장구 발화는 청자로서의 역할뿐만 아니라 <**화자로서의 적극적인 회화 참가의 전략(strategy)**>으로서 중요한 역할을 하고 있는 것이다. 이와 같이 맞장구 발화의 <turn 유발 기능>과 <turn 이행 표지의 기능>에 주목한다면, ① 담화 안에서 선적이면서 동적인 역할을 하고, ② turn을 획득하기 위한 화자의 전략이 되는, 맞장구 발화의 담화 안에서의 다이나미즘을 발견하게 될 것이다.

또 이러한 두 가지 기능은 이 책과 같이, 실질적 발화와 더불어 맞장구 발화를 turn의 구성요소로서, turn의 획득도 가능한 발화로서 인식할 때 비로소 발견할 수 있는 <**맞장구 발화의 동적인 기능**>인 것이다.

4.2.4 다시 turn으로

4.2.4.1 종래의 turn의 모습 - 단선형(單線型)

turn, turn-taking을 화자 교체, 발화권 교체, 발화 순서로 정의하는 여러 연구는 turn의 전개를 사실상 이하의 그림과 같이 인식하고 있는 것이라고 할 수 있다 :

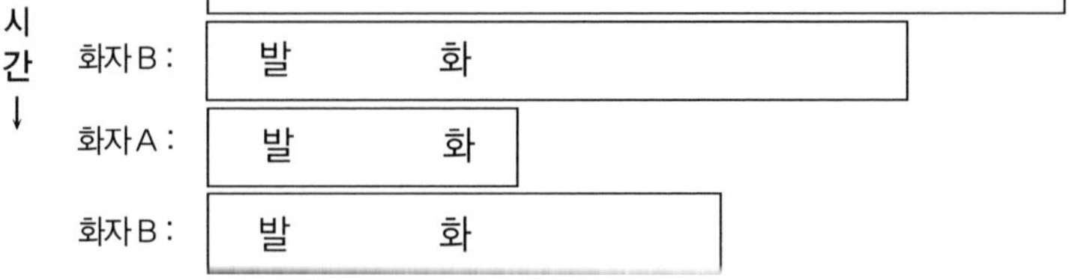

시간↓

화자A : 발 화

화자B : 발 화

화자A : 발 화

화자B : 발 화

<그림 12> 종래의 turn의 모습 - 단선형(單線型) : 수직으로 표현되는 turn의 전개

위의 그림으로는 각각의 발화와 겹쳐지는, 즉 <공존 turn>으로 실현되고 있는 <맞장구 발화>는 사실상 배제되어 버리고 만다. 위 그림의 문자화 방법을 수직이 아닌 수평으로 제시하면 이하의 그림과 같이 사실은 단선적(單線的)으로 전개되고 있음을 알 수 있다 :

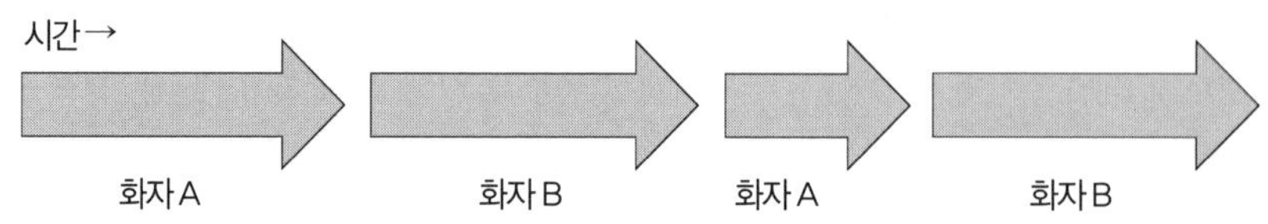

<그림 13> 단선형 : 수평으로 표현되는 turn의 전개

turn의 흐름을 turn이 화자마다 바뀌는 단선형으로 파악하면, 예3의 화자 B의 발화 '네'와 '그러게요'와 같은 상대의 발화와 겹쳐 있는 맞장구 발화를 넣을 수 있는 위치를 확보하기 어렵다. 杉戶淸樹(스기토 세이주 1987)가 말하는 '실질적인 발화'와 같이, 담화내용과 직접적으로 관계가 있는 발화만을 기존의 여러 연구는 turn으로 보고 turn, turn-taking을 화자 교체, 발화권 교체, 발화 순서로 정의하고 있는 것이다. 발화의 기능, 의미 내용을 가지고 turn 여부를 결정하려고 하는 여러 선행연구의 정의에서는 turn의 다음과 같은 성격이 정립될 수 없게 된다 :

turn은 <겹치면서 연속된다>

turn이 <겹치면서 연속된다>는 과정을 보여주는 담화 안에서, 맞장구라는 발화가 물리적으로 존재하고 있음에도 불구하고, 그런 존재를 담화 안에 그려 낼 수가 없는 것이다. 존재하고 있는 발화를 존재하고 있는 것으로 제시할 수 없는 것이다. 여러 선행연구에 의해 담화의 흐름에 있어서 매우 중

요한 기능을 하고 있음이 밝혀지고 있고 강조되고 있는 맞장구 발화가, 담화의 물리적인 구조에서조차 그 자리를 확보할 수 없다는 것는 심각한 문제라고 하지 않을 수 없다. "'백 채널 행위'(back channel behaviour)를 삭스(sacks)는 '완전한 턴'(complete turn)으로 보고 있다."고 말하고 '어떤 화자 교체의 기술에도 무엇이 턴을 구성하고 있는가 라는 문제가 있다'고クールタード(Coulthard 1999:117)는 지적했다. 또한 모든 발화를 '백 채널'인가 '턴'으로 분류하는 것은 "발화 간의 구조적 관계를 기술하려는 방향에는 불충분"하다고 말하고 있다. 이는 본 연구의 주장을 뒷받침하는 귀중한 지적이다.

4.2.4.2 이 책의 turn의 모습 <복선형(複線型)>=복선적 문자화 시스템

여러 선행연구의 한계를 넘어서기 위해서는, 담화의 물리적인 구조의 흐름이라는 언어 실현 양상의 본질적인 부분에 눈을 돌려야 한다. 즉 담화는 늘 화자가 도식적으로 서로 교체하면서 '단선적'으로 진행되어 나가는 것이 아니라 복수의 화자의 발화가 동시에 진행되거나 도중에 겹치며 병행하여 '복선적'으로 진행되는 것이다7) :

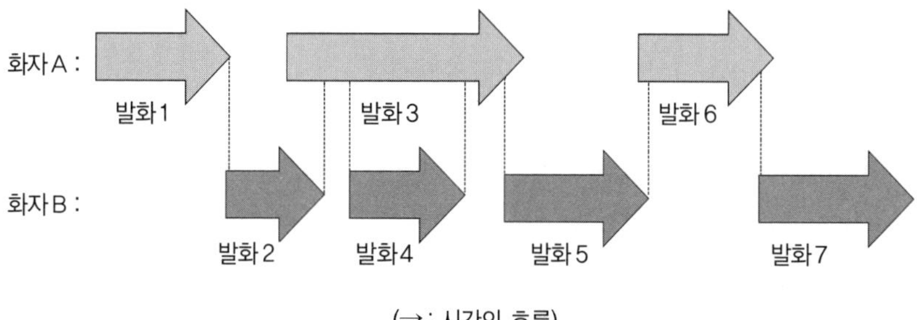

<그림 14> 복선적(複線的) 문자화 시스템의 turn의 전개-복선형

7) 野間秀樹(노마 히데키 2007b:34)는 "<두 사람이 항상 동시에 말하는> 것이 default <초기 상태>이다" 라고 말하며 화자끼리의 발화가 겹쳐진 이런 대화의 양상을 <대위법(對位法 : counter point)적인 구조>라 부르고 있다.

위의 그림은 turn의 진행을, 시간의 흐름에 따른 언어의 선조성을 축으로 하여 나타낸 것이다. 위의 그림과 같이 화자 교체의 복선적인 흐름 속에서 담화의 흐름을 있는 그대로 관찰해 보자. 화자 B의 발화2, 발화4, 발화5 등이 맞장구 발화라 하더라도 다른 실질적 발화와 동일하게 담화의 물리적인 위치를 당당히 차지하는 하나의 turn으로서 존재하고 있음을 확인할 수 있다.

현실적으로는 위의 그림과 같이 진행되는 담화구조를, 기존의 연구에서는 <그림 12>와 <그림 13>과 같이 단선적으로 이해하고 있는 것이다. <그림 13>의 담화의 흐름을 종래와 같이 '화자 교체'로 생각한다면 <그림 14>의 화자 B의 발화4와 같이 겹쳐져서 실현되는 맞장구 발화에 대해서는 그 물리적인 존재양식을 다룰 수 없게 된다. 거기에서 <그림 14>의 상대의 발화와 겹쳐지는 발화4는 turn의 흐름 속에서 누락되어 버리는 것이다.

이 책이 제기하고 있는 <복선적 문자화 시스템>은 이런 <복선형>의 담화의 흐름을 다룬 것이다. 다시 한 번 확인해 두자 :

> 화자 A의 발화와 화자 B의 발화가 겹쳐져 있는가 아닌가, 또 실질적인 발화인가 맞장구 발화인가의 여부와 관계없이 모든 발화는 담화의 구조에 있어서 물리적인 turn을 구성하는 발화로 성립되어 있다.

선행연구에 대해 이 책이 강하게 주장하고 싶은 것은 어떤 맞장구 발화도, 발화의 물리적인 수행으로서 turn을 <구성>하고 있으며, turn을 <획득>할 수 있는 발화라는 것을 인정하지 않으면 안 된다는 점이다.

이러한 접근 방법 위에 서면, turn, turn-taking, turn의 이행, turn의 전개는 다음과 같이 정의할 수 있다 :

<표 5> turn과 관련된 정의

turn	한 사람의 화자가 전후의 침묵이나 상대의 발화에 의해 발화가 중지될 때까지의 <발화 수행>
turn-taking	turn을 받는 측에서 본 turn의 이행
turn이행	어떤 하나의 turn에서 다음 turn으로 옮겨감
turn전개	복수(複數)에 걸친 turn이행의 연속

4.3 <문장>을 비롯한 담화 단위의 설정

4.3.1 기존 언어 연구에서 이루어진 발화와 문장의 정의

다음 문제로 옮겨 가 보자. 기존의 언어 연구 안에서 '발화'와 '문장'은 어떤 개념으로, 어떻게 정의되고 있을까. 우선 연구자들의 <발화>에 대한 견해를 정리해 보겠다 :

<표 6> 발화의 정의

	명칭	정의
Bloomfield (1933:154)	발화 utterance	한 번 말하는 행동이 발화 utterance이다
服部四郎 (핫토리 시로 1949:17-18)	발화	음성언어표출행동과 그 결과 생겨나는 음성이며, 하나의 혹은 그 이상의 문장에 의해 이루어진다
Harris (1951:14)	발화 utterance	발화 utterance란 한 사람의 개인에 의한 하나의 연속된 말로 그 전후에 그 개인의 침묵이 있는 것이다
Fries (1952:6)	발화단위 utterance unit	한 사람의 일련의 말이며 전후에 그 사람의 침묵이 있는 것, 바꿔 말하면 화자의 교체에 의해 표시되는 어떤 길이를 가지는 말이다

또한 <문장>에 대해서는 많은 정의가 있지만 다음의 몇 가지 정의를 확

인해 두고자 한다 :

Bloomfield(1933:170-173)
하나의 발화가 두 개 이상의 문장으로 이루어지는 경우가 있으나 이는 발화가 몇 개의 언어형식을 포함하면서 이들 형식이 유의미적이고 관습적인 문법적 배열에 따라 연결되어 더 큰 형식을 만드는 것이 불가능한 경우이다. <중략> 영어를 비롯해 다른 많은 언어에서 문장은 억양에 따라 즉, 2차 음소의 사용에 따라 구분된다. 영어에서는 높이 2차 음소가 문장의 말미를 표시하고, 또한 3가지 중요한 문장 타입을 구별한다.(인용자 요약)

ヤコブソン(Jakobson 1973:137)
언어분석에 있어서는 발언의 서열을 점점 더 작은 더 단순한 단위로 분해할 경우, 우리는 발화 utterance에서 시작한다. 최소의 발화는 문장 sentence이다. 문장은 실제로 분리할 수 있는 최소의 요소인 단어 word에서 이루어진다.

모두 문장을 발화보다 작은 단위로 보고 있다는 것을 알 수 있다. 다음은 일본어 문법론에서 제시하고 있는 문장의 정의를 확인해 보자 :

山田孝雄(야마다 요시오 1936:902) '사상의 단위'
통각작용(統覺作用)에 의해 통합된 사상이, 언어라는 형식에 의해 표현된 것을 말한다.

山田孝雄(야마다 요시오 1936:913)
'개' '화재' '물' '과자'는 단어로서 보면 하나의 단어이나 문장으로 보면 하나의 문장이 된다. 이를 하나의 문장으로 본다는 것은 이를 어떤 사상(思想)의 발표로서 사용했기 때문이며 그 외형은 단일한 단어에 그쳐 단순해 보이되 내부에는 사상의 복잡한 활동이 존재하고 있으며 그 발표가 이 한 단어에 의해 이루어졌을 뿐이다.

> 時枝誠記(도키에다 모토키 1941;1976:218,219)
> ‘문장’ 역시 언어의 단위로 생각해야 한다. (중략) 요컨대 문장은 주관객관(主觀客觀)의 합일(合一)이자 정리된 사상의 표현이며, 이를 언어에 입각하여 말하면 詞(사)와 辭(사)의 결합인 것을 제1의 조건으로 하고, 문장은 또한 완결된 사상의 표현이며 따라서 언어적으로는 종지되는 언어형식을 필요로 하는 것을 제2의 조건으로 한다.

> 橋本進吉(하시모토 신키치 1948;1956:4-6)
> 하나의 문장은 그 내용(의의)에서 보면 그것만으로 무엇인가를 말로 표현한 것으로 하나의 정리된 완전한 것이다
> (1) 문장은 음의 연속이다.
> (2) 문장의 전후에는 반드시 음이 끊어진 곳이 있다.
> (3) 문장의 끝에는 특유의 음조가 더해진다.

이외에 三尾砂(미오 이사고 1948:182), 時枝誠記(도키에다 모토키 1950;1966:197-207), 渡辺實(와타나베 미노루 1971;1997:66) 등을 비롯하여 많은 연구자들이 일본어의 문장에 관한 정의를 내리고 있다.

한편, 한국어에 관해서는 최현배(1929;1994:734)를 확인해 두자 :

> 월(文)이란 것은 한 통일된 말로 들어낸 것이니 : 뜻으로나 꼴(形式)로나 온전히 다른 것과 따로선(獨立한) 것이니라. (중략) 월이 갖춰야 할 조건은 (1) 적어도 한 낱의 통일(하나됨)과 (2) 따로섬(獨立)과의 두 가지이다.

龜井孝・河野六郎・千野榮一(가메이 다카시・고노 로쿠로・지노 에이치) 편저(1996)에서는 발화와 문장에 대해 “발화와 직접 표리(表裏)일체를 이루는 추상적 언어 단위가 문장(sentence)이다.”라고 서술하고 있다.

지금까지의 정의를 보면 문장과 발화의 양상에 대한 시사를 얻을 수는 있으나 실제 담화분석의 각도에서는, 실제와 개념과의 괴리를 느끼지 않을 수 없다. 그 이유는 실제로 말해진 담화 안에서는 상기와 같은 추상적인 정

의로는 설명할 수 없는 수많은 발화가 존재하고 있기 때문이다. 언어의 본연의 모습을 밝혀내는 작업이, 쓰여진 언어에서 말해진 언어로 시야를 넓힘으로써 연구의 새로운 국면을 맞이하게 되었다. 문장의 정의나 보는 관점도 달라져야 할 때가 온 것이 아닐까. 담화에 있어서 문장과 발화를 포함한 담화의 단위를 구체적으로 그려내는 작업은 담화를 통해 언어의 모습을 그려내는 과정이기도 하다.

4.3.2 turn 절단자(切斷子)

이 책은 turn을 나누는 결과를 불러오고 담화 단위의 기초가 되는, 결정적인 디바이스를 제기한다. 그것은 다름 아닌 상대방의 turn이다.

본 연구에서는 이러한 요소를 <turn 절단자>(turn-delimiter)라고 부르기로 한다 :

> <turn 절단자>는 화자에 의한 발화의 지속적인 수행인 turn을 나누는 디바이스이며, 상대 발화의 지속적인 수행을 절단하는 기능을 가진 발화이다.[8)]

즉, <turn 절단자>는 화자의 발화의 지속적인 수행인 turn을, 상대의 turn이 절단한 <결과>, 이름 붙여질 수 있는 것이다 :

화자 A	일본 시리즈 때는 야구장에 가고 싶었어.[no.1] 현장의 응원이잖아.[no.4]
화자 B	응.[no.2] 그래?[no.3]

8) turn을 획득하는 화자의 입장에서 본 'turn-taking'뿐만 아니라 turn을 가지고 있던 화자의 입장에서 본 'turn-giving'까지도 포함한 'turn-exchange 시스템'은 본서 4.2.2.1의 'turn-exchange 시스템'의 전환양식을 참조.

위의 예의 발화 no.2, no.3은 맞장구 발화이나 화자의 발화와 겹쳐 있으며 화자의 문장이나 turn을 나누는 결과를 초래하지 않았으므로 turn 절단자가 아니다. 그러나 아래의 예의 발화 no.7은 '일본 시리즈 때' '응' '야구장에 가고 싶었어.'와 같이 화자의 turn을 절단하는 결과를 초래했기 때문에 turn 절단자로 볼 수 있다. 이 때 하나의 문장조차도 발화 no.6, no.8과 같이 turn 절단자에 의해 절단되는 경우가 있는 것이다. 이리하여 하나의 문장이 2개의 turn으로 결과적으로 나누어진다. 화자 B의 '응'이라는 turn 절단자 자체도 하나의 turn이라는 것은 논란의 여지가 없을 것이다 :

화자 A	일본 시리즈 때[no.6] 야구장에 가고 싶었어.[no.8] 현장의 응원이잖아.[no.10]
화자 B	응.[no.7] 그래?[no.9]

<turn 절단자>는 맞장구 발화일 수도 있고 또 실질적인 발화가 될 수도 있다. 이는 또 문장과 발화 단위와 turn을 구별하는 핵심이 되는 요소이며 커뮤니케이션에 동적인 변화를 불어넣는 역할을 함과 동시에 실제 회화에 더 풍부하게 존재하는 요소이다. 또 <turn 절단자>는 상대에게 작용하는 맞장구, 끼어들기, 되묻기, 덧붙이기 등 음성언어에서만 보이는 독특한 담화요소라고 할 수 있다. 시간상으로는 순간적으로 시작되고 상대 화자의 입장에서 보면 예측하지 못한 곳에서 일어나는 구조적인 위치를 차지하는 요소이다. 쓰여진 텍스트에서는 좀처럼 만나기 어려우나, 말해진 담화를 생생히 동적인 양상으로 만들어 주는 풍요로운 기능이기도 하다. <turn 절단자>를 이렇게 정립시킴으로써 상대와의 상호작용에 의해 구축되어 가는 실제 회화의 다이나믹함을 구조적으로 시각적으로 확인할 수가 있다. 게다가 <turn 절단자>는 문장과 발화단위, turn의 각각의 차이를 밝힐 수 있는 핵심적인 요소이기도 하다.

4.3.3 담화의 동적(動的) 단위와 정적(靜的) 단위

이 책의 담화의 단위는 다음과 같이 정리할 수 있다 :

<표 7> 본 연구에 있어서의 담화 단위의 정의

단위		정의
동적 단위	【turn】	한 사람의 화자가 turn절단자, 전후의 침묵에 의해 발화를 그만둘 때까지의 발화의 수행
정적 단위	/문장 sentence/	문법적 실현체 모달리티(modality)를 수반하고 하나 이상의 단어가 발화로서 실현되는 단위
	[발화단위 utterance unit]	음성적 실현체 한 사람의 화자의 turn 속에서도 문장이 끊어지는 곳, turn 절단자, 전후의 침묵에 의해 나누어지는 단위
발화 utterance		하나 이상의 발화 단위의 집합

이 책에서는 <발화>(utterance)를, 어떤 의미나 정리된 내용을 가지고 발화된 것으로, 하나 혹은 하나 이상의 발화단위의 집합으로 본다. 또 다음과 같은 담화 단위는 모두 발화를 구성할 수 있는 것이다.

우선 <문장>(sentence)은, 하나 이상의 단어가 어떤 정리된 덩어리의 발화로서 실현된 형태이며 반드시 모달리티를 수반하는[9] 문법적 실현체이다.

9) 한국어나 일본어의 '문장'을 넓게 이해하려면 논의해야 할 것이 다 방면에 걸쳐 존재하나 이 책에서는 鈴木重幸(스즈키 시게유키 1972;1997:44), 노마 히데키(野間秀樹 2002a:19)에 따라 진술성 혹은 모달리티라는 성격을 중시하고 싶다. 鈴木重幸(스즈키 시게유키 1972; 1997:44)는 모달리티에 대해 다음과 같이 서술하고 있다 : "모달리티(문장의 기분)란 대략적으로 말해 문장의 소재적인 내용을 둘러싼 화자의 현실 및 상대에 대한 태도(인식=전달적인 혹은 정서・의지=전달적인 태도)의 언어적인 표현이다. (중략) 모달리티에서 떼어낸 문장의 표현내용은 일정한 소재적인 것을 일반적으로 가리킨다고 하더라도 그 소재적인 것이 화자, 상대에게 어떤지, 현실에 있어서 어떤지를 나타내지 않는다. (중략) 따라서 그것만으로는 사건이나 일의 일반적인 반영이지, 특정 화자에 의한 반영내용으로서의, 상대에게로의 전달내용으로서의 생각・의지・요구……로는 되지 않고 문장의 내용으로서 완결되지 않는 것이다." 노마 히데키(野間秀樹 2002a:19)는 문장이 문장으로서 성립하

이 때는 문법적 실현인 <문장>이라는 단위마다 발화를 나눈 것이 우선 <발화단위> (utterance unit)를 이룬다. <문장>이 <발화단위>가 될 수 있는 것이다. 문장은 또한 전후의 포즈, 상대의 발화의 개입 등에 의해 나누어질 수도 있다. 이렇게 나뉘어진 단위 또한 <발화단위>로서 인정할 수 있는 것이다.

<문장>이란 문법적 실현체이며 <발화단위>는 언어음에 의한 음성적인 실현체이다 :

문장 : 문법적 실현체
발화단위 : 음성적 실현체

즉, <발화단위>는 완전한 <문장>으로서 실현되는 경우도 있으나, 이하의 표 8의 예에서 볼 수 있듯이 모두 <문장>이라는 형태로 실현되는 것은 아니다.

담화에 있어서는 포즈나 상대의 발화에 의해 나누어지고, 또 문장보다 더 짧은 단위로 발화가 실현되는 경우도 있다. 하나의 문장이 더 나뉘어져 여러 개의 발화단위로 실현되는 경우도 있는 것이다. 이러한 <문장>과 <발화단위>는 <발화된 결과>로서 나뉘는, 말하자면 평면적인 관점에서의 단위이며 <정적(靜的)인 단위>로 볼 수 있다.

한편 <문장>이나 <발화단위>와는 또 다른 관점에서 담화의 단위를 확인할 수 있다. 바로 '순서'라고도 불려져 온 <turn>이다. 이 책에서는 담화의 '화자 교체'와 관련된 단위로서 turn은 <발화 수행의 과정>에서 논할 수 있는 단위라고 생각한다. 문장이나 발화단위가 <정적인 단위>라고 한다면 turn은 <동적(動的)인 단위>로 볼 수 있다. 즉 turn이란 <화자에 의한 발화의 지속적인 수행>이다. 문장이나 발화단위는 발화를 구성하는 단위, 즉 발화구성의 단위인 것에 반해, turn은 발화 수행 과정 그 자체를 동태(動態)로서 파악하는

는 조건을 'modus 혹은 진술성'이라고 서술하고 있다.

개념이자 발화행위의 단위인 것이다 :

문장, 발화단위 : 발화구성의 정적인 단위
turn : 발화행위의 동적인 단위

이상 담화단위로 제기한 <문장>, <발화단위>, <turn>과 이들을 나누는 디바이스로 제기한 <turn 절단자>를 이하의 예를 보며 정리해 보자 :

<표 8> 본 연구의 담화 단위의 예

(/ / : 문장, [ ] : 발화단위, 【 】 : turn의 담화단위)

단위	예
/문장sentence/	(a) /야구장에 가자./
[발화단위 utterance unit]	(b) /[야구장에 가자.]/ /[현장에서 응원하고 싶어.]/
	(c) A: /[일본 시리즈는] [야구장에 가서] [현장 응원을 하고 싶어.]/ B: /[응.]/ /[야구장?.]/
【turn】	(d) A: / 【[야구장에 가자.]/ /[야구장에서 응원하고 싶어.]/】 【[같이 가자.]/】 B: 【[나도 가고 싶어.]】
	(e)A: / 【[오늘은]】 【[야구장에 가서]】 【[현장에서 응원하고 싶어.]】 / B: 【/[응.]/】 【/[야구장.]/】

예를 들어 화자의 발화 도중에 상대의 발화가 개입하지 않은 경우에는 문장마다 나뉘어져 위의 예 (b)와 같이 하나의 발화가 [야구장에 가자.], [현장에서 응원하고 싶어.]라는 2개의 문장을 구성하는 동시에 2개의 발화단위로서 실현된다. 그런데 예(c)와 같이 문장의 도중에 상대 발화의 개입이 생긴 경우, [일본 시리즈는] [야구장에 가서] [현장 응원을 하고 싶어.]와 같이 1개의 문장이 3개의 발화단위로부터 실현되는 것이다. 상술한 바와 같이 문장과 발화단위는 발화행위의 결과로서 실현되고 잘라진 이른바 정태(靜態)로서의 개념이다.

또 예(d)의 【/[야구장에 가자.]//[야구장에서 응원하고 싶어.]/】와 같이 [ ]와 / /로 표시된 2개의 문장과 발화단위가 【 】로 표시된 1개의 turn이 되기도 한다. 똑같이 예(d)의 /[야구장에 가자.]//[야구장에서 응원하고 싶어.]/와 /[같이 가자.]/의 3개의 문장과 발화단위가 상대 발화의 개입에 의해 2개의 turn이 될 수도 있다. 또 예(e)의 / 【[오늘은]】] 【[야구장에 가서]】 【[현장에서 응원하고 싶어.]】 /와 같이 1개의 문장이 3개의 발화단위로 실현되는 것과 동시에 3개의 turn으로서 실현되는 경우도 있을 수 있다. 그런데 위의 예(c), (e)와 같이 화자 A의 1개의 문장과 turn을 3개의 발화단위와 turn으로 나누거나, (d)와 같이 화자 A의 turn을 2개의 turn으로 나누고 있는 것은 화자 B의 발화이다. 화자의 turn을 나누는 결과를 초래한 화자 B의 이와 같은 turn이 바로 <turn 절단자>이다. 또 이런 화자 B의 【/[응.]/】 【/[야구장?.]/】의 발화는 각각 1개의 발화단위이자 문장이다. <문장>, <발화단위>, <turn>과 <turn 절단자>를 이와 같이 정립시킴으로써 상대와의 상호작용에 의해 만들어지는 실제의 자연스러운 회화의 다이나믹한 변화를 더 동적으로 파악할 수 있을 것이다.

4.4 <문장>의 실제적인 양상을 조명한다

turn, 문장, 발화단위 중에서도 가장 구별하기 어려운 단위는 <문장>이다. <화자의 교체>나 <turn 절단자>와 같이 명확한 절단면을 가지고 있지 않기 때문이다. 여기서는 그런 <문장>의 존재양식을 더 면밀히 검토하고 그 문장의 동정(同定)방법을 제시하고자 한다. 본 연구의 기본 단위로서의 문장의 동정은 다른 담화분석 연구에 있어서도 중요한 문제이다.

4.4.1 <문장>의 존재양식

<쓰여진 언어>는 일반적으로 문장의 끊어진 곳에 주로 '.'을 표시하고 이어지는 곳은 ','로 표시한다. 수많은 <말해진 언어>의 담화연구는, 이와 같은 <쓰여진 언어>의 틀에 묶여 <말해진 언어>의 실제, 즉 <말해진 언어>의 다양한 특징을 문자화의 과정에서 완전히 논하지 못했던 것은 아닐까? 즉 담화의 연속된 발화를 단순히 '.'이나 ','라는 양자택일로 문장을 결정하려고 고민해 왔던 것이다. 그러나 실제로는 '.'도 아니고 ','도 아닌 <제3종의 문장>의 존재도 인정하지 않을 수 없다 :

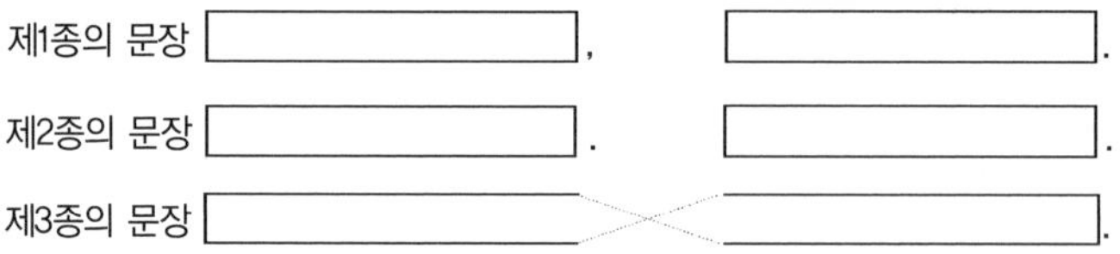

제1종의 문장 [ ], [ ].

제2종의 문장 [ ]. [ ].

제3종의 문장 [⨯].

<그림 15> 제3종의 문장의 존재양식

위 그림의 <제3종의 문장>은 형태론적, 통사론적으로는 1개의 문장으로 끊어져 있어도 음성적으로는 계속되고 있는 것이나, 그 반대로 음성적으로는 끊어져 있으나 형태론적, 통사론적으로는 이어지고 있는 문장이다. 이와 같은 발화의 존재에 대해서 논의되고 있는 선행연구[10]는 거의 보이지 않는다. 그러나 이러한 발화는 분석에 있어서 큰 오차를 만드는 원인이 되기도 한다.

---

10) 서상규 · 구현정 공편(2002:283)은 "문어와 달리 구어의 경우에는 문장의 경계를 설정하는 것이 어렵다."고 서술하고 있다.

이런 제3종의 문장에 속하는 발화류를 검토해 보자.

4.4.2 <제3종의 문장>으로 이루어지는 발화

<제3종의 문장>에는 두 가지 특징이 있다. 첫째는 한 사람의 화자의 발화가 계속되는 경우에 나타나는 문장이라는 것, 둘째는 문장의 구별이 억양이나 포즈 등의 **음성적 조건**(phonetic condition)에 크게 의지할 수밖에 없는 말해진 언어이기 때문에 더 주목해야 한다는 점이다. 형태론적, 통사론적 측면에서는 하나의 문장으로 인정할 수 있는 발화이면서도 억양이나 포즈와 같은 음성적 측면에서는 두 세 개의 문장으로 간주해야 하는 발화류가 있다. 또 형태론적, 통사론적 측면에서는 2개, 3개의 문장이면서도 음성적 측면에서는 1개의 문장으로 나타나는 발화가 존재한다. 실제의 담화에 나타나는 예에서 문법적인 성격에 주목하며 이러한 제3종의 문장을 이루는 5개의 전형을 제시한다 :

① 간투사 연속문장 ② 부동사형(converb)[11] 연속문장
③ 종지형 연속문장[12] ④ 체언 연속문장 ⑤ 인용 연속문장

① **간투사 연속문장** : 기능지향발화를 구성하는 간투사에 다른 발화가 뒤따르는 경우이다 :

11) Ramstedt(1939:69), 龜井孝외 편저(가메이 다카시 외 편저 1996:1142) 참조. 일본어의 용언에 접속조사가 결합된 형태나 한국어의 접속형을 <부동사형> converb 이라고 한다. 예를 들어 “도서관에 가서 책을 읽었다.” 라는 문장에서 ‘가서’가 그에 해당된다.

12) 부동사형 연속문장은 hypotaxis, 종지형 연속문장은 parataxis에 속하는 것이다. 龜井孝외 편저(가메이 다카시 외 편저 1996:1207) 참조. 한국어에 대해서는 노마 히데키(野間秀樹 2002a: 27-28) 참조.

•

일본여성 기준	(네 그렇습니다. 일본과정 석사 2년차입니다.) はい そうです. あの 日本語學科の 修士2年になります.
일본여성 연상	學生さん ですか? はい. あ 修士2年の? (학생 이에요? 네. 아 석사 2년?)

•

일본여성 기준	
일본여성 연상	(아 그래요? 저는 박사 3년차인 JFO라고 해요. 네 잘 부탁드립니다.) あ そうですか? 私は博士3年のJFOと申します. はい よろしくお願いします.

•

일본여성 기준	(으-응 으-응 으-응. 응.) うーんうーんうーん. うん
일본남자 동년	日本語は相手ができてもあんまり使わないんだろうけど. うん その辺が難しい. (일본어는 상대가 생겨도 별로 사용하지 않을 것 같은데. 응 그 부분이 어려워.)

② **부동사형 연속문장** : 용언의 부동사형, 예를 들어 '해서', '하지만'에 다른 발화가 후속하는 경우이다 :

•

일본여성 기준	(우와. 으-응.) うわ. うーん.
일본여성 동년	全部で14コマ持ってて (中略) そんなに大変というほど大変じゃなくて けっこうそっちで (전부 14개 수업인데 (중략) 그렇게 힘들다고 할 정도로 힘들지 않고 꽤 거기서)

•

일본여성 기준	(으----응 으-----응.) うーーーーん うーーーーん
일본여성 동년	行かなくちゃいけないって感じで あんまり學校には來てなかったっていう感じで なんか, (가지 않으면 안 될 것 같아서 별로 학교에는 가지 않았던 것 같아서 뭔가,)

•

일본여성 기준	(응응.) うんうん
일본여성 동년	体験談とか何回か聞いたことあるんだけど 役に立つこともあんだけど どきどきなんか (체험담은 몇 번인가 들었던 적이 있는데 도움이 된 것도 있었지만 가끔 뭔가)

③ **종지형 연속문장** : 용언의 종지형에 다른 발화가 후속하는 경우이다 :

•

일본남자 동년	(네네. 알아 알아 알아. 하하(웃음).) はいはい. わかるわかるわかる. はは(笑)
일본남자 동년	自己満足的なそういう話も思い出話になるそういうのを次々. (자기만족적인 그런 이야기도 추억이야기가 되는 그런 것을 계속.)

•

일본남자 기준	(그래서 그 분인가 해서. 일본과정 분인가요?) で, その方かなと思って. 日本課程の方なんですか?
일본여자 연상	そうですそうです. そうですね (그래요 그래요. 그래요.)

④ **체언 연속문장** : 체언에 다른 발화가 후속하는 경우이다 :

•

한국여성 기준	뭐요?
한국남성 동년	(지역명)에 뭐 그런거 많잖아요. 무슨. 무슨 마을 무슨 마을.

⑤ **인용 연속문장** : 인용에 다른 발화가 후속하는 경우이다 :

•

한국여성 기준	
한국남성 연상	학교에 와 가지구는 동생보고 "술이나 한잔 하자" 우루루 가서 먹구 집에 가구

<말해진 언어>에서 풍부하게 나타나는 이러한 제3종의 문장의 가시화(可視化)야말로 사실은 <쓰여진 언어>와 <말해진 언어>의 차이를 해명하는 중요한 계기가 될 것이다.

4.4.3 문장의 존재양식을 둘러싼 입체적인 시좌(視座)

이러한 제3종의 문장의 존재를 하나의 문장의 형태로 인정하면 문장을 보는 종래의 방법도 바뀐다. 선행연구에서 보고 있는 여러 가지 문장의 정의를 '평면적 시좌'라고 한다면, 이 책에서는 이른바 '입체적 시좌'에서 문장의 모습을 조명해 보고자 한다. 문장은 억양이나 포즈 같은 음성적 측면이나 통사론적 측면의 어떤 하나의 요소에 의해 정해질 수 있는 것이 아니다. 또 그들 두 개의 측면이 항상 동등한 힘으로 문장의 결정조건을 좌우하고 있는 것도 아니다. 이 책은 **음성적 조건** phonetic condition(이하 P), **형태론적 조건** morphological condition(이하 M), **통사론적 조건** syntactical condition(이하 S)의 세 가지의 조건을 '문장의 완결 조건'으로 간주한다. 이런 세 가지의 조건이 총합된 역학적관계에 의해 하나의 문장이 성립되는 것이다 :

<표 9> 문장의 3가지 완결 조건

<table>
<tr><td>음성적 조건
phonetic condition</td><td>발화의 강약, 고저, 장단, 포즈 등 음성적 특징을 근거로 문장의 완결 여부를 판단하는 조건[13]</td></tr>
<tr><td rowspan="2">형태론적 조건
morphological condition</td><td>단어의 형성에서 문장의 완결여부를 판단하는 조건</td></tr>
<tr><td>조사 : 조사류는 적어도 문장을 끊을 수는 있다. 문장의 완결 여부는 알 수 없다.
용언 : 용언의 활용에 있어서 종지형은 문장을 완결시키는 성격이 명확하나 부동사형은 완결 여부를 알 수 없다.</td></tr>
<tr><td>통사론적 조건
syntactical condition</td><td>어떤 요소가 뒤에 어떠한 문장의 구성요소를 요구하는가에 따라 문장의 완결 여부를 판단하는 조건</td></tr>
</table>

용언의 연체형/관형형 : 문장을 완결시키지 않고 뒤에 체언을 반드시 요구한다.
용언의 부동사형(converb) : 뒤에 용언의 종지형을 요구하는 성격이 짙다.
연체형/관형형 : 뒤에 반드시 체언을 요구한다.
접속사 : 어떤 요소를 요구하는 성격이 짙다.

위에서 제시한 세 가지 문장의 완결조건을 입체적 시좌에서 도식화하면 다음과 같다 :

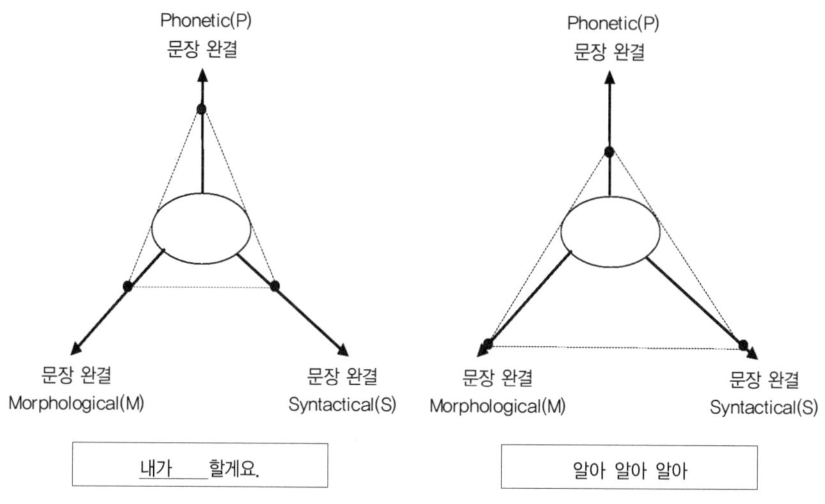

<그림 16> <제3종의 문장>과 세 가지 문장의 완결 조건

위의 그림은 삼각형의 3개의 화살표의 방향, 즉 바깥쪽으로 잡아 당겨질수록 문장을 완결하는 성격이 강해지고, 중심으로 향할수록 문장은 계속되는 성격이 강해지는 것을 나타낸다. 예를 들어 '내가'(음성적으로 끊어지는 곳) '할게요'의 경우 '내가'는 P에 의해 문장이 완결되는 방향으로 잡아 당겨져

13) 포즈에 대해서는 연구상의 절차로서 2초 이상의 포즈가 있는 것은 문장의 완결조건을 만족시키고 있는 것으로 본다.

있으나, M도 S도 문장이 계속되는 조건을 나타내고 있으므로 '할게요.'까지 하나의 완결된 문장으로 인정할 수 있다. 또 '알아 알아 알아'는 M과 S의 조건에서 첫 번째와 두 번째 '알아'가 하나씩 완결된 문장의 성격을 나타내고 있으나 P가 계속되는 조건을 나타내고 있으므로 '알아 알아 알아'를 하나의 문장으로 볼 수 있다 :

> 본 연구에서는 음성적 조건 phonetic condition(P), 형태론적 조건 morphological condition(M), 통사론적 조건 syntactical condition(S)의 3개의 조건에 의해 문장을 동정(同定)한다.

4.4.4 중도종료(中途終了)발화문장

森岡健二(모리오카 겐지 1994:114)는 "일상의 자연 발화에서는 말이 끊기지 않고 여운을 남기는 듯한 표현이 많고 소설의 회화에도 자주 나타난다. (중략) 이들은 …표시를 붙여 여운을 남기는 듯한 표기가 되어 있어 작자 자신이 완결된 문장이라고 인정하지 않으며 또 문법적으로도 완결된 서술어로 인정되지 않는다."고 하고 있다. 그러나 본 책에서는 이런 발화도 완결된 <서술어의 유무>로 '문장의 완결'이 정해지는 것이 아니라 음성적 조건(음의 고저, 포즈), 통사론적 조건, 형태론적 조건으로 하나의 문장으로 판단할 수 있다.

'여운을 남기는 듯한 표현'의 <문장>이라도 거기서 발화가 끝났다고 한다면 <여운을 남기는 기능을 한 문장>이며 포즈 후에 또 발화가 계속되고 있다면 P·M·S의 3개의 조건에서 <문장>의 완결 여부를 판단할 수 있다.

말해진 언어도 쓰여진 언어도 우리들은 분석하는 입장에서 화자나 필자의 '이 문장은 중도 종료한다.' 와 같은 의사는 파악할 수도 없다. 여운이 남는 문장도 여운이 느껴지지 않는 문장도 우리들은 P·M·S의 3개 조건에서 해당 문장이 끝나지 않고 계속될 <문장>인지, 거기서 끝나는 <문장>인지를 판단한다. '완결된 문장'이 서술어로 끝나는 문장을 가리키는 것이라면 '완결되지 않은 문장' 즉 서술어로 끝나지 않는 문장도 P·M·S의 3개의 조건하에 훌륭한 <문장>으로 성립된다.

또한 '문법적으로도 완결된 서술어로 인정하지 않는다.'고 서술하고 있으나 여운이 남아 있고 음성적 조건이 <계속>이더라도 후속 발화가 없고 형태론적 조건, 통사론적 조건이 <완결>되어 있다면 '문법적으로도 완결된 서술어'일 것이다.

단순히 주관적으로 문장을 인정하는 것이 아니라 문장의 존재양식에 P·M·S라는 3개의 언어학적 조건을 명시함으로써, <무엇을 문장으로 볼 것인가>라는 물음이 조금이나마 더 정밀히 논의되기를 바란다.

제5장

문장구성론

문장구성론

제1장에서 제4장까지 논의한 총론을 기초로, 제5장에서는 한국어와 일본어의 ＜말해진 언어＞의 담화를 구성하는 문장 구조를 살펴보겠다.

특히 문장의 가장 핵심적인 부분이 되는 문말에 주목하여 문말이 어떠한 구조를 이루는가, 그리고 문말의 양상이 담화 안에서 어떠한 역할을 펼치고 있는지 검토해 본다.

5.1 왜 문말인가?

한국어와 일본어 문장에서 서술어가 나타날 때 그 서술어는 기본적으로 문말에 온다. 이러한 언어에 있어서 문장의 문말을 보는 것은 당해 문장 전체를 통합하고 문장의 성격을 결정짓는 핵심요소를 보는 것과 같다.

한마디로 문장을 문장으로 만드는 근간이 문말에 있다. 그러므로 ＜말해진 언어＞의 특징을 문말을 기준으로 비추어 보겠다. 문말에 주목함으로써 한국어와 일본어의 ＜말해진 언어＞의 무드(mood) 형식을 전체적으로 살펴볼 수 있고, 더불어 ＜말해진 언어＞의 문장의 모습이 어떠한가 또한 파악할 수 있을 것이다

5.1.1 문말 양상의 동정(同定)

자유자재로 움직이고 변하고 있는 것처럼 보이는 <말해진 언어>의 문말에는 도대체 어떠한 형태가 존재하고 있을까? 어떠한 성질의 단어로 문장을 맺고 있는 것일까? 또 말해진 문장의 존재양식은 어떻게 찾아낼 수 있을까? 이러한 물음들은 문말의 모습을 비추어 보는 본장의 출발점이 된다.

물음에 대한 답은 음성이나 의미, 형태나 통사, 기능 등의 측면에서 접근을 시도해 보는 것으로 얻을 수 있을 것이다.

본 연구에서는 <말해진 언어>를 분석하는 데 있어서 음성언어를 문자언어로 전사하는 문자화와 기호화 작업을 수행했다. 이러한 작업에는 이른바 문법적인 관점은 물론 음론(音論)적인 관점에서의 철저한 조명이 불가결한 것이었다. 문법에 대해 말할 때는 뒤에 숨겨지기 쉬우나 녹음·녹화 그리고 문자화라는 긴 과정을 거치며, 본 연구의 음에 대한 관심은 본 연구 전체에 깃들어 그 생생함을 더하고 있다. 이러한 <음론>의 뒷받침을 대전제로 하여 전통적인 언어학에서도 종종 다루어져 온 다음과 같은 시좌에서 문말의 모습을 비추어 보자. 즉, <어휘론>, <형태론>, <통사론> 그리고 <담화론>과 같은 언어학의 시점이다 :

① 서술어의 유무
본 연구의 핵심을 이루는 축이다. 문말에 서술어가 있는 서술어문과 문말에 서술어가 없는 비서술어문으로 모든 문장을 분류한다. 이는 통사론에서 문장의 구조를 비추어 보기 위함이다.

② 품사
비서술어문은 특히 문말의 품사에 주목한다. 형태론과 품사론에서의 문장 구조를 비추어 보기 위함이다.

③ 종합적인 형태와 분석적인 형태
서술어문은 서술어가 종합적인 형태인지 분석적인 형태인지 2종류로 분류

한다. 문말을 구성하는 서술어의 구조의 차이를 형태론에서 비추어 보기 위함이다.

④ 담화론적인 관점
위와 같은 문법적인 축에 덧붙여 예를 들어 <맞장구> 등과 같은 담화 발화 기능에 대해서도 비추어 보겠다.

5.2 <서술어>란?

가장 중요한 핵심을 이루는 <서술어>라는 개념부터 확인해 보자.

5.2.1 <서술어>란 무엇인가?－선행연구에서 살펴본다

'서술어'의 범주를 확정하기 위해서 중요한 선행연구에서 제시하고 있는 '서술어'의 개념을 확인한다. 우선 일본어에 있어서는 서술어에 대해 다음과 같은 논의가 이루어지고 있다 :

> 龜井孝・河野六郎・千野榮一(가메이 다카시・고노 로쿠로・지노 에이치 편 1996)
> 서술어야말로 문장의 핵심을 이룬다. (중략)
> 서술어의 중심이 되는 것은 동사, 혹은 용언이다.

> 國立國語研究所(1978;1981:24)
> 사상(事象)을 나타내는 데 있어서 핵심이 되는 말은 이른바 동사만이 아니라 형용사 등도 있다. (중략) 그들을 총칭하는 경우에는 '술어사'(述語詞) 혹은 단순히 '술어'(述語)라고 하기로 한다.

> 森岡健二(모리오카 겐지 1994:113)
> 일어문(一語文)은, 그것만으로 말을 끝내는 하나의 단어로 이루어지는 문장이지만, 대개의 문장은 두 단어 이상이 연속되고, 보통은 말을 맺는 단어가 문말에 와서, 거기서 서술이 완결된다. 이 문말에서 말을 끝맺는 단어가 '서술어'이다.

또 森岡健二(모리오카 겐지 1994:113)는 서술어로 동사, 형용사, 명사 등을 들고 '명사+です[desu:-입니다]'(1994:388)의 형태도 서술어로 논하고 있다.

한편 한국어에는 다음과 같은 논의들이 있다 :

> 최현배(1929:749,763)
> 임자말과 풀이말과는 월의 가장 으뜸되는 조각이니, 아무리 홑진 월이라도, 이 두 가지 조각만은 갖훠야 능히 월이 될 수 있느니라.
> 풀이자리에 서는 말은 주장으로 풀이씨(用言)이니 : 움직씨, 그림씨, 잡음씨의 세가지가 다 여기에 쓰히느니라.

> 허웅(1975:42)
> 월의 중심이 되는 성분은 풀이말인데, 주로 풀이씨(움직씨, 그림씨 따위)가 풀이말의 노릇을 한다.

> 남기심(2001:73)
> 서술어는 한 문장을 이루기 위하여 가장 핵심이 되는 필수적인 성분

> 노마 히데키(野間秀樹 1996b:137-138)
> 한국어의 문장의 핵(nucleus)은 술어(predicate)이다.
> 술어문을 통합할 수 있는 것은 (1) 동사, (2) 형용사, (3) 존재사, 그리고 (4) 지정사를 수반한 체언이다.

두 언어에 대한 이와 같은 기술에서도 알 수 있듯이 일본어도 한국어도

문장의 핵심을 이루는 것은 문말의 서술어라는 견해가 유력하다.

5.2.2 문말의 구조체

여러 연구가들이 인정하고 있듯이 한국어와 일본어 모두 서술어는 기본적으로 용언이 핵(核)이 된다. 더 나아가 일본어의 <체언+だ/である(-이다)>, 한국어의 <체언+-이다>와 같은 구조체도 또한 서술어의 핵을 이룬다. 이 책에서는 일본어의 <だ/である>와 한국어의 <-이다>의 성격이 매우 비슷하다는 점을 감안하여 두 언어를 대조하는 데 있어서 서술어에 따른 혼란을 피하기 위해 이 둘을 <지정사(指定詞)>라고 부르기로 한다. 이렇게 해 두면 <체언+だ/である>와 <체언+-이다> 양자를 <체언+지정사>라고 기술할 수 있게 된다. 지정사는 양언어에 있어서도 부속어적인 성격을 가짐에도 불구하고 tense나 mood에 따라 어형 변화를 보이는 등 용언으로서의 성격을 갖는다.

문말에 나타나는 서술어는 '간다', '먹어요' 등과 같이 단독의 단어에 어미가 붙는 형태로 독립해서 나타나는 경우도 있으나, 꽤 높은 빈도로 '가겠지', '먹었는데요', 혹은 '갈 수 있어요', '먹은 것 같아요' 등과 같이 서술어의 핵심이 되는 단어에 여러 가지 요소가 수반되어 나타나기도 한다. 그래서 문말의 구조체를 살피기 위해서는 단일한 단어로만의 서술어에만 주목하는 것이 아니라 여러 가지 접사나 다른 단어와의 조합 등으로 구성되는, 문장이 끝날 때까지의 문장 말미 전체에 주목해야 한다.

서술어를 생각하는 데 있어서는 菅野裕臣(간노 히로오미 1981), 菅野裕臣 외(간노 히로오미 외 1988), 노마 히데키(野間秀樹 1996b, 2006b)가 말하는 <용언의 종합적인 형태> synthetic form, <용언의 분석적인 형태> analytic form에 주목해야 한다. 동시에 龜井孝・河野六郎・千野榮一 편저(가메이 다카시・고노 로쿠로・

지노 에이치 편 1996:1371)에서 고노 로쿠로(河野六郎)가 말하는 **<용언복합체>**의 개념도 중요하다.

'종합적인 형태'와 '분석적인 형태'라는 용어[1]는 한국어학에 있어서는 菅野裕臣 외(간노 히로오미 외 1988)가 사용하고, 노마 히데키(野間秀樹 1996b, 2006b)에서 논의가 발전되었다.

'용언의 종합적인 형태'에 대해 菅野裕臣 외(간노 히로오미 외 1988:1018)와 노마 히데키(野間秀樹 1996b:143)는 다음과 같이 규정하고 있다 :

<용언의 종합적인 형태>
菅野裕臣 외(간노 히로오미 외 1988)
1 단어 내의 여러 가지 문법적인 형식 (즉 어간+접미사+어미)

노마 히데키(野間秀樹 1996b:143)
한 단어 내부에 각종 접미사, 어미가 결합한 형식

또 **'용언의 분석적인 형태'**에 대해 菅野裕臣(간노 히로오미 1988:1018)와 노마 히데키(野間秀樹 1996b:143)는 다음과 같이 규정하고 있다 :

<용언의 분석적인 형태>
菅野裕臣 외(간노 히로오미 외 1988)
(후치사, 불완전명사, 보조용언)보조적인 단어를 포함한 2단어 이상으로 된

1) '종합적', '분석적'이라는 용어에 대해서는 イェスペルセン(Otto Jespersen 오토 예스페르센 1927;1954:37)에 따르면 알렉산더 슐레겔(1772-1829)이 그의 1818년의 저서 『프로방스 언어 및 문학에 대한 고찰』에서 "굴절어를 두 종류로 나누어 종합적 및 분석적으로 말했다."고 서술하고 있다. '종합적', '분석적' 이라는 용어를 언어학 속에서 가장 먼저 사용한 저서 중의 하나로 생각된다. 그 후 サピア(1998:221(Sapir 1921))와 ブルームフィールド(1965:271 (Bloomfield 1933))가 언어 분류법으로 '종합적 언어', '분석적 언어'라는 용어를 사용하고 있는 것에서 그 예를 발견할 수 있다. 한편 寺澤芳雄(데라사와 요시오 2002: 30,655)에서는 '종합적', '분석적' 이라는 용어는 언어 유형의 구별을 위해 Max Müller가 처음으로 언어학에 도입했다는 기술도 보인다.

문법적인 형식

> 노마 히데키(野間秀樹 1996b:144;2002a:31)
> 확대절 중에서 그 구조체가 더욱 강하게 결합하여, 하나로 굳어지면서 용언의 mood, modality 어형으로 성장한 것들이 있다. <할 것이다>, <하는 것이다>, <할 것 같다>, <할 수 있다>, <하고 싶다>, <해도 되다> 등 많은 예를 찾을 수 있다. 기실 기능적으로는 구조체 전체가 용언의 paradigm으로서의 구실을 하는 <분석적인 형식>이며 문장구조를 생각할 때 그 구조체 전체를 문법화(grammaticalization)된 용언의 어형의 일종으로 간주하는 것이 바람직하다.

龜井孝 외 편저(가메이 다카시 · 고노 로쿠로 · 지노 에이치 편저 1996:1371)에서 고노 로쿠로는 **'용언복합체'**에 대해 다음과 같이 서술하고 있다 :

> 일본어의 동사는 단순한 형태로 나타나는 경우도 있으나 많은 경우 여러 가지 접사(接辭)나 조사가 붙어 그것으로 하나가 된 구체적인 형태가 된다. (중략) 그 어기(語基)에 여러 가지 접사(조동사)나 조사(助辭, particle)를 붙여 여러 가지 구체적인 구성체를 만들어 내는데 그 구성체라는 구체적인 단위에는 종래 특별한 명칭이 없었다. 그래서 일단 이를 동사복합체(verb complex)라고 부르기로 한다. 그리고 일본어의 복합체는 동사뿐만 아니라 형용사나 형용동사에서도 보이므로 이를 용언복합체(用言複合體)라고 칭하기로 한다.

'Kakanai'(書かない)와 같이 동사 'Kaku'(書く)의 어기(語基) 'Kaka-'(書か-)에 부정 조동사 'nai'(ナイ)가 붙은 형식이나 'Kaka-se-rare-masen-desi-ta'(書カ・セ・ラレ・マセ・ン・デシ・タ)와 같이 복수의 접사(조동사)가 붙어 하나의 구성체를 이루는 것이 '용언복합체'이다.

河野六郎(고노 로쿠로)가 말하는 일본어의 '용언복합체', 菅野裕臣 외(간노 히로오미 외 1988)와 노마 히데키(野間秀樹 1996b, 2006b)가 말하는 한국어의 '용언의 종합적인 형태'는 용언의 어간에 접사나 조사 등이 결합한 형태를 서술어론 속에서 규정하는 것이다.

5.2.3 본서의 <서술어>의 규정

일본어에 대해서 河野六郎(고노 로쿠로)가 말하는 '용언복합체'는 예를 들어 'Kakasaremasita'(書かされました)나 'Kakesoudesune'(書けそうですね)와 같이 접사(조동사)나 조사가 붙은 것을 가리킨다. 그러나 'Kakukotoni narimasita'(書くことになりました)나 'Kaitawakedewa arimasen'(書いたわけではありません), 'Kaitemimasyoo'(書いてみましょう) 등의 'Koto'(こと)나 'Wake'(わけ)와 같은 단어나 'Sitemiru'(してみる)와 같은 하나의 자립 용언에 보조적인 단어를 포함한 용언의 구조체 즉 <용언의 분석적인 형태>에 대한 언급은 보이지 않는다. 菅野裕臣 외(간노 히로오미 외 1988)과 노마 히데키(野間秀樹 1996b:143;2006b:31)의 '용언의 종합적인 형태', '용언의 분석적인 형태'의 개념에 따라 이 책에서는 일본어도 포함한 서술어의 구조체 즉 <서술어의 종합적인 형태>와 <서술어의 분석적인 형태>를 이하와 같이 정의한다 :

<표 10> 한국어와 일본어의 <서술어의 종합적인 형태>

	일본어	한국어
정의	한 단어에 여러 가지 조사나 조동사[2] 등의 부속형식이 결합하여 한 단어로 된 형태	한 단어에 여러 가지 접미사나 어미 등이 결합하여 한 단어로 된 형태
형식	한 단어+조사(조동사) 등의 부속형식	한 단어+접미사, 어미 등의 부속형식
예	私ですよ (저에요) 讀みましたよ。(읽었어요)	저에요. 읽었어요.

<표 11> 한국어와 일본어의 <서술어의 분석적인 형식>

정의	하나의 자립용언에 보조적인 단어를 포함한 2단어 이상이 결합하여 하나의 용언의 어형처럼 문법화된 형태	
형식	2단어 이상으로 구성된다	
	일본어	한국어
예	するかもしれない(할지도 모른다)、 したりもする(하기도 한다)、 したことがある(한 적이 있다)、 しないといけない(하지 않으면 안 된다)、 することにする(하기로 하다)、 するわけではない(하는 것은 아니다)、 やっている(하고 있다) 등	하는 것이다, 할 것 같다, 할 수 있다, 하고 싶다, 하고 있다, 해 있다, 하지 않다 등

<서술어의 종합적인 형태>, <서술어의 분석적인 형태>라는 이러한 사고에 입각하여 문말의 구조체를 <서술어>라는 범주에서 정리하면 <서술어>는 다음과 같이 정의할 수 있다 :

2) 일본어 학교 문법에서 말하는 '조동사'의 주된 것은 한국어 용언의 문법적인 '접미사'에 해당한다고 할 수 있다. 한국 학교 문법에서 '선어말어미'라고 부르는 것, 예를 들어 -겠-, -시- 등이 이에 해당한다.

서술어 : 용언을 핵으로 하는 용언복합체, 혹은 용언의 종합적인 형태, 분석적인 형태로 이루어지는, 문장을 통합하는 문장의 성분

5.3 <서술어>의 유무—<서술어문>과 <비서술어문>

실제의 담화에서 모든 문장이 서술어를 항상 가지는 것일까. 이 책에서는 문장의 문말이 서술어로 맺고 있는지 아닌지에 따라 <서술어문>과 <비서술어문>[3]으로 나누어 고찰한다. <서술어문>과 <비서술어문>은 이하와 같이 구별한다 :

서술어문(敍述語文, predicate sentence) :
- · 문말이 서술어로 통합되어 있는 문장
- · 何を踊ってたんですか. (무슨 춤을 췄어요?)
- · 이탈리아어 막 까먹지 않아요?

비서술어문(非敍述語文, non–predicate sentence) :
- · 문말이 서술어로 통합되어 있지 않은 문장
- · 去年?-- 今年. (작년? — 올해.)
- · 지금 막 패닉상태.

<서술어문>과 <비서술어문>을 이와 같이 정의하고 한국어와 일본어의 담화를 구성하는 모든 문장을 <서술어문>과 <비서술어문>으로 나누어 고찰해 나가기로 한다.

---

3) 노마 히데키(野間秀樹 1996b:103, 2002a:23)의 술어문(述語文)(predicate sentence)과 비술어문(非述語文) (non-predicate sentence)을 따른다. 이 책에서는 <서술어문><비서술어문>이라 하겠다.

5.3.1 <서술어>의 부재—<비서술어문>

<서술어문> <비서술어문>이라고 할 때 꼭 확인해 두어야 할 것이 있다. 여기서 <서술어>라고 하는 것은 다음과 같은 것이다 :

<서술어>란 언어로서 형태로 나타나 있는 <문장의 성분>에 대해서만 말한다

野間秀樹(노마 히데키 2008:376-379)가 강조하는 <실제의 언어 형태로서 나타나고 있는지 아닌지>라는 관점은 담화의 리얼리티를 보는 데 있어서 반드시 필요하다.

<주어> 또한 같은 원리이다. 다음과 같은 문장을 보자 :

영희가 웃었다.

여기서 주어는 '영희가' 서술어는 '웃었다'라는 형태로 언어로서 나타나 있다. 이 책이 말하는 <주어>나 <서술어>는 이러한 <문장의 성분>이다. 한편, 어떤 언어장(言語場)에서 영희를 가리키며 화자가 다음과 같이 말했다고 가정해 보자 :

웃었다.

여기서 <주어>는 나타나 있지 않다. 언어 외 현실 세계에서 '웃었다'고 할 수 있는 대상은 '영희'라고 이름 붙여진 인물일지도 모른다. 거기에 존재하는 것은 '웃었다'라는 동작의 <주체>인 '영희'이다. 동작의 <주체>는 위의 문장과 같이 <주어>로서 언어로 나타날 수도 있고 나타나지 않을 수도 있는 것이다.

<서술어> 또한 다르지 않다 :

[1] 영희가 웃었다. [2] 지은이도.

언어 외 현실에서 '지은'도 '웃는다'라는 동작을 수행했을지도 모른다. 그것을 위의 두 문장에서 파악해 낼 수도 있을 것이다. 그러나 언어상으로는 두 번째 문장에는 <서술어>가 나타나 있지 않다. 첫 번째 문장의 '영희가 웃었다.'는 <서술어문>이며 두 번째의 '지은이도.'는 <비서술어문>이다.

언어 외 현실의 동작의 주체가 언어로 반드시 나타나는 것은 아니다. 마찬가지로 <주제>와 <레마>, <구정보>와 <신정보>와 같은 <정보구조>의 여러 요소도 반드시 형태화 되는 것은 아니다.

'영희가 웃었다. 지은이도.'라는 두 개의 문장으로 <신정보>인 '지은이도'가 나타나고 <구정보>인 '웃었다'는 언어상 나타나 있지 않다. 정보의 구조와 언어의 구조는 서로 다를 수 있는 것이다.

말할 것도 없이 <서술어>는 '생략'된 것이 아니라 '나타나지 않은' 것이다.[4)]

5.3.2 <정보의 구조>와 <문법의 구조>를 구별

전술한 바와 같이 정보 구조 등의 관점에서는 '주어', '서술어'가 나타나지 않더라도 그것들이 '생략'되어 있다고 보고, <서술어문>으로 다루려고 하는 입장도 있을지도 모른다. 그러나 이런 <정보론적 레벨의 항목의 유무>와 <문법적인 항목의 유무>가 반드시 일치하는 것은 아니다. 얼마든지 다르게 나타날 수 있다.

---

4) 이 점에 대해서는 野間秀樹(노마 히데키 2008:376-379) 「<생략>론 — 언어화된다는 것」을 참조

이 책에서는 어디까지나 언어상으로 나타난, 문법적인 레벨의 형식에 뒷받침된 정의에 따라 <비서술어문>을 확립한다. 서술어가 존재하지 않는다는 것은 언어형식으로서 tense, aspect, mood 등의 문법 범주가 결여되어 있다는 것을 뜻하며 일반적으로 <서술어>가 갖는 이러한 역할을 지니고 있지 않는 것이 된다. **<정보의 구조>와 <문법의 구조>는 구별되어야만 한다.** 중요한 것은 문장이 **<서술어>라는 형태로 통합되어 있는가 통합되어 있지 않는가이다.**

5.3.3 <서술어로 통합한다>는 것이란?

<서술어>는 내용적으로는, 문장의 내부에서 서술어 직전까지 나타난 모든 요소의 역할을 받아 감싸 안는다. 형식적으로는, 문장이 종료했음을 선언한다 :

서술어
언니가 친구와 함께 학교에 ⋮ 간다.

tense, aspect, mood 등 일반적으로 정동사(定動詞)가 가지는 서술어의 역할을 살리면서 내용적으로 서술어의 앞 부분을 감싸안아 형식적으로는 끝났음을 고한다. <서술어>는,

서술어
언니가 친구와 함께 학교에 ⋮ 갔다.

가 되기도 하고,

서술어
언니가 친구와 함께 학교에 ⋮ 갔을지도 모른다.

와 같이, 여러 가지 형태로 나타나 담화 속에서 리얼한 발화로 자리잡고 있다. <서술어로 통합한다>는 것은 이러한 것을 말한다.

5.3.4 '어쩔 수 없죠, 뭐.'는 <서술어문>? <비(非)서술어문>? <무(無)서술어문>?

<서술어문>과 <비(非)서술어문>의 개념에 덧붙여 <무(無)서술어문>이라는 명칭에 대해 생각해 보자.

<서술어로 통합되는가 아닌가> 하는 문제는 <서술어문>과 <비서술어문>을 결정하는 <서술어가 존재하는가 아닌가>라는 문제와는 다르다. 문장의 어딘가에 <서술어가 존재하는가 아닌가>라는 관점에서는 <유(有)서술어문>과 <무(無)서술어문>으로 나눌 수 있다. '언니는 학교에 갔어?.'나 '언니는 학교에 가서 친구와 만났어.'는 물론 밑줄 그은 부분이 서술어가 되므로 <유서술어문>이다.

또 '언니가 학교에 가서 공부를.'이나 '학교에 가서 만났어, 언니를.'과 같이 후속절이나 도치문의 형태로 문장 가운데에 서술어가 들어가 있어도 <유서술어문>이다. '학교에서 공부를.'과 같은 <서술어가 존재하지 않는> 문장만을 <무서술어문>이라고 할 수 있다. 그리고 중요한 것은 이들은 모두 <서술어>로 문말이 통합되어 있지 않으므로 <비서술어문>이라는 점이다 :

<문장에 대한 관점>

서술어가 존재하는가 어떤가 : 유서술어문 – 문장에 서술어가 있다.
무서술어문 – 문장에 서술어가 없다.

<문말에 대한 관점>

서술어로 통합되어 있는가 어떠한가 : 서술어문 – 문말이 서술어로 통합된다.
비서술어문 – 문말이 서술어로 통합되어 있지 않다. 문말이 서술어가 아니다.

<서술어로 통합되는가>에 초점을 맞추면 하나의 문장으로서 발화된 '어쩔 수 없죠, 뭐.'[5]는 <서술어문>이 아닌 <비서술어문>으로 성립된다. 문장의 중심은 문말에 있기에 문장의 말미가 무엇으로 통합되어 있는가 하는 문말의 형태를 판단하는 것이다. '언니가 학교에 가서 공부를.'도 '학교에 가서 만났어, 언니를.'도 문말이 서술어가 아니기 때문에 <비서술어문>으로 볼 수 있는 것이다.

서술어가 한 번 나타나더라도 거기서 문장이 끝나지 않고 비서술어문적인 요소가 나타나 문장을 끝낸다면 그것은 <비서술어문>으로서 성립되는 것이다. 어떠한 요소를 서술어에 덧붙이는 것으로 서술어의 통합력을 약화시키거나 흐리게 하는 경우도 있다. 그런 경우에는 서술어가 무언가에 감싸여 <완충표현[6]>으로서 기능하게 된다. 서술어 뒤에 나타나는 새로운 요소가 비서술어적인 요소라면 <비서술어문>이 된다. 서술어의 유무와 문장의 구조에 대한 더 상세한 분석은 제7장에서 논의하고 있는 <절구조문>을 참조.

5.4 <비서술어문>이란?

실제의 <말해진 언어>에 나타나는 <비서술어문>의 양상을 조사하고

---

5) '어쩔 수 없죠'가 '.'이 아니라 ','로 표시한 부분을 주목하기 바란다. 「뭐」까지 중간에 음이 끊어지지 않은 음성상 하나의 문장임을 뜻한다.

6) 이 책의 제8장을 참조.

유형 등을 고찰한 논고는 담화분석 연구에 있어서도 문법론 연구에 있어서도 관견으로는 발견할 수 없는 듯 하다. 일본어에 있어서도 한국어에 있어서도 '문장의 종류', '문장의 유형'[7]이라고 하면 '평서문' '의문문' '명령문' 등의 분류 혹은 '단문' '복문'[8]이라는 문장의 구조에 대한 연구가 대부분이다. 즉 <서술어>로 완결되는 <서술어문> 연구가 주류를 이루고 있고 <서술어문>과 <비서술어문>이라는 분류조차도 거의 논의되고 있지 않다. 이하에서는 한국어와 일본어에서 이 책이 말하는 <비서술어문>의 개념을 살펴보도록 하자.

5.4.1 일본어에서의 <서술어문> VS <한 단어문(一語文)>, <독립어문(獨立語文)>

예를 들어 龜井孝 외 편저(가메이 다카시 외 편저 1996:1169)는 '문장'(文)에 대해 "서술어를 나타내는 용언(동사, 형용사, 형용동사) 혹은 그 복합체가 문장의 중심이 되어"라고 <서술어문>에 대해서만 서술하고 있다. 또한 寺村秀夫(데라무라 히데오 1982:44)는 '文'(문장)으로서 인정할 수 있는 형태의 조건으로 ① 용언의 종지형으로 끝난다. 혹은 그 뒤에 종조사가 붙는다, ② 용언이 서술어로서 사용될 때 필요한 보어가 포함되어 있다, 라고 하는 두 가지 조

---

7) 油谷幸利(유타니 유키토시 2006:14,15)에서는 "일본어 및 한국어의 경우에는 전후 문맥상 명백한 요소는 말로 표현하지 않는 경우는 자주 볼 수 있다."고 하고 이러한 '비출현'이라는 현상에서 문장의 종류를 「中斷文」(중단문)과 「端折り文」(끝이 절단된 문장)으로 나누고 있다. '끝이 절단된 문장'으로 「かもね」)(할지도) 「咳が止まらないんだったら、この薬飲んでみれば?」(lit. 기침이 멈추지 않으면 이 약을 먹어보면?.) 등의 예를 들고 있다. 이 글은 서술어문과 비서술어문이 혼재되어 있고 <비서술어문>을 다루고 있는 연구는 아니나 이 책에서 다루고 있는 타입의 문장도 있어 매우 흥미롭다.

8) 國立國語研究所 편저(국립국어연구소 1978;1981), 野田尙史 외(노다 히사시 2002), 日本語教育學會(일본어교육학회 2005) 등이 있다.

건을 말하고 있다. "문맥이나 상황을 떠나 그 자체로 '문장'(文)으로 인정받기 위해서는"이라고 단서를 붙이고 있긴 하지만 사실상 '용언'이 포함된 <서술어문>만을 '문장'으로 다루고 있다.

<비서술어문>에 관한 내용으로는 山田孝雄(야마다 요시오 1936:902,913)의 '한 단어'(一語) 문장에 관한 기술을 볼 수 있다 :

> 山田孝雄(야마다 요시오 1936:913)
> '개' '불' '물' '과자'는 단어로 보면 한 개의 단어이지만 문장으로 보면 하나의 문장이 된다. 이를 하나의 문장으로 본다는 것은 그것을 어떤 사상의 발표로서 사용했기 때문이며 그 외형은 단 하나의 단어에 그쳐 단순한 것처럼 보이나 내부에는 사상의 복잡한 활동이 존재하고 있고 그 발표가 이 한 단어에 의해 이루어졌을 뿐이다

山田孝雄(야마다 요시오 1936:902,913)에서 이 '한 단어'(一語) 문장의 존재에 관한 언급 이후 時枝誠記(도키에다 모토키 1941;1976:330-348), 渡辺實(와타나베 미노루 1971;1997:92-101)[9], 國語學會 편(국어학회 편 1980:758), 竹林一志(다케바야시 가즈시 2008:1) 등에서 '불' '물' '아빠?' '가을!'과 같은 한 단어로 된 문장(一語文)의 존재에 대한 언급이 있다. 이들 여러 연구가 공통으로 '서술어문'에 대응시켜 설명하고 있는 것은 '비서술어문' 전반에 걸친 것이 아니라 기본적으로 <비서술어문>의 극히 일부에 지나지 않는 '한 단어문(一語文)'인 것이다. 예를 들어 野田尙史 외(노다 히사시 외 2002: vi)에서는 仁田義雄(니타 요시오)・益岡隆志(마스오카 다카시)가 "문장은 독립어문(獨立語文) '어?' '차!' 등과 서술어문으로 나눌 수 있다"고 설명하고 있으며 <서술어문>에 독립어문을 대립시키고 있는 기술도 보이나, <서술어>로 문장이 통합되어 있지 않은 두 단어 이상으로 된 <비서술어문>에 관한 고찰은 보이지 않는다.

---

9) 渡辺實(와타나베 미노루 1971;1997:101)는 '한 단어문 등의 무서술어문'이라는 기술로 '무서술어문'을 언급은 하고 있으나 설명은 한 단어문에 한정돼 있다.

또 鈴木重幸(스즈키 시게유키 1972;1997:12)는 "단어가 그대로 문장인 것(단어=문장)도 있으나 이는 문장으로서 특수한 것으로 이러한 것은 양적으로도 용법으로도 제한되어 있다"고 설명하고 있다. 즉 '단어=문장'인 것은 '특수한 것'으로서 논의되고 있는 것이다. '서술어'를 동반하지 않는 문장은 이리하여 '문장'으로서 인정되는 '한 단어문(一語文)'조차도 자칫하면 '특수한 것'으로서 내몰아 버리게 되는 것이다.

이와 같은 논의에서는 '또 어제.'와 같은 두 단어로 된 문장이나 '또 어제 그냥.'과 같은 세 단어로 된 문장의 존재, 즉 복수의 단어로 구성된 문장의 존재를 확립시킬 수가 없다. '한 단어문'(一語文)에 대해 위의 연구들은 다음과 같은 두 가지 견해를 가지고 있다고 생각할 수 있다 :

① '서술어가 생략되어 있는 <서술어문>'으로 생각한다.
② 한 단어 문장, 두 단어 문장, 세 단어 문장…을 모두 <한 단어문>(一語文)이라고 부른다.

전술한 바와 같이 ①에서 말하는 '생략'은 '생략'이 아니라 서술어가 나타나 있지 않은 것이므로 본 연구에서는 <서술어문>이라고 부르지 않는다. ②의 견해로는 '불!' '어?' '차!'와 같은 '한 단어문'을 '독립어문'이라고 부르고 있는 기존의 연구와 혼동하기 쉽고, 2단어, 3단어로 된 문장의 존재를 담화나 텍스트 안에서 확립시킬 수 없게 된다.

<서술어문> 이외의 문장이 모두 '독립어문'인 것도 아니고 문자 그대로 한 단어로 된 '한 단어문'(一語文)인 것도 아니다. 중요한 것은 서술어가 내부에는 포함되어 있으나 말미가 서술어로 통합되지 않은 <비서술어문>이나, 복수의 단어만으로 성립된 <비서술어문>이 실제 담화 속에는 셀 수 없이 많이 존재한다는 사실이다.

이 책이 <서술어문>에 <한 단어문> 혹은 <독립어문>을 대립시키지 않고 <서술어문> : <비서술어문>이라는 구도로 분석하는 연유이다.

5.4.2 한국어에서의 <서술어문> VS <조각문>

한국어 문장 구조의 종류에 대해 최현배(1929,1994:817)는 '홑월'(單文)과 '겹월'(複文)로 나누고 더 나아가 '겹월'(複文)은 '가진 월'(包有文)과 '벌린 월'(並列文), '이은 월'(連合文)로 나누고 있다. ( ) 안은 원문에 따른다.

남기심・고영근(1985;1993:374-405), 남기심(2001:211-289)에서도 '홑문장'과 '겹문장'으로 나누고 '겹문장'은 '안은 문장'과 '이어진 문장'으로 나누고 있다. 문장의 종류에 대해 설명하고 있는 장에서 사용하고 있는 용례를 보면, 남기심・고영근(1985;1995)에는 152개의 예문이 있으나 모두 서술어문이다. 남기심(2001)에서는 397개의 예가 있으나 그 중에서 비문의 용례로 든 것을 제외하면 문장의 변형처리의 예로서 명사종지문 14개, 부사종지문 1개의 <비서술어문>을 제시하고 있을 뿐이다. 이들 연구는 모두 '서술어문'만의 분류이며 즉, '한 단어문' 등의 비서술어문의 존재에 관한 언급은 없다는 것을 알 수 있다. 또 윤석민(2000)은 현대한국어 문장의 종결법에 대해 "폭넓게 논하는 것"을 목적으로 한다고 말하고 있으나 그 대상이 된 것도 <서술어문>뿐이다.

이와 같이 <서술어문>이 연구의 주류를 이루고 있는 가운데 서술어가 없는 문장에 관심을 기울인 연구가 나타났다. 권재일(2004), 서은아・남길임・서상규(2005:122,123)가 바로 그러한 연구이다. 이 연구에서는 '문장조각', '조각문'이라는 명칭으로 <비서술어문>을 다루고 있다.

권재일(2004:73)은 한국어의 <말해진 언어>에 있어서의 '서술문'의 실현양상을 조사하고, '서술문'의 실현양상의 하나의 유형으로 '문장조각'[10]을 들고 있다. '문장조각'에 대해서는 "완전한 문장이 아닌 '체언, 체언+조사, 부사, 감탄사, 관형사' 와 같은 문장 조각으로 끝맺어 서술문을 실현하는 경

10) '그러면은 엄마 쪽으로?' '네, 엄마 쪽.' '할아버지 댁도 그렇고.' '그게 그래요, 어.' 등의 예를 들고 있다.

우이다."라고 설명하고, 이와 같은 '문장조각'이 서술문 전체의 20.74%를 차지하고 있는 것을 보고하고 있다.

또 '구어'와 '문어'[11]에 나타난 문장의 유형을 조사한 서은아 · 남길임 · 서상규(2005:121-123)의 연구에서는 '문어'에는 나타나지 않는 '구어'의 특징을 나타내는 문장의 유형으로 '조각문'을 들고 있다. '조각문'을 "서술어가 없는, 감탄사나 부사 등의 문장의 한 조각으로 문장을 종결하는 특수한 형태"라고 논하고 '조각문'이 '구어'의 43.3%를 차지하고 있으며 단문과 복문보다도 높은 빈도로 실현되고 있다고 보고하고 있다.

권재일(2004)과 서은아 · 남길임 · 서상규(2005)가 논의하고 있는 '문장조각', '조각문' 같은 유형은 기존의 <쓰여진 언어> 중심의 연구에서 <말해진 언어>로 시야를 넓힌 귀중한 연구이며 그 의의가 크다. 바로 이 책이 <비서술어문>으로 다루고자 하는 문장 종류이다. 서은아 · 남길임 · 서상규(2005:123)가 "구어의 '조각문'은 문장의 성분을 완전히 갖추지 않고 있다는 점에서 '불완전문', '미완성문'과 동일한 의미를 갖는다."고 설명하고 있는 것처럼 이러한 문장을 "불완전한 문장"으로 보고 있다는 점은 아쉬움을 남긴다. 한국어와 일본어에서 보이는 이런 견해는 지금까지의 <문장>의 개념이 <쓰여진 언어>를 중심으로 성립되어 온 것의 반영이라고 할 수 있다.

이러한 논의들이 주류를 이루는 가운데 노마 히데키(野間秀樹 1996b:138, 2002a:23)는 한국어의 문장은 "서술어로 통합(integrate)되어 있는 <술어문>(predicate sentence)과 서술어로 통합되어 있지 않은 <비술어문>(non-predicate sentence)으로 나눌 수 있다"고 말하고 일찍부터 <서술어문>과 <비서술어문>을 명확하게 구별하고 있다.[12] 여기에서는 <비서술어문>을

---

11) 한국의 한국어 연구에서 '구어'는 <구어체>나 <말해진 언어>를 가리키고, '문어'는 <문어체>나 <쓰여진 언어>를 가리키는 경우가 많다.

12) 노마 히데키(野間秀樹)의 논고에서 말하고 있는 <술어문>,<비술어문>을 이 책에서는 <서술어문>,<비서술어문>이라고 부르고 있는 것은 전술한 바와 같다.

'완전한 문장'의 한 종류로 인정하고 있는 것이다. 더 나아가 <비서술어문>의 예로 '후후', '아니요', '어떻게요?' 같이 명사 이외의 간투사나 부사로 된, 한 단어로 이루어진 문장의 존재와 '죽일 놈의 쌍화탕 한 병.'과 같은 <한 단어문>이 아닌 복수의 단어로 구성된 <비서술어문>의 존재에 대해서도 논하고 있다. 또한 서술어가 없는 언어의 양상을 '불완전', '조각'이라는 뭔가가 부족한 개념의 것이 아니라, 술어의 「있고 없음」을 동등한 레벨에서 논의하였다. 이러한 논의들이 <말해진 언어>의 특징을 연구에서 생생히 도출해 낼 수 있는 발판을 마련했다는 점에서 기존의 연구와 비교해 높이 평가할 만하다.

위와 같이 최근 <말해진 언어>에 대한 연구가 활발히 진행되고 있기는 하나, 요컨대 한 단어문 이외의 <비서술어문> 전체를 파악할 수 있는 연구는 아직 보이지 않는다. 한국어와 일본어 양자의 <말해진 언어>를 실제로 조사해서 대조하는 담화연구, 서술어뿐만 아니라 비서술어문까지를 포함한 폭 넓은 많은 담화연구를 기다려 본다.

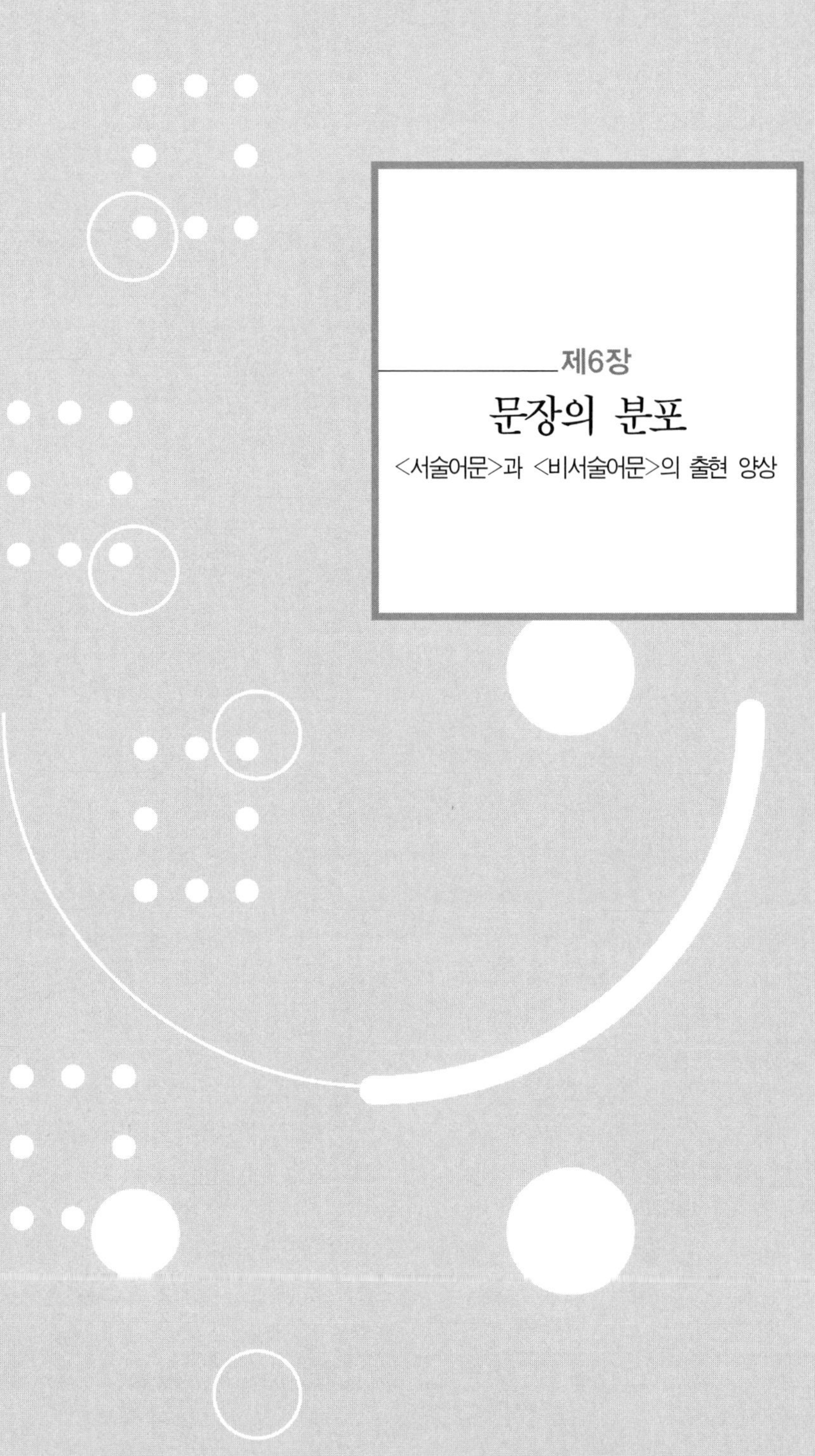

제6장

문장의 분포

<서술어문>과 <비서술어문>의 출현 양상

문장의 분포
<서술어문>과 <비서술어문>의 출현 양상

한국어와 일본어의 <말해진 언어>에 의한 담화는 과연 어떠한 문장으로 구성되어 있는 것일까? <말해진 언어>의 담화의 문장에는 대체 서술어가 어느 정도 나타나고 있을까? 이런 기본적인 물음에 대한 답을 구하고자 제6장에서는 문장 문말의 구조체를 <서술어의 유무>라는 관점에서 비추어 보도록 하겠다.

6.1 이 책의 담화 데이터

이 책이 말하는 <말해진 언어> 연구의 주요한 대상은 <자유담화>이다. 그 모습을 보기 위해 본 연구가 수집한 담화 데이터의 개요는 다음과 같다 :

① 2명이 한 쌍이 된다. 일본어 회화 40쌍, 한국어 회화 40쌍, 총 80쌍의 대화로 이루어진 <자유담화>에 의한 담화 데이터이다.
② 화자는 20대 초반, 30대 초반, 40대 초반의 남녀[1]이다.
③ 일본어 모어 화자가 80명, 한국어 모어 화자가 80명, 총 160명이다. 160명

---

1) 20-23세의 남녀, 30-33세의 남녀, 40-43세의 남녀로 회화의 화자를 구성한다. 10세 이상 연령 차가 나는 정확한 세대별 언어사용을 고찰하기 위해 <20대 초반>, <30대 초반>, <40대 초반>으로 연령의 범위를 정한다. 이 책의 3.3.1.2 <화자의 세대 선정의 원칙> 참조.

모두 다른 화자이며, 같은 화자가 다른 회화에 두 번 참가하는 일은 없다.
④ 화자는 모두 도쿄 방언 화자와 서울 방언 화자로 제한한다.
⑤ 1개의 회화를 15분간 녹음하고 처음 5분간을 문자화했다.
⑥ <초대면 간의 회화>와 <친구 간의 회화>라는 조건이 주어진 회화는 모두 직접 만나서 이야기하는 <자유담화>[2]이며, 연령, 성별, 친소(親疎)관계 등 여러 조건이 통제되어 있다.
⑦ 어느 정도의 소위 교양을 갖추고 있다고 볼 수 있는 화자의 언어사용을 보기 위해 한국의 전문대학, 일본의 단기대학 졸업 이상의 학력을 조건으로 한다.

총 1400분의 음성 파일, 총 400분의 전사 파일이 만들어졌다. ① 모두 <자유담화>이며, ② 세대별로 구성된 화자가 모두 다른 사람이고, ③ 화자의 조건이 고도로 통제된 담화 데이터라는 점에서, 본 연구의 데이터 양은 한국어와 일본어 기존의 <말해진 언어>의 말뭉치 양을 능가하고 있다고 말할 수 있다.

이 책의 데이터는 모두 두 사람의 담화로 구성된다. 화자와 청자가 있는 담화의 동적인 모습을 보기 위해서다.

회화의 구성을 다음 표에서 확인해 보자. 일본어, 한국어 모두 다음 표에서 보여 주고 있는 구성이 각각 두 개씩 존재한다 :

2) 전화를 통한 회화나 사전에 주제가 정해져 있는 회화가 아닌, 사람과 직접 만나 정해진 주제 없이 자유롭게 이야기하는 담화를 이 책에서는 <자유담화>라고 부르고 있다. 이 책의 2.5.2 <언어장>에서의 <담화>의 <하위범주> 참조. 한국어의 '21세기 세종계획 국어특수자료구축'의 입말 말뭉치와 도쿄외국어대학(東京外國語大學)이 수행하고 있는 21세기 COE 프로그램 '언어운용을 기반으로 하는 언어정보학 거점'에서는 '일상회화'라고 부르고 있으며, 일본의 국립국어연구소가 작성한 '일본어 입말 말뭉치(Corpus of Spontaneous Japanese : CSJ)'에서는 '자유담화'라고 부르고 있다.

<표 12> <초대면 간의 회화>와 <친구 간의 회화>

초대면 간의 회화								친구 간의 회화			
윗사람과의 회화		아랫사람과의 회화		동갑과의 회화				동갑과의 회화			
20대	30대	30대	40대	20대	20대	30대	30대	20대	20대	30대	30대
남자	남자	남자	남자	남자	남자	남자	남자	남자	남자	남자	남자
남자	여자	남자	여자	남자	여자	남자	여자	남자	여자	남자	여자
여자	남자	여자	남자	여자	여자	여자	여자	여자	여자	여자	여자
여자	여자	여자	여자								

이와 같이 일본어 회화 40쌍, 한국어 회화 40쌍, 총 80쌍의 회화를 구성했다. 전술했듯이 화자는 모두 다른 화자로 같은 화자가 2회 참가한 경우는 없다.

6.1.1 <초대면 간의 회화>와 <친구 간의 회화>

대화자 간의 친소관계는 자연히 언어사용에 있어서 큰 차이를 초래할 수 있다. 그런 점을 감안해서 회화는 <초대면 간의 회화>와 <친구 간의 회화>라는 조건별로 나누어 설정했다.

<초대면 간의 회화>는 동갑으로 구성된 2명의 회화와, 30대를 중심으로 연령이 10살 이상 차이가 나는 윗사람과의 회화, 아랫사람과의 회화로 구성한다. <친구 간의 회화>는 20대와 30대 동갑인 두 사람의 회화로 구성한다.

<초대면 간의 회화>에 연령 차를 둔 것은 친소관계가 고정되어 있는 경우 순수하게 연령이나 성별 차에 따른 언어사용의 차이를 보기 위해서이다. 또한 화자 간의 연령 차 조건을 <초대면 간의 회화>에만 설정하고 <친구 간의 회화>에 설정하지 않은 이유는 친구 회화에서는 연령 차이보다도 친

밀도가 언어사용에 끼치는 영향을 보기 위함이다.

6.1.2 회화협력자의 실질 인원수

이하의 표에서 나타낸 회화에 참가하고 있는 협력자 수는 연 인원수(token frequency)가 아니라 각각 모두 다른 사람, 즉 실질인원수(type frequency)이다. 회화에 참가한 협력자는 일본어모어화자와 한국어모어화자를 합쳐 160명이다. 연령대와 성별로 나누어 보면 다음과 같다 :

<표 13> 한국어와 일본어 각각의 회화 협력자 수

	초대면 회화 28개		친구 회화 12개		총 40개
	남성	여성	남성	여성	
20대	10명	10명	6명	6명	32명
30대	14명	14명	6명	6명	40명
40대	4명	4명	없음		8명
총계	28명	28명	12명	12명	80명

6.1.3 담화 데이터의 양

전술한 바와 같이 80쌍의 회화는 각각 15분간 회화를 녹음하고, 회화의 첫 부분부터 5분간을 문자화한다.

음성 데이터와 문자화 데이터의 양(단위 : 분)은 다음과 같다 :

<표 14> 음성과 문자화 데이터의 양

	음성 데이터		총계	문자화 데이터		총계
	일본어	한국어		일본어	한국어	
초대면 간의 회화	420분	420분	840분	140분	140분	280분
친구 간의 회화	180분	180분	360분	60분	60분	120분
총계	600분	600분	1200분	200분	200분	400분

이렇게 얻어진 담화 데이터를 제3장에서 제시한 복선적 문자화 시스템에 따라 문자화했다. 이 책이 논하는 한국어와 일본어의 <말해진 언어>의 특징은 기본적으로 이들 데이터에 의거한 것이다.

6.2 한국어와 일본어의 <서술어문>과 <비서술어문>의 분포

한국어와 일본어의 전체 담화 데이터에 각각의 담화는 대체 몇 개의 문장으로 구성되어 있을까. 여기서는 먼저 **<문장의 총수>**를 조사해 본다. <말해진 언어>의 <문장의 총수>의 조사는 숫자를 세는 단순한 차원의 물음이 아니다. 한국어와 일본어의 담화를 조직하는 근본적인 형태, 담화를 구성하는 기본적인 두 언어의 스타일의 차이까지도 찾아내는, 결정적인 수로(水路)가 되는 것이다.

담화 데이터 전체에 있어서의 <서술어문>과 <비서술어문>의 각각의 출현 수를 살펴보고, <초대면 간의 회화>와 <친구 간의 회화>라는 장면별, 세대별, 성별과 같은 각 조건별로 <서술어문>과 <비서술어문>의 출현율을 조사한다.

각 조건별 담화에 있어서 그들 문장 하나하나에 서술어가 있는지 없는지, 즉 <서술어문>인지 <비서술어문>인지를 조사한 것은 이제까지 논의된 적이 없었다. 이러한 논의는 <말해진 언어>가 구체적으로 어떤 형태로 나타나고 있는가를 선명히 보여줄 작업이 될 것이다.

6.2.1 담화 데이터[3] 전체의 <문장의 총수>

한국어와 일본어 각각의 <초대면 간의 회화> 56쌍과 <친구 간의 회화> 24쌍, 총 80쌍의 담화, 즉 일본어 모어화자 80명, 한국어 모어화자 80명, 총 160명의 발화에 몇 개의 문장이 출현했는가를 조사해 보았다. 그 결과는 다음과 같다 :

<표 15> 한국어와 일본어의 문장의 총수

일본어	9,070	한국어	7,103

두 언어의 <문장의 총수>의 현저한 차이에 주목하자 :

일본어는 한국어보다 많은 문장이 나타난다

두 언어의 담화 데이터는 동일한 회화 상황이나 조건 하에 15분간 회화를 녹음하고 그 중 첫 부분부터 5분간을 문자화한 것이다. 동일 상황이나 같은 시간 내에서의 회화임에도 불구하고 총 문장 수는 일본어가 9,070문장, 한국어는 7,103문장으로, 1,967문장, 약 2,000문장의 차이가 나타나 있다. 단순히 말하자면 한국어에서는 일본어 문장 수의 78.3%밖에 사용되고 있지 않은 것이다.

하나의 회화 당 나타난 문장 수를 보면 일본어는 약 220문장, 한국어

3) 이 책의 담화 데이터의 수집 · 작성 방법에 대해서는 제3장에서 상세히 제시하고 있다.

는 약 170문장으로 각 회화에 평균적으로 약 50문장 정도의 차이를 보이고 있다. 회화에 따라서는 총 문장수의 차이가 100문장이 넘는 경우도 있다 :

> 담화에서는 일본어가 한국어보다 많은 문장이 나타난다.
> 한국어와 일본어의 회화 스타일의 결정적인 차이를 보여준다.

6.2.2 왜 총 문장 수는 한국어보다 일본어가 많은가

그럼 왜 담화에서는 한국어보다 일본어에 더 많은 문장이 나타나는 것일까? 담화 조사로 알 수 있는 가장 큰 이유로 金珍娥(김진아 2003, 2004a)와, 이 책의 4.2.2.1에서 말하고 있는 <turn의 존재양식>의 차이를 들 수 있다.

회화에서 한 사람의 말이 멈추지 않은 상태에서 상대가 말을 시작하면 발화가 겹쳐지게 된다. 이 점은 <쓰여진 언어>와 <말해진 언어>의 결정적인 차이 중 하나이다. 담화에서의 이런 <발화의 겹침>을 관찰하면 두 사람의 화자의 발화가 겹쳐져 공존하고 있는지, 겹쳐지지 않고 독립해 있는지와 같은 <turn의 공존성>과 <turn의 독립성>이 한국어와 일본어에 큰 차이를 보이고 있는 것을 알 수 있다. 앞에서도 짧게 언급했지만 金珍娥(김진아 2003)의 조사에서는 일본어의 경우에는 상대 발화와 겹쳐지지 않고 독립해 있는 발화는 전체 문장의 54%, 겹쳐져 공존하고 있는 발화는 46%를 차지하고 있다. 일본어에서는 절반 정도의 발화가 겹쳐지고 있음을 확인한 것이다. 이와는 대조적으로 한국어는 상대와 겹치지 않고 독립해서 나타나는 발화가 전체의 무려 80%를 차지하고 있다. 상대의 turn과 공존하고 있는 것은 나머지 20%에 불과하다 :

상대와 겹쳐지는 발화가 일본어는 절반 이상을 차지하고 있는데 반해 한국어는 20% 정도밖에 되지 않는다.

일본어의 총 문장수가 많은 가장 큰 원인은 상대와의 발화가 겹쳐지는 <공존 turn>이 상대적으로 많고, <독립 turn>이 적다 는 사실에 기인한다. 각각의 회화 스타일을 다음과 같이 부를 수 있을 것이다 :

일본어의 회화 스타일 … <공존형>
한국어의 회화 스타일 … <독립형>

또 <맞장구 발화>에 주목해 보아도 金珍娥(김진아 2003)의 보고에 의하면, <독립해 있는 맞장구 발화>는 한국어와 일본어가 비슷한 비율을 보이고 있는데 반해 <공존하고 있는 맞장구 발화>는 일본어가 한국어보다 2배 이상 높은 비율을 보이고 있다. 이와 같은 결과에서 한국어와 일본어의 담화 구조를 지탱하는 turn의 존재양식이 서로 매우 다르다는 것을 알 수 있다.

이상으로 한국어와 일본어의 이러한 <문장 총수>의 현저한 차이가 <turn의 존재양식>에서 오는 현상임을 확인할 수 있었다. 즉, 일정 시간 내에 나타나는 일본어 문장의 총수가 한국어보다 많은 것은, 독립된 문장이 계속되고 있는 한국어에 비해 일본어는 상대의 turn과 겹쳐져 있는 발화가 많기 때문이다. 요컨대 같은 시간에 더 많은 문장이 출현하는 것이다. 상대와 겹쳐진 발화 즉 <공존 turn>은 <맞장구 발화>는 물론 <실질적 발화>에서도 많이 나타나고 있다. 담화를 관찰해 보면 이 차이는 일목요연하다.

6.2.3 <서술어문>과 <비서술어문>의 총수

문장의 총수를 보았으므로 다음에는 <서술어문>과 <비서술어문>이 어떻게 나타나는가를 살펴보자. 한국어와 일본어 각각 <초대면 간의 회화>와 <친구 간의 회화> 총 80쌍, 총 160명의 발화에 나타난 <서술어문>과 <비서술어문>의 총수는 다음과 같다 :

<표 16> 한국어와 일본어의 서술어문과 비서술어문의 총수

한국어

	문장의 수	비율
서술어문	3,298	46.4%
비서술어문	3,805	53.6%
총 문장 수	7,103	100.0%

일본어

	문장의 수	비율
서술어문	3,894	42.9%
비서술어문	5,176	57.1%
총 문장 수	9,070	100.0%

<% : 문장의 총수에 대한 서술어문과 비서술어문의 비율>

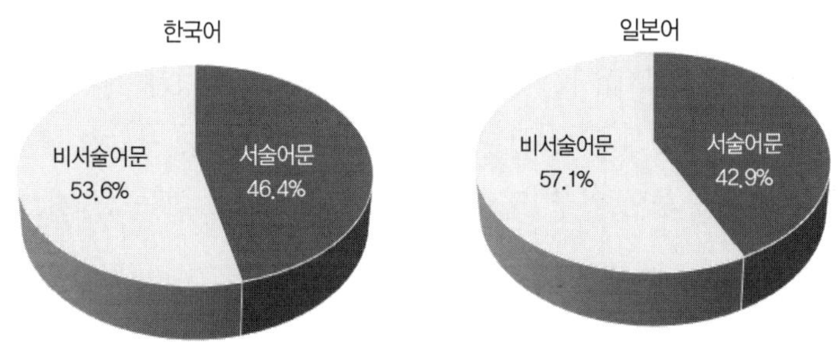

<그림 17> 한국어와 일본어의 서술어문과 비서술어문의 비율

문장이 서술어로 통합되어 있는가 아닌가 라는 관점에서 담화에 나타난 문장을 조사해 보니 한 가지 중요한 특징을 찾아낼 수 있었다 :

두 언어 모두 <서술어문>보다 <비서술어문>을 많이 사용한다.

즉 담화 전체의 절반 이상을 두 언어 모두 <비서술어문>이 차지하고 있다는 것이다. 일본어가 한국어보다 <비서술어문>의 사용 비율이 약간 높고 <서술어문>의 사용 비율이 약간 낮다.

6.2.4 <서술어>의 결여의 의미

한국어와 일본어 모두 <비서술어문>이 <서술어문>을 능가한다는 이 사실은 언어 연구에 있어서는 지극히 중요한 의미를 갖는다. 기존의 문법은 대체적으로 <문장>이라는 것을 논할 때 <주어-서술어>라는 요소의 조합을 이른바 암묵리의 전제로 하고 있기 때문이다 :

> **<말해진 언어>의 담화에서는 반 이상의 문장이 문장의 핵심인 <서술어>로 통합되지 않는다.**

반 이상의 문장에서 서술어가 생략된 것이라고 설명하기에는, 절반을 넘는 <비서술어문>의 존재가 굉장히 무겁게 다가온다. 당당히 군림하는 <비서술어문>은 문법 연구의 전제 그 자체를 되묻게 하는 큰 계기가 될 것이다.

6.2.5 <초대면 간의 회화>와 <친구 간의 회화>의 장면별 <서술어문>과 <비서술어문>의 총수

다음은 <서술어문>과 <비서술어문>이 <초대면 간의 회화>와 <친구 간>의 회화에 따라 어떠한 차이가 있는지를 검토해 보자 :

<표 17> 일본어의 초대면 간과 친구 간의 회화의 문장의 비율

초대면 간 회화

	문장의 수	비율
서술어문	2,749	43.8%
비서술어문	3,530	56.2%
총 문장 수	6,279	100.0%

친구 간 회화

	문장의 수	비율
서술어문	1,145	41.0%
비서술어문	1,646	59.0%
총 문장 수	2,791	100.0%

<% : 문장의 총수에 대한 서술어문과 비서술어문의 비율>

초대면 간 회화

비서술어문 56.2%

서술어문 43.8%

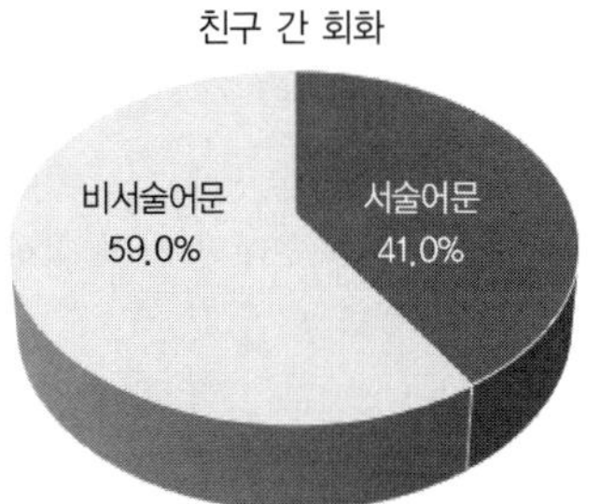

<그림 18> 일본어의 초대면 간 회화와 친구 간 회화의 문장의 비율

① 일본어는 <초대면 간의 회화>에 있어서도 <친구 간의 회화>에 있어서도 <비서술어문>의 사용률이 <서술어문>의 사용률보다 높다.

② <초대면 간의 회화>보다 <친구 간의 회화>에 있어서 <비서술어문>의 사용률이 약간 높다.

<표 18> 한국어의 초대면 간 회화와 친구 간 회화의 문장의 비율

초대면 간 회화

	문장의 수	비율
서술어문	2,192	44.4%
비서술어무	2,742	55.6%
총 문장 수	4,934	100.0%

친구 간 회화

	문장의 수	비율
서술어문	1,106	51.0%
비서술어문	1,063	49.0%
총 문장 수	2,169	100.0%

<% : 문장의 총수에 대한 서술어문과 비서술어문의 비율>

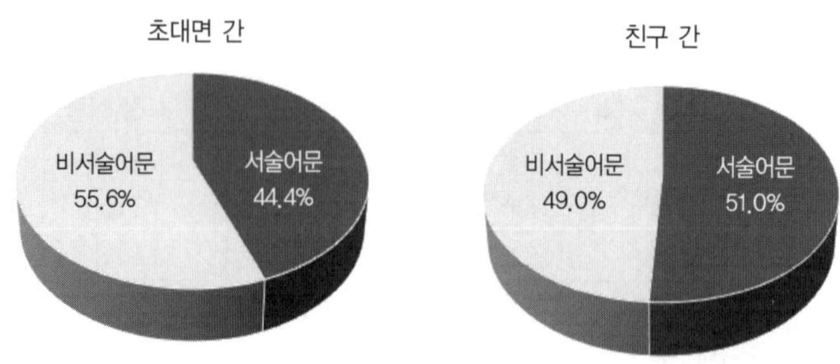

<그림 19> 한국어의 초대면 간 회화와 친구 간 회화의 문장의 비율

① <서술어문>의 사용률을 보면 한국어는 <초대면 간의 회화> <친구 간의 회화>에 다소 다른 경향이 보인다.
② 한국어는 <초대면 간의 회화>에서는 <비서술어문>이 <서술어문>보다 많이 사용되고 있다.
③ 그러나 <친구 간의 회화>에서는 <서술어문>이 조금 더 많이 사용되고 있다.

<초대면 간의 회화>에서는 두 언어 모두 <비서술어문>의 사용률이 절반 이상으로 <서술어문>의 사용률보다 다소 높았다.

그러나 <친구 간의 회화>에서는 일본어는 <비서술어문>의 사용률이 더 높았으며 한국어는 반대로 <비서술어문>의 사용률이 감소하는 흥미로운 경향을 보였다.

이러한 사실은 화자 간의 친밀도라는 관점에서 다음과 같이 말할 수 있을 것이다 :

일본어에서는 친밀도가 높은 상대에게 <비서술어문>을 다용하고 한국어에서는 반대로 친밀한 상대에게 <서술어문>을 조금이나마 더 많이 사용한다.

이상 이 장에서는 <문장>의 출현, <서술어문>과 <비서술어문>이 나타나는 양상에 주목하여 담화의 모습을 보았다. 다음과 같은 흥미로운 결과를

얻을 수 있었다 :

① 일본어는 한국어보다 모든 회화에서 더 많은 문장이 출현한다. 총수는 1.27배에 달하고 있다.
② <발화의 겹침>을 보면 일본어는 <공존 turn>이 많고 <공존형>의 회화 스타일을 취하며, 한국어는 <독립 turn>이 많고 <독립형>의 회화 스타일이라고 말할 수 있다. <turn의 존재양식>이 매우 다른 것이다.
③ 두 언어 모두 <서술어문>보다 <비서술어문>을 많이 사용한다. 즉 <말해진 언어>의 경우에는 절반 이상의 문장이 <서술어>로 통합되지 않는다.
④ 일본어에서는 친밀한 상대에게 <비서술어문>을 많이 사용하고 한국어에서는 친밀한 상대일수록 <서술어문>을 더 많이 사용한다.

제7장에서는 본 장에서 중요한 존재로 떠오른 <비서술어문>의 모습을 밝혀 보도록 하겠다.

제7장

<비서술어문>론

문말의 형태론 · 통사론 그리고

discourse syntax

<비서술어문>론

문말의 형태론 · 통사론 그리고 discourse syntax

한국어와 일본어의 실제로 말해진 언어에 있어서 서술어로 맺어지지 않은 문장은 대체 어떤 모습을 보이는 것일까.

본장에서는 문말이 서술어로 맺어지지 않은 한국어와 일본어의 <비서술어문>의 출현양상을 실제로 말해진 언어에서 밝히고 아울러 <비서술어문>의 동적인 상호작용 interaction을 보기로 한다.

앞장에서는 한국어와 일본어에 있어서의 담화를 <서술어문>과 <비서술어문>이 반반씩 담당하고 구성하고 있다는 사실을 알 수 있었다. <비서술어문>은 문장을 통합하는 서술어를 갖지 않으면서도 담화 전체의 절반을 담당하고 담화를 구성하는 역할을 하고 있는 것이다. 기존의 연구에서는 거의 다루어지지 않았던 <비서술어문>의 문말의 실현양상을 본 장에서는 다음의 3가지의 관점에서 고찰한다 :

① 형태론적 관점에서의 <문말의 구성> 분석 :
문말 구조체의 내부구조를 본다

② 통사론적 관점에서의 <문장의 구조> 분석 :
문말 구조체의 외부구조, 즉 문장 전체와의 관계를 본다

③ discourse syntax적 관점에서의 대화자간 문장의 상호관계 분석 :
<비서술어문>과 다른 문장과의 관계를 본다. 특히 조사에 수복한다

7.1 <초대면 간의 회화>에서 <비서술어문>의 모습을 본다

<비서술어문>의 문말의 모습을 6.1의 표 12의 '담화 데이터' 중 '초대면 간의 회화'에 주목하여 분석한다. 30대를 중심으로 10세 이상 차이가 나는 <윗사람과의 회화>, <아랫사람과의 회화>, 그리고 <동갑과의 회화>로 각각 2사람의 초대면 회화이다. 대우법의 관점에서도 다양한 형태가 출현할 수 있도록 배려한 것이다. 한국어와 일본어, 각각 도쿄방언화자와 서울방언화자의 28쌍씩, 총 56쌍, 실질 인원수 112명이 참가한 담화 데이터이다.

7.2 담화에서 차지하는 <비서술어문>의 존재

제5장에서도 확인한 바와 같이 기존의 많은 연구에서는 <서술어문>만이 '완전한 문장'이며, <서술어>가 없는 문장은 모두 명사로 된 <한 단어문>(一語文)으로 취급하거나 '특수한 것', '조각', '불완전한 문장'으로 다루어져 왔다. 그러나 정말로 그렇게 정리되어도 되는 것일까?.

6.2.5의 표 17과 표 18에서 확인한 바와 같이 일본어는 <초대면 간의 회화>의 총 문장 수 6,279문장 중 <서술어문>이 2,749문장, 43,8%, <비서술어문>이 3,530문장, 56.2%를 차지하고 있으며, 한국어는 <초대면 간의 회화>의 총 문장 수 4,934문장 중 <서술어문>이 2,192문장, 44.4%, <비서술어문>이 2,742문장, 55.6%를 차지하고 있다. 일본어도 한국어도 <비서술어문>이 56.2%, 55.6%로 전체 담화의 반 이상을 <비서술어문>이 차지하고 있다.

<서술어>가 없더라도, 언어장 안에서 이것 없이는 담화가 구축될 수 없음을 이제는 인식하지 않으면 안 된다. <서술어>의 있고 없음이 '불완전한', '특수한', '조각'으로 구별되는 기준이 될 수 없으며 그것은 단지 서술어가

있고 없을 뿐인 문장 구조의 다름인 것이다. 또한 이러한 언어사실을 눈앞에 두고도 <비서술어문>이 높은 비중을 차지하고 있다는 것 자체를 <담화>라는 언어장에 있어서의 '특수한 것', '불완전한 것'으로 치부해 버리는 것은 아닐까? 사실은 기존의 문법론이 주로 연구 대상으로 삼고 있는 문어체 텍스트에 있어서도 서술어가 없는 <비서술어문>은 적잖이 존재하고 있었다. 다만, 연구자가 <비서술어문>의 위상을 어떻게 확립시키며 논의할 것인가가 문제였던 것이다.

7.3 <서술어>와 <문장의 구조>

제5장에서 살펴 본 <서술어>, <서술어문>, <비서술어문> 등의 개념을 다시 한 번 확인해두자 :

> 서술어 :
> 용언을 핵으로 하는 용언복합체, 혹은 용언의 종합적인 형태, 분석적인 형태로 이루어지는, 문장을 통합하는 문장의 성분
>
> 서술어문(predicate sentence) = 문말이 서술어로 통합되어 있는 문장
> 비서술어문(non–predicate sentence) = 문말이 서술어로 통합되어 있지 않은 문장

<비서술어문>에는 문장 속에 서술어를 포함한 것이 있다. 野間秀樹(노마 히데키 1997b:104, 2012c:236-237), 노마 히데키(野間秀樹 2002a:25)에서는 "서술어문이 더 큰 문장, 즉 상위문에 포함되는 것을 절(clause)"이라고 부르고 "절을 갖는지 아닌지"에 따라 한국어 문장을 <절구조문>(節構造文)과 <비절구조문>(非節構造文)의 2종류로 분류하고 있다. 이와 같은 절과 서술어의 유무라는 관점

에서 <문장의 구조>를 생각하면 문장은 다음과 같이 4종류로 나눌 수 있다. 서술어를 P(Predicate)로 표시한다 :

<표 19> 서술어의 유무라는 관점에서 본 <문장의 구조>

<table>
<tr><th></th><th>절구조문</th><th>비절구조문</th></tr>
<tr><td rowspan="4">서술어문</td><td>문말에만 서술어가 있다.</td><td rowspan="4">없음</td></tr>
<tr><td>— —(P).
ex. 집에 돌아갑니다.</td></tr>
<tr><td>문말과 문장 내부에 서술어가 있다.</td></tr>
<tr><td>—(P), —(P).
ex. 집에 돌아가서, 공부를 합니다.</td></tr>
<tr><td rowspan="2">비서술어문</td><td>문말에는 서술어가 없고,
문장 내부에 서술어가 있다.</td><td>문말에도 문장 내부에도
서술어가 없다.</td></tr>
<tr><td>—(P), —.
ex. 집에 돌아가서, 공부를.</td><td>—.
ex. 집에.</td></tr>
</table>

이와 같은 4개의 문장 구조 유형을 볼 때 여기서 대상으로 하고 있는 <비서술어문>에는, 문장 내부에는 서술어가 있고 문말에는 서술어가 없는 <**절구조를 가진 비서술어문**>과, 전혀 서술어가 나타나지 않는 <**비절구조의 비서술어문**>의 2종류가 있다는 것을 알 수 있다. <문장의 구조>를 생각하는 데 있어서 '단문'과 '복문'이라는 기존의 문장 구조 개념으로는 '집에 돌아가서 공부를.' 등의 <절구조의 비서술어문>, '집에.'와 같은 <비절구조의 비서술어문>의 차이를 파악할 수 없다. 기존의 관점으로는 문장의 구조를 확립시킬 수 없는 것이다. 이 책이 <서술어문>과 <비서술어문>, <절구조문>과 <비절구조문>이라는 새로운 분석의 틀에 의거하는 연유이다.

7.4 한국어와 일본어의 <말해진 언어>에 있어서의 품사 분류

여기서는 우선 <문말이 어떠한 요소로 이루어져 있는가>를 보자. 요소의 성질을 보기 위해서는 문말의 요소를 구성하고 있는 단어의 품사를 보는 것이 좋을 것이다.

품사 분류는 기존의 문법론의 품사나 품사 분류의 기준 등이 ① 연구자에 따라 다르다는 점, ② 주로 <쓰여진 언어>를 중심으로 논해지고 있다는 점에서 <말해진 언어>를 어떤 일정한 품사 분류의 틀에 맞추어 분류하는 작업은 사실 매우 많은 문제를 안고 있다. 그런 문제점을 극복하기 위해 이 책에서는 두 언어의 품사 분류에 다음과 같은 기준을 마련하고자 한다 :

① 한국어와 일본어의 학교문법의 품사 분류에 원칙적인 기준을 둔다.[1)]

② 학교문법에서 결여되어 있는 부분이나 문제가 되고 있는 부분은 각 언어의 여러 연구의 논의를 도입하여 보충한다. 예를 들어 '確かに'(확실히)와 같이 '형용동사의 어간+に'의 형식은 여러 연구들을 참고로 부사로 취급한다.

③ 학교문법이나 여러 연구의 품사 분류에서 언급되지 않은 <말해진 언어>의 독특한 표현의 경우에는 이 책의 독자적인 품사 인정도 시도한다. 예를 들어 한국어의 학교 문법에서는 부사(접속부사)로 취급되고 있는 '그러니까', '그러면' 등의 단어를 접속사로 보고, 후술할 '그래 갖고/그래 갖구/그래 가지고/그래 가지구' 등도 접속사로 본다.

④ 한국어와 일본어의 대조를 위해 편의적으로 **품사의 명칭을 통일한다**. 예를

---

1) 일본어는 山口明穗 편(야마구치 아키호 편 1988;1989), 中光雄 편(나카 미쓰오 편 2001), 한국어는 남기심・고영근(1985;1993)에 따른다. 또 각각의 단어의 품사 동정(同定)은 일본어는 新村出 편(신무라 이즈루 편 1955;2008), 松村明 편(마쓰무라 아키라 편 1988;2006), 松村明 편(마쓰무라 아키라 편 1995;1998:2001), 柴田武 외 편(시바타 다케시 외 편 1972;2009) 등의 사전을 참고하고, 한국어는 연세대학교 언어정보개발연구원(1998) "연세 한국어사전", 국립국어연구원 편(1999) "표준국어대사전" 등의 사전을 참고로 한다.

들어 한국어의 '관형사'(冠形詞)를 '연체사'(連體詞)로 하고 '감동사' '감탄사'를 이 책에서는 '간투사'(間投詞)로 한다. 앞의 5.2.2에서도 말했던 것처럼 일본어의 'だ/である', 한국어의 '-이다'는 '지정사'(指定詞)로 한다.[2)]

⑤ 野間秀樹・金珍娥(노마 히데키・김진아 2004:43)에서 '공손화의 응답어미'(丁寧化の応答語尾), 金珍娥(김진아 2005:12), 野間秀樹(노마 히데키 2006), 野間秀樹・村田寛・金珍娥(노마 히데키・무라타 히로시・김진아 2007:57)에서 '공손화 표지'라고 부르고 있는 '-요/-이요'는 간투사를 제외한 대부분의 품사에 붙일 수 있는 점 등, 일본어의 종조사(終助詞)의 성격과 비슷하므로 이 책에서는 품사 상으로는 종조사로서 취급한다.

⑥ 종조사는 <문장을 끝맺는>기능으로 볼 때 다른 조사와 그 성격이 다르므로[3)] 이 책에서는 조사 중 특히 종조사에 주목하여 조사의 하위항목으로 설정한다.

⑦ 일본어의 문말에 붙는 'nante(なんて)' 'nanka(なんか)'에 대해서는 다음과 같이 정한다.[4)] '寒いかな, なんて.'(lit. 추울까? 같은)와 같이 문말에 나타나는

---

2) 일본어의 「だ」는 학교문법에서는 '조동사'로, 「である」는 사전 등에서는 '연어'로 다루어지는 경우가 많다. 한국어의 「-이다」는 현행 학교문법에서는 '서술격조사'로 다루어진다. '조사'로 되어 있으나 이것도 용언과 동일하게 활용하는 것이다. 국립국어연구원 편(1999)의 「이다」 항목에서도 굳이 활용한다는 뜻을 기술하고 있다.

3) 新村出 편(신무라 이즈루 편 1995;2008 : 부록 : 202,203)을 보면 조사는 "다른 조사가 여러 가지 단어에 붙어 그 단어가 뒤의 단어와 어떠한 관계를 맺어 가는지"의 작용을 하고 있음에 비해 종조사는 "구의 종지에 붙어 문장을 정리하고 끝내는 작용을 한다."고 말하고 있다. 森山卓郎(모리야마 다쿠로 2005:92)는 "종조사, 간투조사는 명제를 구성하는 것이 아니라 모달리티의 기능을 갖는다는 점에서 다른 조사와 성격이 다르다."고 하고 있다. 또한 松村明 편(마쓰무라 아키라 편 1988;2006:1953)에 따르면 '종조사'인 'ね'는 "문장 말미에 사용된다."고 하고, "①가벼운 영탄을 표함 ②가볍게 확인하는 기분을 표함 ③상대의 동의를 구하는 기분을 표함 ④질문하는 기분을 표함."이라는 4가지 기능을 들고 있다. 이 책에서는 'ね'가 「문장 말미」가 아니라 단독으로 나타나더라도 문맥이나 그 기능면에서 종조사의 이러한 기능을 담당하고 있다면 <종조사>로 본다.

4) 新村出 편(신무라 이즈루 편 1955;2008:2111,2114)에서는 'なんか' 'なんて'를 '조사'로 하고 있다. 松村明 편(마쓰무라 아키라 편 1988;2006:1903)에서는 'なんか'는 '부조사(副助詞)'나 '연어(連語)', 'なんて'에 대해서도 '부조사'로 말하고 있다. 그러나 둘 다 문말의 'なんて' 'なんか'에 대해서는 언급하고 있지 않다. 松村明 편(마쓰무라 아키라 편 1995;1998;2001)에서는 「日本が沈没するなんて」(일본이 침몰하다니) 등의 예에서 문말에 나타나는 'なんて'를 <부조사>로 보고, 'なんか'는 'なんて'와 동일한 것처럼 서술하고 있다.

'nante(なんて)'는 松村明 편(마쓰무라 아키라 편 1995;1998:2001)에 따라 <부조사>(副助詞)로 본다.
문말에 나타나는 'nanka(なんか)'는 다음의 3가지 품사로 구별한다 :

a. 대명사+조사(なに+か)
　예) あるんじゃない, なんか.(있잖아, 뭔가.)
b. 부조사
　예) いやだよ, それなんか. (싫어, 그런 거.)
c. 간투사
　예) 急行止まんないから, なんか. (급행은 안 서니까, 뭐.)
　예) なんか. (뭐)

'なんか'를 a. <대명사+조사>, b. <부조사>로 보는 것은 기존의 연구와 동일하다. 단 c와 같이 서술어로 일단 종료된 문장의 문말에 종조사처럼 쓰여, 앞 발화의 부담을 줄이거나 애매하게 하는 기능과 독립성분으로서 서술어의 명확성이나 구체성을 잃게 하는 기능을 하는 'なんか'는, 본 연구에서는 '간투사'로 규정한다. 또한 말을 시작할 때 보이는 'なんか'가 후속하는 발화를 동반하지 않고 단독으로 나타나는 경우에도 '간투사'로 본다.

⑧ 실제로 <말해진 언어>에서, <서술어문>과 <비서술어문>을 판단하고 품사 분류를 행하는 데 있어서, 높은 출현율을 보이는 **간투사적인 기능을 하는 <맞장구 발화>**[5]는 특히 문제가 된다. 여기서는 맞장구로 사용되고 있는 단어가 시제의 대립을 갖는지 아닌지에 품사 분류의 기준을 마련한다. 형태상으로 시제(時制)의 대립을 갖는 것은 용언으로서의 활용을 보이는 것과 마찬가지이다. <맞장구 발화>는 다음과 같이 분류할 수 있다 :

단 'なんか'는 문말에 나타난 경우의 항목은 없고, 'なに'+'か' 의 '대명사+조사'로 구성되어 있다고 보고 <연어>로 규정하고 있다.

5) <맞장구 발화>에 대해서는 杉戸清樹(스기토 세이주 1987:88), 金珍娥(김진아 2004a) 참조

● 일본어

· 시제의 대립을 갖는 <맞장구 발화> : <간투사적 형용사>

そうだ(그렇다) : そうだった(그랬다) : そうです(그래요) : そうでした(그랬어요)

そうか(그래?) : そうだったか(그랬어?) : そうですか(그래요?) : そうでしたか(그랬어요)

· 시제의 대립을 갖지 않는 <맞장구 발화> : <간투사>

そう[6] (음, 응)　　はい(네) : ええ(예) : うん(응)

● 한국어

· 시제의 대립을 갖는 <맞장구 발화> : <간투사적 형용사>

그래 : 그랬어

그래요 : 그랬어요

그렇죠 : 그랬죠

· 시제의 대립을 갖지 않고 <맞장구> 기능을 하는 접속사 : <간투사적 접속사>

그러니까, 그러니까요[7]

· 시제의 대립을 갖지 않는 <맞장구 발화> : <간투사>

그치, 아, 네, 에, 응

7.4.1 한국어와 일본어의 품사분류

金珍娥(김진아 2006:83-100)에서 정한 품사 분류와 상기의 논의를 토대로 다음과 같이 한국어와 일본어의 품사 분류를 행한다 :

---

6) 「そう」가 <맞장구 발화>로서 단독으로 나타난 경우는 간투사로 보나, 「そう言う」「そうする」 등의 「そう」는 부사로 본다.

7) 여기서는 맞장구적인 작용을 하는 것에 국한하고 있다. 「내가 그러니까 그 사람도 그랬어」나 「그랬으니까」 등은 동사 혹은 형용사로 본다.

<표 20> 본 연구에 있어서의 한국어와 일본어의 품사분류

	일본어	한국어
용언	동사	동사
	형용사	형용사
	형용동사	–
	지정사[8]	지정사
	–	존재사[9]
체언	명사	명사
그 외	연체사	연체사
	부사	부사
	접속사	접속사
	간투사–웃음을 나타내는 간투사[10]	간투사–웃음을 나타내는 간투사
	조사[11]–종조사	조사–종조사
	조동사[12]	–

8) 山田孝雄(야마다 요시오 1921:119)는「である」「だ」「です」를 조동사와 구별하고, '존재사'라는 이름으로 다루고 있다. 품사의 용어에 따른 혼란을 피하기 위해 전술한 바와 같이 이 책에서는 일본어의「である」「だ」「です」를 한국어의 '-이다'와 함께 <지정사>로 본다. '존재사'라는 명칭은 한국어에서 '있다' 등 다른 타입의 용언의 품사명으로 사용하고 있다. 주9) 참조

9) 한국어의 존재사는 '있다', '없다'와 이 두 가지를 조어접미사(造語接尾辭)로 만들어진 '맛있다', '재미없다'와 같은 단어이다. 학교문법에서는 '있다'는 동사, '없다'는 형용사로 되어 있다. 일본에서의 한국어 교육에서는 '존재사'라는 카테고리를 세우는 것이 일반적이다. 존재사는 활용의 패러다임에 있어서 동사와도 형용사와도 다른 형태를 보인다. 또 일본어의「ある」(있다)는 동사,「ない」(없다)는 형용사로 본다.

10) <웃음을 나타내는 간투사>는「あ」,「えー」등 일반적인 '간투사'와 구별하여 하위분류한다.

11) 新村出 편(신무라 이즈루 편 1955;2008:부록:203), 松村明 편(마쓰무라 아키라 편 1988;2006:1903:부록:74)의 격조사, 부조사, 계[係]조사, 종조사, 간투조사, 접속조사, 병립조사를 각각 구별하지 않고 이 책에서는 <조사>로 보겠다.

12) 일본어의 학교문법에서는「書かせる」의「せる」,「書かれる」의「れる」등은 자립어가 아니라 접미사적인 요소지만 활용한다는 점에 비중을 두어 단어로 인정하고 '조동사'로 보고 있다. 한국어에서 비슷한 구조로 나타나는 접미사적인 요소 '-시-', '-겠-' 등은 학교문법에서는 '어말어미(final ending)'의 앞에 나타나는 어미의 종류로 보아 단어로 다루지 않고 '선어말어미(pre-final ending)라고 부른다. 한국어의 이와 같은 선어말어미는 이

7.4.2 <비서술어문>의 문말의 품사판정

위와 같은 품사 분류를 틀로 하여 한국어와 일본어의 <비서술어문>에 보이는 문말의 형태를 비추어 본다. 문말의 품사는 <문말의 문절=어절>을 중심으로, 예를 들면 다음과 같이 분석한다 :

30대 남성 : 그럼 국어, 산수는?.
명사 + 조사

예를 들어 <비서술어문> '그럼 국어, 산수는?.'의 경우에는 '산수는'이 문말의 가장 마지막 문절=어절이므로 여기에 주목하여 품사를 해석(解析)한다. 이 예에서는 '산수'가 <명사>, 학교문법이나 사전에서 보조사로 보는 '는'은 <조사>가 된다. '그럼 국어, 산수는?.'이라는 <비서술어문>의 문말은 <명사+조사>의 구조를 갖는다. 하나하나의 문장을 이와 같이 분석해 간다.

7.5 형태론적인 관점 : <비서술어문>의 <문말의 구조체>를 품사로 해석(解析)한다

문장의 제일 마지막 문절=어절을 품사별로 분석한 결과, <비서술어문>의 <문말구조체>의 내부구조는 간투사, 명사, 부사, 접속사, 연체사와 같은

책에서는 모두 용언의 <종합적인 형태>를 만들고, 활용하는 접미사로 보아 단어로 다루지 않고 '조동사'로도 보지 않는다. 남기심 · 고영근(1985;1993:22), 菅野裕臣[간노 히로오미] 외(1988:41,523,1016-1017), 龜井孝 · 河野六郎 · 千野榮一 편저(가메이 다카시 · 고노 로쿠로 · 지노 에이치 편저 1996:837-838) '접미사' 항목 참조.

품사가 독립하여 나타난 형식과, 거기에 조사류가 첨가되어 나타난 형식이 존재하고 있음을 밝힐 수 있었다.

이들을 <간투사계>, <명사계>와 같이 <계>(係)로 이름 붙여 분류해 보겠다.

7.5.1 <비서술어문>의 품사별 유형과 그 비율

그렇다면 일본어의 <비서술어문> 3,530 문장과 한국어의 <비서술어문> 2,742 문장은 어떠한 품사별 유형과 분포를 보이고 있는 것일까 :

<표 21> 비서술어문의 문말 구조체의 품사별 유형의 출현양상

	일본어		한국어	
비서술어문	3,530문장	100.0%	2,742문장	100.0%
간투사계 네,응 はい,え	2,597문장	73.6%	1,987문장	72.5%
명사계 학교, 학교가 學校, 學校が	693문장	19.6%	582문장	21.2%
부사계 전혀,아직까지 全然,ちょっとだけ	157문장	4.4%	114문장	4.2%
접속사계 그러니까 だから	27문장	0.8%	47문장	1.7%
연체사계 그런, 어떤 どういった,あの	17문장	0.5%	12문장	0.4%
조사계 に,が,ね,か,も	39문장	1.1%	–	

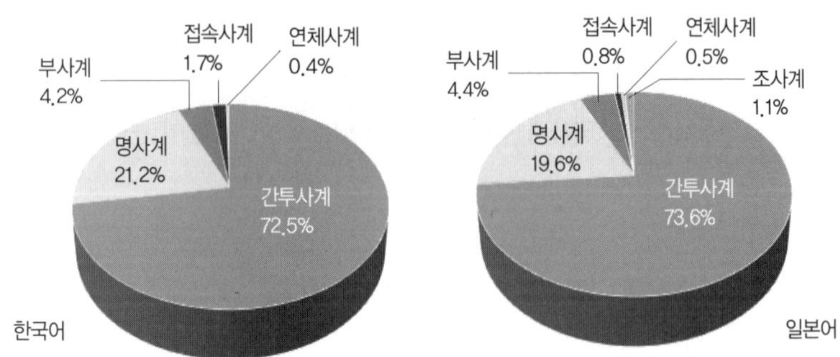

<그림 20> 한국어와 일본어의 품사별 유형의 출현양상

문법적으로 매우 비슷한 성격을 가진 언어라고는 하나 두 언어의 <비서술어문>이 동일한 유형을 보이는 점은 매우 주목할 만하다. 흥미로운 것은 한국어와 일본어는 유형의 유사성뿐만 아니라 그 비율까지도 매우 비슷하다는 것이다 :

① 한국어와 일본어가 동일하게 <**간투사계**>가 가장 많은 72% 정도를 차지하고 있다. 한국어에서는 '네.' '응.', 일본어에서는 「はい.」(네) 「ええ.」(네, 응) 등이 그 예이다. 다음으로 '학교.'「學校.」 '학교가.'「學校が.」 등의 <**명사계**>가 20% 전후를, '전혀.'「全然.」, '조금만.'「ちょっとだけ.」 등의 <**부사계**>가 4% 정도, '그러니까.'「だから.」 등의 <**접속사계**>가 1% 전후의 비율을 나타내고 있다.

② '어떤.'「どういう.」 등의 <연체사계>도 일본어가 0.5%, 한국어가 0.4%로 거의 같은 비율로 나타나고 있다. 나타난 비율은 적지만 **뒤에 체언을 동반해야 하는 <연체사>가 체언을 동반하지 않고 문장을 끝맺고 있다**. 이러한 유형이 두 언어에서 동일하게 나타나고 있다는 점 또한 매우 흥미롭다.

③ 두 언어가 놀라울 정도로 닮은 유형을 보이고 있는 가운데 가장 주목해야 할 또 다른 특징은 「ね.」 「に.」 「とか.」와 같이, **일본어 조사류가 실사(實詞) 없이 단독으로 나타나고 있다**는 점이다. 한국어에서는 이러한 <조사계>는 나타나지 않는다.

7.5.2 <간투사계>로 끝맺는 <비서술어문>–'네.' 「はい.」

한국어와 일본어의 비서술어문에서 72%라는 높은 비율로 가장 많이 출현한 <간투사계>의 <비서술어문>, 즉 간투사류로 문말을 맺는 문장에는 다음과 같은 타입이 있다 :

① 간투사 단독 : 어., 예. あ.(어), はいはい.(네네)
② 간투사+종조사 : 그럼요. そうか.(그래?)

•

30대남	(저는 처음에는 스미다쿠, 고토쿠, 지금은 나카노라고) 私は最初墨田區, 江東區, で今中野と
40대남	え. あ. はいはい. それは私が非常に知ってる地域ですね. (에 아 네네 거기는 저도 잘 아는 지역인데요.)

•

30대남	예. 애기도 있고요. 네. 애가 지금
40대여	일찍 했네요?. 어. 어. 애가 몇 살이에요?.

이들 예에서는 간투사가 상대의 발화에 대한 응답이나 맞장구의 기능을 하고 있다.

7.5.3 <명사계>로 끝맺는 <비서술어문>–「中学受験?.」(중학교 입시?), '아직 이십대.'

비서술어문을 끝맺는 품사 중 <명사계>는 한국어, 일본어 모두 20%를 차지하고 있으며 두 번째로 많은 타입이다. 주로 다음과 같은 타입으로 구성되어 있다 :

① 명사 단독 : 아직 이십대. 中學受驗?.(중학교 입시?)

② 명사+조사 : 나중에 생각을. ご主人が.(남편 분이)

③ 명사+종조사 : 저 이태리어과요. (명사+공손화 표지) 一時間半かな.(한시간 반인가)

우선 ① <명사 단독>과 ② <명사+조사>의 예를 확인하자 :

•

30대여	(대단하네요 그럼 남편 분이 네, 가까운, 가까운 곳) すごいですね じゃ, ご, ご主人が. はい, お近い, 近いところ.
40대여	え, 主人のほうは もう―― 自轉車で15分なんで (에, 남편은 이제 자전거로 15분이라서)

•

40대여	예. 아직 이십대.
30대여	저요? 아니요. 아직 안 했거든요. 아니요. 지금 서른이에요.

다음은 ③ <명사+종조사>의 예를 보자. 「學生さん+か」(학생이구나), '라○○이요.', '라씨요?' 등이다 :

•

30대남	(그렇지. 그건 그건. 야 그래? 학생이구나. 에-) そうだよね. それはそれは. や, そうか. 學生さんか. えー,
20대남	はい. はい. はーい 學生さんです(笑). (네. 네. 네- 학생입니다(웃음).

•

20대여	저 라(이름)이요. 예. 공(이름)이요?.
20대여	라씨요? 어- 저는 공(이름)이요. 공씨예요. 예.

한국어의 경우 종조사로 실제로 나타나고 있는 것은 위의 '라씨요?.' 등에서 보이는 <공손화 표지>인 '-요/-이요'뿐이다.[13]

---

13) 한국어에서 일본어의 '종조사'에 상당하는 것은 이 「-요/-이요」 이외에는 「-구려」 등을

7.5.4 <부사계>로 끝맺는 <비서술어문>–'너무.' 「全然.」(전혀)

한국어와 일본어 양방에서 4% 정도 출현하는 <부사계>로 끝나는 <비서술어문>은 다음과 같은 타입으로 나눌 수 있다 :

① 부사 단독으로 나타나는 형태 : 너무. 全然(전혀)
② 부사에 조사가 붙어있는 형태 : 아직까지는. あまりにも(너무도)
③ 부사에 종조사가 붙어있는 형태 : 같이요. やっぱりね(역시)

•

30대여	(아, 좋네요. 그래도 분쿄쿠는 매우 좋은 곳이지요?) あ, いいですね でもい, 文京區ってすごくいい ところでしょう.
20대여	もうすぐ近くです. いや, 全然全然. (이제 바로 근처예요. 아니요, 전혀 전혀.)

•

30대여	우리 나라에서는 여자들이 살기가 너무. 아직까지는.
30대여	그쵸. 맞아요.

7.5.5 <접속사계>로 끝맺는 <비서술어문>–'그러면.' 「だから.」

<접속사계>로 끝나는 <비서술어문>은 다음의 2가지 타입이 있다 :

① 접속사 단독 : 그러면 だから(그러니까) だったら(그렇다면)
② 접속사+종조사 : でもね(그런데)

생각할 수 있으나 본 조사에서는 나타나지 않았다.

•

30대여	(아- 그래도 뭔가 신주쿠 부근인가 싶어서) あー, でもなんか, 新宿近辺かと思って
40대남	遠く感じんですけど, けっこう近いんですよ. ええ. だから. (멀게 느껴져도 꽤 가까워요. 예. 그러니까.)

한국어에서 「그러니까」, 「그러면」과 같은 단어가 문맥에 따라 앞의 내용을 이어받아 연결하는 기능을 맡고 있는 경우, 이 책에서는 <접속사>로서 분류한다.14)

•

20대남	음. 그러면은. 어.
30대남	이렇게 모여 갖고 파트 정하고. 음. 저두 2월 달에 한 번 했었어요.

매우 홍미로운 점은 위의 「그러면은」과 같이 한국어의 <접속사>는 「-는/-은」이 붙은 형태가 나타나고 있다는 점이다. 그러나 이런 형태에서는 조사 「-는/-은」의 의미를 나타내는 것이 아니라 전체가 접속사 그 자체의 의미만을 갖는다고 해야 할 것이다. 따라서 「그러니까는」, 「그러면은」 등도 전체를 <접속사>로 볼 수 있다. 이와 같은 형태는 사전에는 보통 표제어로 실려있지 않다.

•

30대남	예. 둘 다 직장 다녀요. 그래 가지고.
30대남	직장 다니시나 보죠?. 저 같은 경우에는

「그래 갖고/그래 갖구/그래 가지고/그래 가지구」와 같은 형식은 사전적으로는 두 단어로, 하나의 분석적인 형태를 이루며 접속형에 상당하는 것이

14) 「이러다」, 「그러다」 등의 단어가 직전의 용언을 가리키는 대리용언으로서 사용되는 경우는 동사에 어미가 붙은 형태로 볼 수 있다. 따라서 「이러니까」, 「이러다가」는 동사의 활용형이 된다.

다. 그러나 「그래 갖고/그래 갖구/그래 가지고/그래 가지구」 이외의 형태로는 변화하지 않는다는 점과 회화에서는 접속사로서의 기능을 가지고 많이 사용되고 있다는 점에서 여기서는 한 단어의 '접속사'로서 다룬다.

7.5.6 <연체사계>로 끝맺는 <비서술어문>－'어떤?.' 「どういう.」

<연체사계>로 끝나는[15] <비서술어문>으로는 다음과 같은 예가 있다 :

●

30대남	(에- 그게 말이죠, 제 직업은 말이죠, 에- 휴대전화 관계입니다만. 네) えーとですね, 僕は仕事はですね, えー,携帯電話 關係なんですけど. はい.
30대남	お仕事はどういうー. あ, はい はい はい はい. (하시는 일은 어떤- 아, 네 네 네 네.)

●

30대여	장르, 저는 모던락이고 누나는 뉴메탈하고 있고.
30대여	그럼 뭐 약간 장르는 어떤?. 아-.

7.5.7 <조사계>로 끝맺는 <비서술어문>－「とか.」

<조사계>는 조사가 어떤 단어에 붙어 나타나는 형태가 아니라 독립하여 단독으로 나타난 것이다. 한국어에는 나타나지 않고 일본어에서만 나타나는 독특한 양상이다 :

15) 金珍娥(김진아 2009:42)에서는 연체사로 끝나는 이와 같은 문장이 <완충표현>으로서도 기능하고 있는 것을 논하고 있다. 이 책의 8.6.3 「<연체형종지문>에 의한 완충화」도 참조.

20대여	(북여우인가, 역시. 라든지. 뭔가 다람쥐 같은 거라든지. 있다든지.) キタキツネなのかな, やっぱり. とか.[16] なんかリスみたいなとか. いたりして.
30대남	ですよ. はい. あ, いたり普通に?. (그렇죠. 네. 아, 있다든지 보통?.)

<조사계>의 발화가 담화 안에서 담당하는 기능은 7.7에서 후술한다.

7.5.8 <비서술어문>의 문말 구조체의 품사 대조

그러면 이들 <비서술어문>의 6가지 유형을 한국어와 일본어를 대조하여 정리해 보자. 다음 표의 <문말의 품사 구조체>가 중앙에 쓰인 항목은 한국어와 일본어의 양쪽 언어에 나타나는 유형, 왼쪽에 쓰인 항목은 한국어에만 나타나는 유형, 오른쪽 항목은 일본어에만 나타나는 유형이다. 사용 빈도가 높은 순서로 표시한다 :

<표 22> 한국어와 일본어의 <비서술어문>의 문말 구조체

한국어	비서술어문의 문말의 품사 구조	일본어
	●간투사계	
1,610문장	간투사 네. / はい.(네)	2,188문장
9문장	간투사+종조사 그럼요 / そうか. なんかね.(그래? 뭔가)	45문장
-	간투사+조사+조사 え? とかって.(lit. 에?라든가 라고)	1문장
368문장	웃음을 표현하는 간투사	363문장

16) 「とか」는 松村明 편(마쓰무라 아키라 편 1988;2006:1797)에는 격조사 「と」에 부조사 「か」가 붙은 '연어'로 되어 있으나 이 책에서는 조사로 다룬다.

●명사계		
266문장	명사 동갑. 仕事?.(일?)	349문장
161문장	명사+조사 회사는?. 砂浜とか.(모래밭이라든가)	291문장
131문장	명사+종조사 결혼이요?. 學生さんか.(학생이구나)	19문장
21문장	명사+조사+종조사 일을요?. 銀行さんもね(은행직원도)	13문장
3문장	명사+조사+조사 아침에는. 家事とかは?.(lit. 집안 일이라든지는?)	20문장
-	명사+조사+조사+종조사 ビルの地下とかでね(lit. 빌딩 지하라든지에서)	1문장

●부사계		
93문장	부사 전혀. 全然.(전혀)	130문장
15문장	부사+종조사 같이요. やっぱりね(역시)	23문장
5문장	부사+조사 아직까지. ちょっとだけ.(조금만)	3문장
1문장	부사+조사+종조사 아,나름대로는요.	-
-	부사+종조사+조사 そろそろかなとか.(lit. 슬슬인가라든지)	1문장

●접속사계		
42문장	접속사 그러면. だから.(그러니까)	26문장
5문장	접속사+종조사 그러니깐요. でもね(근데)	1문장

●연체사계		
12문장	연체사 어떤?. どういった.(어떤)	16문장
-	연체사+조사 どのぐらい.(어느 정도)	1문장

●조사계		
-	종조사 かな. ね	33문장
-	조사 とか. に. かも.	3문장
-	부조사 なんて.	3문장

한국어와 일본어의 <비서술어문>의 문말이 대체 어떠한 구조체로 나타나는 것일까라는 질문에 대한 실태가 위와 같이 품사론을 중심으로는 어느 정도 밝혀졌다고 생각한다.

7.6 통사론적인 관점 : <비서술어문>과 <문장 구조>를 해석(解析)한다

7.5에서는 형태론적인 관점에서 품사론을 중심으로 비서술어문의 문말 구조체의 내부구조를 살펴보았다. 7.6에서는 <문말 구조체>의 문장 전체와의 관계, 즉 <문말 구조체>의 외부구조를 본다.

7.6.1 <비서술어문>의 <문장 구조> 유형

앞의 7.3의 표 19에서 예와 함께 제시한 서술어와 절의 유무의 관점에서 본 <절구조의 비서술어문>과 <비절구조의 비서술어문>의 유형을 여기서는 발화의 시간 축에 따른 형태로 정리해 보자. 서술어를 'P', 비서술어적 요소를 'α'로 표시한다 :

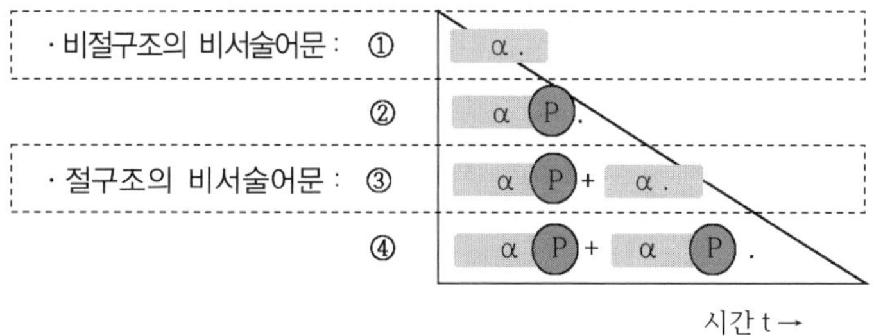

<그림 21> 시간 축에 따른 문장의 구조

서술어는 문장을 끝맺는 기능을 갖는다. 서술어로 맺어진 상기의 ②와 ④는 종래 <단문>과 <복문>이라고 불리는 문장 구조이다. ①의 <비서술어적 요소 단독>과 ③의 <서술어절＋비서술어적 요소>는 종래의 많은 <문장 구조> 연구에서는 사실상 거의 다루지 않았던 문장의 구조이다. 실제 담화에 수많이 출현하는 이러한 유형, 즉 ①과 ③의 구조는 바로 본 장의 연구대상이기도 하다.

7.6.2 ③의 <서술어절+비서술어적 요소>의 구조

③의 구조, 즉 서술어 P가 나타난 후에 다시 새로운 요소 α가 나타나는 구조는, <가장 마지막 절의 용언의 형태>에 주목하여, <접속형> <종지형> <연체형>으로 나눌 수 있다. 또 가장 마지막 절의 용언 뒤에 붙는 <문장 말미에 나타나는 성분=비서술어적 요소>를 단서로, ③의 구조를 <기출 내용은 그것으로 인정하고 새로운 내용을 시작하는 것=여는 요소>와, <기출 내용을 받아들이고 그것을 결론지을 요소가 나타나는 것=닫는 요소>로 나눌 수 있다.[17)] <닫는 요소>는 모덜한(modal) 성격을 더하는 경우도 있다. '여는 요소'는 발화의 내용적인 면에서 더 계속하려는 움직임을 보이고, '닫는 요소'는 일단 거기서 매듭을 지으려는 움직임을 보이는 것이다 :

---

17) 용언의 형태를 통일적으로 논의하기 위해 편의적으로 한국어학에 따라 <접속형> <종지형> <연체형> 외에 <명사형> <인용형>을 첨가한다. <접속형>은 <부동사>(converb)에 해당한다. 일본어에서는 접속조사 등을 동반하는 용언의 형태, 「するので」「するから」「すると」「して」 등, 한국어에서는 접속형어미=접속어미 등을 동반하는 용언의 형태, '하고' '해서' '하니까'와 같은 것이 그 예이다. 野間秀樹(노마 히데키 2000:90, 2012c: 242, 245), 노마 히데키(野間秀樹 2002a:26) 참조. <접속형>은 菅野裕臣(간노 히로오미) 외(1988:1022)과 같이 "문장 안에서만 나타나는 형태" 등으로 다루어져 왔으나 野間秀樹(노마 히데키 2000:90)에서는 "일반적으로 문장을 접속형 그대로 끝내는 경우도 가능하다."는 것을 서술하고 있다. 1,000문장 정도의 담화를 가지고 <서술어문>의 문말의 용언의 형태에 대해 조사한 노마 히데키(野間秀樹 2009:84)에서는 <서술어문>의 24.5%가 접속형 종지라는 사실이 밝혀졌다. 그뿐만 아니라 본 연구의 조사에서는 <접속형>뿐만 아니라 <연체형>도 포함해 위에 든 용언의 모든 여러 형태가 문말에 나타날 수 있다는 것도 밝혀졌다. 한국어의 <명사형>은 '하기' '함'과 같은 것을 생각할 수 있으나, 예를 들어 '하기 때문에' '하기 위해서'는 이들 전체가 서술어의 형태이며 이들로 인해 맺어지는 것은 서술어문이다. 또 '하기가 좀' 등은 비서술어문이나 데이터에는 나타나지 않았다. '하는 것'이라는 명사의 역할을 하는 구조체 <연체형+명사>는 <그림 22>의 <연체형+α>의 c의 유형에 속한다. 또한 <인용형>의 여러 형식, 즉 <인용접속형> <인용종지형> <인용연체형>은 각각 <접속형> <종지형> <연체형>에 속하는 것으로 본다. 한국어의 인용형에 대해서는 野間秀樹・金珍娥(노마 히데키・김진아 2004:210-219) 참조.

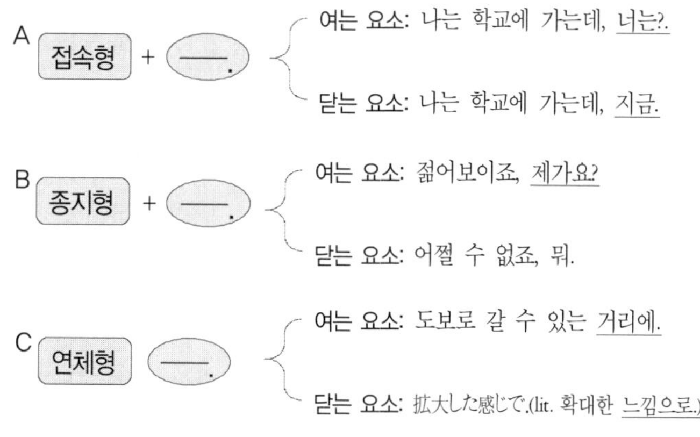

<그림 22> 서술어의 형태와 <여는 요소>와 <닫는 요소>

문말이 <여는 요소>인지 <닫는 요소>인지에 따라 <절구조의 비서술어문>은 다음의 2종류로 정리할 수 있다 : 18)

열린 비서술어문 =
서술어로 한번 닫힌 후, <여는 요소>가 후속하는 구조
닫힌 비서술어문 =
서술어로 한번 닫힌 후, 새롭게 열리지 않고 <닫는 요소>가 후속하는 구조

7.6.2.1 <여는 요소>에 의한 <열린 비서술어문>

우선 <여는 요소>가 서술어의 뒤에 나타나는 <비서술어문>을 보자.

예를 들어 <여는 요소>가 접속형에 이어지는 그림22의 A의 '나는 학교에 가는데, 너는?'의 경우, '나는 학교에 가는데'라고 서술어로 닫고 일단 기출 내용을 인정한 후, '너는?'이라는 새로운 내용을 이야기하기 위한 <여는 요소>가 붙는다. 종지형에 이어지는 위의 B '젊어보이죠, 제가요?'의 경우,

18) 三上章(미카미 아키라 1972;2002:296-322)는 용언의 형태를 그 기능에 따라「열기」「반 열기」「닫기」「반 닫기」로 분류하고 있으나 이는 용언에 대한 개념이다.

'젊어보이죠'라는 서술어가 나타난 후에 '제가요?'라는 비서술어문의 <여는 요소>가 계속됨으로써, <비서술어문>으로 규정할 수 있다.

또 하나, 연체형에 이어지는 '도보로 갈 수 있는 거리에.'의 C의 경우는 '거리에'가 실질어, 내용어로서의 기능을 잃지 않고 있으나 명제를 단정짓지 않고 있다. **명제를 매듭짓는 요소로서 작용하고 있지 않은 것이다.** '거리에'는 '도보로 갈 수 있는'이라는 연체수식서술어절을 받아들이는 동시에 새로운 내용의 시작으로 작용할 수 있는 <여는 요소>로 기능한다. 이들 <여는 요소>로 맺어진 비서술어문은 <**열린 비서술어문**>이라고 부를 수 있다. 예를 들어 '일은 무슨?.'과 같은 <**서술어로 닫히지 않은 비서술어문**>도 또한 <열린 비서술어문>이다. 이런 <여는 요소>에 의한 <열린 비서술어문>을 그림으로 정리하면 다음과 같다.

화살표 ➡는 서술어 뒤에 나타나는 비서술어적 요소의 지향성의 방향을 나타내며, 기출된 것을 지향하는지 미출인 것을 지향하는지를 나타낸다 :

A.

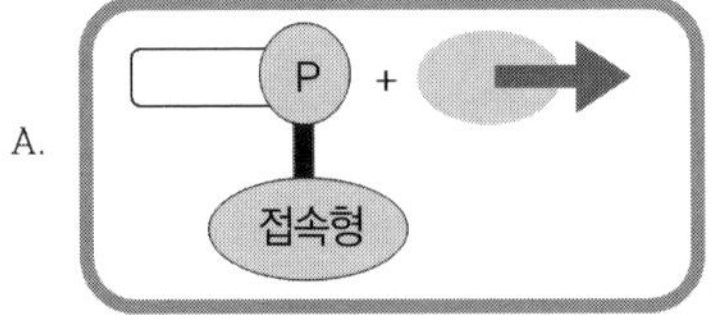

기출 절을 그 자체로서 인정하고 일단 완결시키고, 문말에서 새로운 요소가 새로운 내용을 설명하기 시작하는 기능. 기출 내용을 변용시키지 않고 새로운 서술을 개시한다.

(나는 학교에 가는데, 너는?.)

C.

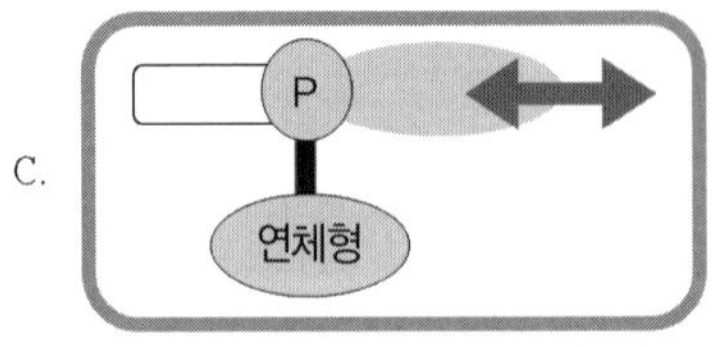

기출 서술을 수용하는 동시에 새로운 서술을 시작한다. 이 때 서술어는 기본적으로 연체형이다.

(도보로 갈 수 있는 거리에.)

<그림 23> <여는 요소>에 의한 <열린 비서술어문>

7.6.2.2 <닫는 요소>에 의한 <닫힌 비서술어문>

다음으로 <닫는 요소>가 문말에 오는 <비서술어문>을 보자. <닫는 요소>가 그림 22의 A의 접속형에 이어지는 '나는 학교에 가는데, 지금.'은 <도치문>이라고 할 수 있는 문장 구조이며, '지금'은 기출 절에서 말해도 되었을 내용을 보충한, 기출 절을 향한 비서술어적인 요소이며, 해당 문장의 서술을 닫는 작용을 하고 있다고 할 수 있다. B의 종지형에 이어지는 '어쩔 수 없죠, 뭐.'의 경우의 '뭐' 역시 기출한 '어쩔 수 없죠'라는 절을 향하고 있으며, 문장을 닫는 양태적(modal)인 기능을 하고, 문장 전체의 성격을 예시나 소프트화 같은 성격으로 변용시키고 있다. C의 연체형에 이어지는 '擴大した感じで.'(lit. 확대한 느낌으로.)의 경우, 일반적인 연체수식 구조와는 달리 'kanjide'(感じで 느낌으로)라는 요소가 붙어 기출 절을 안고, 문장을 닫는 양태적(modal)인 기능을 더한다. 즉 '感じ'(느낌)이라는 명사가 실질적인 내용으로서 작용하고 있다기보다 'kanjide'(感じで 느낌으로) 전체로 양태적으로 작용하고 있다. 즉, 화자의 주관적인 태도를 나타내는 법성적(法性的)인 기능을 맡는 형식으로서 작용하고 있다. 말하자면 'kanjide'(感じで 느낌으로)가 하나의 완충기능을 하면서 문장을 닫는, 마치 어미(語尾)와 같이 작용하고 있다. 'kanjide'(感じで 느낌으로)도 역시 <닫는 요소>로서 작용한다. 이런 <닫힌 서술어문>은 서술어로 한번 닫힌 후에 다시 한 번 문장을 닫는 법성적인 작용을 하는 <닫는 요소>가 붙어 만들어진다. 이들 <닫힌 비서술어문>은 본 연구의 조사에서 후속하는 요소가 기출 절과 어떻게 관계되어 있는가에 따라 <도치문>(倒置文), <매달린 문장>, <명사되풀이문>, <kanjide(感じで : 느낌으로)문>으로 나눌 수 있다.

<닫힌 비서술어문>을 그림으로 정리하면 그림 24와 같다 :

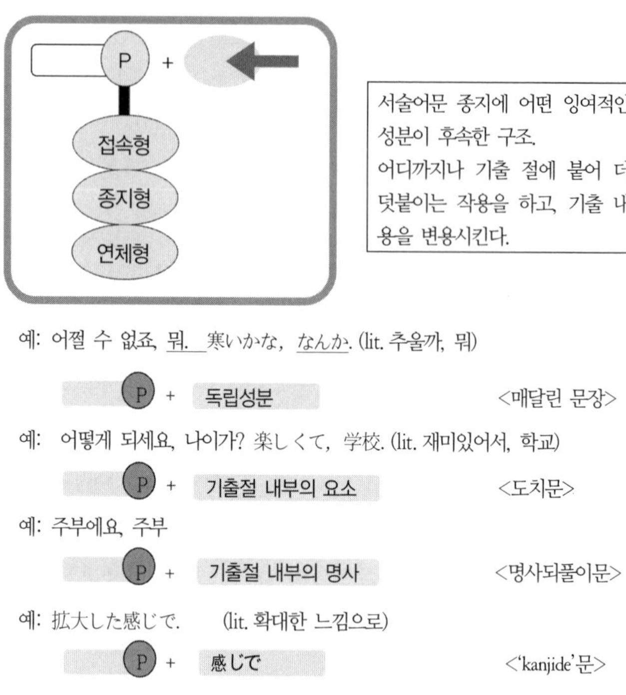
P
+
접속형
종지형
연체형
서술어문 종지에 어떤 잉여적인 성분이 후속한 구조.
어디까지나 기출 절에 붙어 더 덧붙이는 작용을 하고, 기출 내용을 변용시킨다.
예: 어쩔 수 없죠, 뭐. 寒いかな，なんか. (lit. 추울까, 뭐)
P + 독립성분 <매달린 문장>
예: 어떻게 되세요, 나이가? 楽しくて，学校. (lit. 재미있어서, 학교)
P + 기출절 내부의 요소 <도치문>
예: 주부에요, 주부
P + 기출절 내부의 명사 <명사되풀이문>
예: 拡大した感じで. (lit. 확대한 느낌으로)
P + 感じで <'kanjide'문>

<그림 24> <닫히는 요소>에 의한 <닫힌 비서술어문>

위와 같이 분류해 봄으로써, 문장의 말미에 나타난 성분이 미출(未出)의 대상을 지향하는지, 기출(既出)의 대상을 지향하는지라는 <문장 구조의 동적인 움직임>이 보인다.

<열린 비서술어문>은 한번 닫힌 서술어 뒤에 전혀 새로운 <여는 요소>로서의 비서술어적 요소가 오는 것이며, 누가 보아도 확실한 비서술어문이다. 이에 비해 <닫는 요소>가 서술어의 뒤에 후속하는 구조의 <닫힌 비서술어문>은 문장 전체가 서술어문적 성격을 농후하게 남기고 있다. 이 점에서 <비서술어문>이면서도 서술어적인 성격이 짙은 유형이라고 할 수 있다.

<닫힌 비서술어문>은 어떠한 이유로 그러한 서술어적 성격을 농후하게 남기게 되는 것일까. 이하에서는 이 점을 집중적으로 논의해 보기로 한다.

7.6.3 <열린 비서술어문>과 <닫힌 비서술어문>의 유형 분포

한국어와 일본어에서 <문장 구조>에 따른 <열린 비서술어문>과 <닫힌 비서술어문>의 유형은 어떤 비율을 보이고 있는가 :

<표 23> <비서술어문>의 유형 빈도와 비율

		일본어		한국어	
열린 비서술어문		3,393문장	96.1%	2,578문장	94.0%
닫힌 비서술어문	도치문	67문장	1.9%	70문장	2.6%
	매달린 문장	54문장	1.5%	88문장	3.2%
	kanjide(感じで)문	16문장	0.5%	-	
	명사되풀이문	-		6문장	0.2%
비서술어문 전체		3,530문장	100%	2,742문장	100%

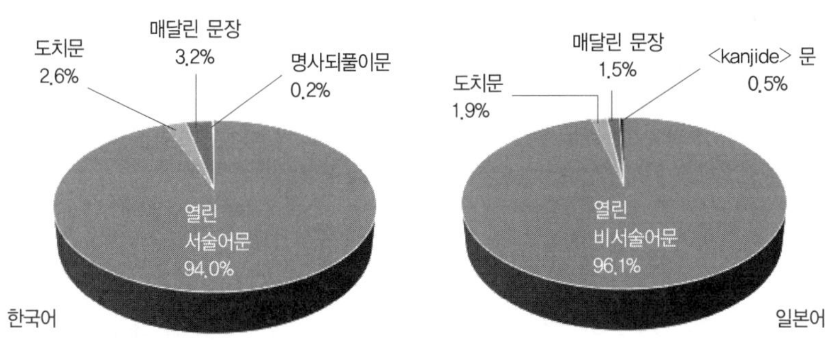

<그림 25> 한국어와 일본어의 <비서술어문>의 유형

한국어와 일본어 모두 거의 비슷한 양상으로 <열린 비서술어문>이 96,1%, 94.0%로 압도적으로 많이 나타나고 있다. 또 일본어와 한국어의 <도치문>은 1.9%, 2.6% <매달린 문장>은 1.5%, 3.2% 정도 나타난다. <도치문>과 <매달린 문장>이 한국어에서 약간 많이 사용되고 있다. 일본

어에서만 나타나는 <'kanjide'(感じで 느낌으로)문>과 한국어에서만 나타나는 <명사되풀이문>은 나타난 비율이 낮기는 하나 주목할 만한 양상이다.

<닫힌 비서술어문>인 <매달린 문장>, <도치문>, <'kanjide'(感じで 느낌으로)문>과 <명사되풀이문>을 이하에서 더 상세하게 살펴보도록 하자.

7.6.4 닫힌 비서술어문 ① : <매달린 문장>

'제가 맞춰야죠, 뭐.'와 같이 '제가 맞춰야죠'라는 서술어로 일단 끝난 문장 뒤에 '뭐'와 같이, 기출(既出)서술어와 구조적으로 관계가 없는 부사류나 간투사류, 조사류가 매달려 있는 문장이 존재한다. 이러한 유형의 문장은 해당 문장의 서술어의 통합력, 통합성을 잃게 하고 일반적인 <서술어문>과는 다른 기능을 한다. 이 책에서는 이들을 <매달린 문장>이라고 부른다 : 19)

> 매달린 문장 :
> 일단 문장이 서술어로 매듭지어진 후, 기출 성분과 구조적으로 직접 관계가 없는, 잉여적인 성분이 후속하는 구조를 갖는 문장.

여기서는 <매달린 문장>을 만드는 요소, 즉, 일단 서술어로 맺어진 문장에 어떤 요소가 매달려 <비서술어문>을 만들고 있는지, 그 요소를 품사별로 살펴보자 :

19) 이 책의 8.6.5에서는 <매달린 문장>을 <완충표현>의 메커니즘으로 서술하고 있다.

<표 24> 일본어의 <매달린 문장>

매달리는 요소	문장 수 : 총 54문장	예
부사	31문장	普通のが無難だと思いますよ, たぶん. (보통이 무난할 거예요, 아마.)
조사(なんて)	3문장	日が一差してるんだけど寒いかな,なんて. (해가 한참 비추고 있는데 추운 걸까, 뭐 그런.)
접속사	7문장	就職はもう決まられてんですか, じゃ. (취직은 이미 정해져 있어요, 그럼?)
간투사	13문장 (なんか : 9문장)	イメージが湧かなくて,えー. (이미지가 떠오르지 않아서, 에.) うちも急行止まんないから,なんか. (우리도 급행 서지 않으니까, 뭐)

•

20대 남	(서지 않아. 그래. 우리도 급행 서지 않으니까, 뭐.) 止まんない. そう. うちも急行止まんないから, なんか.
20대 남	急行止まんないですよ. はい. なんで. あー. ローカルすぎて (급행 서지 않아요. 네. 그래서. 아-. 너무 지방이라.)

일본어에서 <매달린 문장>을 만드는, 매달리는 요소로서 가장 많이 나타나는 품사는 「たぶん(아마)」 등의 <부사>이다. 문자로 쓰인 한 문장만 보면 도치처럼 보일지도 모르나 실제 음성과 함께 관찰하면 「たぶん(아마)」 「じゃ(그럼)」가 가볍게 붙어 간투사와 같이 사용되고 있는 것을 알 수 있다. 또 이런 매달리는 요소 중에서 특히 주목해야 할 요소는 <부사> 다음에 많이 나타나는 간투사 「なんか(뭐)」이다.

문장의 성분이라는 관점에서 보면 매달리는 요소는 대개 독립성분으로 독립어적인 성격이 짙다. 그렇다면 한국어는 어떨까 :

<표 25> 한국어의 <매달린 문장>

매달리는 요소	문장 수 : 총 88문장	예
부사	44문장	그런 거에 심취하셔 가지구, 막.
간투사	28문장	제가 맞춰야죠, 뭐.
명사+조사	2문장	장난이 아녜요, 이게.
접속사	14문장	우린 재밌는 거에요, 그니깐.

•

20대 남	아하하(웃) 으응.
20대 남	이번 학기 휴학을 한 상태라서 뭐. 하하(웃) 맨날 놀고 있고 속이 편하죠, 뭐 그냥.

한국어는 일본어보다 <매달린 문장>의 사용이 많다. 특히 「막」, 「그냥」과 같은 <부사>가 많이 매달려 있으며 이 점은 일본어와 비슷하다. 특히나 「뭐」 같은 <간투사>가 빈번히 매달리고 있는 점은 주목을 하고 싶다. 매달리는 요소는 여기서도 역시 간투사적인 성격이 짙고 독립어적이다.

이상 한국어와 일본어에 나타난 <매달린 문장>의 특징은 다음과 같다 :

① 일본어, 한국어 모두 <매달린 문장>이 존재한다.
② <매달린 문장>을 형성하는 요소는 두 언어 모두 <부사>가 가장 많다.
③ <간투사>가 매달리는 <매달린 문장>은 일본어에서는 「なんか」라는 요소, 한국어에서는 「뭐」라는 요소에 의한 것이 주목할 만하다.20)

7.6.5 닫힌 비서술어문② : <도치문>－'살기가 어려워서, 너무.'－

다음은 <도치문>(倒置文)에 대해서 보기로 하자. 이 책의 <도치문>의 정

20) 한국어와 일본어의 <매달리는 간투사>가 나타나는 양상의 차이에 대해서는 이 책의 8.6.5, 간투사의 표현요소와 빈도에 대해서는 金珍娥(김진아 2012a)를 참조.

의를 확인해 보자 :

도치문(倒置文) :
일단 문장이 서술어로 맺어져 있으나 해당 서술어에 필요한 성분이 서술어 뒤에 붙어 있는 문장, 즉 일반적인 통사론적 구조와 어순이 다른 문장. 서술어문 내부의 문장 성분이 밖으로 나와 있는 문장

바꿔 말하면, 도치문이란 문말 성분 그 이전에 출현했어도 좋았을 절 내부의 요소가 뒤로 빠져 나온 통사구조의 문장이다.

7.6.5.1 <도치문>과 <매달린 문장>의 차이

<도치문>과 <매달린 문장>의 가장 큰 차이는 문말의 요소가 그 이전 절의 내부와 구조적인 관계가 있는가 없는가 라는 점에 있다. 그림을 보자 :

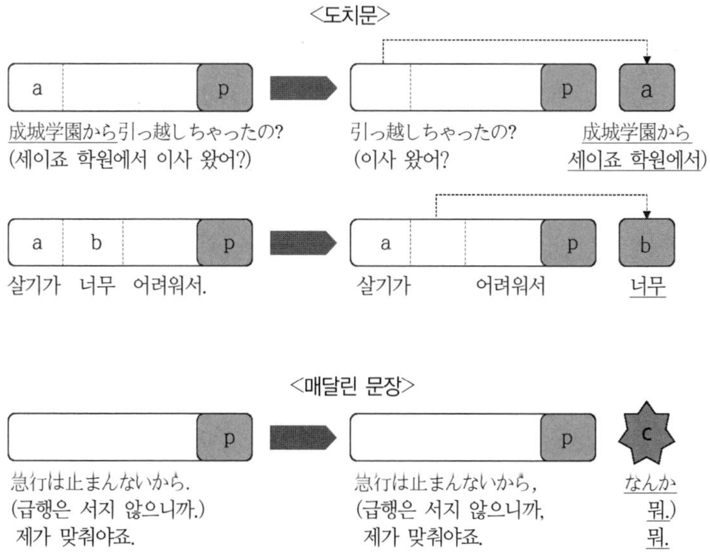

<그림 26> <도치문>과 <매달린 문장>의 문장 구조의 차이

<도치문>은 <일반적인 통사규칙과 어순이 다른 문장>이다. 도치문을 다음 두 가지로 크게 분류할 수 있다. 한 가지는 예를 들어 <그림 26>에서 나타내고 있는 것처럼 「引っ越しちゃったの? 成城學園から.」(이사 갔어? 세이죠 학원에서.)와 같이 서술어 뒤에 붙는 「成城學園から(세이죠 학원에서)」는 실사(實詞)이며, 절의 서술어와 직접 관련된 요소이다. 어순을 바꾸어 나타났다고 생각할 수 있는 것으로 문장 전체는 도치문이라고 할 수 있는 문장이다.

두 번째는 "살기가 너무 어려워서."라는 문장의 「너무」가 "살기가 어려워서 너무."와 같이 용언의 뒤로 돌려진 것이다. 이와 같이 부연 설명으로 기출(旣出) 요소를 부각시키는 기능을 하고 있는 문장도 <도치문>으로서 규정할 수 있다. 이러한 <도치문>은 <매달린 문장>과는 성질이 다르다. <매달린 문장>에서는 "제가 맞춰야죠, 뭐."와 같이 '뭐'는 어순이 다르게 나타났다고 생각되는 요소도 아니고, 해당 서술어와 관련된 요소도 아니다. 해당 문장의 내용을 완충화하기 위해서 사용되고 있는 것이다. 이와 같이 <도치문>과 <매달린 문장>은 구별할 수 있다.

<매달리는> 단어는 「뭐」, 「なんか」(뭐), 「なんて」(-뭐 그런)와 같은 단어에 그치지 않고 재미있게도 「全然」(전혀)과 같이 매우 강한 의미를 나타내는 부사에까지 이른다. 「借り家だったよ, 全然.(빌린 집이었어, 완전.)과 같은 문장의 「全然」(전혀)이나 "그거 보셨어요, 혹시?" 와 같은 「혹시」 등의 진술부사의 경우는 매달린 문장과 도치문의 구별이 어려워진다.

이러한 부사류는 해당 문장의 성분으로서 필요한 동시에 어순이 다른 경우는 <도치문>이다.[21] 「혹시」는 「어쩌면」 「만일」과 같은 의미를 가지면서도 그 본래의 의미보다 문말에 붙어 담화 표지와 같이 문장을 완충화하는

---

21) 예를 들어 "살기가 어려워서 너무."의 「너무」는 앞에 나타난 절 내부의 일부를 수식할 수 있기 때문에 <도치문>으로 볼 수 있다. 그러나 "그거 보셨어요, 혹시?"의 「혹시」는 수식한다는 관점에서는 절 전체를 수식하는 진술부사, 문장부사이며, 절 내부의 요소를 수식하는 문장의 성분은 아니다. 부사의 분류는 野間秀樹(노마 히데키 1994:58)에 따름.

기능을 한다. 이와 같이 단어의 본래의 뜻을 유지하며, 그 뜻 이상으로 기능적인 표현, 담화표지의 기능을 하고 있는 경우에도 <매달린 문장>으로 볼 수 있다.

7.6.5.2 한국어와 일본어의 <도치문>의 분포

그렇다면 어떠한 요소가 서술어 뒤에 붙어, 이른바 일반적인 어순의 문장을 비서술어문으로 바꾸는 것일까. 품사를 중심으로 살펴보자 :

<표 26> 일본어의 <도치문>

도치된 요소		문장 수	예
명사계 : 65문장	명사	32문장	えー, 樂しいですか, 學校. (네, 재미있어요, 학교?)
	명사+조사	33문장	あそこの2期生なんですよ, 僕は. (거기 2기생이에요, 저는.)
부사		2문장	ビルないんですもん, こんなに. (빌딩 없어요, 이렇게.)

•

30대 여	(지금 학생? 그래요? 에- 재미있어요, 학교? 하하하(웃)) 今學生?. そうなんですか. えー, 樂しいですか, 學校 ははは(笑)
20대 여	はい, 4年生ですけど. はーい. あ, そうですね はは(笑) (네, 4학년인데요. 네-. 아, 그렇습니다. 하하(웃))

일본어의 <도치문>에서는 <명사계>가 65문장으로 가장 많이 나타나고 있다. 부사가 가장 많이 매달려 있는 <매달린 문장>과 비교하면 매우 흥미로운 결과이다. 다음으로 한국어의 <도치문>을 만드는 요소를 살펴보자 :

<표 27> 한국어의 도치문

도치문을 만드는 요소		문장 수	예
명사계 : 64문장	명사	15문장	뭐 재미있으셨나봐요, 1학기 때?
	명사+조사	46문장	혼자 가시는 거예요, 가실 때는?
	명사+종조사	1문장	몇 살인데요, 올해요?
	명사+조사+종조사	2문장	에, 젊어보이죠, 제가요.
부사계 : 6문장	부사	4문장	이만 해요, 벌써.
	부사+조사	2문장	생활리듬이 깨지죠, 일단은.

•

30대남	네. 아, 서른 셋이요.
40대여	일에 빠져서? 으응. 참 좋네요. 몇 살인데요, 올해요?.

한국어에서도 <도치문>은 <명사계>가 64문장으로 가장 많이 나타나 있다. 일본어와 동일하게 <부사>가 가장 많이 매달리는 <매달린 문장>과의 큰 차이를 발견할 수 있다 :

> 일본어도 한국어도 <매달린 문장>은 <부사>에 의해 만들어지고, <도치문>은 <명사>가 뒤로 튀어 나와 만들어지는 경향이 보인다.

명사류는 보통, 문장 성분 중에서는 필수성분인데 그것이 문장 끝으로 튀어 나와 <도치문>이 형성된다. 이에 비해 <매달린 문장>에 매달리는 성분은 문장의 필수성분이 아닌 수식성분인 경우가 많다고 할 수 있다.

7.6.5.3 닫힌 비서술어문③ : <명사되풀이문> '주부예요, 주부.'

'주부예요, 주부.'와 같이 한번 사용한 명사류를 다시 반복하는 것으로 <비서술어문>을 구성하는 유형을 <명사되풀이문>이라고 부른다 :

명사되풀이문 = 기출된 절 안에서 한번 사용한 명사류를 다시 반복하는 문장

•

30대여	무슨 일을 하세요? 하하(웃). 아아. 에. 전 그냥
40대남	으응. 아무일도 안 해요. 주부예요, 주부. 일하세요?

「주부예요, 주부.」나 「취미예요, 취미.」와 같이 명사를 반복해서 말하는 표현 유형은 일본어에서도 나타날 법한 유형이다. 그러나 본 연구에서 모든 담화 데이터인 각각의 처음 5분간을 조사한 결과 일본어에서는 출현하지 않았다. 이런 유형은 일본어에서는 처음 만난 상대에게는 사용하지 않는 경향이 있는지도 모르겠다. 한국어에서만 나타난 이런 구조의 문장도 양은 많지 않으나 일본어와 다른, 한국어의 <말해진 언어>의 특징으로 볼 수 있다.

7.6.5.4 닫힌 비서술어문④ : <kanjide(感じで 느낌으로)문> '拡大した感じで' (lit. 확대한 느낌으로)

일본어 담화에서 형식적으로는 서술어로 종지하는 <서술어문>이면서 기능적으로는 <비서술어문>의 성격을 띠고 있는 유형을 볼 수 있다.

예를 들어 「擴大した感じで.(lit. 확대한 느낌으로)」와 같이 「kanjide」(感じで : 느낌으로) 로 끝나는 문장이 그 하나의 예로, 이러한 유형은 **<비서술어문과 서술어문의 경계문>**으로 정립시킬 수 있다. 이 유형의 문장은 한국어에서는 나타나지 않고 일본어에서만 나타나는 일본어의 독특한 유형이다. 「バイトみたいな感じで.」(lit. 아르바이트 같은 느낌으로)나 「仲がいい感じで.」(lit. 사이좋은 느낌으로)와 같은 경우의 「感じで」(느낌으로)는 「感じだ」(느낌이다)의 연용형(連用形), 즉, 접속형으로 볼 수 있다는 점에서는 <서술어문>의 틀에 넣을 수 있으나, 형태론적으로는 <명사(感じ)+조사(で)>의 <비서술어문>을 만든다. <서술어문>

과 <비서술어문>의 성격을 띠는, 문말이 「感じで kanjide」로 끝나는 이러한 유형을 이 책에서는 <kanjide(感じで)문>이라고 부른다 :

•

20대여	(으응응응 うんんんん.	아, 그렇군요.) あ, そうなんですね
30대남	家庭教師をやっていて　それのちょっと大きくしたような拡大した感じで. (가정교사를 하고 있어서 그걸 조금 크게 한 것 같은 확대한 느낌으로.	はい. 네.)

<kanjide(感じで)문>은 7.6.2.2에서도 말한 것처럼 연체형 뒤에 「명사」가 오는 구조와는 그 기능이 다르다 :

• 연체형+명사: 비서술어문

「달리는」이 「거리에」를 수식, 「거리에」는 「달리는」을 받아 들이면서 새로운 요소로서 다음을 여는 요소로 작용

• 연체형+感じで(느낌으로): 서술어적인 비서술어문

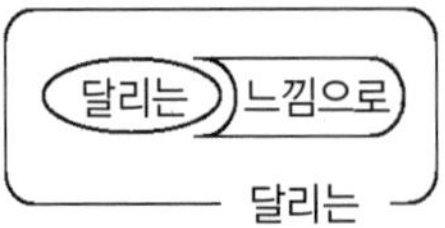

「느낌으로」가 「달리는」을 포함하여, 문장을 끝내는 형식적인 요소로서 작용.

<그림 27> <체언형절문>과 <kanjide(感じで)문>의 차이

「する感じだ」(하는 느낌이다)의 문장 구조는 한국어와 일본어에 일반적으로 존재하는 「하는 것이다」 「するのだ」 구조의 문장과 같은 것이다. 이러한 구조의 「것」과 「の」가 자립성을 잃고 있는 것과 마찬가지로 「感じ」(느낌)는 사실상 의존적인 성질이 강하고, 형식명사화되어 있다. 「する感じだ」(하는 느낌이다) 전체가 용언 「する」(하다)의 패러다임으로서 작용, 분석적인 형태의 서술어 형식22)에 가깝다. 한편 「する感じ」(하는 느낌), 「する感じで」(하는 느낌으

로) 같은 형식으로 많이 나타나 「感じ」(느낌) 자체가 명사로서의 실질적인 의미를 남겨두고 있다는 점이 「하는 것이다」 「するのだ」와 같은 서술어문의 분석적인 형태와는 다른 점이며, <비서술어문>으로서 작용하는 요인이기도 하다 :

> <kanjide(感じで)문>은 기능적으로는 분석적인 형태의 <서술어문>적인 성격을 띠고, 의미상으로는 해당 문장에 <비서술어문>적인 성격을 더하고 있다.

「する感じで」(하는 느낌으로)와 같은 구조를 갖는 문장으로 「하는 느낌이다」 「하는 분위기다」 등을 생각할 수 있다. 그러나 「する感じで」는 일본어 회화에 특히 많이 나타나고 있는 형태라는 점에서 <완전히 문법화된 형태=문법형태의 하나>로 정립시켜도 좋을 것이다. <'kanjide'(感じで)문>의 존재는 전통적인 문법의 틀에 끼워 맞추기 어려운, <말해진 언어>의 특징을 보여주고 있는 것이다.

7.7 discourse syntax : 조사가 만들어 내는 <비서술어문>

7.7에서는 <조사가 문장을 끝맺는 비서술어문>이 담화 속에서 담당하는 역할을 "discourse syntax"라는 개념에서 비춰 보기로 한다. 조사만으로 나타나는 <조사계>의 문장도 여기에서 제시한다. :

22) 菅野裕臣 외(간노 히로오미 외 1988)과 노마 히데키(野間秀樹 1996b:143,2006b)가 말하는 한국어의 「용언의 종합적인 형태」 「용언의 분석적인 형태」, 그리고 이 책 5.2.2 참조.

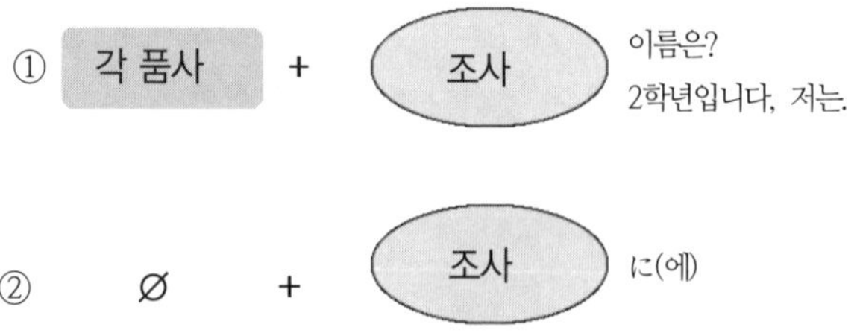

<그림 28> 조사가 문장을 끝맺는 <비서술어문>의 유형

7.7.1 '조사류'로 끝나는 문장

조사는 일본어 문법에서도 한국어 문법에서도 서술어 등을 비롯한 문장 안의 다른 요소와의 관계를 나타내는 것으로 규정되어 있다.[23]

즉 기본적으로 조사 뒤에는 그 조사와 관계를 맺는 다른 요소의 출현이 전제가 된다. 그러나 실제의 <말해진 언어>에서는 조사류가 많은 문장을 종결시키고 있다. <조사>로 끝나는 문장은 일본어는 <비서술어문>의 총 문장 수 3,530문장 중, 458문장, 13.0%, 한국어는 <비서술어문>의 총 문장 수 2,742문장 중, 351문장, 12.8%를 차지하고 있다. 결코 무시할 수 없는 비율이다 :

23) 일본어에 대해서는 橋本進吉(하시모토 신키치 1958:127), 亀井孝 외 편(가메이 다카시 외 편 1996:728,729), 新村出 편(신무라 이즈루 편 1955;2008부록:202,203), 松村明 편(마쓰무라 아키라 편 1988;2006:1903:부록:74), 한국어에 대해서는 한글학회 편(1995:985), 국립국어연구원 편(1999:5532), 최현배(1929,1994:194,195), 남기심 · 고영근(1985;1993:61) 등을 참조.

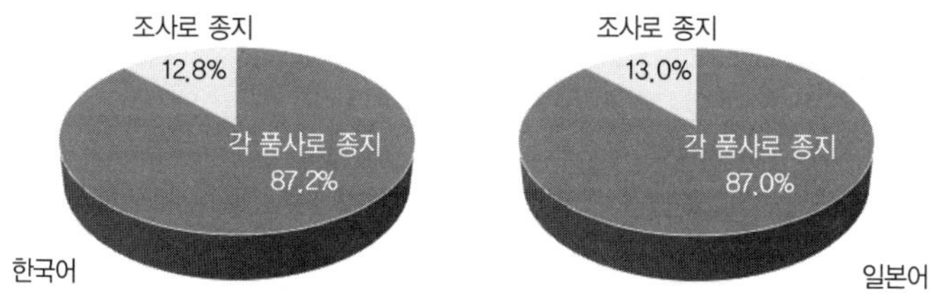

<그림 29> <조사>로 종지하는 문장의 비율

<조사>로 종결되는 <비서술어문>의 비율도 한국어와 일본어 양언어에서 비슷하게 나타난다. 또한 이 책 7.4에서도 전술한 바와 같이 <종조사>는 <조사>의 하위 카테고리이나, 문장을 끝맺는다는 점에서 <종조사>는 다른 조사와 성격이 다르다. 그러므로 여기에서는 문장의 성질을 보다 자세히 확인하기 위해 <조사>를 <종조사 이외의 조사>와 <종조사>로 분류하여 보기로 한다.

그럼 <종조사 이외의 조사>와 <종조사>에 의해 종결된 문장은 어떠한 분포를 보이고 있는 것일까.

7.7.2 일본어의 조사류로 끝맺는 문장

일본어의 <조사로 끝맺는 문장>의 458문장 중, <종조사 이외의 조사>로 끝나는 문장은 323문장, 70.5%, <종조사>로 끝나는 문장은 135문장, 29.5%이다 :

<표 28> 일본어에서의 종조사 이외의 조사, 종조사로 끝맺는 <비서술어문>

○+조사 : 323문장	문장 수	○+종조사 : 135문장	문장 수
부사+조사 (ちょっとは. (조금은))	4	부사+종조사 (なかなかね (좀처럼))	23
명사+조사 (牛角とか. (규카쿠나))	311	명사+종조사 (銀行さんね (은행원))	33
간투사+조사 (え?とかって. (네?라고))	1	간투사+종조사 (なんかね (웬지))	45
조사 (かも. とか. に. なんて.) (-(으)ㄹ 수도, -(이)든지, -에, -와 같은)	6	접속사+종조사 (でもね (근데))	1
연체사+조사 (どのぐらい (어느 정도))	1	종조사 (かな. ね (인가. 그치))	33

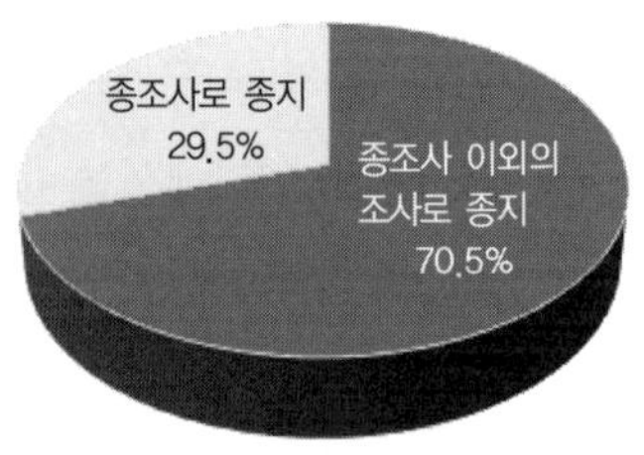

<그림 30> 일본어 <비서술어문:조사로 끝맺는 문장>의 조사의 비율

일본어의 조사계로 끝나는 <비서술어문>에서, <종조사 이외의 조사>가 문장을 끝맺는 문장은 70.5%로, <종조사>가 끝맺는 문장보다 2배 이상의 높은 비율을 보이고 있다. 일본어에서 문장을 끝맺는 데는 종조사보다 <종조사 이외의 조사>가 많이 사용되고 있다는 점은 특히 주목해야 할 것이다 :

•

30대여	(아- 그러세요 음-) あーそうですかー んー
40대남	若い女性ーと一緒っていうパターンもあんまりなくて. はーい. なかなかね その (젊은 여성이랑 같이 라는 패턴도 거의 없어서. 네-에 좀처럼. 그)

30대여	(네네. 자주 가요. (웃음)) はいはい. よく行きますね(笑).
40대남	えー. あの, 牛角さん. 焼肉の牛角とか. え. ど. あ, 行かれますか?. (에. 그 규카쿠상. 고기집 규카쿠나 에. 아, 가세요?)

7.7.3 한국어의 조사류로 끝맺는 문장

한국어의 <조사로 끝맺는 문장> 351문장 중, <종조사 이외의 조사>로 끝맺는 문장은 169문장, 48.1%, <종조사>로 끝맺는 문장은 182문장, 51.9%가 나타나 있다 :

<표 29> 한국어에서 조사로 끝맺는 <비서술어문>

O+조사 : 169문장	문장 수	O+종조사 : 182문장	문장 수
부사+조사 (다행히도.)	5	부사+종조사 (전혀요.)	15
		부사+조사+종조사 (나름대로는요.)	1
명사+조사 (이름은?.)	164	명사+종조사 (영화요?.)	131
		명사+조사+종조사 (결혼은요?.)	21
		간투사+종조사 (글쎄요.)	9
		접속사+종조사 (그러니까요.)	5

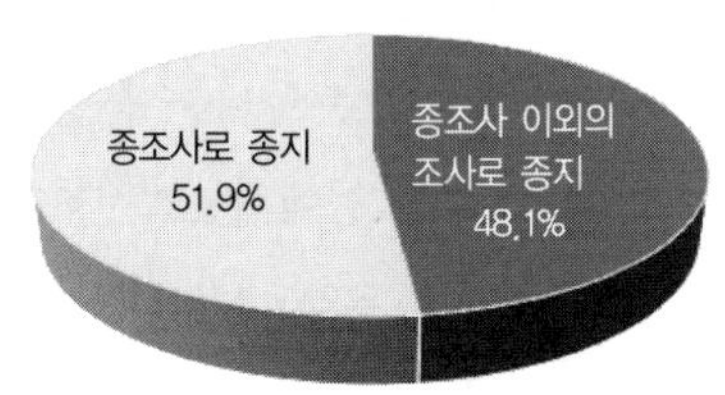

<그림 31> 한국어 <비서술어문:조사로 끝맺는 문장> 중의 조사의 비율

일본어가 <종조사 이외의 조사>로 맺어진 문장이 <종조사>로 맺어진 문장보다 2배 이상 많이 나타난 것에 비해, 한국어는 <종조사 이외의 조사>와 <종조사>가 반반씩 문장을 종결시키고 있다.

전술한 바와 같이 한국어의 종조사는 「-요/-이요」만이 해당된다. 「-요/-이요」는 위에서 알 수 있듯이 실제 회화에서는 매우 많이 사용되고 있음에도 불구하고 野間秀樹(노마 히데키 2006)가 다루기 전까지는 기존 문법론에서는 본격적으로 연구되지 않았다. 일본어에서는 종조사가 많이 존재하고 있음에도 불구하고, <비서술어문>을 끝맺는 데에 <종조사>가 아닌 <종조사 이외의 조사>가 많이 사용된다. 한편, 한국어는 종조사가 사실상 「-요/-이요」 한 종류 밖에 없음에도 불구하고 <비서술어문>의 절반의 문장을 「-요/-이요」가 끝맺고 있다. 「-요/-이요」의 높은 사용률은 주목할 만하다.

7.7.4 <조사>가 문장을 끝맺는다.

한국어와 일본어의 <조사로 끝맺는 문장>의 비율은, <비서술어문> 중 일본어는 13.9%, 한국어는 12.8%로 매우 유사한 경향을 나타내고 있다.

그러나 <조사>를 <종조사 이외의 조사>와 <종조사>로 나누어 더 자세히 그 비율을 조사해 보면 일본어는 <종조사>보다도 <종조사 이외의 조사>로 문장을 끝맺는 비율이 매우 높다. 이에 비해 한국어는 <종조사 이외의 조사>로 끝나는 문장과 <종조사>로 끝나는 문장이 반반 정도로 나타나고 있다. **<종조사 이외의 조사>**는 사전 등에서는 "전화가 왔어"나 "오늘은 더워"와 같은 예를 들고 있으며, **조사가 문말에 나타나는 예**를 일반적으로는 들지 않고 있다. 다른 요소와의 관계를 나타내는 것에 초점을 맞추는 사전 성격상, 어쩔 수 없음을 감안해야 하지만 이로 인해 조사가 문말 이외의 위치에 출현하는 예만 시야에 넣게 되는 것이다. 그러나 일본어도 한국어도 실제의 담화에서는 그와 같은 기능과 더불어 문장을 종결시키는 기능도 하고 있다. 문장을 끝맺는 것은 <종조사>뿐만 아니라 <종조사 이외의 조사>도 큰 역할을 담당하고 있는 것이다.

또 일본어의 <비서술어문>에 있어서 <종조사>로 끝나는 문장보다 <종조사 이외의 조사>로 끝나는 문장이 더 많이 나타나고 있는 것도 흥미로운 결과이다 :

① 일본어도 한국어도, 조사가 문장을 끝내는 기능을 하고 있다.
② 일본어는 <비서술어문>에 있어서 <종조사>보다 <종조사 이외의 조사>가 더 많은 문장을 끝맺는다.[24]
③ 한국어에서는 거의 1종류 밖에 없는< –요/–이요>가 매우 많이 사용된다. <서술어문>과 달리 대우법이 없는 <비서술어문>에 사용되는 <–요/–이요> 는 바로 <비서술어문>의 공손화를 위한 지표라고 할 수 있다.

7.7.5 상대와 자신의 대화를 연결하는 interaction을 보이는 조사

기존의 문법론에서는 조사는 다음의 예와 같이 실사(實詞)를 도와 문장 내부의 구조를 형성하는 요소로서 규정되어 왔다 :

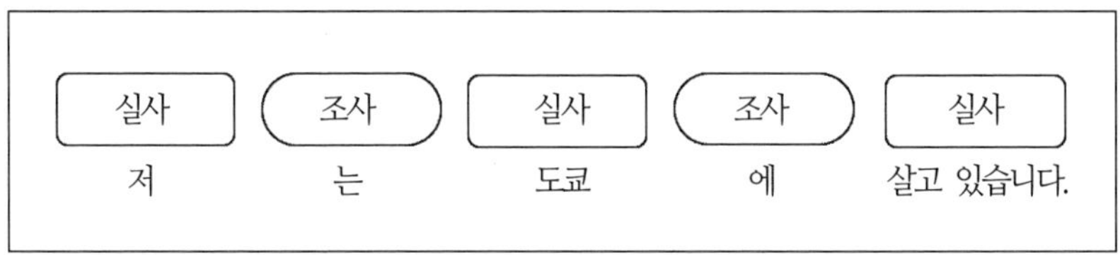

<그림 32> 한 문장의 내부구조를 연결하는 결절점(結節點)으로서의 조사

24) 일본어의 종조사는 <서술어문>에 붙는 경향이 강할지도 모른다.

그러나 한국어와 일본어의 실제 담화의 예를 보자 :

30대남		(네 はい.		쭉 도쿄에서) ずっと東京で.	
40대남	あのーー (저	東京の方ですか. 도쿄 쪽이세요,	お住まいは?. 사시는 곳은?	あ, そうですか. 아, 그러세요.	私も東京です. 저도 도쿄예요.)

실제 담화에서는 문장 내부 구조를 형성했던 조사가, 위의 「お住まいは?.」(사시는 곳은?) 「ずっと東京で.」(쭉 도쿄에서)와 같이 다른 두 화자의 문장을 하나로 연결하여 통합하는 기능을 하고 있다. 뿐만 아니라 상대의 다음 발화를 이끄는 결절점(結節點)으로서도 작용한다 :

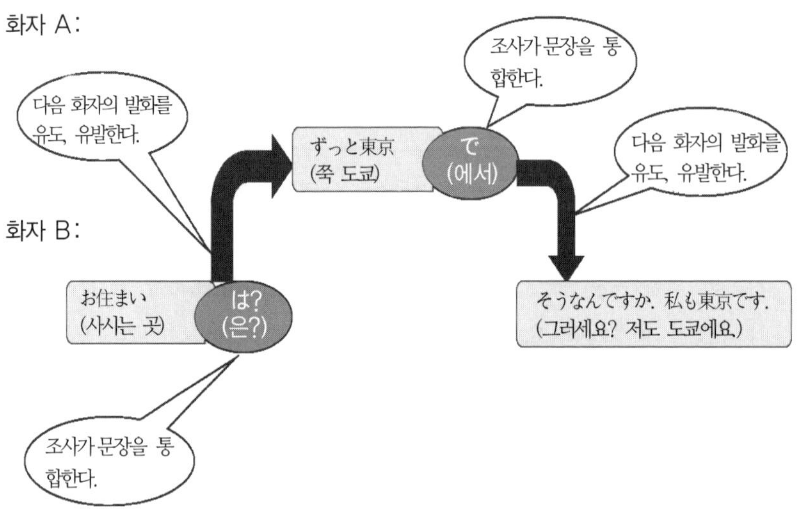
화자 A:
조사가 문장을 통합한다.
다음 화자의 발화를 유도, 유발한다.
ずっと東京
(쭉 도쿄)
で
(에서)
다음 화자의 발화를 유도, 유발한다.
화자 B:
お住まい
(사시는 곳)
は?
(은?)
そうなんですか. 私も東京です.
(그러세요? 저도 도쿄예요.)
조사가 문장을 통합한다.

<그림 33> 사시는 곳은?. – 쭉 도쿄에서.

한국어에서도 「하시는 일은?.」과 같이 조사가 문장을 연결하여 다음 화자의 담화를 이끄는 결절점(結節點)으로서 작용하고 있다 :

30대남	예. 아, 저는 경리부서에서 근무하고 있어요.
20대남	바로 전공으로 들어가죠. 하시는 일은?.

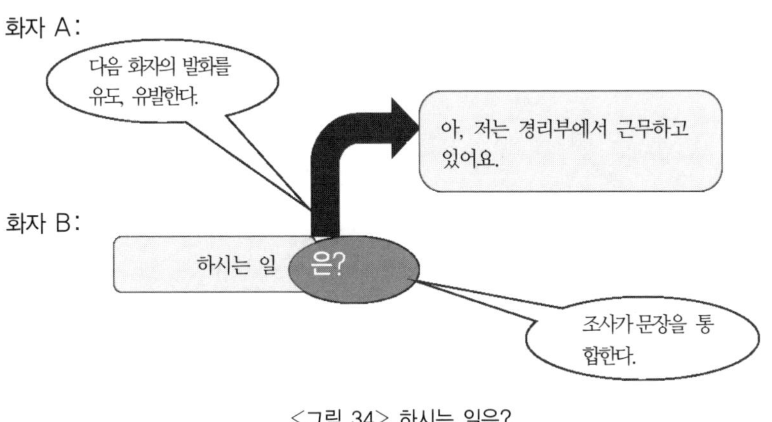

<그림 34> 하시는 일은?

한국어와 일본어의 <조사로 문장을 끝맺는> 유형 중에서 가장 흥미로운 점은 다음과 같다. 한국어에서는 조사가 문장을 맺는 <비서술어문>은 기본적으로 한 발화에 그치고, 그림34에서도 보이는 것처럼 다음 발화는 <서술어>를 동반하는 <서술어문>이 나타난다. 조사가 문장을 끝맺는 <비서술어문>이 2개 이상 연속으로 나타나는 경우가 거의 없다. 이에 반해서 일본어는 그림 33과 그림 35, 그림 36과 같이 조사로 문장을 끝맺은 <비서술어문>이 세 번 네 번 연속적으로 나타나는 예가 적지 않다. 일본어의 다음 예를 보자 :

20대여	(아. 매우 적어. 그게- 남자가 말야.) あ, すっごい少ない. あのねー, 男の子がね
20대남	日本語科って男女比どのぐらい. 変わ. (일본어과는 남녀비율은 어느 정도? 이상해.)
20대여	(18명 중에 2명이라든지. 응. (이름)군 때도 3명이었지 않아) 18人中2人とか. そう. (名前)君も三人だったんじゃな
20대남	え, その, あ, (名前)の學年も. なんだ (에. 그. 아. (이름)네 학년도 뭐지.)

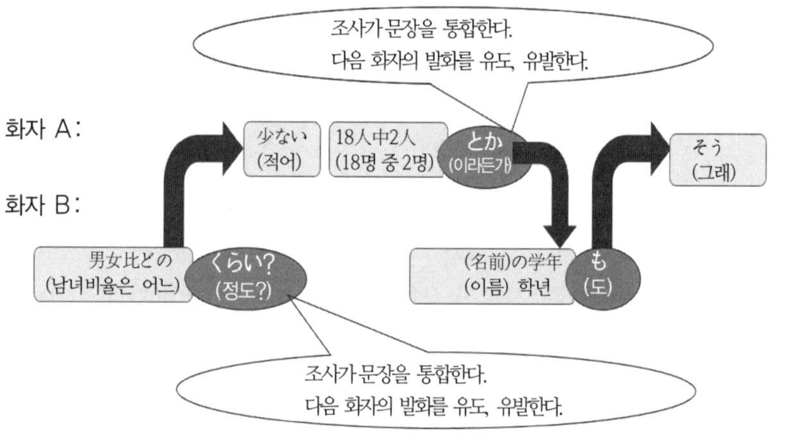

<그림 35> 남녀비율은 어느 정도?. – 18명 중 2명인가. – (이름)네 학년도.

전공 학과의 남녀 비율을 묻고 있다. A가 「男女比どのくらい?.」(남녀 비율은 어느 정도?)라고 <비서술어문>으로 묻자, B가 「少ない」(적어)라고 대답해 한 번은 서술어가 출현하나, 이어서 「18人中2人とか.」(18명 중에 2명이라든지)라고 역시 조사로 문장을 끝맺는다. 이 발화에 대해 「あつしの學年も.」(아쓰시의 학년도.)라고 A가 조사로 문장을 끝맺고, B는 「そう」(그래)라고 간투사로 맞장구를 친다. 즉 다섯 번 발화를 주고 받는 중에 <서술어>는 한 번 밖에 나타나지 않았으나 조사로 끝맺는 문장을 생동감 있게 사용하여 전체가 내용적으로 일관성을 유지하는 훌륭한 하나의 담화를 구성하고 있는 것이다.

다음과 같은 예도 한국어에는 나타나지 않는 일본어의 독특한 담화의 예이다 :

•

20대여	(나나오 씨라니 특이하네요. 나나예요? 에 꼬리 미.) 七尾さんって珍しいですね. 七ですか. に. 尾っぽのお.
30대남	珍しいね. そう. ななの 尾っぽのおって やつ. (특이하네. 맞아. 나나에 꼬리 미 자)

이 예는 이름의 한자 표기에 대해 이야기하고 있다. A의 「に.」(에)는 B의 「七の」(나나의)라는 발화를 받아 발화되었고 다음 B의 「尾っぽの'お'ってやつ」(꼬리 '미'자)라는 발화를 유도하고 있다 :

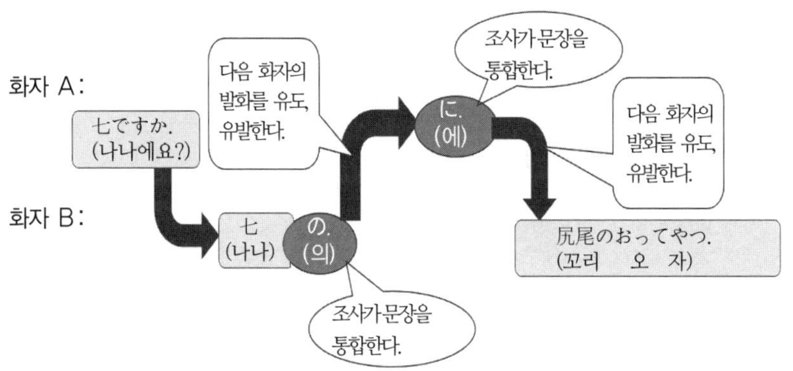

<그림 36> 나나(칠)의. – 에?. – 꼬리 미 자. – 꼬리 미

선행하는 상대의 발화나 자신의 발화에 나타난 이름 등의 실사(實詞)를 반복하지 않고 부속어인 조사만을 사용한다.[25] 이러한 <부속어만으로 표현>의 가장 큰 특징은 이러한 표현이 상대나 자신의 발화에 대해 '이야기가 연결되어 있다는 것', '이야기를 듣고 있다는 것' 의 표명이며 실질적인 단어를

25) 부속어로 시작하는 문장, 즉 「부속어시작문의 완충표현으로서의 상호작용」에 대해서는 이 책의 8.6.10.2를 참조.

사용하지 않는 것이 오히려 대화자 간의 발화의 내용적인 연계성과 결합성을 나타내는 기능을 강화시켜 긴밀함을 더해 주고 있다는 점이다.[26)]

<조사계>(助詞系)의 발화는 문장 레벨에 있어서 즉 sentence 하나 하나의 레벨에 있어서 단독으로 나타내는 경우는 기본적으로 없는 것이다. 이들은 담화 안에서 전 발화에 대한 광의의 맞장구적인 표현으로 나타나, 다음 발화를 유도하고, 담화를 쌓아 가는 <공화[27)]>(共話)를 만들어 내고 있다. 담화에서의 이러한 상호작용을 뒷받침하는 결절점(結節點)적인 역할을 <조사계>의 발화가

---

26) 일본어에서 조사 등, 부속어가 독립하여 나타나는 언어사실에 대해서는 金珍娥(김진아 2003,2004b,2009)에서도 논하고 있다. 金珍娥(김진아 2003), 金珍娥(김진아 2004b:100-101)는 한국어와 일본어의 실제로 말해진 언어의 담화를 <복선적(複線的)문자화시스템>에 따라 문자화하고 <turn 절단자>의 개념을 사용하고 분석하여 얻은 "말해진 언어의 특징"으로, 일본어는 "발화의 단락이 통사론적인 단위, 즉 문장, 구, 절, 단어뿐만 아니라 조사 직전, 이른바 조동사활용형인「でしょう」직전 등에서 끝맺을 수 있는 발화단위가 실현되고 있다는 점"을 들고 있다. 일본어는 "조사, 조동사와 같은 부속어, 부속형식의 단어가 분리되어 발화되고 있다."고 논하는 한편 한국어는 "통사론적 단위인 문장, 구, 절, 단어의 위치에서 발화는 끝맺어져 있다."고 말하고 있다. 또 일본어는 한국어에 비해「보다 다양한 위치에서 자유롭게 끝맺어진다」라고 하며 두 언어가 나타나는 차이점에 대해 말하고 있다. 油谷幸利(유타니 유키토시 2006: 16,17)도 동일한 언어사실에 대해 "「文頭の端折り文」(문두의 끝을 접은 문장)"이라는 문장의 모습으로서 주목하고 있다. "일본어는 선행하는 지시사를 생략하고 조동사나 조사를 남겨두는 것만으로도 적절한 문장으로 성립할 수 있으나, 한국어는 지시사가 없으면 비문이 된다."고 설명하고, 또 "일본어에서는 본래 부속어로, 단독으로는 문절의 구성요소가 될 수 없는 조사나 조동사의 독립성이 높기 때문에 용언의 뒷받침 없이도 조사나 조동사가 발화 중에 출현할 수 있는 것에 반해 한국어에서는 용언의 뒷받침 없이 조사나 어미가 단독으로 출현하는 것은 있을 수 없다."고 설명하고 있다.「A：思い違いの可能性はありませんか (오해의 가능성은 없습니까?) - B：は, ないなぁ(은, 없어.)」(밑줄은 원서)라는 예를 들고 있다. 油谷幸利(유타니 유키토시 2006: 16,17)의「は, ないなぁ」의 용례에서도 여실히 알 수 있듯이 金珍娥(김진아 2003,2004b,2009)와 이 책이 강조하는 것은 <일본어의 조사 등의 부속어가 독립하여 나타나는 언어사실>은 일본어도 한국어도 단독의 문장 레벨에서는 기본적으로는 나타나지 않고 화자 자신의 발화, 혹은 상대의 발화, 즉 담화 안에서 나타난다는 점이다. 즉, 앞의 발화에 대한 관련성, 결합성을 나타내는 <공화>(共話), 광의의 <맞장구적인 표현>이며 <문장 레벨>이 아니라, 한국어와 일본어의 <담화 레벨>에서의 문법, 표현과 스타일의 차이로 보는 시점이 중요한 것이다.

27) 水谷信子(미즈타니 노부코 1983:43)가 제창한 개념. '서로 상대방의 이야기를 함께 완결하는 것'을 '대화라고 하기보다 공화'라고 부르고 있다.

맡고 있는 것이다.

또 이들 상호작용에서 보이는 <조사계>의 발화는 그 직후, 예를 들어 조사 「に」(에)의 직후에 용언 등의 실사(實詞)를 동반하지 않는 것도 특징적이다. '조사'로 문장이 맺어져 있는 발화나 단독으로 나타나는 '조사'만의 발화, 즉 전후에 실사(實詞)가 빠져 있는 발화는 <기대되는 무언가가 빠져 있는 구조>, <결여구조>(缺如構造)를 보인다.

그 <결여성>(缺如性)이 <완충표현>(緩衝表現)으로 기능하며 소프트화를 꾀하는 동시에, 조사 자신이 결여적인 것을 메우려고 하는 역할을 한다. 남기심 · 고영근(1985;1993:61)에서는 조사가 자립성이 있는 말(言)에 대해 그 말(言)과 문장 속의 다른 말과의 관계를 나타낸다는 점에서 조사를 '관계언(關係言)'이라고도 부르고 있다. 주된 실사에 붙어 부수적인 것으로서 문장 속의 다른 말과의 관계를 나타내야 할 관계언이 담화 속에서는 마치 주(主)가 되어 당해 문장 속의 다른 말(言)이 아닌, <다른 문장과의 관계>를 나타내는 디바이스로서 존재하고 있는 것이다.

이처럼 <맞장구적인 표현>으로서, <완충표현>으로서, 더 나아가 <공화>(共話)를 만들어 내는 아이템으로서, <조사>는 담화를 지탱하고 있는 것이다 :

> 조사가 한 문장 전체를 통합하고, 끝맺는 작용을 하는 동시에 한 문장의 내부를 넘어서 자신의 문장과 상대의 문장을 연결하는 문장 외부의 결절점(結節點)으로서 작용한다. 상대 발화와 자신의 발화를 유기적으로 연결하는 결절점으로서, 담화의 상호작용 안에서 작용하는 것이다.

7.7.6 discourse syntax

문장의 외부, 상대방의 문장과의 관계를 표현하는, 실제 담화에 나타나는 <조사>라는 작은 형태론적인 단위가 보여 주는 이러한 큰 기능을 다음과 같이 정리하고자 한다 :

> 조사에 국한하지 않고, 여러 가지 문법적 요소가 담화 속에서 자신의 발화와 타자의 발화를 유도, 유발하는 작용을 한다. 담화 안에서 복수의 발화에 걸쳐 나타나는 상호작용 안에서의 이러한 확대된 통사법과 이를 다루는 논의를 "discourse syntax(담화통사론)"라고 부를 수 있다.

이러한 "discourse syntax"라는 관점에서 바라볼 때, 조사는 동일한 화자의 문장과 문장을 연결하는 기능뿐만 아니라 자신의 문장과 대화자인 상대의 문장까지도 유기적으로 연결한다는 기능을 겸비하게 되는 것이다. 담화에서 보이는 조사의 이러한 작용을 <담화통사론적인 기능>이라고 부를 수 있다.

조사는 한 문장을 넘어서 자신의 발화뿐만 아니라 타자의 발화와도 관련된다. 조사에 의해 종결되는 문장, 소위 <조사종결문>이 담화에서 빈출(頻出)하는 이유는 바로 이 점에 있다. 이러한 점은 단일 문장만을 봐서는 결코 도출해낼 수 없는 "discourse syntax"라는 관점에서야말로 조명할 수 있는 것이라 해야 할 것이다.

이와 같이 "discourse syntax"(담화통사론)라는 관점에서는 한 문장을 넘어선 여러 문법적인 기능을 명백하게 설명하는 것이 가능할 것이다. 水谷信子(미즈타니 노부코 1983)의 '공화'(共話)는 "discourse syntax"라는 관점에서 비로소 부각될 수 있었던 전형적인 예일 것이다.

7.8 <비서술어문>을 비추는 것

이 책에서는 서술어를 동반하지 않는 <비서술어문>의 문말에 주목하여 한국어와 일본어의 실제로 말해진 담화에 나타나는 <비서술어문>의 출현 양상과 상호작용을 고찰했다.

종래의 연구에서는 주로 <서술어>가 있는 것을 '문장'으로 생각해 왔다. <서술어>가 없는 문장을 다룬 연구에서도 '한 단어문(一語文)'만을 다룬 것이 많았고 이러한 문장들은 '완전하지 않은 문장'으로 다루어져 왔다. 그러나 본 연구에서는 노마 히데키(野間秀樹 1996b, 2002)의 <서술어문>과 <비서술어문>의 틀을 기초로 <비서술어문>을 '완전한 문장'으로 규정하고 <비서술어문>의 문말의 실현양상을, 형태론적인 관점, 통사론적인 관점, discourse syntax적인 관점이라는 세 가지 관점에서 고찰했다 :

> **1. 형태론적인 관점에서 품사론을 중심으로 <비서술어문>의 <문말 구조체(構造體)>의 내부구조를 분석한다.**

한국어와 일본어 모두 「예」「はい.」와 같은 <간투사계>(間投詞系), 「학교가」「學校が.」와 같은 <명사계>(名詞系), 「전혀」「全然.」과 같은 <부사계>(副詞系), 「그러니까」「だから.」와 같은 <접속사계>(接續詞系), 「어떤.」「どういう.」와 같은 <연체사계>(連體詞系) 유형이 나타났다. 다섯 가지 유형이 한국어 일본어 양 언어에서 비슷한 비율로 공통적으로 나타났다는 점이 매우 흥미롭다. 또 일본어에서는 「ね.」(-죠/-네요), 「とか.」(-든가), 「に」(-에)처럼 종조사(終助詞)와 조사류(助詞類)가 실사(實詞) 없이 독립하여 나타난다. 이러한 조사의 기능은 한국어 데이터에서는 보이지 않는다.

2. 통사론적인 관점에서 <비서술어문>의 <문장의 구조>를 해석(解析)한다. 문장에 관련된 <문말 구조체>의 외부의 구조를 본다.

절(節)과 서술어의 유무라는 점에서 <비서술어문>을 다음과 같이 두 종류로 나누었다 :

① <열린 비서술어문> = 서술어로 한번 닫힌 후에 <여는 요소>가 붙는다.
② <닫힌 비서술어문> = 서술어로 한번 닫힌 후에 <닫는 요소>가 붙는다.

「장르는 어떤?」과 같은, 서술어로 닫히지 않은 비서술어문과, 「나는 학교에 가는데 너는?」과 같이 서술어 뒤에 서술어 이외의 <여는 요소>가 붙은 것은 ① <열린 비서술어문>에 속한다. 「어쩔 수 없죠, 뭐.」 등 서술어 뒤에 서술어 이외의 <닫는 요소>가 붙는 것은 ② <닫힌 비서술어문>이다. <열린 비서술어문>은 명백한 <비서술어문>이나, <닫힌 비서술어문>은 <서술어문>으로서의 성격이 농후하다. <닫히 비서술어문>은 <매달린 문장>, <도치문>, <명사되풀이문>, <kanjide(感じで 느낌으로)문>으로 하위 분류가 가능하다.

3. discourse syntax의 관점에서 조사가 만드는 <비서술어문>을 해석(解析)한다.

조사는 일본어에서도 한국어에서도 주로 문장 성분 간의 관계를 나타내는 것으로서 기술되어 왔다. 그러나 "discourse syntax"라는 관점에서 <조사>를 조명해 봄으로써, 「하시는 일은?. -저는 경리부에서 일하고 있어요.」, 「A : お住まいは?. (사시는 곳은?) - B : ずっと東京で.(쭉 도쿄에서)와 같이 조사

가 한 문장 전체를 통합하고 끝맺는 기능을 하는 것과 동시에 상호작용 속에서 한 문장 내부를 넘어서 상대의 발화와 자신의 발화를 서로 이어 주는 결절점(結節點)으로서 기능하고 있는 것을 확인했다.

담화 안에서 여러 화자의 발화에 걸쳐 나타나는, 상호작용 속에서 확대된 통사론은 "discourse syntax"(담화통사론)이라고 부를 수 있는 것이었다. <조사>류는 사실상 문말에 나타나는 것이 주된 기능이라고 일반적으로는 보지 않는다. 그러나 <담화통사론적인 기능>에 주목하면 이러한 관점 자체도 다시 논의되어야 할 것이다.

이 책에서 보아 온 것처럼 담화 속에서 <비서술어문>은 다양한 유형과 구조를 가지고 <완전한 문장>으로서 숨쉬고 기능하고 있다. 발화와 회화를 영위하는 자연스러움과 <말해진 언어>의 생생함을 <비서술어문>이 보여 주고 있는 것이다.

제8장

완충(緩衝)표현론

<서술어문>과 <비서술어문>의 사이

완충(緩衝)표현론

<서술어문>과 <비서술어문>의 사이

제5장 <문장구성론>에서는 문말의 양상에 주목하면서 <서술어문>과 <비서술어문>의 개념을 동정(同定)하고, 제6장 <문장의 분포>에서는 <서술어문>과 <비서술어문>의 출현빈도 등, 기존 연구에서 거의 논의되지 않았던 점을 중심으로 간단히 살펴 보았다. 제7장 <비서술어문론>에서는 <비서술어문>의 구체적인 모습에 대해, 기존 연구에서는 고찰되지 않았기에 상세히 고찰해 보았다.

제8장에서는 한국어와 일본어의 <말해진 언어>의 담화를 이루는 <문장>의 문말에 주목하여 문말에서의 <완충표현>(緩衝表現)[1]의 구조와 유형을 밝혀보고자 한다. 이 <완충표현>이야말로 <말해진 언어>의 특징을 유감없이 발휘할 수 있는 요소임이 명확히 드러날 것이다.

<서술어문>과 <비서술어문>이라는 파악은 문장을 <**구조적인 관점**>에서 보는 것이었다. 이에 비해 <완충표현>은 문장을 <**기능적인 관점**>에서 보는 것이다. 이런 기능적인 표현 중에서 실제로 많이 존재하는 <서술어문>과 <비서술어문>의 중간적인 모습도 본장에서 논하기로 한다.

---

1) 이 책에서 말하는 <완충(緩衝)표현>은 <완화(緩和)표현>이라고 해도 좋다. 이 책에서 <완충>이라는 말을 사용하는 것은 어떤 대상과 대상 사이에 들어갈 수 있는, 마치 충격을 완화시키는 쿠션과 같은 존재로서의 작용에 주목하기 때문이다.

8.1 완충표현(緩衝表現 buffering expression)이란?

완충표현이란, 예를 들어 「혼자에요」라는 문장에 대해 「혼자 같은 느낌이에요」라고 말하는 문장 표현을 말한다. 이를 다음과 같이 정의한다 :

> **완충표현(緩衝表現) (buffering expression)**
> **'완전한' 문장으로서의 명확성을 잃게 하고, 애매하게 하거나 간접화하는, <화자의 양태(樣態)적인 태도>를 나타내는 표현**

태(態, voice), 상(相, aspect), 시제(時制, tense)와 같은 문법적인 의미기능을 갖는 서술어로 묶여진 문장은, 기존의 문법 연구에서 중심적으로 다루어져 온 대상이며 그 자체로 충분히 완결된, 소위 '완전한' 문장[2)]으로 생각되어 온 것이라고 할 수 있다. **'완전한' 문장**이란 그 자체로서 통사론적으로 충분히 완결되어 있는 문장을 의미한다. 그러나 <말해진 언어>에서는 전술한 바와 같이 서술어가 갖추어지지 않은 문장이 당연하다는 듯이 속출한다. 반대로 거기에는 '완전한' 문장이 필요로 하는 문법적인 요소 이외의, 더 추가된 것, 즉 <**잉여적(剩餘的)인 요소**>가 종종 나타난다. '완전한' 문장이 필요로 하지 않는 이런 잉여적인 요소에 의해 종종 <완충표현>이 형성된다. 여기서 말하는 <완충표현>의 전형적인 예를 도식화해 보자 :

---

2) 이 책에서 한 단어문이라도 모두 완전한 문장으로 보는 것은 이제까지 거듭 확인해 온 바이다. '완전한'이라고 ' '를 붙인 것은 그 때문이다.

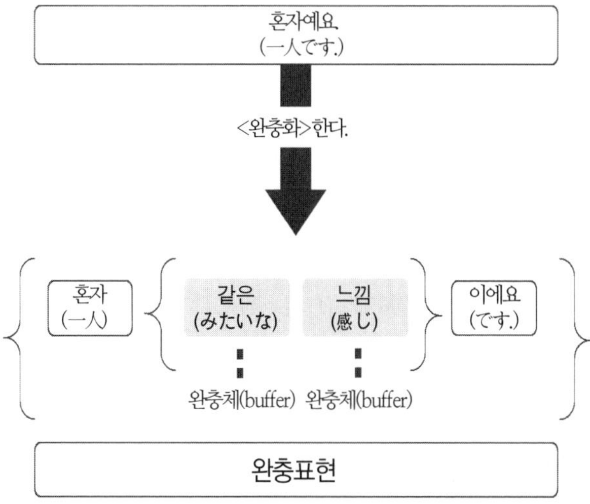

<그림 37> <완충표현>을 둘러싼 구조

위의 그림을 예로 들자면 이 책에서 사용하는 용어는 다음과 같이 설명될 수 있다 :

<완충화> : 「혼자예요.」(一人です.)로 끝맺을 수 있는 표현을 「혼자 같은 느낌이에요.」(一人みたいな感じです.)라는 완충표현으로 표현하는 것

<완충체> (緩衝體) (buffer) : 「같은」(みたいな), 「느낌」(感じ)과 같은 잉여 형태의 개별적 아이템

<완충표현> : 완충화를 일으키는 <완충체>를 가진 표현
예를 들어 「혼자예요.」(一人です.)에 대해 「혼자 같은 느낌이에요.」(一人みたいな感じです.)라고 하는 표현

「혼자 같은 느낌이에요.」(一人みたいな感じです.)에서 보이는 「같은(みたいな)」에는 <불확실함>을 나타내는 기능이 있을 것이다. 이러한 기능은 기존의 문법론에서도 기술되어 온 것이다. <완충표현>은 이런 이른바 '본래의' 기

능을 유지한 채, 그 기능을 살리며 <완충표현>으로서 작용하는 것이다.

또한 용언의 종지형 중에는 예를 들어 완곡법(婉曲法) 「하는데요」와 같이, 형태 자체가 주로 <완곡히 말하기>라는 기능을 담당하는 무드(mood) 형식도 존재한다. 이런 형식은 여러 연구들이 그 명칭을 '완곡(婉曲)' 등으로 부르고 있는 것처럼 문법 형식 그 자체가 <완곡>이라는 기능을 주로 하는 것이며, 이 책에서는 이러한 것은 <완충표현>과 구별한다. 여기서는 다른 주된 기능을 하면서도 완충적인 기능을 보이는 것을 <완충표현>으로 정립시킨다.

요컨대 <완충표현>이란 문법형태나 단어가 원래 갖고 있던 기능을 유지하면서 발화나 텍스트 안에서 완충화의 기능을 보이는 것을 말하는 것이다.

8.2 <hedge>, <유사인용(類似引用)>과 <완충표현>

이 책이 이와 같이 <완충표현>이라고 부르고 있는 개념과 유사한 개념이 선행연구에도 있다. 유사한 개념들을 비교해 보고자 한다.

Wales(1989:215-216)는 "담화분석이나 발화행위이론 등에서는 발화나 진술을 약화시키는 것"을 hedge라고 부르고 있으며, "That may be true, but…" (그것도 일리 있다고 생각되지만, 그런데…), "Would you mind awfully if…"(정말 죄송합니다만…해 주시지 않겠습니까?) 등의 예를 들고 있다. 寺澤芳雄 편((데라사와 요시오 편 2002:308)은 'hedge'를 "헤지, 울타리 표현"으로 번역하고, "본래는 화자가 말한 내용에 대해서 관련성을 완화시키는 표현"이라고 하고, "'I think', 'I suppose', 'it seems to me' 등을 포함하는" 것이라고 설명하고 있다.

한편 일본어에 대해 佐竹秀雄(사타케 히데오 1995:55,57,60)는 "젊은이들을 중심으로 발생, 진전되어 온 것"인 "구어체의 레토릭(rhetoric)－문말 용법"으로서 "~じゃないですか"(-지 않아요), "~とか(-든가)", "~みたいな(-같은)" "~だしぃ

(-고)", "～たりして(lit. -거나 하고)"와 같은 예를 들어 '단정회피(斷定回避)' 용법이라고 설명하면서 이런 표현을 "완화시킨다는 의미로 '소프트화'"라고 불렀다. 佐竹秀雄(사타케 히데오 1997:57-59)에서는 "젊은이들의 말에서", "성인이 위화감을 느끼는 언어현상"의 "<객관화> 표현"으로서「～じゃないですか」(-지 않아요?),「みたいな」(-같은)의 예를 들고, 특히「みたいな」(-같은)는 "젊은이들의 말의 특징인 객관화 표현의 하나"로서 "자기 자신의 기분을 직접적으로 표현하는 것이 아니라 제3자의 입장에서 객관적으로 말하는 형식"이라고 설명하고 있다.

メイナード(메이너드 2004:176-185)에서는「みたいな」(-같은)에 대해 "설명수식으로서 선행하는 직접인용부분과 후속하는 명사를 연결하거나 또는「みたいな感じ」(-같은 느낌)라는 형태로 사용되거나, 인용부분에 후속하는「みたいなぁ」(-같은) 로서 문말표현으로 사용되는 경우"를 논하고, "<DQ+みたいな+N>, <DQ+みたいな感じ>, <DQ+みたいな>"의 형태를 언급하고 있다.「という感じ」(-같은 느낌)는 "직접인용",「みたいな」(-같은)는 "유사인용"이라고 부르고 "실제로는「みたいな」도 인용 지표로서 기능"하며, "얼버무림이나 망설임, 소프트화와 같은 효과를 기대한다"라고 말하고 있다. 또 メイナード(메이너드 2004:221)에서는 "「というか・ていうか」(고 한다고 할까)가 문말에 사용될 때 많은 경우에 주체의 주저감을 전달한다."고 말하고 "상대에게 강요가 되지 않도록 표현하는 소프트화를 노린 전략"이자 "대타적(對他的) 태도의 전달"이라고 말하고 있다.

佐竹秀雄(사타케 히데오 1995, 1997), メイナード(메이너드 2004)의 이러한 지적은 이 책의 주장을 크게 뒷받침해 주는 것이다. 이들 연구는 이른바 <각각의 형태>가 갖고 있는 기능을 논한 것이라고 할 수 있다.

선행연구에서 말하는 hedge는 표현에 대한 명명(命名)이며 '유사인용'은 의미적, 구조적인 개념의 명명이고, '소프트화', '객관화'는 기능에 대한 명명이라는 성격이 짙다.

이 책이 제기하는 <완충표현>은 이런 hedge와 '소프트화', '유사인용' 같은 개념도 포괄하는 것이며, 선행연구의 결과를 포함해서 더 넓고 더 기초론적인 물음을 생각하기 위한 개념장치이다. 결과적으로 8.6 이후에서 상세히 논의하고 있듯이 佐竹秀雄(사타케 히데오 1995,1997), メイナード(메이너드 2004)가 언급한 대상 이외에도 많은 것을 <완충표현>은 포함하게 된다. 또 동일한 작용을 갖는 한국어의 표현도 고찰한다. 이 책은 <완충표현>이라고 부를 수 있는 것에는 어떤 유형이 존재하는가라는 <완충표현>의 전체상과 그 메커니즘에 대해 논하고, <완충표현>을 더욱 더 종합적이고 총체적인 것으로 고찰해 본다.

8.3 <서술어문 buffer>와 <비서술어문 buffer>

서술어[3]의 유무를 축으로 하여 <완충표현>(buffering expression)을 실현하고 있는 <서술어문>, <비서술어문>을 <서술어문 buffer>, <비서술어문 buffer>라 부르고 다음과 같이 정의한다 :

<표 30> <서술어문 buffer>와 <비서술어문 buffer>의 정의와 예

● <서술어문 buffer> : 완충표현을 실현하고 있는 서술어문	● <비서술어문 buffer> : 완충표현을 실현하고 있는 비서술어문
서술어에 용언의 완충체가 붙어 있는 문장 : 예) 「早く働いてとかって思ったりするんですよね」(빨리 일하라고 생각하기도 하지요.)	비서술어문 뒤에 조사 등 부속어 완충체가 붙어 있는 문장 : 예) 「予備校とか」(입시학원이나.)
서술어에 조사 등 부속어 완충체가 붙어 있는 문장 : 예) 「御神輿担いだりとか」(가마를 매거나)	서술어 뒤에 체언 완충체가 붙어 있는 문장 : 예) 「行くみたいな感じ」(가는 것 같은 느낌.)

3) <서술어>와 <서술어문>, <비서술어문>의 정의에 대해서는 이 책의 5.2와 5.3을 참조.

서술어 뒤에 연체형 완충체가 붙어 있는 문장, 혹은 연체형의 문장[4] : 예) 「別にいいみたいな.」(그냥 괜찮아 같은), 「しっかり着てっていう.」(제대로 입으라는), 「優秀な.」(우수한)	서술어로 일단 끝난 문장 뒤에 「なんか」, 「え」와 같이 <매달리는> 부사류나 간투사적인 요소가 붙어 있는 <매달린 문장>[5]이 붙어 있는 문장 : 예) 「代ゼミ多くない?, なんか.」(요요기학원 많지 않아? 좀.)

<서술어문>과 <비서술어문>의 구별에 대해 한 가지 더 확인해 둘 것이 있다.

하나의 문장으로서 발화된 「代ゼミ多くない, なんか.」(요요기 학원 많지 않아?, 좀.)와 같은 문장은 <서술어문>이 아니라, <비서술어문>으로 봐야 한다. 문장을 문장답게 하는 것은 문말에 있으므로, 문장의 끝이 무엇으로 통합되어 있는가를 형태로 판단하는 것이다. 서술어가 한번 나타났더라도 거기서 문장이 끝나지 않고 이어서 비서술어적인 요소가 나타나 문장을 끝내고 있다면 그 문장은 비서술어적인 요소로 끝맺어진 <비서술어문>으로 성립되는 것이다. 이 점은 앞 장에서 논의했던 것과 다르지 않다. 또한 문장은 어떤 요소가 서술어에 더해짐으로써 서술어의 통합력이 약해지거나 완충화되기도 한다. 즉 서술어가 무언가에 둘러싸여, <완충표현>에 문장 전체가 안긴 하나의 덩어리로서 통합되는 것이다. 그리고 문말에 있어서 문장 전체를 통합하는 그 요소가 비서술어적인 요소라고 한다면 해당 문장은 <비서술어문>으로 나타나는 것이 된다.

데이터에 보이는 <서술어문>과 <비서술어문>, <서술어문 buffer>와 <비서술어문 buffer>의 분포는 다음과 같다 :

4) 연체형으로 끝나는 문장의 <완충표현>에 대해서는 본장의 8.6.3에서 후술.
5) <매달린 문장>에 대해서는 본장의 8.6.5에서 후술.

<표 31> 한국어와 일본어의 <서술어문>과 <비서술어문>, <서술어문 buffer>와 <비서술어문 buffer>의 수 (단위 : 문장)

	일본어				한국어			
초대면 회화	서술어문	2,749	서술어문 buffer	386	서술어문	2,192	서술어문 buffer	382
	비서술어문	3,530	비서술어문 buffer	174	비서술어문	2,742	비서술어문 buffer	101
친구 회화	서술어문	1,145	서술어문 buffer	199	서술어문	1,106	서술어문 buffer	153
	비서술어문	1,646	비서술어문 buffer	75	비서술어문	1,063	비서술어문 buffer	28
계		9,070		834		7,103		664

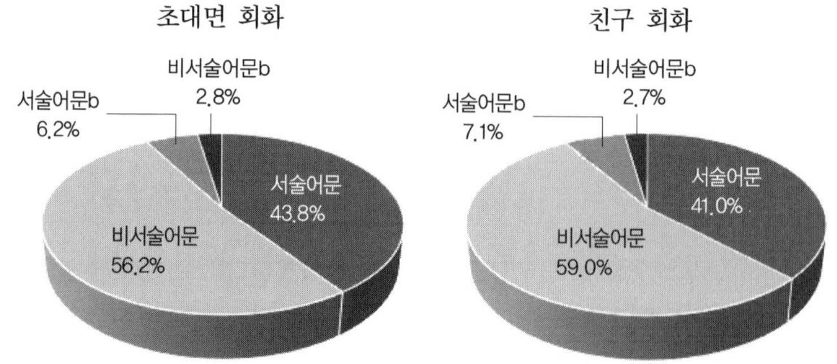

<그림 38> 일본어에서의 서술어문, 서술어문 buffer, 비서술어문, 비서술어문 buffer의 비율

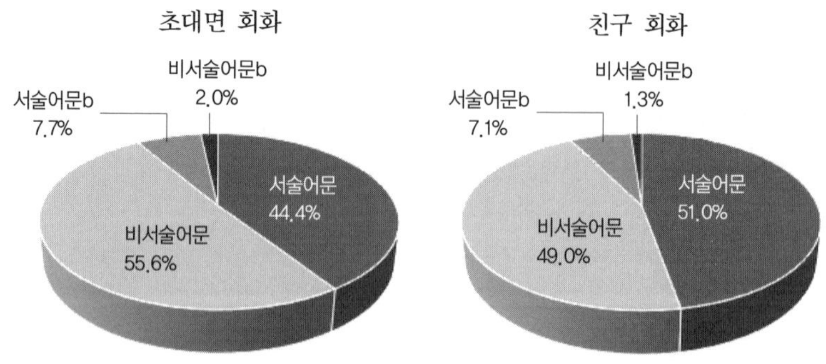

<그림 39> 한국어에서의 서술어문, 서술어문 buffer, 비서술어문, 비서술어문 buffer의 비율

일본어의 <초대면 간의 회화>에서는 전체 6,279문장 중 <서술어문 buffer>는 386문장, 6.2%, <비서술어문 buffer>는 174문장, 2.8%를 차지하고 <친구 간의 회화>에서는 전체 2,791문장 중, <서술어문 buffer>가 199문장, 7.1%, <비서술어문 buffer>가 75문장, 2.7%를 차지하고 있다.

한편 한국어의 <초대면 간의 회화>에서는 전체 4,934문장 중, <서술어문 buffer>가 382문장, 7.7%, <비서술어문 buffer>가 101문장, 2.0%를 차지했고, <친구 간의 회화>에서는 전체 2,169문장 중 <서술어문 buffer>가 153문장, 7.1%, <비서술어문 buffer>가 28문장, 1.3%를 차지하고 있다 :

> **두 언어 모두 <초대면 간의 회화>와 <친구 간의 회화>, 어느 회화에서도 10% 정도는 <완충표현>을 사용하고 있다**

또한 <완충표현>의 사용률에 대해 金珍娥(김진아 2009)에서는 다음과 같은 결과를 보고하고 있다 :

> 세대별로 보면 일본어는 20대에서 40대로 갈수록 <완충표현>의 사용률이 높아지는 것에 반해 한국어는 20대에서 40대로 갈수록 <완충표현>의 사용률이 낮아진다.

8.4 <완충표현>을 유형화한다

본장에서는 한국어와 일본어에서의 <완충표현>의 구조화, 유형화를 시도한다. <완충표현>을 서술어문과 비서술어문으로 나누어 고찰해 보자. 여기서 제시하는 유형은 <초대면 간의 회화>에서 추출한 것이다. 유형의 전형은 다음과 같이 도식화할 수 있다 :

<일본어의 예>

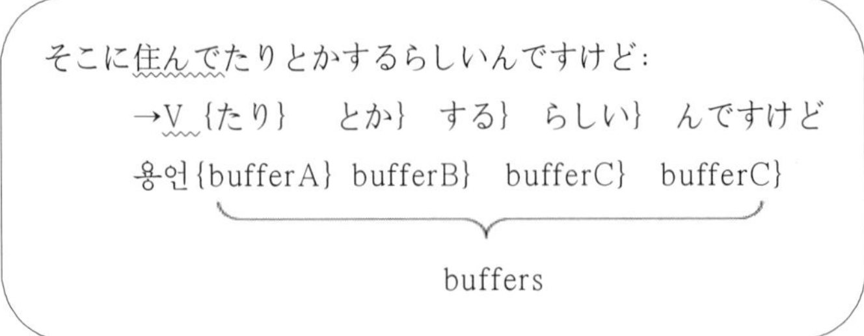

<한국어의 예>

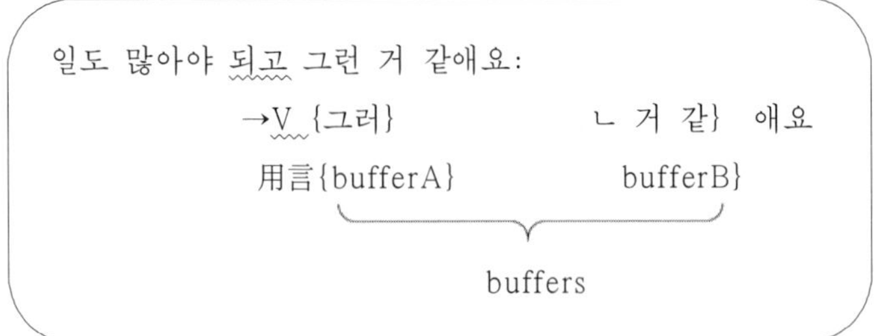

1. buffer의 요소는 각각의 요소마다 괄호 { }로 묶는다.
2. buffer가 붙는 앞부분의 요소는 품사로 구별한다.
   2.1. 앞부분에 오는 동사, 형용사 등의 용언류는 각각을 구별하지 않고 "verb"로 묶고, "V"로 표시한다.
   2.2. 앞부분에 오는 체언은 수사, 대명사, 명사 등을 구별하지 않고 "Noun"으로 묶고 "N"으로 표시한다.
3. buffer가 2개 이상 나타난 경우는 두 번째부터는 「}」를 붙인다. 예를 들어 「V {A} B} C}」와 같이 된다.
4. 「V {A} B} C}」 중에서 처음 나타난 buffer {A}를 대표형으로 삼아, 유형화의 축으로 한다. 예를 들어 「V {たり}」, 「V {たり} とか}」, 「V {たり} とか} って} いう}」는 최초로 나타나는 {たり}를 축으로 하여 「V {たり} 계(系)」로 유형화한다.
   4.1. buffer가 붙는 용언은 용언에 붙어 나타나는 <완충체>의 유형을 찾아내기 위해 이하와 같이 다룬다.
      4.1.1. 일본어는 「する」, 「し」, 「せ」 등 학교문법에서 말하는 '미연(未然), 연체(連體)…' 등의 활용형과 또 「タ형(形)」과 「テ형(形)」의 「して」, 「した」도 모

두 V로 표시한다. 예를 들어 「行ったり」는 「V {たり}」, 「いやな感じ」는 「V {感じ}」, 「書いて」는 「V」, 「書いてて」는 「V {て}」, 「したという」는 「V {と} いう}」가 된다.

4.1.2. 한국어는 "하다"의 "하-"와 같이 학교문법에서 말하는 어근을 V로 표시한다. buffer가 붙는 용언과 buffer의 뒤에 나타나는 형태에 대해서는 어기론(語基論)의 제Ⅲ어기형성모음 "아" 혹은 "어"로 표시한다. 예를 들어 「V 어 {도 되} 어요」 「V 는 {가 보} 아요」가 된다. 즉 buffer 밖에 있는 용언에 대해서는 어기형성모음은 아/어로 표시하는 것이다. 이에 반해 buffe 그 자체가 용언인 경우 "하다", "그러다"의 아/어 형은 "해", "그래"를 사용해 표시한다. 예를 들어 「V {그래} 가지구」가 된다. "하는 거 같아요", "할 것 같아요" 등은 「V 는/ ㄴ / ㄹ {거 같} 아요」, 분석적인 형태의 "하고 그러다"는 「V 고 {그러다}」, 인용구조의 "한다고 그러다", "했다고 그러다" 등은 「V ㄴ /었다 {고 그러다}」, 와 같이 「V 어미 {buffer}」로 표시한다. 지정사 "-(이)라고 그러다"도 「V /었다 {고 그러다}」로 표시한다.

4.1.3. buffer가 활용되지 않고 하나의 형태로만 출현하는 것은 그대로 <완충표현>의 대표형으로 표시한다. 예를 들어 "하더라고"는 「V {더라고} 계(系)」, "해가지고"는 「V 어 {가지고} 계」, "하는 게 어디예요" 는 「V 는 {게 어디} 예요 계(系)」와 같이 표시한다. 그 외 buffer가 다양한 활용형으로 나타나는 경우는 사전형(=기본형)인 "하다"로 대표해서 표시한다. 예를 들어 "하고 그래서", "하고 그랬다고", "하고 그러는데"는 「V 고 {그러다} 계(系)」로 표시한다.

5. 앞 부분에 오는 명사는 명사가 단독으로 나타나고 있는 경우는 명사만, 명사에 조사가 붙어 있는 경우는 조사 부분까지 표시한다. 예를 들어 「책」 「책이」까지를 「N」으로 한다. 조사라 하더라도 완충표현은 분리하여 명시한다. 「책이라든지」는 「N {이라든지}」와 같이 된다.

8.4.1 일본어의 <서술어문의 buffer>

8.4.1.1 명사에 붙는 경우 : 84문장[6)]

N{とか} 계 : 18문장	N{みたい} 계 : 16문장
N{とか}	N{みたい}で
N{とか}ですか.	N{みたい}に
N{とか}そんな}感じ}ですよね	N{みたい}な}
N{とか}ある}じゃない}	N{みたい}な}感じ}で. です. なんですけど
N{とか}思って}	N{みたい}な}感じ}で}いてて}
N{とか}だったり}する}から	N{みたい}な}とか}
N{とか}って}こと	N{のほう} : 10문장
N{って}계 : 13문장	N{のほう}ですね. なんです. ですか.
N{って}感じ}で. そうですか.	N{のほう}とか}いって}
N{って}感じ}でじゃない}	N{じゃない} 계 : 6문장
N{って}いう}ですか	N{じゃない}ですか
N{って}いう}感じ}で. なんですか. ですよ	N{かも} 계 : 4문장
N{って}あり}ますよね	N{かも}しれない}ですね.
N{と}계 : 3문장	N{간투사}なんて}いう}계 : 3문장
N{と}いう}か}	N{간투사}なんて}いう}のかしら.んでしょう
N{と}いう}と}	N{あるじゃない}계 : 3문장
N{と}いう}ところ}なんですよ	N{あるじゃない}ですか
그외 : 6문장	N{って}あるじゃない}ですか
N{よう}にとか}って}いわれ}たけど	N{らしい}계 : 2문장
N{ぽく}ない}	N{らしい}よ. ですけど
N{の感じ}ですけど	
N{なん}つって}	
N{いうと}	

6) <초대면 간의 회화>에 나타난 용례수를 병기(倂記)한다.

8.4.1.2 용언에 붙는 경우 : 266문장

V{인용구조} 계 : 116문장	
V{って}인용구조} 계 : 58문장	V {と}인용구조} 계 : 39문장
V{って}	V{と}いう}ような}
V{って}いう}	V{と}思い}まして. ますね
V{って}いう}んですね	V{と}思う}んですけど. し
V{って}いう}か	V{と}思って}
V{って}いう}感じ}で. なんですか. ですね	V{と}と}いう}のはある}かも}しれない}んですけど
V{って}いう}氣はした}んですけど	V{とか}인용구조} 계 : 13문장
V{って}いう}ような}感じ}で	V{とか}いって}
V{って}いって}	V{とか}いって}いって}て}
V{って}思い}ますね	V{とか}思って}
V{って}思って}ですね	V{とか}思った}んで. けど
V{って}思って}て}	V{とか}思っ}たり}して}
V{って}感じ}で. ですよね だから	V{とか}思っ}たり}して}んだけど
	V{とか}って}いったけど
	V{とか}って}思っ}たり}する}んだけど

V{たり} 계 : 40문장	V{みたい} 계 : 36문장
V{たり}	V{みたい}で. ですけど.
V{たり}して}	V{みたいな}
V{たり}し}ない}	V{みたいな}感じ}で. ですよね
V{たり}して}とか}	V{みたいな}形になる}んでしょうけど
V{たり}して} る	V{じゃない} 계 : 19문장
V{たり}する} ので. んですか V{たり}する}じゃない}	V{じゃない}ですか. V{じゃない}かな{と}思う}んですよ
V{たり}する}ような}	V{じゃない}か {みたいな}話もある}んですけど

V{たり}とか}	V{とか} 계 : 15문장
V{たり}とか}して}	V{とか}
V{たり}とか}って}	V{とか}ですね
V{たり}とか} する} らしい} んですけど	V{感じ} 계 : 7문장
V{たり}とか} する} じゃない} ですか	V{感じ}で. ですね なんです.なのね
V{たり}する} わけじゃない} ですか	V{感じ}なこと} なんで
V{たり}って} いう} のある} んですけど	V{感じ}がする} んですね
V{たり}って} いう} ような} 感じ} で	V{かも} 계 : 10문장
V{たり}とか}して}んのかとか}思った}	V{かも}
V{たり}とか} って} いう} のをして	V{かも}しれない}ですよ. んだけど.
V{て} 계 : 9문장	V{らしい} 계 : 7문장
V{て}	V{らしい} ですよ. んで
V{ない} 계 : 4문장	V{らしくて}
V{ない}っすか. とか	V{ような} 계 : 5문장
V{그 외} 계 : 4문장	V{ような}
V{氣がする}んですけど	V{ような}感じ}で. なのね
V{ほう}なんですかね	V{ような}氣がする}んですね

8.4.1.3 그 외의 경우 : 36문장

완충기능문 (해당문장 그 자체가 완충체의 문장) : 2문장	부속어로 시작하는 buffer 문장 : 9문장
	{か{と}思}う. ました
なんだっけ	{って}感じ}なんですけど
なんというんですか	{たり}する}んですけど
완충기능문/품사{なんて}いう} 계 : 12문장	{と}思い}ますよね
간투사{なんて}いう}んでしょう.の.のかな. かしら	{って}思っ}た. けど
간투사{なんて}いい}ますかね	{みたい}ですね
부사{なんて}いう}んでしょう. んですかね	{みたいな}感じ}なんですよね

간투사 {って}계 : 3문장	{らしい}んですよ
간투사 {って}いう}ことは}あれ}なんだっけ	연체사 {感じ} 계 : 2문장
간투사 {って} いって}	연체사(そんな) {感じ}で. だったんで. ですか.
간투사 {って} 思った}けど	
연체형 : 8문장(穏やかな.小さな)	

8.4.2 일본어의 <비서술어문 buffer>

8.4.2.1 명사에 붙는 경우 : 98문장

N {とか} 계 : 43문장	N {のほう} 계 : 20문장
N {とか}	N {のほう}
N {とか} は. も	N {のほう} に. が. で
N {とか} 간투사} (閉め切りとかも,こう[7])	N {のほう} って}
N {とか} なんか}	N {のほう} とか}かね
N {とか} ってこと}	N {のほう} とか}って}
N {간투사}계 : 11문장	N {って} 계 : 10문장
N {なんか}	N {って}
N {간투사}	N {って} なんか}
N {みたいな}계 : 8 문장	N {って} いう}の}は
N {みたいな} 感じ}	N {って} いう}雰囲氣}で
N {みたいな} やつ}か	N {って} いう}やつ}
N {みたいな} 연체사(そういう)}	N {って} いう}か なんか}
N {그 외} : 4문장	N {じゃない}계 : 2 문장
N {感じ}	N {じゃない} なんか}
N {かも}	
N {ぽい}の	

8.4.2.2 용언에 붙는 경우 : 36문장

V{인용구조} 계 : 16문장	
V{って} 계 : 12문장	V{と} 계 : 4문장
V{って} 感じ}	V{と} 思って}なんか}
V{って} 感じ}なんか}	V{と} いう}感じ}
V{って} いう}のは	V{と} 간투사}
V{って} いう}感じ}	

V{매달린} 계 : 14문장	V{ない} 계 : 3문장
V{접속사} (1万円取れましたよ, だって.)	V{ない}
V{간투사}(イメージが湧かなくて,え.)	V{ない} なんか}
V{なんか}	V{ない} だって}
V{なんて}	V{그 외} 계 : 6문장
V{みたいな} 感じ} 계 : 9문장	V{じゃない} 부사
V{みたいな} 感じ} の	V{たり} 부사
V{みたいな} 感じ} なところで	V{ような} 感じ}が

8.4.2.3 그 외의 경우 : 28문장

다른 품사 + {buffer} 계 : 11문장	부속어만으로의 {buffer} : 2문장
간투사 {何か}ね	{かも}
간투사 {って}いう}感じ}	{とか}
간투사 {とか}って}	완충기능문 : 11문장
부사 {とか}	{なんか}
연체사(そんな) {感じ}	{なんか}ね
	{연체사} : 4문장 (お仕事はどういう.)

7) 「このように」(이와 같이, 이렇게)의 의미가 아니라 말이 잘 나오지 않을 때 사용하는 「こう」(이렇게)는 이 책에서는 '간투사'로 본다.

8.4.3 한국어의 <서술어문의 buffer>

8.4.3.1 명사에 붙는 경우 : 25문장

N{대동사} 계 : 10문장	N{있다} 계 : 9문장
N{그래} 가지고}	N{있} 죠 잖아요. (파스타 이름 있잖아요.)
N{그래} 서 막 그래}ㅆ구요	N{같다} 계 : 5문장
N{그래} 서. 요	N{같} 애요
N{그러} 더라구} 요	N{같} 은 거} 하} 면
N{그런} 거 같} 애요	N{같} 은 거} 좀} 있} 어요
N{그런} 게 있} 지 않} 아요	N{분석적 형태} 계 : 1문장
N{그런} 쪽} 인데요.	N{해} 가지구} (이런 식으로 (이름을) 금, 은 해 가지구)
N{이러} 니깐	
N{이나} 그러} ㄴ 게 있} 지 않} 으신가요	

8.4.3.2 용언에 붙는 경우 : 340문장

V{인용구조} 계 : 58문장	
V ㄴ/었다 {고 하다} 계 : 7문장	V ㄴ/었다 {고 그러다} 계 : 17문장
V ㄴ/었다 {고} 하} 는데. 어요. 나요	V ㄴ/었다 {고}
V ㄴ/었다 {고} 하} 더} ㄴ데	V ㄴ/었다 {고} 그래} 요
V ㄴ/었다 {고} 하} 더라구} 요	V ㄴ/었다 {고} 그래} 갖구}
V ㄴ/었다 {는} 구조체} 계 : 4문장	V ㄴ/었다 {고} 그러} 셨죠
V ㄴ/었다 {는} 게 그러} ㄴ 거 같} 애요	V ㄴ/었다 {고} 그러} 더} 라구}
V ㄴ/었다 {는} 소리를 많이 들} 어요	V ㄴ/었다 {고} 그러} 더} ㄴ 데 그 얘기가 맞는 거에요
V ㄴ/었다 {는} 그러} ㄴ 얘기도 있} 구	V ㄴ/었다 {고} 구조체} 계 : 7문장
V ㄴ/었다 {는} 소리} 니까	V ㄴ/었다 {고} 볼 수 있} 는데
V ㄴ/었다 {라는} 거} 계 : 4문장	V ㄴ/었다 {고} 들} 었는데. 었거든요

V ㄴ/었다 {라는} 거} 죠	V 다 {고} 생각이 들} 어요
V ㄴ/었다 {라는} 게} 그게 맞는 거 같} 애요	V 다 {고} 생각하} 세요
V ㄴ/었다 {라는} 생각이 들} 어서	V 다 {고} 생각하} 는 거 같} 애요
V ㄴ/었다 {라는} 뭐} 그러} 는 거} 죠	V ㄴ/었다 {Ø} 그러다/이러다} 계 : 8문장
V ㄴ/었다 {더} ㄴ데 계 : 3문장	V 지 {Ø} 그러} 구서
V ㄴ/었다 {더} ㄴ데요	V 지 {Ø} 그래} 요
V {대} 계 : 5문장	V 다 {Ø} 뭐} 그래} 가지고}
V ㄴ/었{대}요.잖아요	V 다 {Ø} 그러} ㄴ 대}
V의 여러 형태 {하면서} 계 : 2문장	V 다 {Ø} 그런} 생각 할} 때도 있}고
V {하면서}(아 괴롭도다 하면서)	V 다 {Ø} 그렇게} 생각하} 는 거 같} 애요
V ㄴ/었다 {Ø} 하 } 더라고} 계 : 1문장	V 다 {Ø} 막} 이러} 는 거 아니} 에요
V ㄴ/었다{Ø}하}더라구}요	

V는/ㄴ/ㄹ {거 같다} 계[8] : 58문장	V {더라고} 계 : 45문장
V는/ㄴ/ㄹ {거 같} 다. 고. 네요. 아서. 아요. 애요. ㄴ 데.	V {더라구}
V는/ㄴ/ㄹ {거 같} 더} ㄴ 데. 요. 네요.	V {더라구} 요
V는/ㄴ/ㄹ {거 같} 더라구} 요	V 어 {가지고} 계 : 39문장
V는/ㄴ/ㄹ {거 같} 기는 해} 요	V 어 {가지구}
V는/ㄴ/ㄹ {거 같} 다는} 생각이 들} 었는데	V 어 {가지구} 요
V {더라} 계 : 2문장	V 어 {가지구} 그러} 면서}
V {더라}	V 어 {갖구}

8) 유형을 제시하는 대표형은 <V는/ㄴ/ㄹ {거 같다}>로 표기한다. 데이터의 문자화된 예나 본문의 예는 "거 같다"나 "것 같다"의 두 가지 표기가 있을 수 있다. 유형의 대표형으로서는 <V {더라고}>, <V 어 {가지고}>를 사용, 본문의 담화 예에서는 발음을 반영하여 "더라구", "가지구"라고도 표기한다.

V {대동사}[9] : 39문장	
V의 여러 형태 {대동사 그러다} 계 : 22문장	V 고 {대동사 그러다} 계 : 15문장
V {그래} 요	V 고 {그냥} 그래} 서. 요. 써죠
V {그래} 가지구}	V 고 {그래} 가지구}
V {그래} 서 그런 거} 아니} ㄴ가	V 고 {막} 그래} 써다고} 막} 그래} 써어요
V {그러} 니까. 구. ㄴ데 V {그러} 면 되게}[10] 막} 쫌} 그래} 요	V 고 {그러} 는데. 죠 V 고 {그러} 더} ㄴ데
V {그러} ㄴ 건 있} 습니다	V 고 {그러} 는 편} 이에요
V {그러} ㄴ 것도 많} 더라구} 요	V 고 {그러} 면 좀} 그래} 요
V {그러} ㄴ 생각 하} ㄹ 때도 있고	V 고 {그러} ㄴ 거 같} 아요
V {그렇} 구. 잖아요	V 고 {하다} 계 : 2문장
V {그렇} 게 해} 써으면 좋} 겠어요	V 고{하}니까
V {그냥} 좀} 그러} ㄴ 생각이 들} 기는 하} 는데요	V 고 {막} 하}는 게 있}어요

V {지 않다} 계 : 22문장	V {더} ㄴ 계 : 15문장
V {지 않} 나. 아요. 나요. 습니까. ㄹ 까요	V {더} ㄴ 데. 데요
V {지 않} 아 있} 어요	V {더} ㄴ 거 같} 아요. 은데
V {지 않} 아 있} 더라}	V {더} ㄴ거 같}기도하}고
V {지가 않} 으신가 봐} 요	V {긴 하다} 계 : 12문장
V {지는 않} 을 거 같} 애요	V {긴} 하} 죠. 는데. 어요
V {나 보다} 계 : 10문장	V {긴} 그렇} 긴 하} ㄴ 데
V {나 보} 다. 죠. 어요	V {긴} V가 보} 더라구} 요
V {나 보} 더라구} 요	V의 여러 형태 {그 외의 분석적인 형식} 계 : 9문장
V 는 {가 보다} 계 : 5문장	V 는 {게 아니} 다 보} 니까
V 는 {가 보} 아요	V 는 {게 좋} 을 것 같} 애요

9) 이 책의 '대동사'는 "이러다", "그러다", "하다", 대형용사 "그렇다" 등도 포함한다.
10) 담화 중에서는 "되게", "막", "정말", "딱" 등의 강한 정도를 나타내는 부사가 <완충표현> 앞에 나타나는 경우가 빈번히 보인다. 이러한 부사들은<완충표현>의 완충도를 강화하는 역할을 하며, 이 책에서는 이러한 부사들도 각각의 기능에 따라 <완충표현>으로 본다.

V는 {게 어디에요} 계 : 2문장	V{게 생각해} 요
V는 {게 어디} 에요	V어 {도 되} 어요
V는 {거 있어요} 계 : 10문장	V{려나 모르} 겠네
V는 {거 있} 으세요. 잖아요	V{지도 모르} 어요
V는 {게 있} 나 보} 아요	V{든} 지 해} 야지
V는 {게 {좀} 있} 긴 하} 더} ㄴ데	{좀} V 계 : 8문장
V는 {식이어서} 계 : 3문장	{좀} V(부담이 좀 되네요. 지금 좀 어렵죠.)
V는 {식} 이어서	
V는 {편} 이어서. 인데	V는 {거 아니에요} 계 : 3문장
	V는 {거 아니} 에요. ㄴ 가요

8.4.3.3 그 외의 buffer : 17문장

부사{그런 게 있다} 계 : 2문장	{연체형} 계 : 5문장
부사{그런} 게/거 있}어요. 잖아요	
완충기능문(해당문장이 완충체의 문장) : 10문장	
{그건 {그런} 데	{뭐} 이러} ㄴ 거} 거든요
{그야} 뭐} 그렇} 죠	{이러} ㄴ 거} 있} 잖아요
{그러구} 그러} 니까	{그렇} 게 되} 었나 보} 아요
{그런} 거 같} 애요	{대개} 막} 좀} 그래} 요

8.4.4 한국어의 <비서술어문 buffer>

8.4.4.1 명사에 붙는 경우 : 34문장

N {간투사} 계 : 9문장	N {대동사} 계 : 7문장
N {간투사}	N {이런 거} 요
N {간투사}{간투사}(전공수업은 뭐,에.)	N (막) {이런}
N {같다} 계 : 7문장	N {그래} 요 {간투사 뭐}
N {같은 거} 는. 요	N {그러} 면 {간투사 뭐}
N {같은 거} 나} 그러} ㄴ 거} 나}	N {부사 등} 계 : 7문장
N {같이} 좀}	N {약간}
N {이나} 계 : 2문장	N {좀}
{그냥} 뭐} N 계 : 2문장	N {쪽}으로

8.4.4.2 용언에 붙는 경우 : 42문장

V {매달린 문장} 계 : 36문장	
V, {매달린} 계 : 30문장	V의 여러 형태 {분석적인 형태/대동사} 간투사} 계 : 6문장
V, {간투사}	V {가지고} 간투사}
V, {글쎄요} 간투사}	V {기도 하} 고 간투사}
V, {뭔가}	V 고 {그래} 가지고 } 간투사}
V, {좀}	V {그렇} 죠, {간투사}
V, {혹시}	
V, {그냥}	
V의 여러 형태 {그 외} 계 : 6문장	
V {그렇} 게	V {식} 으로
V 는 {느낌}	V 구 {뭐} 그런} 식} 으로
V 는 {편} 이기 때문에	V ㄴ/었다 {라는} 생각} 하에

8.4.4.3 그 외의 buffer : 25문장

완충기능문 (해당문장이 완충체의 문장)계 : 9문장
{그래} 가지구}
{그래} 갖구}
{그래} 요 좀}
{뭐} 그렇} 죠 간투사(뭐)}
{그냥} 뭐}
{그냥} 좀}

그 외의 품사 {매달린 문장} 계 : 8문장
부사, {간투사} 부사} (거의 뭐 그냥)
접속사, {간투사} (그러면은 뭐)
연체사 : 8문장

8.5 한국어와 일본어의 <완충표현>의 유형 대조

이상 한국어와 일본어의 <초대면 간의 회화>에서의 <완충표현>의 유형화를 시도했다. 예를 들어 「N{とか}, N{とか}ですね, N{とか}あるじゃない」 등을 <N{とか}계(系)>라고 부르기로 한다.

서술어문과 비서술어문 별로 <체언에 붙는 buffer>, <용언에 붙는 buffer> 중에서 가장 많이 사용되는 완충표현은 어떤 유형인가를 함께 살펴보자 :

<표 32> 서술어문에서 가장 많이 사용되는 완충표현의 유형

<table>
<tr><th></th><th></th><th>1위</th><th>2위</th><th>3위</th></tr>
<tr><td rowspan="2">일본어</td><td>체언에 붙는 buffer</td><td>N{とか}계 : 18문장</td><td>N{みたい}계 : 16문장</td><td>N{って}계 : 13문장</td></tr>
<tr><td>용언에 붙는 buffer</td><td>V{인용구조}계 : 110문장</td><td>V{たり}계 : 40문장</td><td>V{みたい}계 : 36문장</td></tr>
<tr><td rowspan="3">한국어</td><td>체언에 붙는 buffer</td><td>N{대동사}계 : 10문장</td><td>N{있다}계 : 9문장</td><td>N{같다}계 : 5문장</td></tr>
<tr><td rowspan="2">용언에 붙는 buffer</td><td>V{인용구조}계 : 58문장</td><td rowspan="2">V{더라고}계,
V{더라}계 : 47문장</td><td>V어 {가지고}계 : 39문장</td></tr>
<tr><td>V는{거 같다}계 : 58문장</td><td>V{대동사}계 : 39문장</td></tr>
</table>

<서술어문>의 <체언에 붙는 buffer>에서 가장 많이 나타난 유형은 일본어는 N{とか}계이며, 한국어는 N{대동사}계이다. <용언에 붙는 buffer>에서는 일본어는 V{인용구조}계가 가장 많았고 한국어는 V{인용구조}계와 V는/ ㄴ/ ㄹ {거 같다}계가 동시에 1위를 차지하고 있다.

<표 33> 비서술어문에서 가장 많이 사용되는 완충표현의 유형

		1위	2위
일본어	체언에 붙는 buffer	N{とか}계 : 43문장	N の{ほう}계 : 20문장
	용언에 붙는 buffer	V{매달린 문장}계 : 16문장	V{인용구조}계 : 14문장
한국어	체언에 붙는 buffer	N{간투사}계 : 9문장	N{같다}계 : 7문장
			N{대동사}계 : 7문장
	용언에 붙는 buffer	V{매달린 문장}계 : 36문장	V의 여러 형태{그 외}계 : 6문장

<비서술어문>의 <체언에 붙는 buffer>에서는 일본어는 N{とか}계가, 한국어에서는 N{간투사}계가 가장 많이 나타나 있다. <용언에 붙는 buffer>에서는 V{매달린 문장}계가 한국어와 일본어 모두 빈도가 가장 높다.

8.6 <완충화>의 유형

이상 완충표현의 분포와 유형을 살펴보았다. 여기서는 이러한 유형 중에서 가장 높은 출현율을 보이고 있는 <인용구조>, <하더라고 형(形)>, <체언형종지문>, 「たりとか taritoka文」(거나든가 문장), <매달린 문장>, <간투사>, <상(相, aspect)적 성질>, <부정형>, <부속어 시작문>, <분석적인 형태> 등의 구조에 주목하여 이러한 구조가 <완충표현>으로서 성립하는 메커니즘을 고찰한다.

8.6.1 <인용형>과 <인용구조>에 의한 완충화 : '좋다고 하던데.'와 「知ってますとかいって.」 (lit. 알아요든가 말해서.)

<인용>표현은 표 32에서 본 바와 같이 한국어와 일본어의 <말해진 언어>의 담화에서 가장 많이 사용되는 <완충표현>이다. '인용'[11]에 대해서는 지금까지도 한국어와 일본어의 다수의 논의가 있다. 그 중에서 砂川有里子(스나카와 유리코 1989:361-362)는 '인용'과 '화법'을 구별하는 입장을 취하고 "'인용'이라는 기능과 관련된 것으로서는 인용구「～と」(-이라고)'를 받는 형식만으로 한정하기로 한다."는 조건을 붙이고, "인용한다는 것은 어떤 발화의 장(場) 또는 사고(思考)의 장에서 성립한 발언이나 사고를 그와 다른 발언의 장에서 재현하는 것이다"라고 설명한다. 그러나 언어 양상을 보면 인용이란 다른 언어장의 말을 또 다른 언어장에서 <재현>하는 것이라고 한정 지을 수만은 없다. 이 책에서는 다음과 같이 정의한다 :

> <인용>이란 <당해(當該) 말이 마치 다른 언어장의 말인 것처럼 표현하는 기능>이다.

다시 말하면 <인용>이란 실제로 다른 것을 인용하는 역할이 아니라

---

11) 龜井孝・河野六郎・千野榮一 편저(1996:1432)에서는 '화법'(話法)을 다음과 같이 설명하고 있다. "서구어에서 화자가 어떤 것을 이야기할 때, 그 이야기 중에 나타난 인물이 말한 것을 그 인물의 입에서 이야기된 그대로 재현하는 방법과 말한 것을 그 인물을 대신해 화자가 그 내용을 이야기하는 법으로 구별하고, 전자를 직접화법(direct discourse/narration, 라틴 oratio recta)이라고 말하고, 후자를 간접화법(indirect discourse/narration, 라틴 oratio oblique)이라고 말한다." 鎌田修(가마타 오사무 2000:17)에서는 "'인용'이란 어떤 발언・사고의 장에서 성립한 (혹은 성립할) 발화・사고를 새로운 발화・사고의 장으로 끌어들이는 행위이다. 그리고 '화법'이란 그 행위를 표현하는 언어적 방법이다. 일본어의 경우 인용은 조사 'と(-(이)라고)'를 수반하여 나타나는 경우도 있고 그렇지 않은 경우도 있다. 그 판단은 어떤 화법형식이 선택되는가에 따라 결정된다."라고 말하며 '인용'과 '화법'을 구별하고 있다.

<인용한 것처럼 말하는> 역할인 것이다. 즉 화자 자신의 말이 아니라 <마치 타자의 말인 것처럼 말하는> 것이다. 실제로 인용한 것인지 아닌지는 본질적인 것이 아니다. <인용>의 이런 피막(被膜)성, 간접성, 의사(擬似)적인 원격(遠隔)성이라고도 할 수 있는 본질이 바로 <완충화>를 지탱하는 것이 된다. 이런 역할에 의해서 다수의 <인용> 표현이 실제 담화 속에서 <완충표현>으로 사용되는 것을 가능하게 하는 것이다.

이 책에서는 野間秀樹・金珍娥(노마 히데키・김진아 2004:210-219), 野間秀樹(노마 히데키 2007b:491)에 따라 한국어와 일본어의 <인용> 표현을, 하나의 단어로 통합되는 <인용형>과, 2단어 이상으로 분석되어 나타나는 <인용구조>로 구별한다.

8.6.1.1 일본어에서의 <인용형>과 <인용구조>

우선 일본어의 <인용형>과 <인용구조>[12]를 도식화하면 다음과 같다 :

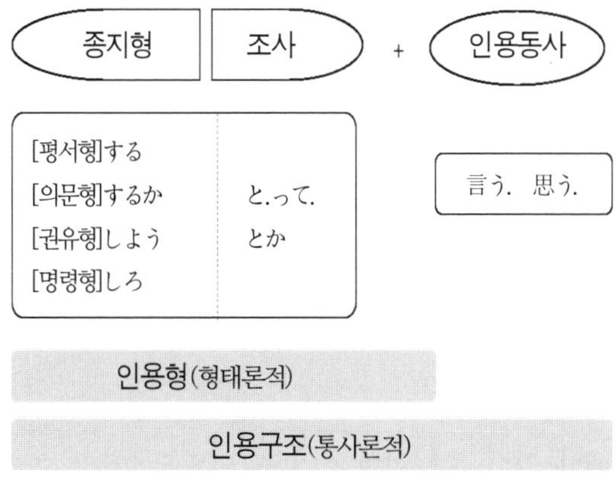

<그림 40> 일본어의 기본적인 인용구조와 인용형

12) 中園篤典(나카소노 아쓰노리 2006:1)는 "화자가 타자의 발화를 전하는 말을 '인용'"이라고 정의하고 "이를 위해 사용하는 언어형식을 '인용구문'"이라고 말하고 있다. 또 그 인용구문은 "주어+인용구(인용부)+인용동사(전달부)"의 구조로 설명하고 있다.

평서형, 권유형, 명령형, 의문형의 종지형에 조사 「と」(-(이)라고), 「って」(-(이)라고), 「とか」(-든가) 등이 붙은 형태까지를 형태론적으로 <인용형>이라고 한다 :

●

30대여	(여러 나라 사람들이 있어서. 뭔가 대단해. 아 뭔가 진짜 일본은 작구나- 라고.) いろんな國の人がいて. なんかすごい. あ, なんかすごい日本ってちっちゃいんだなーって.
20대여	そうですよね (그렇지요.) あーー 아--)

「って」(-(이)라고)는 문법적으로는 인용조사로 되어 있으나 위의 예처럼 「って」가 붙어 마치 피인용부(被引用部)를 구성하는 종속절과 같은 역할을 하면서 이 「って」가 붙어 있는 한 문장은 마지막 서술어로는 주문(主文)으로 통합되지 못한 문장이 되어 있다. 「ちっちゃいんだなー.」(작구나)가 아니라 「ちっちゃいんだなーって.」(작구나 라고) 라고 말한다. 「って」(-이라고)라는 피막을 덮어씌운 것이다. 「작구나 라고」 「생각했다」일까? 「말했다」일까? 마치 그런 '무언가'가 피막(被膜)으로 인해 감추어진 것 같은 인상을 주는 표현을 형성한다. 오해가 없도록 덧붙이자면 이는 결코 「생각했다」 「말했다」라는 단어가 '생략'되어 있는 표현이 아니다 :

> 「인용+って(−이라고)」라는 표현은 목적의식적으로 마치, 무언가가 소위 <감추어져 있는 것처럼 보여 주기> 위한 표현이며, 구조이다. 이것이 완충표현으로 기능한다.

또 다음의 예와 같이 종지형과 인용조사 뒤에 「言う」(말하다), 「思う」(생각하다) 등의 인용동사까지 포함하고 있는 부분을 통사론적인 <인용구조>로 본다 :

•

30대여	(그렇죠. そうですよね. 그렇죠) そうですよね.
40대여	一時間半だとしたら私ちょっとうれしいです. 自分だけじゃないと 思って. ははは(笑). (한시간 반이라면 저 조금 기쁘네요. 저만 그런 건 아니라고 생각해서. 하하하(웃))

•

20대여	(방향성이 달라지긴 했지만. 그래도 뭔가. 미래가 없다고 해야 할까.) 方向性が変わってきたんですけど. でも何か, 未來がないっていうか.
20대남	あー. あー そうですか (아-. 아-. 그러세요?)

인용동사 「言う」(말하다), 「思う」(생각하다) 등은 기본적으로 조사 「と」(-(이)라고), 「って」(-(이)라고) 에 후속하고, 「と言う」(-(이)라고 하다), 「と思う」((-는)다고 생각하다)와 같은 형태뿐만 아니라, 「って言って」(-(이)라고/ 는다고 하고), 「っていうか」(-(이)라/는다)고 할까), 「と思って」(-(이)라고/는다고 생각해서)와 같은 표현으로 문장이 끝나는 경우가 많다. 이런 형태는 담화 속에서 문말의 어미와 같이 정착화되었다고도 말할 수 있다. 「自分だけじゃないですね」(저만이 아니네요)를 「自分だけじゃないと思って」(저만이 아니라고 생각해서)라고 말하는 것으로 '기쁜' 것인지 '다행'인 것인지 잘라 말하지 않고 「自分だけじゃない」(저만이 아니네요)를 「と思って」(-라고 생각해서) 가 감싸안으면서 직접적인 발화를 완화시키고 있다. 또 「未來がない」(미래가 없다)를 「未來がないっていうか」(미래가 없다고나 할까)라고 피막을 덮어 「未來がない」(미래가 없다)라고 잘라 말하지 않고 「未來がないっていうか, 何というか」(미래가 없다고 할까 뭐라고 할까)와 같이 애매하게 말하면서 예시(例示)하는 것처럼 표현한다. 「未來がない」(미래가 없다)를 「っていうか」(-고 할까)라는 피막이 둘러싸는 것으로 <완충화>시키고 있다.

•

30대여	(아　고마고에는 조금 알아요라고나 할까　　　그냥) あ、駒込は若干知ってますとかいって.　　　ただ
30대여	なんか本郷, ほえ駒込とか知らないって.　　　　あ、知ってますか?. (뭔가 고향, 고마고에라든가 모른다고.　　　　아, 아세요?)

•

20대남	(으-응. 아　균형을 잘 잡아서.) うーーん. あ, 上手いバランスとって.
30대남	最初は, でそのまんまなんか, 上手く, 渡ってたって感じですよね (처음에는　그대로 뭔가　　　잘　　건넜다는 느낌이지요.)

•

30대여	(그냥 이야기만 하는 거라면 괜찮아 같은 느낌.　　　으응.) ね　別に話するだけだったら別にいいわみたいな感じで.　　　ううん.
30대남	ええ.　　　別に. (네.　　　특별히.)

위의 예와 같이 일본어의 <말해진 언어>의 담화에서는 <인용구조>의 인용조사로서 「って」(-(이)라고), 「と」(-(이)라고) 이외에도 「とか」(-든가)가 사용되기도 하고, 인용동사는 「言う」(말하다), 「思う」(생각하다)가 아니라 재미있게도 「みたいな感じで」(-같은 느낌으로)와 같은 표현이 <인용구조>를 만드는 경우도 많다. 「知ってますといって」(lit. 알아요라고 하고)나 「知ってますっていうか」(lit. 알아요라고 할까) 등, 인용동사로서 「と」, 「って」를 사용하는 인용구조보다도 「知ってますとか言って」(lit. 알아요라든가 하고)와 같이 「知ってます」(알아요)에 「とか」(-든가)로 예시성(例示性)도 더해지면서 완충도가 높아진다. 또 인용조사나 인용동사는 명시적으로 나타나지 않지만 「渡ってたって感じ」(lit. 건넜다라는 느낌), 「いいわみたいな感じ」(lit. 좋아 같은 느낌)과 같이 **연체형을 사용한 인용구조**로 표현함으로써 「渡ってた」(건넜다), 「いいわ」(좋아)가 객체화된다. 즉 「いいわみたいな感じで」(lit. 좋아 같은 느낌)가 되면, 「いいわって言って」(lit. 좋아라고 하고), 「いいわとか言って」(lit. 좋아라든가 하고)보다도 <완충표현>으로서 애매함이 더 가중되는 것이다.

8.6.1.2 한국어에서의 <인용형>과 <인용구조>

다음으로 한국어의 <인용형>과 <인용구조>를 도식화하여 살펴보자. 한국어의 인용형은 일본어보다 더 다양하고 복잡한 형태를 보인다[13)]:

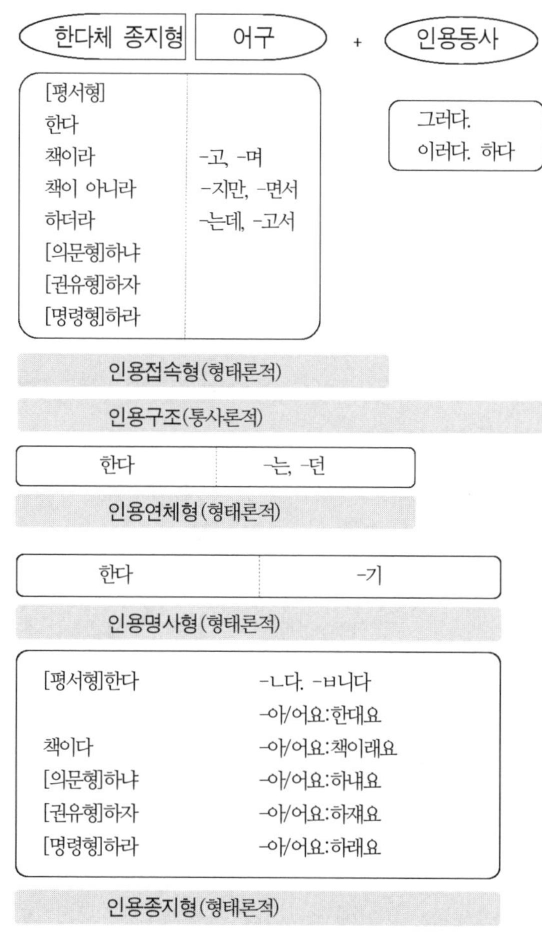

〈그림 41〉 한국어의 인용형과 인용구조

13) 野間秀樹・金珍娥(노마 히데키・김진아 2004:210-219), 野間秀樹(노마 히데키 2012c: 248-252) 참조.

한국어의 인용형은 형태론적인 관점에서 보면 **<인용접속형>**, **<인용연체형>**, **<인용명사형>**, **<인용종지형>**으로 나눌 수 있다. <인용접속형>은 위의 그림과 같이 평서형, 권유형, 명령형, 의문형이 "-고", "-며" 등의 접속형어미가 붙는 형태이다. 이런 <인용접속형>에 인용동사 "그러다", "이러다", "하다" 등이 후속하는 형태를 여기서는 **통사론적인 <인용구조>**로 본다. 또 한다체의 종지형에 연체형 어미 "-는", "-던"이 붙은 형태를 <인용연체형>, 인용의 종지형 어미 "-ㄴ다", "-ㅂ니다", "-아/어요"가 붙은 형태를 <인용종지형>이라고 한다. <인용종지형>에는 "한답니다" "한대요"와 같은 평서형뿐만 아니라 "하내요"와 같은 <의문 인용종지형>, "하재요"와 같은 <권유 인용종지형>, "하래요"와 같은 <명령 인용종지형>이 있다.

8.6.1.2.1 한국어의 「종지형+<인용어미>+인용동사」와 「종지형+<∅>+인용동사」의 <인용구조>

한국어의 「한다체의 종지형+인용어미[14]+인용동사」의 <인용구조>에는 다음의 「좋다+고+하던데」와 같은 예가 있다 :

•

30대여	아이, 근데요, 결혼 안 하고 혼자 사시는 게 좋을 거 같은데.
30대여	딱 여덜이 좋다고 하던데.

그러나 실제 담화 속에서는 한다체의 종지형 뒤에 인용어미 없이 직접인용동사가 이어지는 이하와 같은 인용구조의 완충표현이 많다. 직접인용, 간접인용의 피인용부를 앞에 두고, 동사 "그러다"나 "이러다"를 뒤에 두는 타입이다. "한다/했다"라는 용언에 "그러다"라는 인용동사를 후속시켜, 타인

14) 이 책이 말하는 <인용어미>를 이필영(1993:57)은 "인용표지"라 부르고 "∅", "고", "이라고", "하고" 의 4종의 인용표지로 인용절의 구성을 제시하고 있다. 한편 中西恭子(나카니시 교코 2004:111)에서는 「ⓐ 피인용문+ⓑ 인용의 기능을 맡는 성분+ⓒ 인용동사」의 구조를 '인용구문'이라고 말하고 ⓑ를 '인용사'로 부르고 있다.

의 말인 것처럼 하는 것이다. 접속형으로 말하는 "한다 그래 가지고"나 "한다 뭐 그래 가지고/그래 갖고", "한다 이러면서"와 같은 표현이 많고 인용 구조의 간접화를 가져온다 :

1)

30대남	굉장히 젊어 보이시는데. 하하(웃). 예. 아하하(웃).
40대여	그렇죠?. 다들 그렇다 그래요. 호호(웃). 전 마흔 셋이에요.

2)

20대남	학점이 거기 회원들이 더 잘 나오는 거에요, 언제나. 아, 괴롭도다 하면서. 난감하죠 뭐.
20대여	

3)

20대여	하하(웃). (이름)도 너무 멋있구.
20대여	슬픈데 나는 그런 게 없으니까. 하하(웃). 그렇게 저게 뭐야 막 이러면서.

4)

30대남	뭐, 야외 코트가 어디 있네 뭐 찾아 와라 뭐 그래 가지고. 찾아 오는데 우와,
30대남	으응.

인용어미가 나타나지 않는 경우, 이른바 인용어미 '∅'는, 남기심(1971:227, 228), 中西恭子(나카니시 교코 2004:129)는 인용동사가 대동사 "하다", "생각하다"의 경우에 나타난다고 지적하고 있다. 본 연구의 <말해진 언어>의 담화 데이터에서는 "하다" 보다도 8.4.3.2의 유형과 위의 예와 같이 "이러다", "그러다"와 같은 대동사가 많이 나타나고 있다. 또 <쓰여진 언어>의 실현체라 볼 수 있는 텍스트를 조사한 中西恭子(나카니시 교코 2004:130)에서는 인용어미 '∅'는 「'-(ㄴ/는)가', '-(ㄹ)까', '-리라' 뒤에 잘 나타난다.」라고 말하고 있다. 본 연구의 <말해진 언어>의 담화 데이터에서는 이와 같은 형태는

보이지 않고 앞의 피인용부는 위의 예1), 2)와 같은 평서, 3)과 같은 의문, 4)와 같은 명령 등, 한다체의 다양한 종지형 뒤에 자주 나타난다. <쓰여진 언어>와 <말해진 언어>의 차이를 여기서도 확인할 수 있는 것이다.

8.6.1.2.2 한국어의 <체언형의 인용어미> 「는」, 「라는」과 <인용동사의 기능을 하는 구조체>

이런 「한다체의 종지형+인용어미+인용동사」로 된 인용구조 이외에도 사실은 또 다른 중요한 인용구조가 있다. "어려 보인다는 소리를 들어요"와 같이 연체형어미 "-는"을 사용한 <인용연체형>과 피인용부에 하나의 인용동사가 아니라 몇 개의 단어로 된 구조체가 후속하는 인용구조이다. 이런 구조로 생각할 때 연체형어미 "-는"도 인용 어미에 추가해야 할 것이다. 대표적인 것으로는 "하는 생각이 들다", "한다는 소리를 듣다", "하는 줄 알다", "한다는 느낌이 들다", "한다는 생각을 하다", "한다는 얘기가 있다" 등이 있다. 이러한 의미에서 예를 들어 "한다는 소리를 듣다" 전체가 하나의 인용동사로서 작용하는 <구조체>라고 볼 수 있다.

•

40대여	되게 어려보인다. 네. 아아.
30대여	예. 학교를 다녀서. 좀 애들이랑 다녀서 그런지 좀 어려보인다는 소리를 많이 들어요.

또 "다르다라는 거죠"와 같이 인용의 연체형어미 "-라는"을 사용하는 인용구조도 추가해야 한다. "-라는"은 인용어미를 다루는 기존의 여러 연구에서 거의 언급되지 않은 형태이다. 이 책에서는 종지형 "-란다", 접속형 "-라고", 명사형 "-라기"를 가진 <인용의 연체형어미>로서 "-라는"을 규정한다. 이것 또한 실제로 많이 나타난다 :

•

20대여	에, 그죠. 맞아요. 그럼 원래 일본어 전공
30대여	그 전에 생각해서 이상으로 생각했던 거랑은 좀 많이 다르다라는 거죠.

•

30대여	아.
20대여	빨리 그 윙을 해서 열심히 타러 다녀야겠다라는 생각 하에. 열심히 배웠어요.

예를 들어 인용 어미 "-고"를 사용한 "다르다고 한다"는 타자의 말을 전하는 평범한 인용 형태가 된다. 인용의 연체형어미 "-는"을 사용하면 "다르다는 거"와 같이 타자의 말인 것처럼 표현하면서 명사절 혹은 명사구를 구성함으로써 해당 문장의 내용을 멀리서 바라보는 듯한 객체화가 가능하다. 즉 인용 어미 "-고"를 사용한 문장보다 인용의 연체형어미 "-는"을 사용하는 쪽이 이중의 완충화를 형성하며 그 정도도 강해진다.

그렇다면 인용의 연체형어미 "-는"이 아니라 "-라는"을 사용한, 예를 들어 "다르다라는 거" 에서 보이는 인용구조의 완충도는 어떠한가. 여기서는 직접화법과 간접화법의 차이가 완충도를 정한다. 인용 어미 "-고", 인용의 연체형어미 "-는"은 예를 들어 "안녕하시냐고 물었다", "안녕하시냐는 물음이었다"와 같이 간접화법을 유도하는 어미임에 비해, "-라는"은 菅野裕臣 외(간노 히로오미 외 1988)에서도 규정하고 있는 바와 같이 직접화법을 유도하는 어미이다. <"안녕하십니까"라는 물음이었다>와 같이 직접화법을 유도하는 어미 "-라는"은 "안녕하시냐라는 물음이었다"와 같이 실제로는 간접화법에도 사용된다.

이처럼 연체형어미 "-는"은 '타자의 말인 것처럼 표현'하고 있으나 <인용의 연체형어미> "-라는"은 확실하게 피인용부가 타자의 말의 인용이라는 점을 부각시키며 명사절의 구조를 사용해 객체화를 실현시킨다. 인용 어미 "-고"나 인용의 연체형어미 "-는" 보다 더 강력한 완충표현이 되는 것이다.

이상의 내용을 정리해 보면 3종류의 인용구조의 완충표현에는 다음과 같은 메커니즘이 숨겨져 있다 :

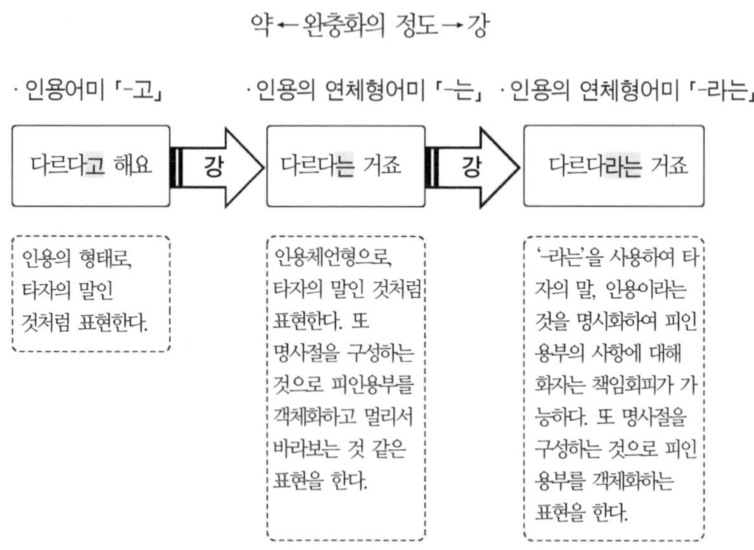

<그림 42> 인용어미의 차이에 따른 완충화 정도의 차이

8.6.1.3 한국어와 일본어의 인용구조에 의한 <완충표현>

지금까지의 논의를 정리하여 한국어와 일본어 담화에 나타나는 인용구조를 한국문법의 인용에 관한 틀로 정리하면 <그림 43>과 같은 차이를 발견할 수 있다 :

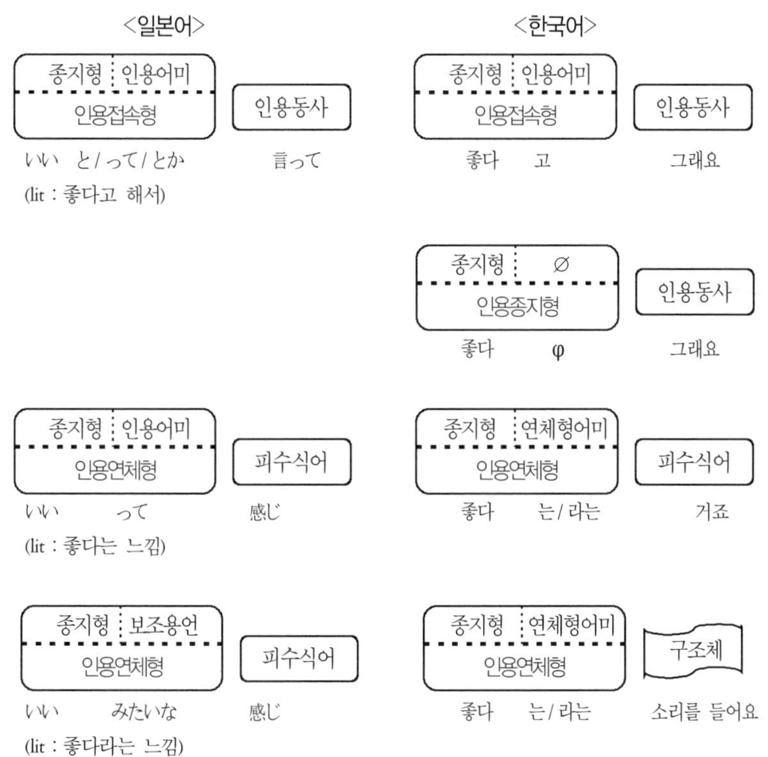

<그림 43> 한국어와 일본어의 인용구조

한국어와 일본어의 <인용구조>는 다음과 같은 메커니즘에 따라 <완충표현>으로서 사용되고 있다고 말할 수 있다 :

> 인용구조는, 서술어로 묶여진 서술(敍述)을 일단 객체화하고, 객체화된 대상에 대해 거리를 두는 형태이다. 이른바 피막에 의해 외적으로 둘러싸인 것 같은 형태로 완충화의 역할을 담당할 수 있다

인용구조는 이와 같이 단순한 인용을 뛰어넘어 <완충표현>으로서 화자의 어떠한 태도까지도 덧붙여 주는 중요한 디바이스가 된다.

8.6.2 한국어의 <체험객체화법>에 의한 완충화 : '하더라', '하더라고'

8.6.2.1 "-더-" vs "하더라", "하더라고"

"하더라" 혹은 "하더라고" 즉 <V {더라고} 계>는 한국어에서 두 번째로 많이 사용되는 <완충표현>이다. 선어말어미 "-더-"에 대해서는 다수의 연구가 있고 주로 '회상법', '보고법'이라는 개념으로 규정이 되어 있다 :

> 회상법 : 최현배(1929;1994:455) : "도로생각때매감", 남기심 · 고영근(1985;1993:309) : 과거에 경험을 회상할 때 사용된다.
>
> 보고법 : 서정수(1996:323,325) : "자신이 봤거나 들은 것을 상대에게 직접 알리는 보고기능을 나타내는 보고법의 형태", "'더'가 사용된 문장은 필히 상대가 있고 화자는 자신이 자각한 것을 그 상대에게 직접 알리는 기능이 있다."

그 외에 菅野裕臣 외 편저(간노 히로오미 외 편저 1988:224)에서는 '목격법'이라고 부르고 있으며 임홍빈(任洪彬 1982;1986:438)에서는 '과거나 과거진행', '기준시점의 이동' 등의 논의도 보인다.

이러한 기존의 연구에서는 인용의 형태로 되어 있는 "하더라고"는 어디까지나 "하더라"의 인용의 형태로서만 규정되어 있었다. "하더라고"를 선어말어미 "-더"와 어미 "-라고"로 나누어서 고찰하는 입장인 것이다. 국립국어연구원 편(1999:1338)은 "-더-"는 "과거에 직접 경험해서 알고 있는 사실을 현재 말하는 장면에서 그대로 전하는 의미를 갖는 어미"로 보고 있다. "-다고"는 "간접인용절에 사용되는, 어미 '-다'에 인용을 나타내는 격조사 '고'가 결합한 말"(국립국어연구원 편 1999:1338)이라고 설명하고 있다.

이와 같이 여러 선행연구가 "-더-"를 회상법, 보고법으로 부르고 인용형의 형태를 하고 있는 "하더라고"는 "하더라"형의 패러다임에 넣지 않는 것에 비해, 노마 히데키(野間秀樹 1996a:40, 2002a:99)에서는 용언의 형태로서의

"하더라고"와 "하더라" 전체를 <체험법>이라고 부르고 다음과 같이 체계화하고 있다는 점이 특징적이다 :

<표 34> 노마 히데키(1996a)의 체험법의 여러 유형 (인용자발췌)

	경의체	비경의체
체험법	하더라구요, 하데요, 하던데요, 하더군요	하더라, 하더라구, 하데, 하던데, 하더군

"하더라고", "하더라고요"라는 인용형 전체를 단순한 인용형으로서만 다루고 있는 것이 아니라 그 형태 전체를 독립된 <체험법>의 패러다임으로 규정하고 있는 것이다.

8.6.2.2 왜 "하더라"가 <완충표현>으로 작용하는가

그렇다면 이런 '보고법'이나 '체험법'이라고 불리는 "-더-"가 어떻게 <완충표현>으로서 기능할 수 있는 것일까. 이를 설명하기 위해서는 선행연구가 주목하고 있는 "-더-"의 기능[15]과는 다른 기능에 주목하지 않으면 안 된다. 상기의 서정수(1996:323), 노마 히데키(野間秀樹 2006a:113) 등의 선행연구의 기술에서는 대개 <필히 상대가 있고 화자가 과거 경험한 것, 지각하고 있는 것을 모르고 있을 상대에게 알려주는> 것을 "-더-"의 주된 기능으로 보고 있다.

그러나 이 책에서는 표 34와 같이 체험법에 나타나는 여러 형태의 다음과 같은 기능에 주목한다 :

① 청자에게 알려주는 것, 보고하는 것이 결정적인 조건은 아니다. 화자가 과거

15) 김차균(1980:91)에서는 "새로 알게 되다"를, 유동석(柳東碩 1981;1986:224)에서도 "비로소 알게 되었다"를 "더"의 의미로서 기술하고 있다.

에 체험한 것, 지각한 것, 처음으로 안 것을 청자가 알고 있는지 어떠한지와는 관계가 없다.

② "더"를 포함한 <체험법>의 여러 형태는 화자가 과거에, <체험한 것, 처음으로 안 것>을 <체험한, 처음으로 안=체험시점> 후에, 체험시점 이전에는 <몰랐던 것처럼> 말하고 <객체화하는> 계기를 가진 무드(mood)형식이다.

이러한 무드(mood)에 의해 "-더-"를 포함한 <체험법>의 여러 형태는 <완충표현>으로서 기능한다. 여기서는 <체험객체화법>이라고 부르기로 한다. 이하의 예를 보자 :

A : 너 어렸을 때 참 귀여웠어.
B : 어, 내 옛날 사진 보니까 진짜 귀엽더라.

화자 B의 "귀엽더라"는 청자A가 모르는 과거의 사실을 A에게 알려주는 발화가 아니다. 오히려 청자A에게 들은 사실에 대해 "(몰랐었는데 어렸을 때는) 그랬었어."라는 의미를 포함하면서 <사진을 본 체험시점> 뒤에 체험시점 전의 과거의 사항을 <객체화>하고 "귀엽더라"라고 말하고 있다. 바로 그 <체험객체화>의 무드가 담화 속에서는 <완충표현>으로서 작용하는 것이다. 즉 "옛날에 사진 보니까 귀여웠어."라고 자신의 일을 확실히 단정하여 말하는 것이 아니라 "귀엽더라"라고 <옛날 자신이 귀여웠던 것>을 체험 이전에는 몰랐던 것처럼 객체화하여 말함으로써 청자가 느끼는 부담을 경감시킨다. 설령 "내 예상대로 귀엽더라"라는 발화가 성립된다 해도 <예상은 했지만 사진을 보는 <체험시점> 전까지는 정말 그랬는지 아닌지 몰랐다.>라는 의미를 부각시키는 것이다.

8.6.2.3 "하더라"와 "하더라고(요)"의 완충기능

실제 회화에서는 이하의 예와 같이 "하더라" 계열에서는 "하더라고", "하더라고요"의 형태로 많이 나타난다 :

•

30대남	머리 맡에 있었는데 딱 나오는데 하 딱 봤는데 이쁘더라구요.
40대여	음 그럼 와이프가 이쁘게 생기셨나보다.

•

30대여	
30대여	나이 차이 많은 사람들, 아니면 동갑인 사람, 근데 동갑은 또 안 좋더라구요.

위의 예는 화자가 체험한 동갑끼리의 결혼에 대한 담화의 일부분이다. "동갑은 안 좋아"라고 단정해서 말할 발화를 "동갑은 안 좋더라구"라고 말하고 있다. 즉 <동갑끼리의 결혼이 좋지 않다>라는 내용을 <결혼한> 체험시점 후, 대상화, 객체화하여 <몰랐던 것처럼> 말하는 것으로 완충화한다.

또한 "좋더라구"는 종지형 "좋더라"에 인용 어미 "-고"가 추가된 형태이나 노마 히데키(野間秀樹 1996a:40,2002:99)가 말하는 것처럼 인용의 기능은 사실상 소멸됐다고 볼 수 있다

인용형을 만드는 어미 "-고/-구"에 더 주목하여 고찰해 보면 "-고"가 사용된 형태에서는 이하의 예에서 보이는 것과 같은 기능도 생각할 수 있다 :

A : 어제 간 가게 어땠어요?
B : ① 석우 씨는 좋다고. <인용 어미>
② 좋다고. <반복됨을 거부하는 듯한 무드형식>
③ 좋더라. <체험객체화의 무드형식>
④ 좋더라구. <체험객체화를 주관적으로 말하는 무드형식>

"한다고" 형은 ①과 같이 <순수한 인용의 의미를 표현하는 기능>과 ②와

같이 자신의 생각을 청자에게 <반복됨을 거부하는 듯한 기능>이 있다. 이 두 가지 예는 <완충표현>으로서의 역할은 하지 않고 있다.

이에 비해 "하더라고" 형은 '…처럼 생각하다'와 같이 자신의 주관적인 느낌이나 생각을 말하는 어미로서 기능하고 있다. 즉 "하더라고"는 <체험객체화의 무드형식> "하더라"와 동일한 의미를 갖는다. 그러나 그 차이는 <주관적으로 그렇게 생각한다>라는 무드(mood)가 덧붙어 있다. <완충표현>의 정도가 더 강해지는 것이다. "좋더라"의 <몰랐는데 왠지 좋았다>보다 "좋더라구"에는 <몰랐는데 뭔가 좋은 것 같았다>와 같은 이중의 완충화가 일어나고 있는 것이다 :

> "하더라고"는 인용형과는 차원이 다른 문제이다. "하더라고"는 인용의 기능이 아니라 <체험객첵화>와 <주관성>의 무드를 가지고 <완충표현>으로서 기능한다.

또 대우법의 형태론적인 패러다임에서 비경의체 "하더라", "하더라고"의 각각의 경의체로서 "하더라구요"가 성립한다 :

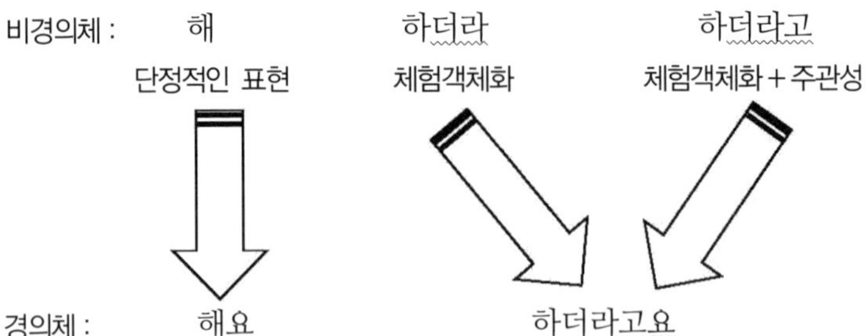

<그림 44> 하더라, 하더라고의 완충도

이와 같이 "하다"나 "했다"라고 말해도 좋을 발화를 "하더라", "하더라고(요)"와 같

은 잉여(剩餘)적인 형태로 표현하여 <체험객체화>와 <주관성>의 무드로 물들인다. 단적으로 말하는 것을 피하고 사실을 피막화, 객관화, 간접화하는 <완충표현>으로서 기능하고 있는 것이다.

8.6.3 <연체형종지문>에 의한 완충화 : '시원한 향 나는.'과 'もったいないみたいな.' (lit. 아까워 같은.)

주목해야 할 점은 한국어와 일본어 두 언어 공통으로 '시원한 향 나는.' 「個性的な.」(개성적인)과 같이 용언의 연체형으로 끝나는 문장이 존재한다는 사실이다. 이 책에서는 연체형으로 끝나는 이러한 문장을 <연체형종지문>이라고 부르기로 한다. 그리고 이러한 <연체형종지문>이 바로 <완충표현>으로서 기능을 하는 것이다. <연체형은 반드시 피수식어를 요구한다>라는 성질을 뒤집는 이러한 <연체형종지문>의 존재는 일본어에서도 한국어에서도 기존의 연체형, 연체절에 대한 문법연구에서는 논의가 없었다. <연체형>으로서가 아니라, 「みたいな」「という」라는 극히 일부의 개별 형태에 대해서만, 앞의 8.2장에서 확인한 바와 같이 담화연구에서 언급이 있었으나 연체형이라는 유형의 메커니즘으로는 다루지 않았다. 여기서는 <연체형종지문>이라는 새로운 개념이 <완충표현>으로서 작용하는 메커니즘을 밝혀내 보고자 한다.

8.6.3.1 일본어의 연체형종지문 : <teiu (っていう 라고 하는) 문>

「みたいだ」(-는 것 같다), 「ようだ」(-는 것 같다)와 같은 조동사의 연체형 「みたいな」(-는 것 같은), 「ような」(-는 것 같은)와 인용동사의 연체형 「っていう(という)」(-(이)라고 하는, (-(이)라는)[16] 등은 그 자체는 <서술어>이지만 문장 안에서는

16) 「っていう」는 문어체 「という」의 구어체 형태이다.

서술어로서의 <통합> 기능이 거의 상실되면서 완충표현으로서 나타나고 있다. 그 예를 보자 :

•

20대남	(엄청 추워서요. 네 이제 멋 부린다든가. 네 그러니까요.) ものすごく寒いんで. そうですね もう格好とか. はい. だから.
30대여	あ, 寒いから? あじゃ, 帽子かぶって一 もうしっかり着てっていう. (아, 추우니까? 아 그럼 모자 쓰고- 이제 제대로 입고라고 하는.)

「っていう」의 「いう」(말하다)는 전술한 바와 같이 문법적으로는 인용을 나타내는 동사이다. 그러나 <완충표현>으로서 작용하는 「っていう」는 「辭書は韓國語で「サジョン」という.」(辭書(지쇼)는 한국어로는 사전이라고 한다)와 같은 본래 의미를 가지는 인용동사의 종지형 문장이 아니다. 여기서 논하고자 하는 「っていう」(라고 하는)는, 위의 예와 같이 「しっかり着てっていう」(lit. 제대로 입고라고 하는)+<피수식어Ø>와 같은 <피수식어를 수반하지 않는 연체형>의 형태이다. 연체형은 용언이면서도 본래 연체수식어, 즉 문장의 성분으로서는 수식어이며, 피수식어가 반드시 요구되는 형태이다. 종지형처럼 통합성과 종결성이라는 성격을 갖고 있지 않다. **종속절로서의 연체수식이 후속해야 하는 상위절을 명시하지 않는 것으로 결여구조를 만들어 내고 그것이 완충화를 이끌어 낸다 :**

> **연체형의 형태로 문장을 끝맺음으로써 오히려 문장이 끝나지 않았음을 시사한다.**

문법론에서의 <서술어>에 대한 규정은 자명한 것처럼 보여도 이와 같이 사실은 지극히 무너지기 쉬운 성질을 내포하고 있다는 것을 알 수 있다. (1) 인용의 형태로, (2) 끝나지 않은 문장으로, 완충화된 문장을 만들어 내는 것이다 :

문말이 「っていう」라는 연체형으로 끝나는 문장은 (1) 인용구조에 의한 <완충화>와, (2) 수반되어야 할 피수식어가 결여된 연체형에 의한 <완충화>라는 두 가지의 <완충화> 구조를 내포하고 있다.

이러한 사실이 일본어의 <완충표현>으로 가장 많이 사용되고 있는 대표적인 유형을 뒷받침하고 있다.

8.6.3.2 일본어의 연체형종지문 : <mitaina (みたいな 같은) 문>

「みたいな」(같은)는 문법적으로는 「みたいだ」(같다)의 활용형으로 조동사 혹은 형용동사 「みたいだ」(같다)의 연체형이다. 「みたい」(같아) 「みたいに」(같게) 「みたいで」(같아서)와 같은 형태는 「みたいな」(같은)와 같이 직접적으로 말하는 것을 회피하고 간접적으로 표현하는 기능이다. 담화 속에서 많이 사용되고 있다 :

●

30대여	(맞아 맞아 맞아. 아까운 것 같은. 1만엔 없어진 것 같은.) そうそうそう. もったいないみたいな. 一万円消えてるみたいな.
30대남	ねー. なんで ま, 知ってる人か (맞아. 왜 뭐 아는 사람이냐)

「みたいな」(같은)는 연체형이면서 본래는 용언이므로 서술어로 인정해야 하나, 상기의 「っていう」(라고 하는) 부분에서 지적한 것처럼 뒤에 체언을 요구하는 연체형은 연체수식어의 성질을 강하게 유지하고 있는 동시에 말이 끝나지 않았다는 암시이기도 하다. 時枝誠記(도키에다 모토키 1941;1976:356)는 문장의 완결은 "용언의 완결형식에 따라 대표된다."고 말하고 있다 :

> 流る(nagaru : 흐른다), 美し(utukusi : 아름답다)는 완결되어 있는 것으로 인해 그것만으로 문장을 구성하고 있으나 流るる(nagaruru : 흐르는), 流るれ(nagarure), 美しき(utukusiki : 아름다운), 美しく(utukusiku : 아름답고), 美しけれ(utukusikere)

> 에 있어서는 의미내용은 앞의 경우와 동일하지만 문장이라고 생각되지 않는 것은 그것이 미완결인 진술을 나타내기 때문이다. 이리하여 완결의 의식을 수반하는 용언의 용례를 귀납한다면 그것은 용언의 종지형이며 다른 활용형은 특수한 조건 하에 즉 계(係)를 수반할 때만 완결할 수 있는 것이다.

용언의 종지형으로 끝나지 않은 문장은 완결된 문장이 아니라는 것이다. 이러한 견해는 본 연구가 용언의 연체형으로 끝나는 문장을 <완충표현>으로 규정하는 것을 뒷받침하는 논의이다. <연체형>의 형태를 가진 「っていう」(라고 하는)와 「みたいな」(같은)는 수많은 발화에 나타나, 이미 하나의 어미와 같이 정착되어 있다.[17] 화자가 「もったいないみたいな」(아까운 것 같은)라고 말해도 그 뒤에 체언이 나올 것을 청자는 기대하지 않는다. 그것으로 문장이 끝났다고 인식하기 때문이다. 이를 이용하여 <완충표현>이 성립하는 것이다.

이러한 「っていう」(라고 하는)와 「みたいな」(같은)와 같이 문말 표현으로 정착되어 있는 연체형은 한국어에서는 발견할 수 없는 일본어의 독특한 <완충표현>이다.

8.6.3.3 일본어에서 보이는 그 외의 <연체형종지문>

「っていう」(라고 하는), 「みたいな」(같은) 이외에도 「暇な.」(한가한.) 「個性的な.」(개성적인.)과 같은 형용동사의 <연체형종지문>이 보인다 :

•

30대여	하하(웃) 듣는 귀도 한가한. 이제.) はははは(笑). 聞く耳も暇な. もう.
40대여	こういて思わず聞く耳を暇だからたてちゃったんですよ. はは(笑) ほんと. ほんと. (이렇게 아무 생각없이 한가하니까 들어버렸어요. 하하(웃). 진짜. 진짜.)

17) メイナード(메이너드 2004), 油谷幸利(유타니 유키토시 2006)에서도 동일한 지적이 보인다.

•

20대남	(정말 많아서. 네. 그러니까요. 하하(웃)) ほんっとに多くて. はい そう ですかね はは(笑)
30대여	は は は(笑). ね? なんかすごいでも. うん. 個性的な. はは(笑). (하 하 하(웃). 그죠? 뭔가 대단한데. 응. 개성적인. 하하(웃))

또 「そういう」(그러한), 「どういう」(어떠한), 「どういった」(어떠한) 등의 '연체사'로 문장이 끝나는 경우도 빈번하게 보인다. 이들은 <연체사종지문>이라고 부르기로 한다. <연체사종지문>도 <연체형종지문>과 동일한 구조를 갖고 있으며 <완충표현>으로 규정할 수 있다 :

•

30대여	(네. 직업은 어떤?.) はい. ご職業はどういった.
40대남	あ, なるほどね あーー. へー. あのー, 私のほうもちょっと 変わってるんですけど. (아, 그렇군요 아- 에- 그게- 저도 좀 색다르긴 합니다만.)

8.6.3.4 한국어에서 보이는 <연체형종지문>

일본어의 「っていう」(라고 하는), 「みたいな」(같은)와 같이 연체형이 문말표현으로 정착되어 있는 형태는 한국어에는 보이지 않는다. 野間秀樹(노마 히데키 1997a), 村田寛(무라타 히로시 2000), 中島仁(나카지마 히토시 2002), 中西恭子(나카니시 교코 2002), 金民(김민 2009) 등 연체형과 연체절에 관한 많은 연구가 <연체형종지문>을 언급하지 않은 것은 그러한 이유 때문일 것이다.

그러나 <연체형종지문>은 한국어의 담화 안에서도 동사, 형용사, 존재사, 지정사와 같은 모든 용언에 나타나고 있다 :

•

20대남	넌 뭐 갖고 싶은데? 음, 향수 뭐? 시원한 향
20대여	나? 어-, 향수. 그냥 시원한 향 나는.

•

30대남	아. 근데 좀 안 좋은. 하하(웃). 상태가 안 좋은 상태라서.
40대여	하하(웃). 왜요?

•

30대남	예. 가까워요. 저는 구청역.
30대여	그 논현동 옆에 서울세관 있는.

•

30대남	예예예예.
40대남	(○○) 선생도 계시잖아요, 거기. 전 (○○)대 총장인. (○○)대는 가깝고도

"이런", "그런" 등의 '연체사'로 문장이 끝난 경우도 자주 볼 수 있다. 한국어의 <연체사종지문>도 <연체형종지문>과 동일한 구조를 가지고 있으며 <완충표현>으로서 기능하고 있다 :

•

30대여	저희 때부터 좀 늦어도 되지 이런. 다행이에요. 하하(웃). 주위에 동지들이 많아서.
40대여	응. 응.

8.6.3.5 한국어와 일본어의 <연체형종지문>의 존재

<연체형종지문>에 대해 생각해 보자. 한국어에서도 일본어에서도 일반적으로 용언의 연체형은 연체수식절 내부에서는 서술어이며 그것을 포함한 상위절에서는 연체수식어이다. 용언의 연체형의 이러한 성질이, 연체수식절을 받아야 할 상위절의 피수식어의 부재(不在)에 의해 극히 특이한 문장의 끝맺음을 초래하는 것이다. 담화에서 이러한 연체형종지문의 사용은 특히 주목해야 할 것이다. 물론 이러한 연체형종지문은 현대 한국어의 <쓰여진 언어>에서는 거의 나타나지 않는다 :

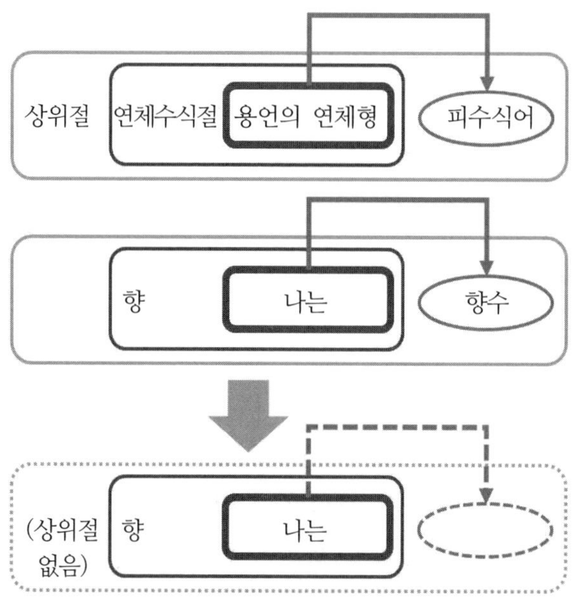

<그림 45> 연체종지형의 구조

그 자체는 서술어이지만 연체형의 형태로 나타남으로써 연체절로 끝맺는 역할을 하고 있다. 이 구조는 즉, 해당 연체절의 상위절에서의 연체피수식어를 요구하는 것이 된다. 예를 들어 「A : "향수 뭐?" - B : "그냥 시원한 향 나는.」과 같이 해당 문장 앞에 피수식어인 체언(향수)이 나타나 있더라도 그 통사론적인 제약은 기본적으로 변함이 없다. 서술어가 굳이 연체형종지의 형태로 나타남으로써 상위절 주문이라는 굴레에서 벗어나 연체수식절 자신이 주절이 되어 나타난다. 이렇게 해당 연체수식절은 통사론적으로 주절이면서 형태론적으로 연체수식절이라는 두 가지의 성격을 띠게 된다. 즉 해당 서술어가 서술어의 기능과 수식어의 기능이라는 두 가지 기능을 맡는다. 그리고 그 수식어가 기대하는 피수식어는 실현되지 않는 것이다 :

<연체형종지문>은 후속해서 존재해야 할 피수식어인 체언을 굳이 <결여>시킴으로써 단언(斷言)을 피하는 <완충표현>의 무드 형식이 된다.

8.6.4 일본어 조사에 의한 <완충화> : <taritoka(たりとか 거나든가)문>

「家事とかは?」(집안일 같은 건?)와 같은 <N {とかtoka(-든가)} 계>와 「減ったり.」(줄었거나)와 같은 <N {たりtari(-거나)} 계>는 서술어문과 비서술어문을 합쳐 1위, 2위를 차지하는 사용률이 높은 <완충표현>이다.

기존의 문법에서는 <부조사>로 명명되어 있는 「とか」(든가), 「たり」(거나) 등의 요소는 <詞>(사 : 자립어)가 아니라 <辞>(사 : 부속어)에 속하는 '조사'이며, 비자립적, 의존적, 부속적인 성격을 지니고 있다. 「調べるとか」(조사한다든지), 「行かれたり」(가시거나)와 같이 서술어에 붙어 있는 조사 「たり」(거나), 「とか」(든가)는 문장의 마지막에 나타나 서술어의 기능을 극단적으로 저하시켜 서술어로서의 문장의 통합력을 현저하게 약화시킨다 :

•

30대여	(네? 집안일? 그게 저는 독신입니다만. 저기 집안일은 가끔하는데요, 역시) え? 家事?. ああの私獨身なんですけど. あの家事は 時々ですね, やっぱり.	
40대여	で, 家事とかは?. (그래서, 집안 일 같은 건?	あ, えええ. 아, 에에에.)

•

20대여	(아마 라오스어보다 아마 될거야. 후후(웃). 응, 부전공.) たぶんラオス語よりたぶん出來る. ふふ(笑). うん, 副專攻.	
20대남	あー, 朝鮮. (아- 한국.	あ, 朝鮮語やってるとか? 아, 한국어를 하고 있다든가?)

40대남	(친구와 만날 시간이 적어지거나 하지 않아요? 어느샌가 오는 연하장이 줄었다거나. 하하(웃)) 友達と會う時間とか少なくなったりしませんか? いつの間にか來る 年賀狀が減ったりとか. はは(笑).
30대남	そーうですね　はははは(笑). (맞아요　하하하하하(웃))

상기의 예는 「たり tari」(거나), 「とか toka」(든가)가, 「家事」(집안 일), 「やってる」(하고 있다), 「減る」(줄다)와 같은 체언이나 서술어 뒤에 붙어 의문문이나 평서문을 이루고 있는 문장이다. 「家事は?」(집안 일은?)라고 묻지 않고 「家事とかは?」(lit. 집안 일이라든가는?)와 같이, 「やってる?」(하고 있어?)라고 말하지 않고 「やってるとか(?)」(lit. 하고 있다든가?)처럼, 직접적인 질문을 피하고 간접적인 질문을 형성하고 있다. 예를 들어 「減る?」(줄어?)와 같이 동사로 언어화하는 것이 아니라 「減るとか?.」(lit. 준다든가?), 「減ったりとか?.」(lit. 줄었거나든가?)와 같이 마치 「減る」가 하나의 예시, 선택지(選擇肢)에 지나지 않는 것처럼 화자가 제시한다. 언어화되어 있지 않은 선택지를 청자에게 상상하게 하면서 질문의 독단성을 약화시키는 작용을 하고 있는 것이다. 용언 뒤에 「とか toka」(든가)나 「たり tari」(거나)」를 붙임으로써 「とか」 앞의 전체 문장을 선택적인 대상으로 만들어 용언을 사용한 직접적인 질문의 내용을 간접화시킨다. 「やってる?」가 아니라 「(あるいは, もしや)やってるとか?」(lit.(어쩌면 혹시) 하고 있다든가?)와 같이 <하고 있는지 아닌지>라는 직접적인 yes-no 의문문을, '혹시'라는 화자의 양태(樣態, modality)적 느낌을 명시하는 의문문으로 전환시키는 기능을 한다 :

> 「やってる」(하고 있다)라는 명확한 문장이 「やってるとか」(하고 있다든가), 「減ったり」(줄었거나)와 같이 서술어 뒤에 「とか toka」 「たり tari」를 덧붙임으로써 의미적으로는 선택지를 상정(想定)시키고 청자의 부담을 경감시킨다. 구조적으로는 뒤에 무언가가 마치 생략된 것처럼 <끝났지만 끝나지 않은> 것 같은 느낌을 풍기는 문장으로 전환시킨다.

서술어에 후속해서 「たり.」(거나), 「とか.」(든가)로 문장이 끝나는 이런 완충 표현은 <마치 언외의 선택지를 상정시키는> 대(對)청자 modality, 즉, 청자에 대해 어떻게 말할 것인가 라는 화법으로 완충화의 효과를 만들어 내고 있다. 또한 이러한 <결여>의 메커니즘은 담화 속에서 <완충표현>으로 기능한다.

8.6.5 <매달린 문장>에 의한 완충화 : '어쩔 수 없죠, 뭐.'와 '出歩かないですよね, なんか.' (lit. 돌아다니지 않죠, 뭐.)

8.6.5.1 일본어의 <매달린 문장>

•

30대남		(아----- 죄송, 늦어서 죄송합니다.) あーーーー, すい, 遅くなりましてすいません.
40대여	どなたと私はお話するのかなー, なんて. (나는 어떤 분과 이야기하는 걸까- 하는.	いえいえ, と, とんでもないです. 아니 아니, 아, 아니에요.)

•

30대남	(도쿄 사람은 거꾸로 별로 돌아다니지 않죠, 뭐. 東京の人は逆にあんまり出歩かないですよね, なんか.	하하하(웃)) ははは(笑)
40대남		そうかもしれないですよね (그럴지도 몰라요.)

일본어의 담화에는 상기의 「どなたとお話するのかなー, なんて.」(어떤 분하고 얘기하는 걸까 하는), 「出歩かないですよね, なんか.」(돌아다니지 않죠, 뭐)의 예와 같이 서술어로 일단 끝난 문장 뒤에 「なんて」(같은, 하는), 「なんか」(뭐)와 같은 요소가 붙는 발화가 다수 존재한다 :

> 서술어로 일단 끝난 문장 뒤에 「なんてnante」, 「なんかnanka」, 「えe」 같은 <매달리는> 부사류나 간투사류가 붙어 서술어의 통합성을 잃게 하는 유형의 문장이 존재한다. 이들을 <매달린 문장>18)이라고 부른다.

「なんか寂しい」(왠지 외롭다)와 같은 경우라면 「なんか」가 확실히 「寂しい」라는 서술어를 수식하는 기능이 농후하고 기능적 관점에서도 충분히 '부사'로 인정할 수 있다. 그러나 <매달린 문장>이라고 이름 붙인 문장의 종류, 예를 들어 위 예에서의 「寂しい, なんか」(lit. 외로워, 뭔가)와 같은 경우라면 「なんか」라는 단어는 「寂しい」라는 서술어의 구체성과 명확성뿐만 아니라 의미적인 통합성까지 잃게 한다. 이는 서술어 「寂しい」(외롭다)가 존재함에도 불구하고 후속하는 요소 「なんか」(왠지, 뭔가)에 의해 서술어의 완결력을 잃게 하고 통합력이 약해진 <완충표현>이 된다.

사전에 의한 문법적인 기술에서는 「なんか」(뭐, 뭔가)는 '연어'(連語), 「なんて」(라는, -같은, 하는)은 '연어'(連語), '부조사'(副助詞) 등으로 기재되어 있으나 그 기술을 보면 모두 문두(文頭)나 체언 뒤에 위치하는 예만이 제시되어 있다. 문장의 끝에 붙는 상기의 예문과 같은 예에 관련된 기술은 보이지 않는다. 어느 쪽이든 단어의 문법적인 성질로 보면 서술어로서 기능할 수 없는 단어류이다 :

> 문장을 끝맺는 「なんてnante」 「なんかnanka」라는 완충화의 디바이스가 서술어의 통합성을 약화시킨다.

이 밖에도 「え」(네), 「だって」(그렇지만, 그래도)와 같은 간투사나 접속사 등

18) <매달리는> 요소는 「なんか」(뭔가, 왠지), 「なんて」(-라는, -같은, -하는) 같은 단어에 그치지 않고 재미있게도 「全然」(전혀, 아주)와 같은 매우 강한 의미를 가지는 부사에까지 이른다. 「借り家だったよ, 全然」(빌린 집이었어, 완전) 이라는 <매달린 문장>은 「全然」의 기능에서 보면 <완충표현>이라고 간주할 수 없다. 또 「引っ越しちゃったの? 成城學園から.」(이사했어? 세조가쿠인에서) 와 같이 서술어 뒤에 붙는 요소가 「成城學園から.」(세조가쿠인에서)와 같은 실사인 경우에는 도치문이라고 말할 수 있는 것이며, 이 문장은 <매달린 문장>과는 성질이 다르다. 이와 같이 <매달린 문장>이 모두 <완충표현>으로서 성립하는 것은 아니다. 또 <매달린 문장>은 <도치문>과도 구별할 수 있는 것이다. 다만 전술한 바와 같이 "좀", "아마", "혹시" 등의 진술부사의 경우에는 매달린 문장과 도치문을 구별하기 어렵다. "그거 보셨어요, 혹시?"와 같은 문장은 매달린 문장이기도 하고 도치문이라고도 할 수 있다.

의 단어가 서술어 뒤에 붙는 경우에도 서술어는 그 통합성을 상실한다. 일본어에서 <매달린 문장>을 담당하는 매달리는 요소의 예는 특히 「なんか」, 「なんて」가 다수를 차지한다. 이러한 관점에서 보면 일본어의 「なんか」, 「なんて」도 간투사로 생각할 수 있다.

8.6.5.2 한국어의 <매달린 문장>

한국어에서도 <매달린 문장>[19]의 <완충표현>이 보인다 :

•

40대여	아, 예. 아. 어디 먼 데서 오셨어요? 음.
30대여	소개 받아 갖고 왔거든요. 저요? 아이, 그렇게 멀지는 않구, 예.

•

30대남	좀 약간 실망을 하면서 그냥. 예. 그렇죠, 뭐.
40대여	예. 저는 딸이길 되게 기대했거든요. 근데 어쩔 수 없죠, 뭐.

한국어의 "그냥 실망을 하면서"와 같은 경우에는 "그냥"이 확실하게 "실망을 하면서"라는 서술어를 수식하고 있어, 기능적 관점에서도 '부사'로 규정할 수 있다. 그러나 위의 예에서 "실망을 하면서 그냥."과 같은 경우에는 (1) "그냥"이라는 단어가 서술어의 뒤, 문장의 끝에 위치한다는 통사론적인 자리로 인해, '실망을 하면서'라는 무거울 수 있는 내용을, 부가적으로 '그냥'을 덧붙여 일단 가벼운 느낌으로 끝맺고 있다. 그리고 (2) 덧붙여진 '그냥'의 기능은 당해 문장 내부에서 끝나지 않고 그 다음 발화의 출현을 예상시키는 일종의 문장 외부에 대한 담화구축 기능을 보인다. 해당 담화에서 해당 문장 내의 이러한 위치에 의한 이중의 성격이 완충적인 기능도 강하게 만들게 된다.

19) 간투사적인 성질을 강하게 띠고 있는 <매달리는> 부사류를 보면 "뭐", "그냥" 같은 단어에 그치지 않고 흥미롭게도 "꼭", "막"과 같은 매우 강한 의미를 나타내는 부사도 있다. "아줌마 티 내잖아, 꼭."과 같이 "꼭", "막" 과 같은 요소가 서술어 뒤에 붙은 문장은 <매달린 문장>이라도 본 연구가 밝히고자 하는 <완충표현>은 아니다.

"어쩔 수 없죠, 뭐.", "실망을 하면서 그냥."의 "뭐", "그냥"은 서술어의 통합력을 약화시키는 것으로 해당 문장 전체의 명확성을 약화시키고 완충화시키고 있다.

8.6.5.3 담화 안에서의 <매달린 문장>

한국어와 일본어의 <매달린 문장>은 무엇이 <매달리는가> 로 특징지을 수 있다. 일본어의 <매달린 문장>은 서술어 뒤에 「なんて」(같은), 「なんか」(뭔가) 등이 매달리는 경우가 대부분인데 비해, 한국어는 "뭐", "예", "에"와 같은 간투사류가 매달리는 경우가 대부분이다. 이러한 <매달린 문장>은 다음과 같은 메커니즘에 의해 <완충표현>으로 성립된다 :

> 서술어보다 더 뒤에, 문장의 가장 마지막에 위치한다는 통사론적인 위치에 의해 해당 문장의 윤곽을 흐리게 하고, <매달린 문장>은 <완충표현>이 된다.

이와 같이 부사 하나만을 보더라도 문장 하나의 내부요소만으로 보는 것이 아니라 담화 안에서의 문장, 그리고 담화 안에서의 단어로 볼 때 비로소 하나의 단어가 담화 안에서 만들어 내는 다양한 기능을 선명히 부각시킬 수 있다.

8.6.6 <aspect적>–<taxis적> 성질에 의한 완충화 : '해 가지고.'와 'しててsitete' (lit. 하고 있어서)

8.6.6.1 일본어의 <V {て te} 계>

「してて」(lit. 하고 있어서) 등 일본어의 <V {て te} 계>의 예에 주목해 보자 :

•

20대여	(응. 으응- 들었어? 아하하(웃) 대단하다.) うん. んー, 聞いたの? あはは(笑) すっごい.
20대남	どういう所 デートしに行くの, とかクラスの人のみんなで メールしてて. (어떤 곳 데이트하러 가는 거야?라든지 같은 반 친구들 모두가 문자를 보내서.)

•

30대여	(아, 그렇습니다. 쭉 도쿄에서 자라서. 고등학교까지는 도내에서.) あ, そうです. ずっと東京で育ってて. 高校までは都内で.
30대남	もともとでも都内で?. あ. (원래 도내에서? 아.)

•

30대여	(에. 이치. 아, 조금 그러세요? 아, 그러세요?) え. 市. あ, ちょっと そうですか. あ, そうですか.
30대남	僕は もう市川に ずっと 住んでて. で, 大學とか東京とか まで行って (저도 이치카와에서 쭉 살아서. 그리고 대학은 도쿄까지 가서.)

•

20대남	(뭐 본 목적으로는 임팩트가 강하려나 라는 걸 해서.) ま, 見た目的にはインパクト强いかな, ってことやってて.
20대남	あー 何人ぐらいやってるんですか (아- 몇 명 정도 하고 있나요?)

위의 예 「みんなでメールしてて」(lit. 모두가 문자를 보내고 있어서)는 원래 「みんなでメールした」(모두가 문자를 보냈어)라고 말할 수 있는 문장이다. 그러나 <말해진 언어>의 담화 속에서는 위의 예와 같이 굳이 <してて.>(lit. 하고 있어서)로 문장을 끝맺는 문말 표현이 자주 등장한다. 이런 <してて>는 형태상으로는 <していて>의 구어체적인 이형태로서 규정할 수 있을 것이다.

즉, 이 <しててsitete>는 ① <しているsiteiru(하고 있다)형>과 ② <してsite(하고/해서)형>의 복합적인 형태라고 말할 수 있다. 그렇다면 <してて>라는 형태가 어떻게 <완충표현>으로서 작용을 할 수 있는 것일까. 이 의문을 풀기 위해서는 ① aspect론적인 관점에서 <しているsiteiru형>을 보는 것과 ② taxis론적인 관점에서 <してsite형>을 보는 복합적인 작업이 필요하다.

工藤眞由美(구도 마유미 1995:301)는 "현대 일본어의 aspect"에 대해 이하와

같이 정의하고 있다 :

> 문장을 구축하는 단위인 단어의 unmarked 형식(スル)과 marked 형식(シテイル)에 의한 <완성상-계속상>의 상보(相補)적 대립으로 나타나는 문법적=형태론적 카테고리이며, 운동(시간적 전개성이 있는 동태적 사건)의 <내적 시간구성 파악의 상이(相異)>를 나타내어 구분하는 것이다.

또한 工藤眞由美(구도 마유미 1995:66)는 일본어의 기본적인 aspect 대립의 의미와 기능을 다음과 같이 제시한다 :

<형식>	<의미>	<기능>
スルsuru (シタsita)	완성성(한계 지을 수 있는 성질)	계기성
シテイルsiteiru (シテイタsiteita)	계속성(한계 지을 수 없는 성질)	동시성

<しているsiteiru(하고 있다)형>의 이러한 <한계 지을 수 없는> 성격, <계속성>이야말로 <していてsiteite(하고 있어서)>가 <완충표현>으로서 기능하는 제1의 메커니즘이다. 「メールした」(문자 보냈어)라고 과거의 사건으로서 끝낼 수 있는 문장을, <しているsiteiru형>의 aspect적인 성격을 살려 「しててsitete」(していてsiteite 하고 있어서)라고 말하는 것으로, '문자를 보내는' 과거의 동작이 '계속되어' 마치 현재에도 그 사건이 계속되고 있는 것처럼, 시간적으로 멀리서 객관적으로 바라보는 것처럼, 말하고 있다. 사건이 끝나지 않았다는 것을 내비치며, 사건을 잘라 말하는 것을 피하는 양태(樣態)적인 <완충표현>으로서 작용하는 것이다.

또 하나 간과할 수 없는 중요한 사실은, <しているsiteiru형>이 아닌 「していてsiteite」=「しててsitete」라는 접속형, 즉 부동사형인 <してsite(해서)형>을 사용하여 발화 자체도 아직 완결되어 있지 않음을 나타내는 제2의 완충체계의 존재이다.

활용어의 체언형에 붙는 「てte」에 대해, 松井榮一 편저(마쓰이 에이이치 편저 2005)는 "그 동작・작용이 다음의 동작・작용에 앞서는 것을 나타낸다."

고 하고 있다. 이런 <してsite(해서)형>은 바로 <taxis>의 작용을 농후하게 띠는 것으로 볼 수 있을 것이다. <taxis>에 대해 龜井孝・河野六郎・千野榮一 편저(가메이 다카시・고노 로쿠로・지노 에이치 편저 1996:886)는 다음과 같이 말하고 있다 : 20)

> 'taxis'는 야콥슨(R.Jakobson)의 용어로 말해진 어떤 사상과 또 하나의 사상 사이의 시간적인 전후관계(선행・동시・후속)나 인과관계, 혹은 목적이나 양보관계 등의 의미를 표현하는 어휘・문법적인 카테고리를 가리킨다.

여기서 문제시 되고 있는 것은 <してsite(해서)형>의 taxis이며, <しているsiteiru(하고 있다)형> 자체가 갖는 taxis적인 성질이 아니다. <している(하고 있다)>라는 aspect적인 성격을 가지고 있는 형태의 동사가 「していてsiteite(하고 있어서)」라는 <して(해서)형>을 취해 나타난 경우, 이 <して(해서)형> 자체는 문법범주에서 말하면 사건의 <선행>(先行)을 나타내는 <taxis>적인 성격을 갖게 된다고 해도 좋을 것이다.21)

<して(해서)형>으로 인해 사건의 <선행>22)을 나타내고, 그 사건에 대응하여 <후속>해야 할 사건을 의도적으로 결여시킨다. 마치 <후속>하여 언급될 사항이 있는 것처럼 위장함으로써, <단적으로 끝맺는> 서술어로서의 통합력을 약화시킨다. <선행성>만을 나타내고 그에 <후속>되어야 할 사항을 결여시킨 채로 던져진다. 이것이야말로 <してて(하고 있어서)>라는 형태가 <완충표현>으로서의 기능을 하게 되는 제2의 메커니즘이다. 또한 <してsite(해서)형>은 <쓰여진 언어>의 문

---

20) Jakobson, R.(1990:391) 참조. 또 일본어 종지형의 taxis에 대해서는 工藤眞由美(구도 마유미 1995), 한국어 종지형의 taxis에 대해서는 濱之上幸(하마노우에 미유키 1992). 접속형의 taxis에 대해서는 野間秀樹(노마 히데키 1993) 등이 있다.

21) <している>형 자체의 taxis에 대해서는 工藤眞由美(구도 마유미 1995:21)를 참조.

22) 여기서 <선행>・<후속>이라고 부르고 있는 사항을 <전건>・<후건>이라고 부르는 것도 가능하나 문법론에서는 일반적으로 taxis적인 성질을 갖지 않는 단순한 절의 병렬 등에도 <전건>・<후건>이라는 명칭을 사용하고 있다. 여기서는 일의 선행・후속이라는 시간순적인 관계를 명확히 하기 위해 <선행>・<후속>이라고 부르기로 한다.

법연구에서는 형태론과 종속절로서의 통사론적인 기능에 대해서 주로 설명되고 있고, <문말>의 형태와 <taxis>의 형태로 제시되어 있는 문법서는 지금까지 찾아 볼 수 없다.

<してて sitete>(하고 있어서)는 원래 종속절 내부의 서술어 역할을 한다. 또 사건의 선행을 나타내면서 원칙적으로는 주절이 후속되어야 한다. 그러나 여기서는 후속해야 할 주절이 나타나지 않는다. 즉 후속해야할 사건을 명시하지 않는다. <연체형종지문>과 동일하게 언어적으로 결여된 구조로 나타내는 것이 된다. 있어야 할 사항, <선행>이라는 <taxis>적인 기능을 가진 형태로 후속해야 할 사항을 언어적으로 명시하지 않는 <결여구조>가 바로 <완충표현>으로서 작용하는 것이다. 위 예의 「東京で育ってて」(lit. 도쿄에서 자라고 있어서)는 「育った」(자랐다)로 끝나도 좋을 발화를 <しているsiteiru(하고 있다)형>과 <してsite(해서)형>이라는 두 개의 피막을 덧씌우고 있다. 즉 「東京で育った.」(도쿄에서 자랐다)라는 평범한 발화를 「東京で育ってて」(lit. 도쿄에서 자라고 있어서)라는 간접적 발화, 시간적으로 단절되지 않은 발화로 만들어내고 있다. 「住んでて」(lit. 살고 있어서), 「やってて」(lit. 하고 있어서)도 마찬가지다.[23)]

●

20대여	(어떻게 지내? 라든가 잘 지내? 라고 물어보면 아, 응, 헤어졌어 같은 말을 해서) どうしてるとか; うまくいってる? とかって言ったら, あ, うん, 別れたよとか言って言ってて.
20대남	ははは(笑) (하하하(웃))

위 예의 「別れたよとか言って言ってて」(lit. 헤어졌어라든가 말하고 해서.)는 「別れたよ」(헤어졌어) 뒤에 「とか言って(라든가 말해서)가 붙고, 그 뒤에 「言ってて」

23) 여기서 말한 것을 부연하자면 「育ってて」 「住んでて」 「やってて」는 「育つ」 「住む」 「やる」가 점적(點的)인 スル형이 아니라 선적(線的)인 シテイル형을 선택하는 것으로 계속성을 나타내고자 하는 기능을 보이고, 어미에는 シタ형이 아닌 シテ형을 사용함으로써 <선행>성의 taxis의 기능을 살려, 마치 <선행>에 호응하는 무언가가 후속될 것을 예상시키지만 사실 후속해야 할 사항을 명시하지 않는다. 바로 이런 점이야말로 「してて」형이 적극적인 대(對) 청자 modality로서 기능하는 메커니즘인 것이다.

(말해서)가 또 덧붙어 있는 매우 흥미로운 문장이다. 이러한 <V {て} 계>의 <완충표현>으로서의 기능은 <말해진 언어>의 담화 속에서야말로 만날 수 있는 표현이다. <aspect>와 <taxis>라는 문법범주의 숨겨진 기능이라고 말할 수도 있을 것이다 :

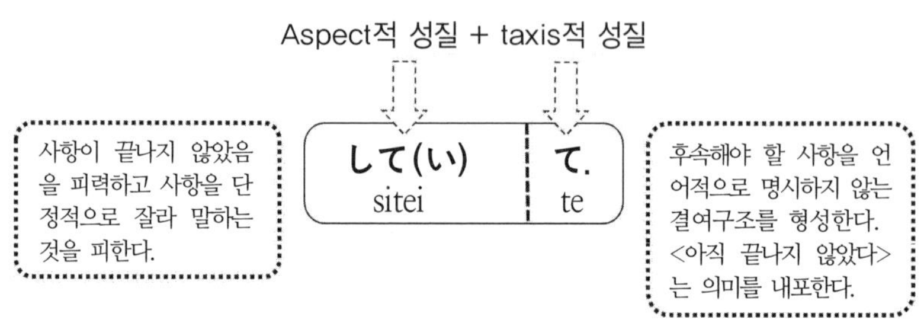

<그림 46> <aspect적 성질>과 <taxis적 성질>을 포함한 문말의 <V {て} 계>의 <완충표현>

하나의 문장은 사태(事態)를 나타내는 <명제>(命題)와 화자의 태도를 나타내는 <모달리티 modality>(양태성)로 이루어진다.[24] 명제가 사태를 나타낼 때는 반드시 modality를 수반하여 나타난다. 이 때 aspect는 기본적으로는 명제에 속하는 것이지 modality에 속하는 것은 아니다.

그러나 이 책은 명제에 속한 aspect, taxis가 <대(對)청자 modality>로서 기능하고 있다는 점에 주목한다. aspect와 taxis와 같은 문법적인 성질을 주로 나타내는 형태가, aspect와 taxis라는 명제와 관련된 성질을 살리면서 담화 속에서 청자에 대한 양태(modality)적인 즉 modal한 역할도 하고 있다는 점이 주목된다. 즉 aspect,

24) 이 책이 의거하는 문장을 둘러싼 <명제와 모달리티>론에 대해서는 野間秀樹(노마 히데키 1997b:124-125, 2012a:35-39) 노마 히데키(野間秀樹 2002a:19-20, 123-127) 참조. 문장은 사태를 나타내는 명제와 그것을 감싸는 모달리티로 이루어진다. 모달리티는 사태에 대한 화자의 태도를 나타내는 <대사태(對事態) 모달리티>(event-oriented modality)와 더 나아가 그것을 감싸고 청자에 대한 화자의 태도를 나타내는 <대청자 모달리티>(hearer-oriented modality)로 이루어진다.

taxis를 담당하는 형태가 대청자 modality로서의 역할도 담당하는 것이다 :

<するsuru－しているsiteiru>의 대립: aspect
<するsuru－してsite>의 대립: taxis
<しているsiteiru+してsite> = <しててsitete>: aspect적, taxis적 성질을 가지면서 완충표현으로서의 modal한 기능을 보인다.

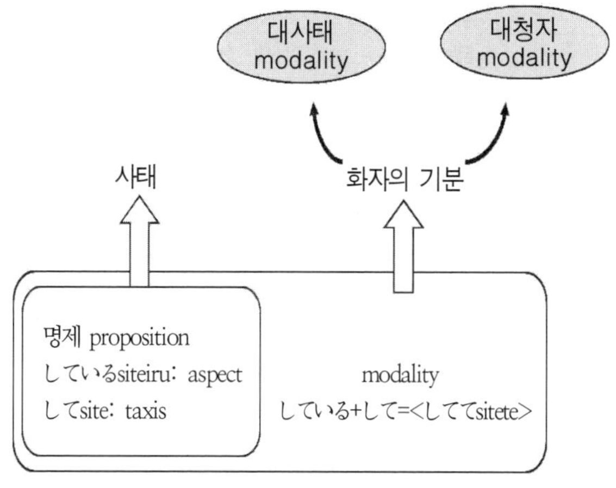

<그림 47> <しててsitete계>에 나타나는 modality

<しているsiteiru>와 <してsite>의 결합에 의한 <しててsitete>는 청자에 대한 강력한 modality로서 기능하는 것이다.

또한 <しててsitete>는 <していてsiteite>와 바꿀 수 없는 경우도 있으므로 모든 <しててsitete>형을 단순히 <していてsiteite>형의 단축형으로 볼 수는 없다.

8.6.6.2 한국어의 <V 어 {가지고} 계>

"좋아해 가지고", "이국적으로 생기셔 가지구." 등의 분말의 <V 어 {가지고} 계>는 한국어에서는 세 번째로 많이 사용되고 있는 <완충표현>이다. <V 어 {가지고} 계>가 <완충표현>으로서 성립하는 메커니즘은 어떤 것일까 :

•

20대남	아하하하(웃). 아이, 저 같은 경우는 솔직히 타 과니까
20대여	이제 돈 벌게 됐다 그래 가지고 좋아해 가지고.

•

30대남	외국 분이세요?. 하하하(웃). 아. 아이, 저 이국적으로 생기셔 가지구.
20대여	한국 한국인이죠. 예. 그래요?.

•

30대여	남자친구 있어요?. 없어요?. 좋은 남자 있으면 소개시켜 주고 싶은데 애기 엄마라 가지구.
20대여	없어요. 하하하(웃) 어.

“좋아했다”라고 말할 수 있는 사항을 “좋아해 가지고”라고 표현하고 있다. 여기서 주목해야 할 점은 ① “했다”라고 말할 수도 있을 사태를 <해 가지고 형>으로 나타내어 앞의 사태가 계속되고 있는 것처럼 말하고 있는 점, ② 종속절이 아니라 주절의 문말 표현으로서 “해 가지고”라는 <하고 형>이 문장을 통괄하고 있다는 점이다.

이런 <해 가지고 형>은 일본어의 <してて형>과 같이 <aspect적 성질>과 <taxis적 성질>이 <말해진 언어>의 담화 속에서 <완충표현>으로서 작용할 수 있는 열쇠를 쥐고 있다.

동사와 형용사 뒤에 붙는 보조동사로서의 “가지고”는 국립국어연구원 편(1999:71)에서는 다음과 같이 기술하고 있다 :

> 동사, 형용사 뒤에 : 앞의 말이 가리키는 행동의 결과나 상태가 그대로 지속되거나 혹은 그렇게 되는 것으로 인해 뒤의 말의 행동이나 상태가 유발되는 것이 가능해지는 것을 나타내는 말

한국어의 tense・aspect 체계를 논의한 浜之上幸(하마노우에 미유키 1991:7)는 “한다”에 대해 “해 있다”는[25] “결과의 계속”을 나타내고 있다고 한다. 문말

에 출현하는 "해 가지고"도 이와 매우 비슷해서 문말 형식인 "한다"나 "했다"와 대립하여 "행동의 결과나 상태가 그대로 지속"되고 있는 것을 나타내고 있다. 이러한 점에서 "해 가지고"에도 유사한 <aspect적 성질>이 있으며 그 광의(廣義)의 <aspect성>이 단절되지 않음을 환기시키는 <완충표현>으로서 기능하는 것이다. 물론 문말의 <해 가지고 형>이 형용사, 존재사 등에도 사용될 수 있다는 점은 동사의 문법 범주인 aspect로서는 규정하기 어렵다.

또한 간과해서는 안 되는 점은 <문말>의 "해 가지고"는 반드시 접속형의 <하고 형>으로만 나타난다는 점이다. 이 <하고 형>이 바로 <taxis성>을 띠고 있는 것이다.

접속형과 <taxis성>의 관계에 관해서 논의하고 있는[26] 野間秀樹(노마 히데키 1993:39)와 權在淑(권재숙 1994:40)에 <하고 형>의 <taxis성>에 대한 언급은 보이지 않는다. 또 나카니시 교코(中西恭子 2001:222)는 "해 가지고"는 "양태, 선행, 수단 · 방법, 원인 · 이유" 같은 의미적 특징을 가진다고 말하고 "상적(相的) 기능까지 갖고 있는 것은 아닐까"라는 의문을 남겨진 연구로 언급하고 있다. 이 책의 논의를 뒷받침해 주는 지적이나, <taxis성>에 대한 언급은 없다.

한편, 鄭玄淑(정현숙 2001:3,4)에서 논하고 있는 <하고 형>의 의미적 기능을 다음과 같이 정리할 수 있다 :

> 선행, 원인 · 이유, 수단 · 방법 : 전건(前件)이 먼저 일어나고 후건(後件)이 일어난다
> 양태 : 전건(前件)이 먼저 일어나고 그 상태로 후건(後件)이 일어난다.

---

25) 여기서 말하는 "한다" "해 있다"의 "하다"는 모든 동사의 대표형이다.

26) 野間秀樹(노마히데키 1993:39)는 비종지형, 특히 접속형과 관련된 taxis를 "종속 taxis"라고 부르고 "한국어는 종속 taxis의 관점에서 보면 매우 풍부한 문법형식을 갖고 있는 언어"라고 말하면서 taxis적 기능이 문법형태화된 가장 전형적인 예로서 "-다가, -았/었다가, -고는, -면서, -자, -아/어서"를 들고 있다. 權在淑(권재숙 1994:40)에서는 "전절과 후절의 관계에 의해 '해서'"는 "'용언1이 나타내는 사항'이 '용언2가 나타내는 사태'에 '선행'하고 있다는 chronological(시간순적)인 taxis적 성격이 관철되고 있다"고 지적하고 있다.

선행, 원인 · 이유 등은 p.320에서 언급한 야콥슨(R.Jakobson)의 taxis에 관한 정의와도 맞다. 또한 양태나 수단 · 방법도 전건과 후건에 시간적인 taxis성이 있는 것은 의심할 여지가 없다. 이러한 점으로 볼 때, 본 연구에서는 위 용법의 <하고 형>은 <taxis적 성질>도 내포하고 있다고 말할 수 있다.

본래는 종속절을 이끌 <하고 형>이 주절의 문말을 끝냄으로써 수반되어야 할 후속 내용을 명시하지 않고 있다는 점이, 또 하나의 <완충표현>으로 기능하는 중요한 포인트가 된다.

즉 "해 가지고" + "했다"와 같이 후속할 "했다" 등과 같은 말을 표현하지 않고 앞부분의 "해 가지고"로 문장을 끝낸다. 문장이 아직 완결되어 있지 않은 느낌을 자아내고 문장이 계속될 것을 예측하게 함으로써 <완충표현>으로 성립하는 것이다.

"엄마예요"가 "엄마라 가지구". "이국적으로 생기셨어요"가 "생기셔 가지구"와 같이 문말에 "어 가지구"를 붙여 우회적인 발화로 나타내고 있다. 한국어의 <V 어 {가지고} 계>의 <완충표현>으로서의 메커니즘도 또한 광의의 <aspect적> 성질과 <taxis적> 성질을 잘 나타내고 있는 것이다 :

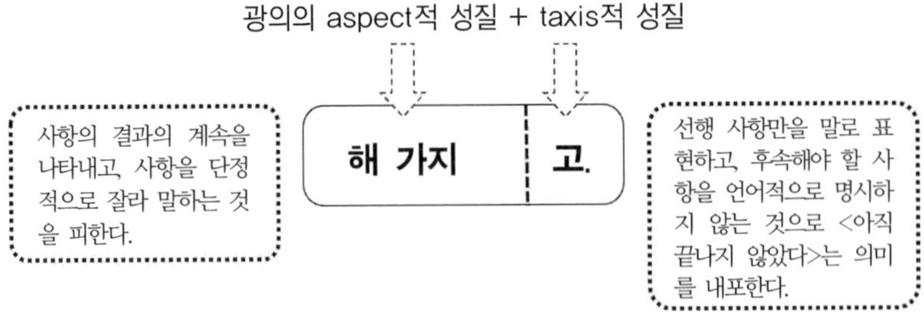

<그림 48> <aspect적 성질>과 <taxis적 성질>을 포함한 문말의 <V 어 {가지고} 계>의 <완충표현>

가장 중요한 점은 일본어의 <してて형>도 한국어의 <해 가지고 형>도 <aspect적>과 <taxis적>이라는 두 가지의 <상호작용>이 존재해야만 각각

의 완충기능을 이끌어 낼 수 있다는 점이다. 흥미로운 부합(符合)이다. 두 언어의 접속형=부동사형이 종지형으로서 사용되는 가운데 생겨나는 기능 이라는 점에도 주목하고 싶다.

8.6.7 부정(否定)에 의한 완충화 : '예쁘지 않아?.'와 'すごくない?.' (lit. 대단하지 않아?.)

일본어에서 <N・V {じゃないzyanai} (-이/가 아니다)계>27)와 <V {ないnai} (-지 않다) 계>는 동작 등의 부정을 나타내는 「ない」(-지 않다)가 용언에 붙어 <완충표현>으로서 사용되는 유형이다. 이하의 예를 살펴보자 :

●

20대남	(뭔가 겨울은 언제나 춥잖아요? なんか冬っていつも寒いじゃないですか.	뭐랄까 저렇게 옷을 입고 있는 게 꽤 추워요.) なんかあいう格好ってけっこう寒いんですよ.
30대여	うーん うーん. (응- 응-)	

●

20대남	(아-----. あーーー.	에? 대단하지 않아 그거?(웃)) え? すごくない? それ(笑).
20대남	自動車漕いで, ショートカットで來て. (자동차 몰고 쇼트컷으로 와서.	超つらい. 완전 힘들어.)

「寒い」(춥다) 등의 용언에 「じゃない」(-잖아)가 붙은 유형을 이 책에서는 <V {じゃない} 계>라고 부르고, 「すごく+ない」와 같이 동사의 미연형(未然形)이나 형용사의 연용형(連用形)에 「ない」(-지 않다)가 붙은 유형을 <V {ない} 계>라고 이름 붙여, 이 두 가지를 유형적으로 구별하고 있다.

---

27) 「じゃ」는 사전에 따르면 「では」의 "가볍고 친밀한 말투"로, 문두에서는 '접속사'로, 체언 뒤에서는 '연어'로 설명되고 있다.

한국어에서도 "하지"라고 단정적으로 말할 수 있는 사항을 부정형의 의문형 <V {지 않}아 계> 나 <V 는/ㄴ {거 아니}에요 계>를 사용하여 우회적으로 말하는 기능이 보인다 :

•

40대여	또 놀릴 거 같은데?.
30대여	아니, 너무 예쁘지 않아요?. 금, 은, 금, 은, 동 이런 식으로 금, 은 해 가지구.

•

30대남	결혼은요.	아, 결혼한 친구들 많으실 거 아니에요?.
30대여	결혼은 아직 안 했죠.	한 친구도 있고

일본어도 한국어도 <V {ない} 계>와 <V {じゃない} 계>, <V {지 않}아 계>나 <V 는/ㄴ {거 아니}에요 계>는 동작 등의 부정을 나타내는 표현이다. 또한 「寒いじゃないですか?」(춥잖아요)나 「すごくない?」(대단하지 않아?). "예쁘지 않아요?", "많으실 거 아니에요?"와 같이 부정의 표현을, 더군다나 의문문으로 사용하고 있는 것이 흥미롭다.

이러한 구조는 본래의 부정의 의미가 아니라 「あります」(있어요), 「すごい」(대단해)와 같은 긍정의 의미를 단정적으로 말하지 않고, 돌려 말하는 수사적인 <완충표현>의 디바이스로 작용한다. 말하자면 직선적으로 말해야 할 것을 곡선적으로 말하는 것이다 :

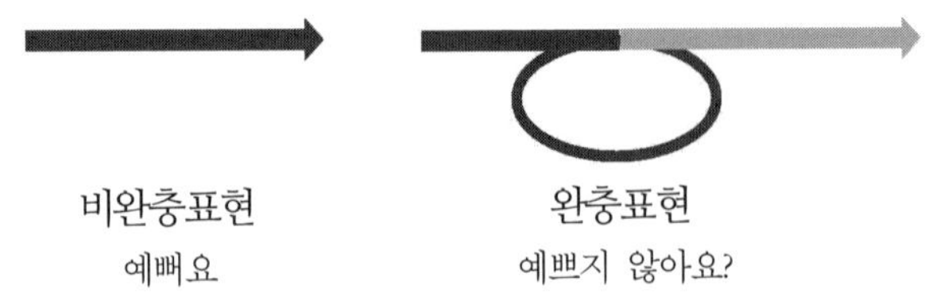

<그림 49> 부정문의 완충표현의 이미지

8.6.8 해당 문장 전체가 <완충표현>으로서 기능하는 문장 = <완충기능문>

흥미롭게도 완충표현 중에는 하나의 문장 전체가 <완충표현>으로 기능하는 것이 존재한다.

완충기능문 : 하나의 문장 전체가 통째로 <완충표현>의 역할을 하는 문장

이러한 <완충기능문>에는 두 가지 유형이 있다 :

① 본 절 8.6.8의 <해당 문장 전체가 완충표현으로 기능하는 문장>
② 8.6.10에서 논의할 <부속어로 이루어진 완충표현의 문장>

②가 해당 문장과 직전의 문장을 <완충화>하는 문장이라 말할 수 있다면, 위의 ①이 완충화하는 범위는 해당문장을 포함하여 직후의 문장에까지 미친다 :

•

20대남	(써클의 형태가 되어 버리잖아. 에- 네.) サークルとして形になっちゃうじゃん. えー. はい.
30대남	そうそそそ. だから, うーん, もうほとんど, 何ていうのかな. その飲み會と (맞아맞아맞아맞아. 그러니까, 응- 이제 거의, 뭐라고 하지. 그 술자리랑)

•

30대여	(에- 그게, 뭐라고 할까요, 전기, 전기 메이커예요.) えーと, 何ていうんでしょう. 電氣, 電氣系 のメーカーですね
40대여	どういう關係のお仕事なんですか 電氣. 電氣. (어떤 관계 일을 하세요? 전기. 전기.)

•

30대남	제가 체대에 구십, 저기 ○○년도에 입학해 가지구요, 그래 가지고 집은 여기 (마을명)동이거든요
40대남	네.

•

30대남	그럴꺼 같아요. 막 애만 봐도 재밌구.
30대남	애기 때문에. 에. 에. 그러구 그러니까. 싸우더라도 애 때문에

위의 예와 같이, 일본어에서는 발화 사이에 「何ていうんでしょうか」(뭐라고 할까요), 「何だっけ」(뭐지), 「なんか」(뭔가)와 같은 의문사를 사용한 문장이 자주 발견되며, 한국어에서는 "그래 가지구", "그러구 그러니까"와 같은 대동사를 사용하는 문장이 많이 나타난다. 한국어와 일본어의 이러한 <완충기능문>이 보여 주는 표현의 차이는 매우 흥미롭다.

이러한 <완충기능문>은 말을 망설이는 경우, 말이 길게 이어지는 경우에 많이 나타난다. 즉 이러한 <완충기능문>은 앞 부분의 발화에 대해서는 <상대의 질문이나 이야기에 대해 혹은 자신의 이야기에 대한 얼버무림과 다음 이야기를 준비하고 있다는 신호>이기도 하며, 그러한 <완충기능문>의 직전의 발화가 받아들여졌다는 안심감의 표현이며, 다음 발화를 기다리게 하는 계기가 되기도 한다. 또 <완충기능문>의 뒤에 있는 발화에 대해서는 다음 발화 전체를 감싸 안아 소프트화, 완충화시키는 기능을 한다 :

> 다른 <완충표현>이 문장 레벨의 완충기능이라고 한다면 <해당 문장 전체가 완충표현인 문장=완충기능문>은 문장 전체가 발화와 발화 사이에 끼어 들어감으로써 발화 사이를 이어 주며 얼버무리는 완충기능을 수행한다. 즉 발화로 쌓아 올린 <담화의 흐름>을 완충화하는 담화 레벨의 완충기능이라 말할 수 있겠다.

8.6.9 한국어의 <얼버무리는 간투사>와 일본어의 <얼버무려진 간투사> : '제가 맞춰야죠, 뭐.'와 'あーっていう感じ.' (lit. 아 라고 하는 느낌)

8.5의 표 33에서도 보이는 바와 같이 한국어에서는 체언+간투사, 용언+간투사, 다른 품사+간투사 구조의 <매달리는> 간투사류가 비서술어문의 <완충표현>으로서 가장 많이 사용되고 있다.

이러한 간투사의 역할은 일본어에서는 거의 나타나지 않는 한국어의 특징적인 <완충표현>이기도 하다.

한편 주목해야 할 것은 이하의 「んーて言って」, 「え?とかって」의 예와 같이 일본어의 <완충표현> 중 <간투사+완충체>로 나타나는 유형이다. 이 유형은 간투사에까지 <완충체>가 붙어 <간투사를 완충화>하는 완충표현이다. 한국어에서는 나타나지 않는 일본어만의 독자적인 표현이며 <완충표현>의 정수(精髓)이기도 하다 :

1)

20대여	(남자가 말야 18명 중에 2명인가. 그래, (이름)네 학년도 3명 아니었나) 男の子がね, 18人中2人とか. そう, (名前)君も三人だったんじゃないかな.
20대남	え, その, あ, (名前)の學年も. なんだ. んーて言って. (에, 그런 아, (이름)네 학년도. 뭐야. 응- 이라고.)

2)

30대여	(아 그래요? 음. 아. 에? 하하(웃). 에? 라든가 하고.) あ, そうなんですか. ん. あ. え? はは(笑). え?とかって. (笑)
30대여	4月から 引越しして. その前が端っこの秋津って. はは(笑) ところざわの手前. (4월에 이사해서. 그 전에는 끝쪽의 아키쓰라는. 하하(웃) 도코로자와 바로 앞.)

3)

30대남	(하하하하(웃). 아- 저도 잘 모르겠네요.) ははは(笑). あー. 僕もよくわかんないですね
40대남	ダウンタウンのご出身, 出身なのでああいう澁谷とか言われてもあーっていう感じ. (다운타운 출신, 출신이라서 그런 시부야라든가 들어도 아- 하는 느낌)

우선 예1)의 「んーて言って」(lit. '응'이라고 하고)라는 문장은 상대 발화에 대해 「うん」(응)이라고 맞장구 발화로서 말한 것이나, 「って言って」(-이라고 하고)를 붙이는 것으로 마치 타인이 말하고 있는 것처럼 간접화 시키고 있다.

예2)의 「え?とかって」(lit. 네?라든가 하고) 는 이 발화 앞에서 자신이 말한 「え?」(네?) 라는 간투사에 대해 「え?とかって」(lit. 네?라든가 하고)라고 다시 말하고 있다. 앞의 「え?」(네?) 라는 간투사가 상대의 발화에 대해 마치 부적절했기 때문에 무마시키려는 듯, 타인의 발화인 것처럼 간접화 시키고 있다. 예3)의 발화는 전후 문맥에서 봤을 때 '시부야 근처에 살고 있어서 다른 사람들이 시부야가 대단한 곳이라고 이야기를 해도 성가시다'라는 기분을 아마 말하고 싶은 것으로 추측할 수 있다. 그러나 주목해야 할 점은 「澁谷とか言われてもあー」(시부야라고 들어도 아--) 라고 문장이 끝난다면 「あー」(아--)는 간투사로 한숨 쉬는 기능으로만 받아들여질 것이다. 그러나 「あー」(아--)에 「っていう感じ」(-라고 하는 느낌)이라는 완충체가 붙어 「あーっていう感じ」(lit. 아-라고 하는 느낌)로 문장이 끝나면서 '귀찮다', '성가시다'라는 기분이 표현된다. 더 나아가 「っていう感じ」가 붙는 것으로 '귀찮다'라는 기분을 직접적으로 표현하지 않고 간접적으로 완충화 시키고 있는 것이다. 또한 <みたいな mitaina(같은)문>, <ていうteiu(라고 하는)문>에서도 말했지만 상기의 예1), 2), 3)의 간투사에 붙어 있는 완충표현에서도 「とか」(든가), 「っていう」(라고 하는), 「感じ」(느낌) 등은 사전에서 주로 기술되어 있는 의미뿐만 아니라 담화의 흐름 속에서 새로운 모달리티적 의미를 생성하면서 <문장을 끝내는 어미화> 되어 있는 것을 발견할 수 있다.

한국어의 <서술어에 붙는 간투사>=<간투사가 얼버무리는 구조>와 일본어의 <간투사에 붙는 완충체>=<간투사가 얼버무려지는 구조> 유형은 문장 속에서 간투사가 어디에 위치하는가라는 간투사의 위치에 따라 두 언어에서 독특한 <완충표현>을 완성시킨다 :

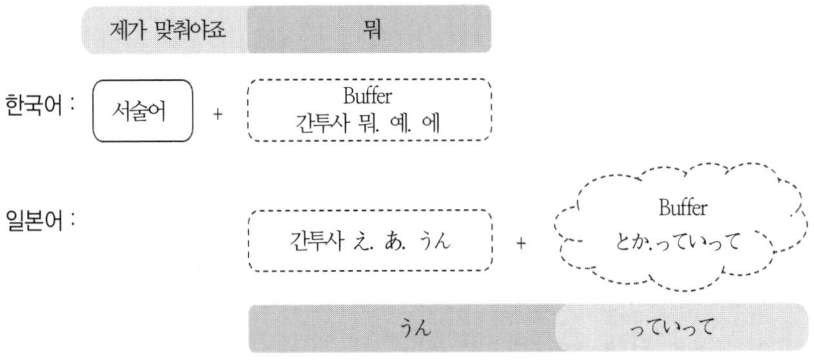

<그림 50> 한국어의 <얼버무리는 간투사>와 일본어의 <얼버무려진 간투사>의 구조

<얼버무리는 간투사>와 <얼버무려진 간투사>는 담화 안에서 만날 수 있는 간투사의 재미있는 담화구성능력이다. 담화에서의 간투사의 출현양상과 기능에 대해서는 金珍娥(김진아 2012a)에서도 논의한 바 있다.

8.6.10 일본어의 <자립하는 부속어> – 조사 등 부속어로 시작하는 완충화 : 'もちょっとだけ.' (lit. 도 조금만.), 'ませんね.' (lit. 지 않네요.)

조사, 조동사류를 「辭」(사)로 규정하고 있는 橋本進吉(하시모토 신키치 1948; 1956:54)는 "문절구성상의 성질의 차이로 인해 語는 詞와 辭로 나뉜다. 詞는 단독으로 문절을 구성할 수 있는 것이고 辭는 언제나 詞에 수반되어 문절을 구성하는 것이다."라고 말하고 있다. 또 橋本進吉(하시모토 신키치 1948;1956:67)는 "辭(부속사)는 독립할 수 없는 말"이라고 정의하고 있다. 그러나 <말해진 언어>에서는 다음과 같이 <자립하는 부속어>라고 부를 만한 언어 현상이 많이 나타난다. 한국어에서는 볼 수 없는 일본어만의 독특한 표현이다 :

① 조동사나 종조사(終助詞)의 부속어만으로 성립한 문장
② 조사 등 부속어로 시작되는 문장, 부속어로 시작하는 이러한 문장이 <완충표현>으로서의 기능을 수행한다

그렇다면 어떻게 이런 비자립적인 요소로 구성된 문장이 바로 <문장>으로서 자립해 <완충표현>으로서 기능할 수 있는 것일까. 이하의 고찰을 통해 이 물음의 답을 찾아 보고자 한다.

8.6.10.1 상호작용 속에서 나타나는 부속어 완충체(buffering)

자립어를 수반하지 않고 부속어만으로 문장이 성립되어 있는 예를 살펴보겠다 :

•

20대여	(아니, 아니야. 선생님이 만들었어.) ううん, じゃない. 先生が作った.
20대남	自分たちの自作とか?. じゃない?. あー, そうなんだ. (자기들 자작이거나? 아니야? 아, 그렇구나)

•

20대남	(아, 저는 힌디과에요. 코리아과? 죠 뭔가 풋살, 코리아과) あ, 俺ヒンディー科です. コリア科?. ですよね 何かフットサル, コリア科
20대남	何科ですか? あ. んー. あ. です. コリア科で. (무슨 과에요? 아. 음-. 아, 입니다. 코리아과로.)

•

20대여	(음- 그래요? 아. 하하하(웃). 대학은) うーん. そうですか. あ. ははは(笑). 大學は
30대남	就職で卒業旅行行く暇がなかったですね ね 卒業もかかってた なので ははは(笑) (취직 때문에 졸업여행 갈 여유가 없었어요. 그쵸. 졸업도 걸렸었어. 그래서. 하하하(웃))

•

30대여	(가까운, 가까운 곳에. 조금 용서할 수 없어요. 그건요. 좀) お近い, 近いところ. ちょっと許せないですね それはね ちょっとね
40대여	主人のほうはもう 自動車で15分なんですが. ませんね ちょっと許せませんね (남편은 저기 자동차로 15분인데. 없네요. 좀 용서할 수 없어요.)

위의 예와 같이 일본어에서는 이러한 「じゃない」(-잖아), 「ね」(-죠), 「です」(-이에요)는 물론 「でしょう」(-죠) 등도 지극히 자주 들을 수 있는 발화이다. 더 나아가 일본어의 담화에서는 「ませんね」(-지 않네요) 등과 같은 것까지 자립적으로 나타난다.

이러한 문장은 예를 들어 「コリア科です」(코리아 과예요)라는 문장의 '실사(實詞)'인 「コリア科」를 가리키지 않고 부속어 「です」(-이에요)만을 발화하는 것으로 해당 문장의 명확성을 감소시키고 직접적인 문장의 부담 역시 경감시킨다. 그리고 가장 중요한 점은 위의 <복선적 문자화 시스템>에서 표기한 예에서도 보이는 다음과 같은 점이다 :

> 상대의 발화 중에 나타나는 '실사(實詞)'를 이어받아 당해 화자는 '부속어'만을 사용하는 경우가 많고, 그러한 '부속어'만으로 이루어진 해당 문장 자체가 발화를 부드럽게 표현하는 <완충표현>으로서 작용하고 있다.

또 다음의 예와 같이 <조사로 시작하는 문장>도 있다.

•

20대남	(그럼 오스트리아 같은데 갔어요?) じゃ, オーストリアとか行きましたか?
20대남	もちょっとだけ行きました. (도 좀 갔어요)

•

20대여	(히라가나. 누구한테요? 누구한테 (웃)) ひらかな 誰からですか. 誰から (笑)
20대여	何かひらがなみたいな感じ. って聞いた. うふふふふ. うふふふふ (笑). (뭔가 히라가나 같은 느낌. 이라고 들었어. 우후후후. 우후후후 (웃))

일본어에서 특징적으로 나타나는 <조사로 시작하는 문장>은 다음과 같은 특징을 가지고 <완충표현>으로서 기능한다 :

> <문장을 시작하는 조사>는 해당 문장의 전후에 있는 실사(實詞)와 관련되면서 화자 자신의 문장뿐만 아니라 상대의 발화 전체를 받아들이는 기능까지도 한다. 여기서 바로 <대화>라는 담화의 상호작용성(interaction) 속에서 숨쉬고 있는 <완충표현>의 모습을 볼 수 있다. 조사 앞에 있어야 할 '실사(實詞)'를 나타내지 않는 것으로 해당 문장의 명확성도 회피하며 <완충표현>으로서 성립한다.

또 이러한 부속어는 水谷信子(미즈타니 노부코 1983:43)가 말하는 <공화(共話)>를 실현하고 있는 것이기도 하다. 더 나아가 <부속어로 시작하는 문장>과 <부속어만으로 이루어진 문장> 중에는 '실사'가 나타나지 않는 것에 더해 해당 부속어 자체가 <완충체>인 경우도 있다. 이는 두 가지 타입으로 나눌 수 있다 :

① 상대의 발화를 소프트화 시키는 부속어 :

20대여	(아니 아니 아니 아니- 2학년. 응----. 어디 출신이에요?) いやいやいやいやー. 2年生. んーーーー. 出身はどこですか.
20대여	先輩かと思って. あー. って思ったけど. うふふ(笑). (선배인가 싶어서. 아--. 라고 생각했는데. 우후후(웃))

•

20대여	(요즘 늦잠 자버리는 것 같아. (웃)그치, 왠지. 最近, 寝坊しちゃってるみたい. (笑)ね, 何か.
20대여	かも. バイトが忙しいとか. (그럴지도. 아르바이트가 바쁘거나)

② 화자가 자신의 직전의 발화를 소프트화 시키는 부속어 :

20대남	(맞아요. 하하하(웃). 그런데 전혀 점점 뭐 이렇게 나뉘는 거죠.) そ. ははは(笑). でもぜんぜん だんだんなんかこう分かれてくんですよね
30대남	そういうもの同士で手結ぼうかなという. みたいな感じなんですよね (그런 사람들끼리 손을 잡을까라고 하는. 같은 느낌이죠.)

•

30대여	(으-응. 응응응. 으-응. 응) うーん. ううウん. うーん. うん.
30대여	行ったら違うからそのまま違う人に手振ってるんだよみたいな感じで. たりするんですけど. (가면 다르니까 그대로 다른 사람에게 손 흔들고 있는 거야 같은 느낌으로. 그러거나 하는데.)

•

30대남	(하하하(웃)) ははは(笑).
40대남	考えたら別にサンストリートがあるんじゃんって感じ. ははは(笑) 感じですよね ね (생각해 보면 따로 선스트리트가 있잖아 라는 느낌. 하하하(웃). 느낌이죠 네.)

재미있는 것은 앞의 발화 자체가 이미 「手結ぼうかなという」(손을 잡을까라고 하는), 「手振ってるんだよみたいな感じで」(손 흔들고 있는 거야 같은 느낌으로)와 같은 <완충표현>으로 문장을 끝맺고 있음에도 불구하고, 여기에 더해 「みたいな感じなんですよね」(-같은 느낌이죠), 「たりするんですけど」(거나 하는데요) 와 같이 문장 전체가 부속어인 <완충표현>의 문장이 후속되는 구조를 보인다. 이러한 담화양상은 <말해진 언어>의 자유로움을 여실히 보여 주는 예이기도 하다.

8.6.10.2 <부속어시작문>의 <완충표현>으로서의 상호작용

일본어 담화에서는 「じゃない」(-잖아), 「です」(-이에요), 「ね」(-죠), 「かも」(-일지도)와 같은 발화뿐만 아니라 「ませんね」(-지 않네요), 「たりする」(-거나 해)와 같은 부속어 발화가 많이 나타난다. 이와 같은 요소들은 비자립적, 의존적인 부속어가 아니라 충분히 자립성이 있는 것으로 볼 수 있다. 화자의 단순한 가산(加算)으로 이루어지는 것이 아니라 상대의 발화 내용을 받아들이며 자신의 발화를 형성하는, 한쪽이 없으면 다른 한쪽도 존재하기 어려운 구조로서 완충화가 나타난다 :

> <대화>라는 담화의 상호작용(interaction)에 의해 문법요소로서는 정적이고 의존적인 부속어가 생생한 자립성을 획득한다

자립어인 '詞(사)'가 없더라도 조동사, 종조사, 접속조사 등의 부속어 '辭(사)'는 이와 같이 담화에서는 자립적인 요소로서 문절을 구성할 뿐만 아니라 문장을 시작하기도 하는 것이다.

이들은 담화에서는 충분히 자립성이 있으며, 학교문법의 '조사', '조동사'의 규정을 뒤바꿀 수 있는 근거가 내포되어 있다. 문법연구는 이러한 언어사실을 직시하고, 오히려 이러한 언어사실을 반영하며 언어양상의 전체상을 제시할 수 있는 방향으로 발전해 나가야 한다. 문법은 더욱 더 폭 넓고 풍부한 언어사실을 그려낼 수 있어야 하며, 그렇게 기술되어야 한다.

8.6.11 한국어의 <대동사>에 의한 완충화 : '막 쫌 그래요.'

한국어에서 <N/V {대동사}> 계는 서술어문에서는 3위, 비서술어문에서는 2위를 차지하고 있는 <완충표현>의 대표적인 유형이다. 이들은 일종의

대동사(代動詞)라고 말할 수 있는 "이러다", "그러다", "하다"와 대형용사(代形容詞)라고도 말할 수 있는 "그렇다", "이렇다" 등[28]을 사용하여 명확한 어휘적인 의미를 회피하고 완화시킨다.

또 흥미롭게도 해당 문장을 얼버무리기 위한 완충표현의 대동사는 동사의 어휘적인 의미를 오히려 강화하는 부사 "막", "딱"과 자주 공기하며 출현한다. "막 쫌 그래요", "딱 이러는 거에요" 등이 그런 예이다 :

●

30대여	나중에 결혼하고 애기 낳고 그르면 대개 막 쫌 그래요. 자기 할 일 없고.
20대여	어유, 근데 진짜 아가씨 같애요.

"이러다", "그러다"라는 대동사를 앞부분의 용언의 접속형에 결합시켜 '…하거나 하다'라는 의미가 되어 단적으로 말하는 것을 회피하는 형태이다 :

●

30대남	헤헤헤(웃). 동아리 같은 것도 하고 그래 가지고.
20대남	막 그런 그런 것 같애요. 뭐 밴드 같은 것도 해 보셨어요?.

또 "이러다", "그러다"의 위치에 이하의 예와 같이 "하다"가 사용되는 경우도 있다. "…하고 하면서", "…하고 하니까"와 같은 형태로 많이 나타난다 :

●

20대남	이제 편히 말 놓으세요. 어차피 제가 후배고 말 놓으세요. 후배고 하니까. 에.
20대여	어?. 아, 네.

일본어에도 대동사가 있음에도 불구하고 일본어에서는 동일한 유형이 <완충표현>으로 사용되지 않는다. 대동사의 <완충표현>으로서의 기능은 한국어 특유의 표현이라는 점에 주목하고 싶다.

28) 이 책에서는 이런 대형용사까지를 포함해 대동사라고 부르겠다.

8.6.12 한국어의 <분석적인 형태>에 의한 완충화 : '특이한 거 있잖아요.'

한국어에서는 특히 <용언의 분석적인 형태>를 사용한 <완충표현>이 두드러진다. 담화에서 나타나는 한국어의 <분석적인 형태>로 구성된 <완충표현>의 양상을 보자. 기존의 문법연구에서는 분석적인 형태로서 대상으로 삼지 않은 "V는 {게 있} 어요", "V는 {게 어디} 에요" 등의 형태가 완충표현으로서 사용되고 있는 점이 흥미롭다.

우선 '양상(樣相)판단'의 표현인 <V는/ ㄴ / ㄹ {거 같다} 계>는 한국어 서술어문의 <완충표현> 중에서 두 번째로 많이 사용되고 있다. "같아"는 대부분 "같애"로 나타난다. '명사+같다', '용언의 연체형+것 같다'[29] 와 같이 양태(樣態)를 나타내는 분석적인 형태를 사용함으로써 사태에 대한 단언을 회피하는 표현이 된다 :

•

30대여	결혼은 작년 재작년에 했거든요. 그 애기 바로 애기. 예.
30대여	아. 딱 좋게 하신 것 같네요. 그런 거 같애요.

비슷한 표현으로 "-나 보다", "-는가 보다"와 같은 이하의 예도 제시한다 :

•

30대남	아, 그러면 남자친구는 없으신가 봐요?.
20대여	에. 음악을 하다보니 남자 사귈 시간도 없구.

•

30대남	예. 십이월 달에 결혼해서 지금.
40대여	그러면은 스물 한 일곱 살 정도에 결혼하셨나 봐요?.

29) 村田寛(무라타 히로시 1998:15,29)에서는 <연체형+것 같다>는 "현실에 나타나 있는 양상을 화자 나름대로 보고 말하는" 형태라고 본다. "양상판단"이며 다른 연구가 말하고 있는 것 같은 "추량형식"과는 다른 무드(mood)라는 것을 주장하고 있다. 이 책은 이 논의에 따른다.

"하다"라고 말할 사항을 "하는 거 있다"라고 말함으로써 '그런 것을 하는 것이 있다'라고 사항을 객체화하고, 방관자적인 입장에서 말하는 표현이다. "하는 거 있잖아요", "하는 게 있어요"의 형태로 많이 나타난다 :

•

20대여	으응.
20대여	1학년 때부터 이런 생각이 있었으면, 차라리 특이한 거 있잖아요. 우리 학교에만 있는 거

또 아래의 예와 같이 "(군대에 학사장교로) 가죠?"라고 말할 것을 "(군대에 학사장교로) 가시는 게 어디예요"라고 말하고 있다. 이는 "(학사장교로) 가는 건 대단하다"와 "(학사장교로) 가는 것만으로도 다행이다"라는 두 가지 의미로 생각할 수 있다. "한다"를 "하는 게 어디예요"라고 말하는 것으로 "한다"에 후속하는 칭찬도 비난도 완화시켜 명확성을 상실시키고 있다. 또 긍정적인 이미지도 더해져 <완충표현>으로서 작용한다 :

•

20대남	그 7월 달에 입소하거든요. 아.
20대남	그래도 저기, 학생 그걸로 바로 가시는 게 어디에요?.

8.6.13 <복합완충체>에 의한 완충화 : · 안정감 {이나} 그런} 게 있} 지 않} 으신가요? · 管理がずさんになっ {たり} とか} してんのかな} とか} 思っ} たんですけど.(lit. 관리가 허술하게 됐 {거나} 든가} 하는 걸까} 라든가} 생각했} 는데요.)

• 管理がずさんになっ {たり} とか} してんのかな} とか} 思っ} たんですけど

30대여	(체인이 되는 쪽이 관리가 허술하게 됐거나 하는 걸까라고 생각했는데요.) チェーンになったほうが, 管理がずさんになったりとかしてんのかな とか思ったんですけど.
40대남	いや そう. (아니, 그건.)

• 안정감 {이나} 그런} 게 있} 지 않} 으신가요

30대여	팀장님 자리 가시면 성취도나 그런 안정감이나 그런 게 있지 않으신가요?
40대남	그게 뭐 있긴 있죠

위의 예와 같이 일본어에도 한국어에도, 놀랍게도 <완충체>가 3개, 4개씩 연속해서 나타나는 표현이 많이 존재한다. 이들을 <복합완충체>라고 부르기로 한다 :

복합완충체 = 복수의 <완충체>가 겹쳐져 <완충표현>을 만드는 형태

8.2에서 다루었던 것처럼 佐竹秀雄(사타케 히데오 1997), メイナード(메이너드 2004) 등의 선행연구에서 논해지고 있는 것은 「みたいな」(-같은), 「というか」(-이라고 할까), 「という感じ」(-이라는 느낌)와 같은 <완충체>가 하나 혹은 두 개 붙어 있는 표현에 한정돼 있다. 그러나 본 연구에서 말하는 <완충표현>은 선행연구가 주목하고 있는 「ていう」(-이라는), 「みたいな」(-같은), 「感じ」(느낌), 「なんて」(-같은, -라니)와 같은 한두 개의 요소로 된 표현을 포함해, 「とかっていうみたいな感じなんて」(-이라는 것 같은 느낌이라니) 와 같이 <완충체>가 복수로 쌓여 만들어내는 <복합완충체>까지도 포함한 포괄적인 표현이다. 여러 가지 유형이 혼합되어 나타나는 <복합완충체>에 의한 한국어와 일본어의 <완충표현>을 이하에 제시한다 :

• 共有されちゃってるかな {っていう} ような} 感じ} ですね

40대여	(다른 회사보다도 개인정보가 공유되어 버리고 있는 건가 싶은 느낌이네요. 他の會社よりもこう個人情報が共有されちゃってるかなっていうような感じですね	그쪽 직장은) そちらの職場は
30대여	へーーーーーー. (에----------	はは(笑) 하하(웃))

- そろそろかな {っていう} うん} 感じ} なんですけどね, {うん}

30대여	(이제 슬슬인가 라는, 응, 느낌인데요, 으-응. 아 가벼워요 증상은.) そろそろかなっていう, うん, 感じなんですけどね, うーん. あの, 軽いんですよ, 病状は
30대여	あー. あ. え. え, 花粉歴はどれぐらい (아- 아. 예. 예, 꽃가루 알레르기는 어느 정도?)

- 働いて {とか} って思} ったりする} んですよね.

30대여	(요즘이라면 뭐 빨리 일해서- 라고 생각하거나 하죠 네에-) 今だとなんか早く働いてーとかって思ったりするんですよねーー. うーーん.
20대여	そうなんですよね うん. へー. すごいですよね (그렇죠. 음. 헤- 대단하네요.)

- 제가 하지 않아두 {그냥} 좀} 그런} 생각이 들} 기는 하} 는데요

30대여	생각 그냥 뭐, 제가 하지 않아두 그냥 좀 그런 생각이 들기는 하는데요
40대남	잘 안 맞을 거에요. 답답할 거라구. 으응.

- 무슨 써클 {같은} 게 있} 었더} ㄴ 거 같} 은데

20대남	통역협회.
30대남	방학 동안에 외대 인제 통역학과 학생들이 무슨 써클 같은 게 있었던 거 같은데. 예예.

하나 혹은 두 개의 <완충체>는 이미 현대 소설의 대화문의 표현 등으로 사용된 경우도 많아 어느 정도 시민권을 획득했다고 말할 수 있을 것이다. 이른바 <입말체>[30)]적인 표현으로서 <쓰여진 언어>의 텍스트 속에서 완충

30) 이 책 1.5에서 중요한 전제로 말했던 것처럼 金珍娥(김진아 2006:10), 野間秀樹(노마히데키 2007a:16,2008:326,327)에서는 언어의 존재양식으로서 <말해진 언어>와 <쓰여진 언어>를 분류하고 있음을 상기하기 바란다. "음성으로서의 존재양식을 가진 언어"가 <말해진 언어>, "문자로서의 존재양식을 가진 언어"가 <쓰여진 언어>이다. 그리고 <쓰여진 언어>의 표현, 문체로서 <입말체>와 <글말체>를 규정하고 있다. 예를 들어 소설이나 시나리오 등의 회화문은 <쓰여진 언어>에서의 <입말체>이다.

체가 살아 있는 것이다.

그러나 본 연구에서 주목하고 있는 현저히 긴 <복합완충체>는, <쓰여진 언어>의 <입말체> 표현을 훨씬 능가하는 복합성을 보여주고 있다. 꼬리에 꼬리를 물며 놀라울 정도로 거듭 결합되는 요소가, 실사(實詞)적인 의미를 갖지 않는 피막적인 단어이기에 문장의 완충체로서의 역할이 가능해진다. 그러한 요소가 많이 중복되면 중복될수록 앞부분에 위치한 실사의 의미는 더욱 더 약화된다. 제7장의 <비서술어문>을 포함해 실제의 <말해진 언어>는 이른바 <입말체>의 영역을 훨씬 넘어선 자유로움을 보여주고 있는 것이다.

8.7 완충표현을 만드는 과부족(過不足)구조 : <잉여(剩餘)구조>와 <결여(缺如)구조>

본 연구에서는 이와 같이 한국어와 일본어의 <말해진 언어>의 담화를 이루는 <문장>의 문말에 주목하여 문말에서의 <완충표현>의 모습을 고찰해 왔다. 여러 조건을 통일시킨 각각의 일본어 도쿄 방언 화자와 한국어 서울 방언 화자 총160명의 자유담화를 데이터로 조사한 것이었다.

<완충표현> "buffering expression"을 <'완전한' 문장으로서의 명확성을 상실시키고 그로 인해 화자의 양태(樣態)적인 태도를 나타내는 표현>이라고 정의하고 <완충표현>의 유형화와 그 메커니즘의 규명을 시도하였다.

① 한국어와 일본어 모두 <초대면>인가 <친구 사이>인가 하는 친밀함의 정도와 세대, 성별에 관계없이, 담화에 출현하는 문장 중 10% 정도의 문장에서 <완충표현>을 사용하고 있다.

② 두 언어 모두 출현빈도가 가장 많이 나타난 <완충표현>의 유형은 <V {인용구조} 계>였다. <인용구조>, <연체형종지문>(연체사를 포함), <매달린 문장>, <부정으로 완충화>, <완충기능문> 등의 <완충표현>이 두 언어에서 공통적으로 나타나 있는 점이 주목할 만하다.

③ 한국어의 "하더라" = "하더라구"는 인용의 기능이 아니라 <체험객체화>와 <주관성>의 양태를 수행함으로써 <완충표현>으로서 기능한다. 이 점은 기존의 "-더-"의 연구에서도 언급되지 않았던 성질이다.

④ 일본어의 <しててsitete(하고 있어서)형>과 한국어의 <해 가지고 형>의 광의의 <aspect적 성질>과 <taxis적 성질>을 이끌어 내고, 두 가지의 상보(相補)효과에 의한 <완충표현>으로서의 기능을 고찰했다.

⑤ 간투사의 사용은, 한국어에서는 "난감하죠, 뭐"와 같이 앞의 서술어를 <얼버무리는 간투사>가, 일본어에서는 「あーっていうか」(아- 라고 할까) 와 같이 「っていうか」(-이라고 할까) 에 의해 <얼버무려진 간투사>가, 두 언어의 독특하고 흥미로운 <완충표현>을 부각시켰다.

⑥ 일본어에서만 나타나는 「じゃない」(-잖아), 「ですよ」(-이에요), 「ませんね」(-지 않네요)와 같은 <자립하는 부속어> 완충체의 존재와, 「かと思いました」(이라고 생각했어요), 「みたいな感じです」(같은 느낌이에요)와 같은 부속어로 시작하는 <완충표현>은 바로 <대화>와 <공화(共話)>라는 담화의 상호 작용성 "interaction" 속에 살아 숨 쉬고 있는 <완충표현>의 모습을 여실히 드러낸다. 실사가 아니어도 문장이 시작된다는 이러한 언어 사실은 학교문법의 '부속어'의 규정조차 되돌아보게 하는 것이다.

⑦ 한국어에서는 <대동사계>와 <분석적인 형태>의 <완충표현>의 활약이 두드러진다.

⑧ <완충체>가 3개, 4개 연속적으로 결합하여 나타나는 <복합완충체>의 <완충표현>도 흥미롭다 :

· 管理がずさんになっ {たり} とか} してんのかな} とか} 思っ} たんですけど. (관리가 전혀 안 됐 {거나} 라든지} 하는 건가} 라든지}라는 생각이} 들었는데)
· 안정감 {이나} 그런} 게 있} 지 않} 으신가요.

위와 같이 실제의 <말해진 언어>에 나타나는 현저하게 중층화된 <복합완충체>는, <쓰여진 언어>의 문체로서의 <입말체>에서 쓰이는 현상을 훨씬 능가하는 복합성과 자유로움을 보여 준다. 한국어와 일본어의 <말해진 언어>는 상기와 같은 다양한 구조와 표현에 의해 표현 내용이 약간은 얼버무려지며 소프트화되는 것이다. 이렇게 다양하게 보이는 <완충표현> "buffering expression"은 <과부족구조> 즉, ① 잉여형태로서의 완충체를 덧붙이는 구조, ② 기대되는 <무언가가 부족한> 결여적인 구조, 라는 두 가지 구조로 집약할 수 있다 :

<완충표현>은 형태론적, 통사론적인 <과부족구조>에 의해 형성된다.

<잉여구조> : 실질적인 의미를 갖지 않고 없어도 좋을 요소가 붙는다.
예: 良かったですね. /잘 됐네요. →

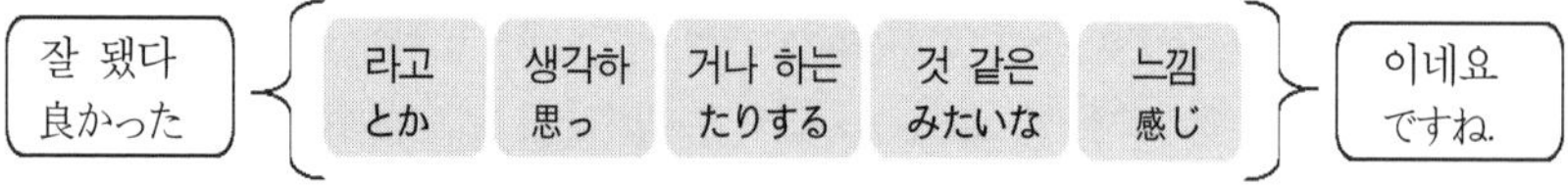

<결여구조> : 문법적인 성질상 필요로 하는 후속 요소가 나타나지 않는다.
예: 韓国語は副専攻ですか? /한국어는 부전공이에요?. — え, ○○語だけでは全然仕 事がないという. /네, ○○어만으로는 전혀 일이 없다 라는. + {∅}

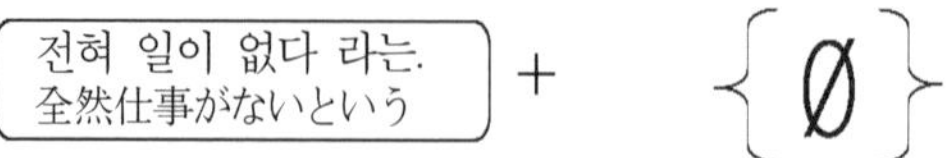

<그림 51> 과부족구조 : <잉여구조>와 <결여구조>

또한 완충표현 중에는 <서술어문>과 <비서술어문>의 중간적인 성질을 보이는 것이 존재한다는 것도 주목할 만하다.

이러한 구조는 <쓰여진 언어>에서 <서술어문>을 중심으로 보고 있는 문법론에서는 거의 보이지 않았던 언어 사실일 것이다.

본 연구가 이끌어 낸 <완충표현>의 여러 유형을 <잉여구조>와 <결여구조> 즉 <과부족의 구조>라는 관점에서 간단하게 정리해 두겠다 :

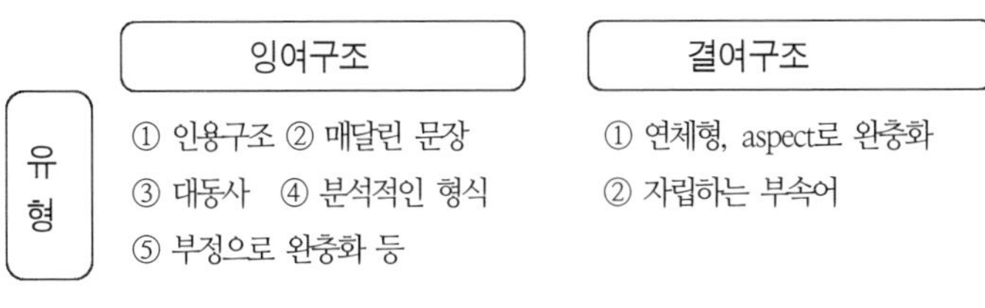

<그림 52> <완충표현>을 만드는 잉여구조, 결여구조의 주된 유형

여러 가지 형태에 붙어 무질서하게 배열되어 있는 것처럼 보이는 한국어와 일본어의 이러한 <완충표현>은, 그러나 독자적인 형식을 갖추고 있으며, 각각의 형식이 자유롭고 풍요롭게 여러 모습을 구축해 간다. 이런 시스템이야말로 <말해진 언어>만의 매우 흥미로운 특징이다.

서론에서도 말했던 바와 같이 화자 자신이 <어떻게 말했다고 생각하고 있는가>와 실제로 <어떻게 말했는가>는 전혀 다른 문제이다. <완충표현>도 또한 실제의 <말해진 언어>에서는 화자가 의식하지 못하고 있음에도 불구하고 <완충표현>으로 출현하는 것이다.

기존의 연구에서는 거의 의식화되지 않았던 <완충표현>은 그 출현빈도로 보더라도, 담화상에서 담당하는 역할을 보더라도, <쓰여진 언어>를 중심으로 구축되어 온 <문법론>의 기본적인 개념에 새로운 지견(知見)을 던질 수 있는 지극히 중요한 언어 사실이라고 말하지 않을 수 없다. 실제 <말해진 언어>가 연구자의 마음을 두근거리고 설레게 해주는 연유(緣由)이기도 하다.

후서

담화론과 문법론

한국어와 일본어의 새로운 만남

노마 히데키[野間秀樹]

담화론과 문법론

한국어와 일본어의 새로운 만남

노마 히데키[野間秀樹]

1. '담화론과 문법론 — 한국어와 일본어를 비추다'는 어떤 책인가

풍요로운 열매로 가득 찬 이러한 책을 만나는 것은 우리들에게 있어 행복이다.

서문에서도 명확하게 제시하고 있듯이 본서는 <담화론과 문법론을 통합한 관점에서 한국어와 일본어에 대한, 생생하게 펼쳐지는 말의 본연의 모습을 비추어 보고자 하는 것>이다. 여기서는 담화론과 문법론이라는 두 개의 축이 하나의 공간 안에서 교차하고 동시에 그런 교차축을 가진 한국어와 일본어라는 두 개의 공간이 중첩된다.

<담화론>은 담화 discourse를 둘러싼 학문, <문법론>은 문법 grammar를 둘러싼 학문이다. 그 두 개가 통합된 공간을, 한국어와 일본어를 조명하는 대조언어학 속에서 다루고 있는 것이다.

요컨대 <담화론>과 <문법론>이 만나고, 그리고 <한국어>와 <일본어>가 만나는 책인 것이다.

2. 본서의 만남, 본서의 물음

<담화론>과 <문법론>이 만나고 그리고 <한국어>와 <일본어>가 만난다는 구조는 그 자체로 이미 매력적이다.

본서는 이러한 큰 복합적 구조를 가지므로 무엇보다도 언어를 둘러싼 지극히 큰 물음을 던지게 된다.

한국어나 일본어의 특정 문제를 한정적으로 파고드는 유형의 연구는 오늘날 학회지의 논문, 박사 논문 등 한국어권에서도 일본어권에서도 그리고 그 외의 언어권에서도 방대한 수가 산출되고 있다. 학회지 논문의 대부분은 그 양적인 제약 때문에 물음이 아무래도 축소되는 경향이 있다. 본서는 이런 점에서 다수의 그러한 논문군과는 결정적으로 다르다. 물음은 크다. <담화론>과 <문법론>이 만나고, 그리고 <한국어>와 <일본어>가 만난다는 극히 거시적인 구조를 가지고 있는 것이다.

<담화론>과 <문법론>의 만남을 생각한다. 20세기 후반 담화론의 융성, 그리고 서구에서는 2000년을 넘는 문법론의 뿌리 깊은 전통이 있음에도 불구하고 그 유기적인 연관을 묻는 연구는 이제까지 슬플 만큼 적었다. 더구나 한국어나 일본어의 세계에서는 더 한정되어 있다. 본서 제2장 「담화론이란」 등에서 말하고 있는 대로이다. 따라서 <담화론>과 <문법론>의 만남 속에서 한국어와 일본어, 두 언어를 깊은 곳까지 조명한 대조언어학은 거의 전무했다고 말해도 좋다. 그러던 중에 본서는 담화론과 문법론의 유기적인 통합을 그리는 것이다. 그리고 그 통합은 탁상공론이 아닌 명석한 방법론으로 관철된, 연구의 리얼한 절차까지 제시하는, 매우 실천적인 논고로 구성되어 있다. 제3장 「연구방법론」, 제4장 「담화단위론」 등에서는 특히 이제까지 연구를 실천하는 데 있어서 많은 어려움을 겪어 온 젊은 담화연구자들이라면 손꼽아 기다리고 있었던 논의와 만나게 될 것이다. 그리고 <담화론>과 <문법론>의 만남은 연구의 새로운 세계를 창출해 내는 즐거움을 알려 주기도 하고, 기존

의 담화론이나 문법론을 되돌아보아야 함을 시사하고 촉구하기도 한다. 본서 제4장부터 전개되는 「담화단위론」 「문장구성론」 「비서술어문론」 「완충표현론」 등에서는 담화론 연구자는 물론 오랫동안 문법연구에 종사한 연구자들마저 오랜만에 가슴 설레이는 두근거림과 가슴 벅찬 즐거움을 만끽할 수 있을 것이다.

<한국어>와 <일본어>의 만남을 생각한다. 본래 복수의 언어를 대조하는 대조언어학 자체가 언어학의 세계에서는 늦게 출발한 분야이며 또한 언어학의 왕도에서는 몇 단계나 늦어진 출발이었던 점은 부정할 수 없다. 개별 언어를 보는 것만도 어려운데 두 개의 언어를 본다면, 어중간해지기 쉽다는 걱정과 두려움 때문에 간혹 도망가 버리는 경향도 있었다. 대학원의 지도교수는 대학원생에게 말한다. 2개 하는 것보다 하나를 철저히 하라고. 물론 그것도 일리는 있다. 사실 대조언어학의 성과도 개별언어학과 비교하면 어쩔 수 없이 피상적인 것이 되기 쉬웠다.

그런데 한국어와 일본어의 대조언어학은 최근 십수 년간 급속하게 발전하고 있다. 한국어와 일본어 양쪽을 아는 연구자 층도 점점 두꺼워지고 있다. 세계 대조언어학 속에서 가장 활발한 논문을 생산하고 있는 것이 사실은 한국어와 일본어의 대조언어학일지도 모른다. 다만 여기서도 연구의 테마는 아무래도 피상적이고 그리고 작고 빈약한 것이 되기 쉽다. 그것은 아마도 대조언어학을 받치는 틀이나 기초개념이 매우 취약했기 때문이다. 가장 깊은 곳에서 연구를 지탱하고 연구가 의거해야 할 기초가 보이지 않았던 것이다. 두 개의 언어를 대조하려면 대조를 가능하게 하는 틀, 기초가 필요하다. 대조연구는 그러한 기초를 향한 시선이 불가결하며 그런 기초를 끈질기게 언어화하면서 구축해 가는 의무를 지닌다. 이미 던져진 물음을 조사하여 해답을 얻는 것으로는 끝나지 않는 것이다.

그러던 중에 다행스럽게도 깊은 곳에서 언어를 조명한 대조연구는 한국어학이나 일본어학이라는 개별언어학에 대해서도 종종 깊은 물음을 던지기 시작했다. 다름 아닌 본서의 저자 김진아 교수의 몇 개의 모노그래프가 그런 귀중한 연구의 전형이 되었다. 저자는 스피치레벨(speech level)론, 턴테이킹(turn-taking)론, 완충표현론, 간투사론 등 다양한 문제를 다루어 왔다. 본서는 역량 있는 이런 연구자가 비추어 내는 <한국어>와 <일본어>의 희유(稀有)한 만남이다.

3. 본서의 물음을 지탱하는 것

이런 구조를 가진 본서가 언어에 관한 논고로서 보편적인 리얼리티를 갖기 위해서는 최소한 다음의 두 가지 조건이 불가결하다:

(1) 이론적인 틀이나 여러 개념을 가장 깊은 곳에서부터 조명할 것
(2) 압도적인 양과 질의 언어사실에 기초를 둘 것

3.1 논리적인 틀이나 여러 개념의 기초를 다진다.

(1)의 <논리적인 틀이나 여러 개념을 가장 깊은 곳에서부터 조명>한다는 것은 어떤 일일까. 그것은 무엇보다도 '담화', '문장', '발화단위', '이야기의 turn(턴)'과 같은 담화론이나 문법론의 기초가 되는 개념을 하나하나 꼼꼼하게 되묻는 것에서 시작될 것이다.

본서는 이러한 점에서 <언어>에 대해 철저한 재정립을 지향한다. 언어가 실현되는 본연의 모습인 <말해진 언어>와 <쓰여진 언어>의 철저한 구별이 그것이며, 그러한 언어 실현의 모습에서 표현의 모습, 즉, 표현의 양식이나 문체로서의 <입말체>와 <글말체>의 철저한 구별이 그것이다. 이 점이 우선 제1장 「언어의 실현체론」에서 알기 쉽게 설명된다. 언어라는 것을 볼 때 이러한 구별을 철저히 하는 것이 출발점이자 더 나아가 귀착점에 이르기까지 관철되어야 하는 것이다.

본서에서도 말하듯이 보통 연구자는 <말해진 언어>와 <쓰여진 언어>

를 구별하고 있느냐고 물으면 당연히 구별하고 있다, 당연하다고 대답할 것이다. 소리에 의해 실현되는 언어와 쓰여진 것은 당연히 다르지 않느냐고. 그러나 그 대답은 사실이 아닐 수도 있다. 더 직설적으로 말하자면 출발점에서는 머릿속에서 모두가 구별하고 있다 하더라도 연구나 기술의 실천 속에서 어느새 그 구별을 잃고 혼돈에 빠지는 것이다. <말해진 언어>와 <쓰여진 언어>의 차이를 전자는 "생략이 많다"나 " '뭐라고?'가 '머라구'가 되기도 한다"는 식으로 설명하기 시작한다면 벌써 혼동하고 있는 것이다. 이들은 이미 표현양식으로서의 <입말체>와 <글말체>를 말하기 시작했기 때문이다. 본서에서는 이러한 점이 명확하다. 표현이나 문체 여부에 관계없이 언어음으로 실현되어 있는 모든 언어는 <말해진 언어>이며 문자에 의해 실현되는 것은 <쓰여진 언어>이다.

그리고 <말해진 언어>의 실현체를 <담화>로, <쓰여진 언어>의 실현체를 <텍스트>로 명확하게 구별한다. 담화와 텍스트의 구별이 애매한 언어 연구가 적지 않았다는 사실도 제1장 「언어의 실현체론」에서 밝히고 있다. 요컨대 <말해진 언어>와 <쓰여진 언어>의 구별, <담화>와 <텍스트>의 구별이 분명하지 않았던 기존의 언어론을 본서는 명확하게 구별함으로써 그것을 기초로 한 모든 논의가 명석하게 자리를 잡을 수 있는 것이다.

제4장 「담화단위론」에서는 <turn-taking론>, 즉 본서가 말하는 <turn-exchange론>에서의 개념장치의 명석화에는 감탄을 금치 못한다. 담화에서의 이야기의 순서, 발언권이라고 소박하게 다루어져 왔던 'turn'을 더 나아가 그렇다면 대체 그 <순서란, 발언권이란 무엇인가>라고 집요하게 물음을 던지는 것이다. 그리고 <turn>은 <발화의 (지속적인) 실현> 그 자체라고 풀어낸다. 요컨대 누군가가 말하고 있다, 그것은 그 화자의 'turn'이 실현되고 있는 것이다. 그러한 'turn'이야말로 바로 <발화의 실현>이라고 우리는 불러야 할 것이다 -- 이렇게 해명해 나가는 것이다. 본서가 강조하고 있는 것처럼, 이를 인식하지 않으면 누군가가 틀림없이 '말하고' 있음에도 불구하

고 담화의 구조 속에서 그러한 사실을 그려낼 수 없게 된다. 언어가 분명히 말해지고 있는 데도 그것을 '맞장구 발화니까' 혹은 '이야기의 주도권을 갖고 있지 않으니까' 등의 이유로 turn으로 인정하지 않는다면 담화 본래의 물리적인 실현 구조를 파악할 수 없게 된다고 강조한다. 녹화나 녹음을 듣고 있으면 확실히 두 사람이 이야기하고 있다. 다만 그 두 화자의 이야기가 겹치고 있을 뿐이다. 그런데도 기존의 turn-taking론은 언제나 한쪽에만 turn이 있다고 본다. 그것은 이상하다. 두 사람이 모두 말하고 있다면 그것은 둘 다 turn을 갖고 있다고 해야 한다. 두 사람이 동시에 말하고 있다. 이것이야말로 <쓰여진 언어>에서는 있을 수 없는 <말해진 언어>에서만 실현 가능한, <담화론>이기에 인식할 수 있는 묘미가 아닐까? 본서는 말하고 있다. 이야기의 주도권과 발화의 물리적인 실현은 구별되어야 한다. <누가 말하고 있는가>라는 담화의 물리적인 실현 구조와 <무엇이 어떻게 말해지고 있는가>가 의미하는 담화의 내용에 관련되는 구조를 철저하게 구별하자고. 전자는 언어의 실현양식이며 후자는 언어의 표현양식이다. 동의할 수밖에 없다. Sacks 등의 선구적인 착안에 의해 창시된 턴 테이킹론은 본서의 출현으로 한층 더 높은 명석함을 획득했다.

제5, 6, 7장에서 전개된 <서술어문>(敍述語文), <비서술어문>(非敍述語文)의 엄밀한 구별에 입각하는 언어사실의 해명과 이론은 장관이다. 서술어로 통합되는 <서술어문>, 그리고 서술어로 통합되지 않는 <비서술어문>. 「네.」「비?」와 같은 이른바 '한 단어문(一語文)'에 대해서는 전통적인 문법론에서도 언급은 보인다. 그러나「전철역 앞 스타벅스에서 어제 만난 사람?」,「그 사람 엄청 재미있지, 뭔가.」 등과 같은 타입의 <비서술어문> --- 이 두 문장은 「만난」,「재미있지」라는 서술어가 문장 내부에 나타나는 <절구조문>(節構造文)이긴 하지만 문장 전체가 최종적으로 서술어로 통합되어 있는 <서술어문>은 아니다. 서술어로 통합되어 있지 않은 문장, 즉 <비서술어문>이다. — 제5장 이후를 보길 바란다 —<비서술어문>에 대해 이 정도로 꼼꼼하게 기술되어 있는 논고는 드물었다.

본서의 논의는 항상 <서술어문> <비서술어문>이라는 기초적인 개념을 정확히 짚고 넘어간 후에 시작된다. 물론 여기서도 그 전제가 되는 <서술어>란 어떤 것인가를 언어사실을 기초로 하여 뿌리 깊은 곳까지 조명하고 있다. 본 연구에서 검증되지 않은 <전제>는 있을 수 없는 것이다. 그것이 본서의 기본적인 태도이다. 그리고 모든 검증은 항상 언어사실에 입각하여 행해진다. 이리하여 한국어와 일본어의 문장 구조를, 서로 닮은 꼴인 그 상사형(相似形)을, 실제로 말해진 담화 안에서 철저하게 대조해 가는 것이다.

본서가 조명해 주는 것은 기존의 문법론에는 충격이다. 기존의 문법론 논의는 사실상 주로 <서술어문>에 대해 논의해 왔으며 <비서술어문>은 어디까지나 2차적인 것, 보조적인 것, 조연일 뿐이었다. 조연이라고 말하기보다 문법론에서 <비서술어문>은 거의 단역, 엑스트라 취급이다. 이는 어떤 문법연구자도 부정할 수 없을 것이다. 문법서를 확인해 보아도 좋다. 100페이지, 200페이지를 소비하는 <서술어문>의 기술에 비해 <비서술어문>의 기술은 대체 몇 줄 있을까?

한국어와 일본어에서 <서술어문> <비서술어문>이 실제 담화에서 어느 정도 비율로 출현하는가라는 소박한 사실조차 지금까지 아무도 몰랐던 것이다. 더구나 <비서술어문>이 어떤 모습으로 어떻게 나타나는가라는 문제에 이르면 도저히 알 길이 없었었다. 여기서 <서술어문> 중심의 문법은 당연하다, <서술어문> 쪽이 보통은 길고 복잡하니까 당연하다, 라고 생각한다면 바로 본서를 숙독하지 않으면 안 된다. <서술어문> 쪽이 <비서술어문>보다 복잡하다고 말하는 것은 환상에 지나지 않는다. 백보 양보해서 담화에 출현하는 문장의 길이라는 점에서 <서술어문>이 더 길었다고 하더라도 그 복잡함은 어디까지나 문장 내부의 복잡함이다. 해당 문장이 그 외부에 미치는 영향이나 문장 밖의 구조의 복잡함 등은 기존의 문법론은 보지 않는 것이다. 서술어로 맺어지지 않지만 내부에 서술어를 갖는 <절구조문>도 본서에서는 뚜렷이 조명된다.

본서는 <비서술어문> 내부의 리얼한 모습부터 <비서술어문>이 담화라는 구조 속에서 가져다 주는 <비서술어문> 외부의 syntax, 즉 <discourse syntax>라는 관점에 이르기까지 끈질기게 해명해 간다. 본서가 가르쳐 주듯이 담화라는 드라마에서는 <비서술어문>은 <서술어문> 이상의 히어로이자 히로인이 될 수 있는 것이다.

문법론은 맹성(猛省)하지 않으면 안 된다. 여기에 제시되는 많은 언어사실과 개념장치에서 배우지 않으면 안 된다. 그리고 담화론도 기존의 절차나 틀이 여기서 한 단계 두 단계 더욱더 정치화(精緻化)되어 가는 것을 배우지 않으면 안 된다. 문법론이라는 수로(水路)를 얻음으로써, 담화론이 어떻게 확고해지는가, 담화의 생생한 역동성의 근간이 어떻게 표출되는가를 직시하지 않으면 안 된다. 담화론은 문법론에게 배우지 않으면 안 되고, 문법론은 담화론에게 가르침을 구하지 않으면 안 되는 것이다.

제8장 「완충표현론」은 위와 같은 기초에 입각해서 <완충표현>이라는 개념장치를 가지고 담화의 재미를 더욱더 리얼하게 해석(解析)해 준다. 언어의 구조와 기능의 관계를 다양하고 독창적인 견해를 가지고 조명해 준다. 거기에는 모험도 있고 새로운 제기(提起)도 가득 차 있다. 착상에서도 기술의 방법에서도 배울 점이 많을 것이다. 언어사실, 실제 언어의 실현 속에서 찾으려는 대상을 마치 야생동물처럼 날카롭게 낚아채는 모습을 보라. 그리고 낚아챈 대상이 어떻게 이론상에서 요리되어 가는가를 보라. 무엇인가에 무엇인가가 불필요하게 더해지는 <잉여구조>(剩餘構造), 기대된 무언가가 나타나지 않는 <결여구조>(缺如構造)라고 대상을 분석해 내는 재량은 언어를 보는 중요한 식견으로서 앞으로 우리들의 사고를 윤택하게 해 줄 것이다. 그리고 이러한 일련의 연구 프로세스의 묘미를 즐겨 보자.

3.2 압도적인 양과 질의 언어사실을 보다

본서의 물음을 뒷받침하는 두 번째, (2) 압도적인 양과 질의 언어사실에 대해서도 언급해 두자.

우리들이 보고 있는 이러한 일련의 연구는 연구자가 머릿속에서 멋대로 만들어낸 것이 아니다. 평소 담화가 실현하는 모습을 잘 관찰해 두고 그것을 연구자가 정리한 것도 아니다. 많은 담화를 기록해 두고 거기에서 얻은 것을 기술했다는 정도의 것도 아니다.

여기서 진행되고 있는 연구는 1. <누가 누구를 향해 어떤 장소에서 말하는가>라는 언어가 실현되는 결정적인 조건을 엄밀히 파악하고, 2. 그러한 <언어장>(言語場)에서 실제로 실현된 담화를 녹음, 녹화하여 가능한 한 정교한 절차를 거쳐 데이터화=문자화하고, 3. 그러한 언어사실에 입각하여 치밀하게 분석하고 기술해 내는 연구이다.

언어 본연의 모습을 조사함에 있어서 <누가 누구를 향해 어떤 장소에서 말하는 언어인가>라는 <언어장>의 결정적인 조건은 가능한 한 엄밀히 파악하지 않으면 안 된다. 화자의 방언은 물론 성별이나 연령, 화자간의 사회적인 관계 등이 엄밀하게 구별된다. 그 위에 주제가 미리 주어진 담화가 아니라 자유로운 담화가 이루어진다. 자유로운 담화라고 했지만 담화의 다양한 양상도 본서에서는 정연하게 유형화하고 있다.

막상 녹음이나 녹화를 의식하여 회화는 부자연스러운 것이 되는 것은 아닐까라는 걱정과 두려움은, 실제로 그런 데이터 수집과 분석을 체험한 적이 없는 사람들의 걱정과 두려움이다. 녹음이나 녹화를 조사해 보면 알 것이다. 초면인 사람끼리의 회화조차 실로 자유분방하게, 마치 그것이 담화 연구를 위해 수집 되는 회화가 아니었던 것처럼 생생하게 전개되는 것이다. 이것도 실로 불가사의한 일이다. 물론 연구자 자신은 담화 현장에 없지만 그런 자연스러운 회화를 가능하게 하기 위한 분위기를 만드는 것도 연구자의 숨겨진 역량이 좌우하는 것이다.

이 연구에서는 일본어 도쿄 방언과 한국어 서울 방언 화자 무려 160명, 80쌍의 자연담화가 수집되어 있다. 같은 화자가 두 번 회화에 참가하는 경우 없이 모두 다른 화자이다. 그것도 무분별하게 녹음한 것이 아니다. 앞서 말했던 화자의 성별, 연령, 학력, 화자 사이의 관계 등이 엄밀히 계산되어 있다. 화자의 조건을 이 정도로 엄밀하게 통제하여 한국어와 일본어의 자연담화를 수집한 연구는 이제까지 유례가 없다.

선행연구에 대한 기술에서도 언급하고 있는 것처럼 대량의 데이터를 다룬 선구적 연구는 있었다. 그것만으로도 엄청난 업적이었다. 그러나 안타깝게도 화자의 조건이 모두 통제되어 있는 것은 아니었다. 또 수집한 담화의 양이라는 점에서는 방대함을 천하에 자랑해도 좋을 일본 국립국어연구소의 話しことばコーパス(소위 구어 말뭉치 즉 <말해진 언어> 말뭉치)라는 귀중한 성과도 있었다. 그러나 그 내용은 강연 등이 많고 두 사람의 자연담화로 보자면 극히 소수 밖에 수집되지 않았다. 엄밀히 조건을 통제하여 담화를 수집한다는 것이 개인이 아닌 기관이라 하더라도 얼마나 어려운 일인가를 알 수 있다.

본 연구의 담화 데이터의 질과 양은 개인 연구자가 수집할 수 있는 한계를 넘어서고 있다. 본 연구의 데이터는 교수가 대학원생의 도움을 얻어 담화를 수집한 것이 아니다. 연구자 자신이 계획하고 순서를 정해, 기재를 짊어지고 도쿄와 서울을 걸으며, 몸을 아끼지 않고 모든 데이터를 수집한 것이다.

이 후서의 집필자도 배움을 얻고자 김진아 교수의 담화 수집을 도운 적이 있다. 그 절차, 순서 등은 대단히 고난이도의 작업이었다. 무엇보다 녹음 녹화가 가능한 장소에 적절한 조건의 화자가 있지 않으면 안 된다. 그 화자는 자신의 말이 '서울말이다' 라고 주장하는 사람이 아니라 실제로 서울에서 언어형성이 이루어진 사람이어야 한다. 김진아 교수가 녹음을 듣고 서울말이 아닌 듯해서 화자에게 물으면 초등학교 때 수년간 지방에서 살았다고 답한다. 모처럼 협력을 받아 수집한 데이터는 본 연구에서는 그 사실만으로 사용할 수 없게 되는 것이다.

서울이면 서울말 화자를 몇 명이든 모을 수 있다고 생각한다면 이것 역시 환상에 지나지 않는다. 이 후서의 필자가 예전에 서울에서 소규모의 앙케이트 조사를 실시한 적이 있다. 227명의 응답자 중 출신지가 서울이었던 사람은 101명, 44.7%에 지나지 않았다. 참고로 가정에서 부모도 서울말을 사용하고 있다는 응답자는 15.4%였다. 이것으로도 알 수 있듯이 서울에서도 우선 보통은 절반 이상의 사람이 제외된다. 그리고 본 연구의 연령 조건으로 또 제외된다. 게다가 학력 조건, 화자의 관계 조건…이러한 식으로 대화 시간과 장소 조건까지 충족시키고 남은 사람들은 더 소수이다. 그런 사람들이 프라이버시의 양해 등까지 포함해 담화 수집에 협력해 줄 것인가? 모두 일도 있고 생활도 있다. 애초에 그런 사람들에게 대체 어떻게 접근하는 것일까? 정신이 아찔해지는 작업이다. 그러므로 조건이 통제된 자연담화는 이제까지 대규모로 수집되는 것이 불가능했던 것이다. 아마 앞으로도 개인 연구자에게 있어서는 극도로 어려운 작업일 것이다.

담화를 수집한 후에 그것을 문자화=데이터화하는 작업, 이 역시 장절(壯絶)한 작업이다. 그리고 한편으로는 발견으로 가득 찬 흥미로운 작업이기도 하다. 김진아 교수의 연구에서는 모든 문자화를 김진아 교수 한 사람이 아니라 복수의 인원이 체크하는 시스템으로 되어 있다. 이것도 또한 배움을 위해 참가해 보았다. 엄청난 끈기와 노력, 그리고 센스를 필요로 한다. 대담의 문자화 등과는 다르게 빈번히 속출하는 간투사와 웃음, 발화가 겹쳐지는 위치 등도 가능한 한 정확하고 명확히 데이터화한다.

담화연구자뿐만 아니라 문법연구자야 말로 이런 담화의 정치(精緻)한 문자화를 실제로 체험해 볼 것을 강력히 권하고 싶다. 대략 언어에 관련된 젊은 연구자라면 15분의 담화로 좋으니 지금 당장 이런 치밀한 문자화를 해보는 것은 어떨까? 본서는 말하고 있다. 애초에 그 소리는 흡입음인가? 연구는 그런 물음에서 출발한다는 것을 알 수 있을 것이다. 그리고 압도적인 언어사실의 풍부함 앞에서 연구자가 머리로 생각하고 있는 것이 얼마나 초

라한 것인가를 배울 수 있게 될 것이다. 연구는 언어사실이 어떤 것인가를 배우고, <말해진 언어>를 얼마나 보지 않았던가, 보았다고 착각하고 있었던가를 알게 해 준다. 그리하여 연구는 전혀 다른 높이에 도달하게 된다. 한 번이라도 이런 과정을 진지하게 고민하고 경험한 연구자라면, <말해진 언어>에 대해 쓰여진 기술(記述)만 보더라도 그것이 진짜인지 아닌지 즉시 알아볼 수 있을 것이다, --- 이것만은 짚어 두고자 한다.

김진아 교수의 연구에서는 복수 화자의 담화를 <복선적(複線的)문자화 시스템>이라는 문자화로 제시하고 있다. 두 사람의 대화라면 발화가 항상 두 개의 트랙으로 평행해서 진행된다. 담화연구에 있어서는 그런 양상을 알 수 있는 문자화 시스템을 이용하는 것이 바람직하다. <복선적 문자화 시스템>은 아마 현 단계에서는 가장 만들기 쉽고 알기 쉬운 문자화 시스템일 것이다. <멀티 트랙>(multi-track)으로 진행하는 담화를 종래의 시나리오 형 문자화로 담아 버리면 아무리 기호 등을 사용하려고 해도 번잡해질 뿐이고 멀티 트랙 중의 하나의 트랙이 주가 되어 버리기 쉽다. 이는 적어도 연구자와의 인터페이스(interface)에 있어서는 사실상 <싱글 트랙>(single track)인 것이다. 복선적 문자화 시스템도 데이터 처리 자체는 간단하다고 할 수 없으나 싱글 트랙 시스템도 기호를 사용하면 할수록 데이터 처리가 복잡해진다는 점에서는 다르지 않다. 현재 컴퓨터상에서 사용되고 있는 에디터나 워드 프로세서는 기본적으로 싱글 트랙 사양(仕様)이다. 이 점에서 기능적인 멀티 트랙의 에디터나 워드 프로세서, 데이터 처리 소프트웨어 등이 앞으로 개발된다면 아마 이 <복선적 문자화 시스템>은 더 큰 위력을 발휘할 것이다.

압도적인 양과 질의 언어사실, 이것이 본서의 연구를 뒷받침하고 있는 것이다.

4. 저자에 대해

저자 김진아 교수에 대해서도 간단히 소개해 두겠다.

김진아 교수의 모어는 한국어의 서울말이다. 시간과 함께 동반되는 서울말 자체의 변용은 꽤 심하고, 노인층 등에 남아 있는 '그리운' 서울말은 이미 압도적인 소수파가 되었다. 10개 정도로 분류할 수 있었던 단모음의 수조차 김진아 교수의 세대에서는 이미 사실상 7 모음 체계가 되어 있다. 지금은 김진아 교수 세대의 새로운 말이 서울말의 주류를 이루고 있다고 해도 좋다. 본 연구에서 다루어진 한국어는 그런 서울말이다.

저자 김진아 교수에게 있어서 일본어는 학습한 언어이다. 김진아 교수는 일본에 유학하여 일본어를 자유자재로 구사하는 새로운 연구자의 전형이다.

연구의 주제는 일관적으로 한일대조 담화론 연구이다. 현 시점에서 일본에서 활약하는 동시대의 한일대조언어학이나 한국어학의 연구자들에 있어서 김진아 교수가 뛰어나고 연구업적이 풍부한 연구자라는 사실은 틀림없다. 그 질적인 면은 본서가 유감없이 증명해 주고 있다.

활동과 집필은 연구뿐만 아니라 한국어 교육 분야에서도 활발해, 공저로 초급용 학습서인 '프티(petit) 한국어'(아사히출판사(朝日出版社), 2004), '비상하라! 한국어'(아사히출판사, 2007), '반짝반짝 한국어'(도가쿠샤(同學社), 2011), '한국어 학습강좌 凜(린) RIN1 입문'(다이슈칸서점(大修館書店), 2010), 중급용 자습서 'Viva! 중급 한국어'(아사히출판사, 2004) 등이 있다. 이들에 담긴 표현의 다수는 모두 실로 리얼한 한국어이며, 앞에서도 말했듯이 머릿속에서 만들어진 회화와는 확연히 다르다. 모든 교재에 <되묻기>나 <맞장구> 같은 담화의 장치가 명시적으로 규정되어 있다. 억양의 도식(圖式)화를 시도한 것도 주목할 만하다. 실제 담화를 연구한 경험이 있는 사람이라면 알 것이다. 이들은 <말하는> 것을 진정으로 자리매김하고 있는 교재군이다. 김진아 교수의 담화론 연구의 단단한 기초가 뒷받침 되었기에 가능해진 것이다.

2005년도 NHK(일본방송협회) 텔레비전 '한글 강좌'에서 김진아 교수가 강사를 맡았던 사실은 잘 알려져 있다. 이 해의 강좌는 월간 텍스트 판매부수 22만부라는 기록을 세워 화제가 되었다. 그 기록은 아직까지 깨지지 않고 있다. 텍스트 판매부수와 시청률 등에 따른 NHK의 여러 계산에 따르면 60만~100만 명의 시청자가 텔레비전 앞에서 김진아 교수에게 한국어를 배우고 있었다는 셈이다.

김진아 교수는 매회 100페이지 분량의 방송교재 텍스트를 집필하였고, NHK가 초안을 만든 매회 25분의 방송 대본을 그때마다 직접 고쳐 쓰고, 강사로서 출연까지 했다. 라디오 강좌를 담당한 적이 있는 나로서는, 발음이 정확하지 못함을 자인하고, 마이크 앞에서 이야기를 하는 것이 얼마나 어려운 것인지를 잘 알고 있다. 더구나 카메라가 앞에 서 있으면 말 그대로 입이 떨어지지 않는다. 김진아 교수는 이것을 담담하게 해냈다.

그리고 매회 학습의 핵이 되는 연속 미니 드라마 '그대, 바람 속에'의 각본 집필까지 도맡아 했다. 이미 존재하는 한국 드라마를 이용해 한국어 학습에서 응용하는 시도는 지금까지 많이 봐 왔다. 그러나 이 미니 드라마는 다르다. 학습 실라버스에 따라 드라마 시나리오의 핵심 표현을 구성해 스토리를 만들어 나간다는 묘미(妙味)를 우리는 보게 된다. 문자 그대로 한국어 학습을 위한 드라마이다. 드라마는 CD가게에서 CD에 쓰여진 한글을 한국어 학습자인 주인공 마키가 손가락으로 써 보면서 한 문자씩 읽는 장면에서부터 시작한다. 문자와 발음 연습 편, 물론 모음자모만으로 구성된 문자가 먼저 나온다. 그 CD가게에서 마키가 만난 한국 청년 준호와 -- 눈물 없이는 볼 수 없는 드라마의 시작이다. 그리고 중요한 것은 이런 표현의 하나하나가 본서가 보여 주고 있는 방대한 언어사실 연구에 뒷받침되고 있다는 점이다. 모두가 극히 실천적인 회화표현으로 구성되어 있는 것은 말할 것도 없다.

미니 드라마의 한국 촬영 시 김진아 교수가 출연자들에게 연출까지 세심히 지시하기도 했다. <언어장>(言語場), 누가 누구에게 어떤 장소에서 말하고 있는가, 그것 없이는 모든 대사는 있을 수 없는 것이다. <말해진 언어>는 언제나 표정이나 몸짓과 함께 존재한다. 일본에서 동행한 음성이나 카메라 담당자 분들은 "김진아 선생님은 한국어 선생님보다 연출 일이 더 잘 맞습니다" 라고 진지하게 말씀하기도 했다. 감수자로서 강좌를 함께 한 집필자로서도 김진아 교수의 이런 다면적인 역량에는 그저 감복할 뿐이다.

같은 강좌의 '회화의 궁극비법'이라는 코너에서는 바로 본서가 다루고 있는 '맞장구', '말의 겹침', '얼버무리기와 강조' 등의 테마로 담화에서의 일본어와 한국어의 차이를 흥미롭게 제시하여, 한국어학뿐만 아니라 일본어학 연구자들에게도 강한 지지를 얻었다. 이것도 기쁜 일이었다.

그 드라마와 시나리오, 상세한 해설, 그리고 '회화의 궁극비법'의 일부는 DVD북 '드라마틱 한글: 그대, 바람 속에'(아사히출판사, 2012)로 간행되었다.

김진아 교수는 도쿄외국어대학 대학원, 대조언문정보강좌에서 2013년 현재까지 유일한 박사학위 취득자이다. 이 후서의 필자는 김진아 교수의 대학원 박사 전기·후기 과정의 주임 지도교수였다.

김진아 교수는 대학원생 시절, 10페이지의 논고를 빨갛게 지적해서 돌려주면 전부 새롭게 고쳐 쓴 20페이지를 가지고 오는 열의 있는 인물이었다. 김진아 교수가 처음으로 연구실에 왔을 때 놀랍게도 주위의 연구자를 <담화의 사람>, <문법의 사람>이라는 식으로 카테고리화해 부르고 있었다. 이렇게 말하는 지도교수는 문자 그대로 억척스러운 <문법의 사람>이었다. 꾸중을 들을지도 모르지만 솔직히 말하자면 <문법의 사람>이 보면 <담화의 사람>은 언어학이 무엇인지 전혀 모른다. 반대로 김진아 씨 그룹의 <담화의 사람>이 보면 <문법의 사람>은 실제 언어의 모습을 보지 않는 사람들이다. 실제의 <말해진 언어>에 대해서는 아무 것도 모르는 사람들… 언어의 아마추어도 보였을 것이다. <문법의 사람들>이여 절대 잊어서는 안 된다. <문법의 사람들>이란 진정한 언어의 모습을 모르는 사람들인 것이다. 사실 주위에는 김진아 교수가 제기하는 담화를 둘러싼 여러 문제를 전혀 받아들이지 못하는 <문법의 사람>들이 있었다. '맞장구' 연구 같은 것은 연구가 아니라고까지 말하는 사람들이 있었다. <완충표현> 연구가 보여 주는 경악할 만한 언어사실을 두고 "그런 지적은 재미있기는 하지만 저런 언어는 도대체 누구의 언어일까라고 생각하게 되는 거죠."라고 말하는 <문법의 사람>이 있었다. 마치 '저런 언어는' '붕괴된 언어', 언어학이 연구의 대상으로 삼아서는 안 되는 언어라는 어조였다. 김진아 교수라면 <문법의 사람>이 말하는 위의 바로 그 발화야말로 <완충표현>이라고 지적할 것이다. 그 정도로 전통적인 <문법의 사람>에게는 <말해진 언어>를 정면에서 직시하는 것이 어려운 것이다. **담화론과 문법론이 서로를 알고 그 가장 깊은 곳에서 서로를 배운다면 실로 풍부한 것을 얻을 수 있다.** 본서가 정면에서 마주하고 있는 논의의 원점은 아마 김진아 교수의 이러한 대학원생 때부터 싹튼 것일 것이다.

지도교수는 <말해진 언어>에 대해서는 남달리 관심을 가지고 있어 그 관찰에는 조금이나마 자부심도 있었다. 집필한 교재에도 일찍부터 <말해진 언어>를 포함시켰다고 생각하고 있었다. 그러나 담화라는 언어사실을 사냥에 나선 예리한 하이에나처럼 인식하고 낚아채는 김진아 교수의 날카로움에는 몇 번이고 탄복하며 근간부터 배우지 않을 수 없었다. 지도교수는 실제로 <말해진 언어>를 역시 어딘가 머리 속에서만 보고 있었던 것이다. 김진아 교수의 말에 겸허히 귀를 기울이면 언제나 놀랍게도 익사이팅(exciting)한 것을 발견한다. 그런 현상을 최대한 언어화하려는 산고의 괴로움을 함께하는 것 또한 실로 즐거운 일이었다. 지도교수는 어느새 자신의 언어학이 좁은 틀을 벗어 버리고 뒤늦게나마 완전히 새로운 지평을 걸으려 하는 것을 깨달았다. 김진아 교수의 연구가 스승인 지도교수의 연구를 변혁시킨 것이다.

5. 언어를 보려고 하는 젊은 분들께

젊은 언어 연구자 여러분, 그리고 언어에 관심을 가진 여러분에게는 진심으로 권유하고 싶다. <담화의 사람>이든 <문법의 사람>이든 상관없다. <음성의 사람>이든 <텍스트의 사람>이든 <역사언어학의 사람>이든 <언어교육의 사람>이든 무방하다. 언어라는 것을 보려고 한다면 완고한 태도를 일단 버리기로 하고 유연한 사고로 본서가 보여 주는 사실과 허심탄회하게 마주해 보자. 유연한 감성으로 하나든 두 개든 본서가 말하는 것에 귀를 기울여 보자. 젊은 분들이라고 말했지만 물론 이는 연령을 말하는 것이 아니다. 젊은 감성을 잃지 않고 계시는 분들이야말로 진정으로 젊은 분들인 것이다.

본서에는 언어라는 것을 관찰하는 데 있어서 수정(水晶)과 같은 많은 귀한 힌트가 여기저기에서 빛나고 있을 것이다. 거기에서 연구나 교육에 대한 귀중한 시사를 얻을지도 모른다. 그리고 어느새 언어라는 것을 인식하는 데 있어서 가장 중요한 것을 거기에서 보고 있다는 사실을 깨닫게 될 것이다.

지금 펼쳐 보신 본서 김진아(2018) '담화론과 문법론'이 보여 주고 있는 것은 이제까지 극히 소수의 사람들만이 그 심연을 틈새로 엿보아 왔던, 진정으로 살아 숨쉬는 우리들 자신의 <말해진 언어>, 우리들 자신의 <한국어>이며 <일본어>인 것이다.

본서를 손에 든 우리들이야말로 진정 행복하다.

언어학자

_노마 히데키

후기

- 마음으로부터의 감사를 담아 -

지금은 오로지 감사의 마음으로 가득하다.

본 연구의 데이터 구축을 위해 녹화와 녹음에 귀중한 시간을 나누어 주신 도쿄와 서울의 160명의 여러분, 그리고 본서에서 사용할 수 없었던 데이터도 포함하여 데이터 수집과 구축에 관계해 주신 많은 분들께 여기서 다시 한 번 마음 깊이 감사의 말씀을 드리고 싶다. 협력해 주신 여러분 한 분 한 분의 표정까지 그립게 떠오른다.

본서를 쓰는 데 있어서는 많은 선생님들의 조언과 격려를 받았다. 특히 전 도쿄외국어대학(東京外國語大學)교수 도미모리 노부오(富盛伸夫) 선생님, 구도 히로시(工藤浩) 선생님, 전 와세다대학(早稲田大學) 대학원 교수 가와구치 요시카즈(川口義一) 선생님, 도쿄대학(東京大學) 교수 오고시 나오키(生越直樹) 선생님, 브리티시콜럼비아대학(The University of British Columbia) 교수 로스 킹(Ross King) 선생님, 그리고 도카이대학(東海大學) 준교수 나카지마 히토시(中島仁) 선생님, 긴키대학(近畿大學) 준교수 스가이 요시노리(須賀井義教) 선생님께는 진심으로 감사의 말씀을 드리고 싶다.

본서의 연구에는 박사논문을 비롯, 전 단계라고도 말할 수 있는 몇 개의 논고가 있다. 그 논고들에 교시를 주신 분들께도 머리 숙여 감사의 말씀을 드린다.

그리고 무엇보다도 전 도쿄외국어대학 대학원 교수 노마 히데키(野間秀樹) 선생님께 마음으로부터 감사의 말씀을 드리고 싶다. <후서>라는 귀한 말씀도 주셨다. 연구자의 <지(知)>라는 보물을 아낌없이 던져 주신 열렬한 스승의 존재야말로 본서의 든든한 버팀목이다.

구로시오(くろしお) 출판 편집부 이케가미 다쓰아키(池上達昭) 씨께도 그저 진심으로 감사의 말씀을 드리고 싶다.

그리고 지금 이렇게 본서를 손에 들어 주신 여러분들께도 진심으로 감사를 드린다. 모자란 부분이 많은 본서이다. 꾸지람과 가르침을 청할 수 있다면 더 없는 행복이다.

이국땅에서의 나의 연구를 든든하게 응원해 주고 있는 서울의 가족들에게…, 마음으로 응원해 주시는 미사토의 아버님과 어머님께…, 항상 나의 최대이자 최고의 사랑하는 응원자인 노부히로(信裕) 씨에게…, 본서의 출판 준비로 조금은 외로움을 느꼈을 나의 소중한 태희에게…, 넘치는 감사와 애정을 담아 본서를 바치고 싶다.

김진아

참고문헌

Austin, J. L. (1962) *How to Things With Words*. Cambridge, Massachusetts: Harvard University Press(オースティン, J. L. (1978)『言語と行為』, 坂本百大訳, 東京：大修館書店).

Beaugrande,Robert de & Dressler,W. (1981) *Introduction to Text Linguistics*, NewYork: Longmam(R.de ボウグランド・W.ドレスラー著 (1984) 池上嘉彦・三宮郁子・川村三喜男・伊藤たかね共訳,『テクスト言語学入門』, 東京：紀伊国屋書店.

Benveniste, Émile. (1966) *Probèmes de linguistique gènèrale*, paris: Gallimard.

Benveniste, Émile. *Problem in General Linguistics,* Translated by Meek, M.E. (1971), Florida: University of Miami(エミール・バンヴェニスト (1983:1988) 河村正夫・岸本通夫・木下光一・高塚洋太郎・花輪光・矢島猷三共訳,『一般言語学の諸問題』, 東京：みすず書房).

Bloomfield, L. (1933) *Language*, NewYork: Holt,Rinehart and Winston.

Brown, G. & G. Yule(1983) *Discourse Analysis*, Cambridge: Cambridge University Press.

Brown, P. & S. C. Levinson (1987) *Politeness: Some Universals in Language Usage*, Cambridge: Cambridge University Press.

Chafe,W. (1992) *Discourse International Encyclopedia of Linguistics*, Bright,W. (ed), Oxford: Oxford University Press.

Chafe, W. (1994) *Discourse, consciousness, and time*, Chicago: University of Chicago Press (Wallance Chafe (2006) 김병원・성기철 역, "담화와 의식과 시간: 언어의식론", 서울: 한국문화사).

Chafe,W. & Dubois, J. & Thompson, S. (1991) Towards a New Corpus of Spoken, *American English*, In Aijmer, K. & Altenberg, B.(ed.), *English Corpus Linguistics*, NY: Longman.

Chomsky, N. (1957) *Syntactic Structures*, The Hague: Mouton (ノーム・チョムスキー (1963) 勇康雄訳,『文法の構造』, 東京：研究社).

Coulthard, R. M. (1977) *An Introduction to Discourse Analysis*, London:Longman (マルコム・クールタード (1999) 吉村昭市・貫井孝典・鎌田修訳,『談話分析を学ぶ人のために』, 東京：世界思想社).

Crystal, D. (1979) Neglected Grammatical Factors in Conversational English, *Studies in English Linguistics for Randolph Quirk*, London: Longman.

Crystal, D. (1980) *The Language Library, A First Dictionary of Linguistics and Phonetics*, Oxford: Basil Blackwell.

Edwards, J. A. (1993) Principles and Contrasting Systems of Discourse Transcription, Edward, J. A. & Lampert, M.D.(eds.) (1993)所収.

Edwards, J. A. & Lampert, M.D.(eds.) (1993) *Talking Date : Transcription and Coding in Discourse Research,* Hillsdale, N.J.: Lawrence Erlbaum Associates.

Fries, C. C. (1952) *The Structure of English : An Introduction to the Construction of English Sentences,* New York: Harcourt, Brace (C. C. Fries(1959) 福村虎治郎訳,『英語の構造』, 東京：研究社).

Garfinkel, H. (1967) *Studies in Ethnomethodology,* Oxford: Basil Blackwell.

Gibbon, D. & Moore, R. & Winski, R. (1998) *Spoken Language System and Corpus Design*, Mouton de Gruyter.

Goffman,E. (1963;1969) *Behavior in Public Places*, NewYork:The Free Press(E・ゴッフマン (1980) 丸木恵祐・本名信行共訳,『ゴッフマンの社会学 4集りの構造 —— 新しい日常行動論を求めて』, 東京：誠信書房).

Goffman, E. (1981) *Forms of Talk,* Pennsylvania: University of Pennsylvania.

Grice, P. (1989) *Studies in the Way of Words*, Cambridge: Harvard University Press (ポール・グライス (1998) 清塚邦彦・飯田隆訳,『論理と会話』, 東京：勁草書房).

Gumperz, J. J. (1982) *Discourse Strategies,* Cambridge: Cambridge University Press.

Gumperz, J. J. & Berenz, N.B. (1993) Transcribing Conversational Exchanges, *Talking Date : Transcription and Coding in Discourse Research,* In Edward, J. A. & Lampert, M.D.(Eds.) (1993)所収.

Halliday, M. A. K. & R. Hasan (1976) *Cohesion in English*, London: Longman Group(M.A.K.ハリデイ&ルカイヤ・ハサン (1997) 安藤貞雄・多田保行・永田竜男・中川憲・高口圭転訳,『テクストはどのように構成されるか』, 東京：ひつじ書房).

Halliday, M. A. K. & R. Hasan (1985) *Language, Context, and Text: Aspect of Language in a Social-semiotic Perspective*, Tokyo: Deakin University (M.A.K.ハリデー & R.ハッサン(1991) 筧寿雄訳,『機能文法のすすめ』, 東京：大修館書店).

Harris, Z. S. (1951) *Structural Linguistics*, Chicago: The University of Chicago Press.

Hoey, M. (1979) *Signalling in Discourse*, Birmingham: Birmingham Instant Print Limited.

Hutchby, I. & Wooffitt, R. (1998;2008) *Conversation Analysis,* Cambridge: Polity Press.

Jakobson, R. (1990) Shifters and Verbal Categories, *on language,* Waugh. L. R & Monique Monville-Burston(eds.), London:Harvard University Press.

Komatsu, R & Harris, R. (1993) *F. de Saussure Troisieme Cours de Linguistique G énérale(1910-1911) D'après les Cahiers d'Emile Constantin Saussure's Third Course of Lectures on General Linguistics (1910-1911) from the Notebooks of Emile Constantin,* NewYork: Pergamon Press..

Labov, W. (1972) *Sociolinguistic Patterns,* Philadelphia: University of Pennsyl- vania Press.

Lakoff, R. (1975) *Language and Women's Place*, NY:Harper&Row(ロビン・レイコフ著(1985;1990) かつえ・あきば・れいのるず訳,『言語と性——英語における女の地位』, 東京：有信堂高文社).

Leech, G. (1983) *Principles of Pragmatics,* NewYork: Longman(ジェフリー・N.リーチ(1987;2000) 池上嘉彦・河上誓作共訳,『語用論』, 東京：紀伊国屋書店).

Leech, G. & Fligelstone, S. (1992) Computers and Corpus Analysis, *Computers and Written Texts*, Christopher S. Butler (ed.), Cambridge: Basil Blackwell.

Levinson, S. (1983) *Pragmatics,* Cambridge: Cambridge University(Stephen C. Levinson (1996) 이익환[李益煥]・권경원[權慶遠]공역, "화용론", 서울: 翰信文化社).

Lyons, J. (1968) *Introduction to Theoretical Linguistics,* NY: Cambridge University Press.

Morris, C. W. (1938) 'Foundations of the Theory of signs', *Foundations of the Unity of Science*, vol.1, Chicago: University of Chicago Press (モリス(1988;2005) 内田種臣・小林昭世訳,『記号理論の基礎』, 東京：勁草書房).

Murata, K. (1994) Intrusive or Co-Operative a Cross-Cultural Study of Interruption, *Journal of Pragmatics* 21.

Noma, H. (2005) When Words Form Sentences; Linguistic Field Theory: From Morphology through Morpho-Syntax to Supra-Morpho-Syntax, *Corpus-Based Approaches to Sentence Structures,* Usage-Based Linguistic Informatics 2, Edited by Toshihiro 6T7TTakagaki6T7T et al, Amsterdam & Philadelphia: John Benjamins.

Ramstedt, G, J. (1939) *A Korean Grammer* (=MSFOu 82), Helsinki: Suomalais-Ugrilaisen Seura.

Sacks, H. & E. A. Schegloff & G. Jeferson (1974) A Simplest Systematics for the Organization of Turn-Taking in Conversation, *Language* 50.

Sapir, E. (1921) *Language：An Introduction to the Study of Speech,* NewYork: Harcourt, Brace & World(エドワード・サピア (1998) 安藤貞雄訳,『言語－ことばの研究序説』, 東京：岩波書店).

Schegloff, E. A. (1982) Discourse as an Interactional Achievement : Some Use of 'uh huh' and Other Things That Come between Sentences, *Analyzing Discourse: Text and Talk,* Deborah Tannen(ed.) Washington, D.C: Georgetown University.

Schegloff, E. A. & H. Sacks (1973) Opening Up Closing, *Semiotica* 8, The Hague : Mouton.

Schiffrin, D. (1987) *Discourse Markers,* Cambridge: Cambridge University Press.

Schiffrin, D. (1994) *Approaches to Discourse,* Cambridge:Blackwell.

Schiffrin, D., Tannen,D. & Hamilton, E.H.(eds) (2001) *The Handbook of Discourse Analysis,* Malden, Massachusetts: Blackwell.

Scollon, R. & S. W. Scollon (1995) *Intercultural Communication : A Discourse Approach,* Oxford : Blackwell.

Searle, J. R. (1969) *Speech Acts: An Essay in the Philosophy of Language,* Cambridge: Cambridge University Press(J. R. サール (1986) 坂本百大・土屋俊訳, 『言語行為：言語哲学への試論』, 東京：勁草書房).

Sinclair, J. McH & Coulthard, R.M. (1975) *Towards an Analysis of Discourse,* London: Oxford university press.

Sohn, Ho-min (1994) *Korean*, London: Routledge.

Sperber, D. & Wilson, D. (1988) *Relevance: Communication and Cognition,* Oxford: Blackwell (D. スペルベル & D. ウイルソン (1983) 内田聖二・中逵俊明・宋南光・田中圭子訳, 『関連性理論ー理論と認知』, 東京：研究社).

Stubbs, M. (1983) *Discourse Analysis The Sociolinguistic Analysis of Natural Language,* Cambridge: Basil Blackwell (マイケル・スタッブズ (1989) 南出康世・ 内田聖二訳, 『談話分析』, 東京：研究社, M.Stubbs(1993) 송영주 옮김, "담화분석——자연언어의 사회언어학적 분석", 서울: 한국 문화사).

Tannen, D. (1984) *Conversational Style: Analyzing Talk among Friends,* Norwood, N. J.: Ablex.

Tannen, D. (2001) *The Handbook of Discourse Analysis,* Schiffrin,D., Tannen, D. & Hamilton, E.H.(ed) 所収.

Trudgill, P. (1974) *The Social Differentiation of English in Norwich,* Cambridge: Cambridge University Press.

Usami, M. (2002) *Discourse Politeness in Japanese Conversation: Some Implications for a Universal Theory of Politeness*, Tokyo: Hituzi Syobo.

van Dijk, T. A. (1977) *Text and Context*, London: Longman.

van Dijk, T. A. (1997) The Study of Discourse, *Discourse as Structure and Process,* In van Dijk, T. A.(ed) London: SAGE.

Wales, Kaite (1989) *A Dictionary of Stylistics,* London: Longman (Katie Wales(ウェールズ, ケーティ) (2000) 豊田昌倫・宮内弘他訳,『英語文体論辞典』, 東京：三省堂).

Wunderlich, D. (1976) *studien zur sprechakttheorie,* Frankfurt: Suhrkamp Verlag.

Yngve, Victor. H. (1970) On Getting a Word in Edgewise, *Chicago Linguistics Society* 6.

Yule, G. (1996) *Pragmatics,* New York: Oxford University Press.

有馬道子(2001)『パースの思想 記号論と認知言語学』, 東京：岩波書店.

イェスペルセン(1927;1954)『イェスペルセン 言語 その本質・発達及び起源』, 市河三喜・神保格 訳, 東京：岩波書店.

五十嵐孔一(1998)「現代朝鮮語の用言接続形 <-느라(고)> について——「タクシス」と「図と地」の観点から——」,『朝鮮学報』, 第169輯, 天理：朝鮮学会.

李吉鎔(2001) 「日・韓両言語における反対意見表明行動の対照研究——談話構造とスキーマを中心として」,『大阪日本語研究』, 13号, 大阪：大阪大学大学院文学研究科.

池上嘉彦(1981;2000) 『「する」と「なる」の言語学——言語と文化のタイポロジーへの試論——』, 東京：大修館書店.

池上嘉彦(1983;1999) 「テクストとテクストの構造」,『談話の研究と教育』, 国立国語研究所, 東京：国立国語研究所.

李翊燮・李相億・蔡琬(2004)『韓国語概説』, 梅田博之監修, 前田真彦訳, 東京：大修館書店.

李善雅(2001) 「議論の場におけるあいづち——日本語母語話者と韓国人学習者の相違——」,『日本語教育論集 世界の日本語教育』, 第11号, 東京：国際交流基金日本語国際センター.

石崎雅人・伝康晴(2001)『談話と対話』, 東京：東京大学出版会.

伊藤英人(1989)「現代朝鮮語動詞の非過去テンス形式の用法について」,『朝鮮学報』, 第131輯, 天理：朝鮮学会.

伊藤英人(1990)「現代朝鮮語動詞の過去テンス形式の用法について(1) —— 했다形について」,『朝鮮学報』, 第137輯, 天理：朝鮮学会.

任栄哲(2005)「言語行動」,『日本語学』, 24巻7号, 東京：明治書院.

任栄哲・井出理咲子(2004) 『箸とチョッカラク——ことばと文化の日韓比較』, 東京：大修館書店.

任栄哲・李先敏(1995)「あいづち行動における価値観の韓日比較」,『日本語教育論集 世界の日本語教育』, 第5号, 東京：国際交流基金日本語国際センター.

林八竜(1995) 「日本語と韓国語における表現構造の対照考察－日本語の名詞表現と韓国語の動詞表現を中心として」,『宮地裕・敦子先生古希記念論集 日本語の研究』, 東京：明治書院.
宇佐美まゆみ(1995)「談話レベルから見た敬語使用――スピーチレベルシフト生起の条件と機能」,『学苑』, 東京：昭和女子大学近代文化研究所.
宇佐美まゆみ(1997a)『言葉は社会を変えられる』, 東京：明石出版.
宇佐美まゆみ(1997b)「基本的な文字化の原則の開発について」,『日本人の談話行動のスクリプタ・ストラテジーの研究とマルチメディア教材の試作』, 文部省科学研究費基盤研究 研究成果報告書.
宇佐美まゆみ(1999)「談話の定量的分析――言語社会心理学的アプローチ――」,『日本語学』, 第18巻, 10号, 東京：明治書院.
宇佐美まゆみ(2001)「「ディスコース・ポライトネス」という観点から見た敬語使用の機能――敬語使用の新しい捉え方がポライトネスの談話理論に示唆すること――」,『語学研究所論集』, 第6号, 東京：東京外国語大学語学研究所.
宇佐美まゆみ監修(2005)「BTSによる多言語話し言葉コーパス ―― 日本語会話」, 東京外国語大学『21世紀COEプログラム言語運用を基盤とする言語情報学拠点』, http://www.coelang.tufs.ac.jp/
梅田博之・村崎恭子(1982)「現代朝鮮語の格表現」,『講座日本語学10』, 東京：明治書院.
エメット啓子(2001)「「なんか」――会話への積極的参加を促すインターアクショナルマーカー」,『言語学と日本語教育』, 東京：くろしお出版.
大石初太郎(1958)「話しことばと書きことば」,『講座 現代国語学 ことばの変化』, 東京：筑摩書房.
大石初太郎(1974) 「敬語の体質と現代敬語の展望」,『敬語の体系』, 林四郎・南不二男編, 敬語講座, 第1巻, 東京：明治書院.
大槻文彦(1897)『広日本文典』, 私家版.
岡本能理子(2005a)「談話」,『新版日本語教育事典』, 東京：大修館書店.
岡本能理子(2005b)「話しことばと場面」,『新版日本語教育事典』, 東京：大修館書店.
荻野綱男編(2003)『朝倉日本語講座9 言語行動』, 北原保雄監修, 東京：朝倉書店.
荻野綱男(2003)「言語行動の調査法」, 荻野綱男編(2003)所収.
生越直樹(1988)「朝鮮語のあいづち――韓国人学生のレポートより――」,『日本語学』, 7巻13号, 東京：明治書院.
生越直樹編(2002)『対照言語学』, 東京：東京大学出版会.
生越まり子(1994)「感謝の対照研究――日朝対照研究――」,『日本語学』, 13巻7号, 東京：明治書院.
生越まり子(1995)「依頼表現の対照研究――朝鮮語の依頼表現――」,『日本語学』, 14巻10

号, 東京：明治書院.

尾上圭介(2001)『文法と意味Ⅰ』, 東京：くろしお出版.

ガーフィンケル, ハロルド・他(1987;2008)『エスノメソドロジー 社会学的思考の解体』, 山田富秋・好井裕明・山崎敬一訳, 東京：せりか書房.

神尾昭雄(1982) 「発話のメカニズム <言い間違いの研究からの知見>」, 『言語』, vol.11 no.9, 東京：大修館書店.

神尾昭雄(1990;2002)『情報のなわ張り理論: 言語の機能的分析』, 東京：大修館書店.

亀井孝・河野六郎・千野栄一編(1996)『言語学大辞典 第6巻 術語編』, 東京：三省堂.

鎌田修(2000)『日本語の引用』, 東京：ひつじ書房.

蒲谷宏・川口義一・坂本恵(1993)「依頼表現方略の分析と記述――待遇表現教育への応用に向けて」, 『早稲田大学日本語研究教育センター紀要』, 5号, 東京：早稲田大学日本語研究教育センター.

蒲谷宏・川口義一・坂本恵(1998)『敬語表現』, 東京：大修館書店.

蒲谷宏・高木美嘉(2003)「談話における「意図」の諸相――依頼の談話を例として」, 『早稲田大学日本語研究教育センター紀要』, 16号, 東京：早稲田大学日本語研究教育センター.

金田一京助・山田忠雄・柴田武・酒井憲二・倉持保男・山田明雄編(2001)『新明解国語辞典 第五版』, 東京：三省堂.

菅野裕臣(1981)『朝鮮語の入門』, 東京：白水社.

菅野裕臣(1986)『基礎ハングル 中級講座』, 第2号, 東京：三修社.

菅野裕臣(1997)「朝鮮語の語基について」, 『日本語と外国語との対照研究Ⅳ 日本語と朝鮮語 (上)』, 国立国語研究所, 東京：くろしお出版.

菅野裕臣・早川嘉春・志部昭平・浜田耕策・松原孝俊・野間秀樹・塩田今日子・伊藤英人(1988)「文法概説」, 『コスモス朝和辞典』, 東京：白水社.

川口義一・蒲谷宏・坂本恵(2002) 「「敬語表現」と「ポライトネス」――日本語研究の立場から」, 『社会言語科学』, 5巻 1号, 東京：社会言語科学会.

菊地康人(1988)『敬語』, 東京：角川書店.

菊地康人(2000) 「「ようだ」と「らしい」――「そうだ」「だろう」との比較も含めて――」, 『国語学』, 第51巻, 1号, 東京：国語学会.

金庚芬(2012)『日本語と韓国語の「ほめ」に関する対照研究』, 東京：ひつじ書房.

金志宣(2000) 「turn及びturn-takingのカテゴリー化の試み――韓・日の対照会話分析」, 『日本語教育』, 105号, 東京：日本語教育学会.

金珍娥(2002) 「日本語と韓国語における談話ストラテジーとしてのスピーチレベルシフト」,

『朝鮮学報』, 第183輯, 天理：朝鮮学会.

金珍娥(2003)「韓国語と日本語における談話構造── “turn-takingシステム”から“turn-exchangingシステム”へ──」, 『朝鮮学報』, 第187輯, 天理：朝鮮学会.

金珍娥(2004a)「韓国語と日本語のturnの展開から見たあいづち発話」, 『朝鮮学報』, 第191輯, 天理：朝鮮学会.

金珍娥(2004b)「韓国語と日本語の文, 発話単位, turn──談話分析のための文字化システムによせて──」, 『朝鮮語研究2』, 東京：くろしお出版.

金珍娥(2005)『NHKテレビ 안녕하십니까? ハングル講座』, 4月号, 野間秀樹監修, 東京：日本放送出版協会.

金珍娥(2006)「日本語と韓国語の談話における文末の構造」, 東京外国語大学博士学位論文, 東京：東京外国語大学大学院.

金珍娥(2007)「韓国語のローマ字表記法」, 野間秀樹編著(2007)所収.

金珍娥(2009)「日本語と韓国語の文末における緩衝表現」, 『朝鮮学報』, 第213輯, 天理：朝鮮学会.

金珍娥(2010)「<非述語文>の現れ方とdiscourse syntax──日本語と韓国語の談話から──」, 『朝鮮学報』, 第217輯, 天理：朝鮮学会.

金珍娥(2012a)「間投詞の出現様相と機能──日本語と韓国語の談話を中心に──」, 野間秀樹編著(2012)所収.

金珍娥(2012b)「談話論からの接近」, 野間秀樹編著(2012)所収.

金珍娥(2012c)『ドラマティック・ハングル──君, 風の中に──』, 野間秀樹監修, 東京：朝日出版社.

金珍娥(2013)『談話論と文法論──日本語と韓国語を照らす──』, 東京：くろしお出版.

金珍娥(2014)「<話されたことば>のコーパスと韓国語教育──日韓対照言語学と談話論研究から──」, 『外国語教育研究』, 東京：外国語教育学会.

金珍娥(2016)「人は発話をいかに始めるか──日本語と韓国語の談話を照らして──」, 『朝鮮学報』, 第238輯, 天理：朝鮮学会.

金珍娥(2018)「韓国語における引用表現の体系を照らす──韓国語教育のために──」, 野間秀樹編著(2018)所収.

金珍娥(2019a)「日本語と韓国語の談話における <述語文> の様相── <話されたことば> の文末を照らす──」, 『朝鮮学報』, 第249/250輯合併号, 天理：朝鮮学会.

金珍娥(2019b)「日本語と韓国語の談話に現れる <対聞き手敬語表現> を照らす──」, 『朝鮮学報』, 第251輯, 天理：朝鮮学会.

金珍娥(2019c)「韓国語教材の問題と目指すべき方向──韓国語研究から韓国語教育へ──」,

『カルチュール』, 13巻1号, 東京：明治学院大学.
金水敏・田窪行則編(1992)『指示詞』, 東京：ひつじ書房.
金水敏・工藤真由美・沼田善子(2000;2003)『時・否定と取り立て』, 東京：岩波書店.
金美貞(2005)「韓国における接客言語行動に関する事例研究——文末形式選択のダイナミックス」,『社会言語科学』, 7巻2号, 東京：社会言語科学会.
金民(2009) 「現代朝鮮語の動詞の連体形と被修飾名詞の共起に関する研究——hanun (…する) 連体形を中心に」,『朝鮮学報』, 第212輯, 天理：朝鮮学会.
金民(2017)『現代韓国語の動詞の連体修飾構造に関する研究——動詞の連体形と被 修飾名詞の共起様相——』, 東京外国語大学博士学位論文.
金田一春彦(1983)『話しことばの表現 講座日本語の表現3』, 東京：筑摩書房.
久野暲(1978;1996)『談話の文法』, 東京：大修館書店.
クールタード,マルコム(1999)『談話分析を学ぶ人のために』, 吉村昭市・貫井孝典・鎌田修訳, 東京：世界思想社.
串田秀也・定延利之・伝康晴(2005)『活動としての文と発話』, 東京：ひつじ書房.
串田秀也・好井裕明編著(2010)『エスノメソドロジーを学ぶ人のために』, 京都：世界思想社.
権在一(2012)「韓国語教育と話しことばの文法」, 野間秀樹編著(2012)所収.
権在淑(1994)「現代朝鮮語の接続形Ⅲ-서について」,『朝鮮学報』, 第152輯, 天理：朝鮮学会.
工藤真由美(1995)『アスペクト・テンス体系とテクスト』, 東京：ひつじ書房.
黒崎良昭(1987) 「談話進行上のあいづちの運用と機能－兵庫県滝野方言について－」,『国語学』, 15号, 東京：国語学会.
黒沼祐佳(1996)「会話におけるturn-takingと情報共有のイニシアティブの関係」,『筑波大学応用言語学研究』, 3, つくば：筑波大学.
言語学研究会(1989)『ことばの科学 2』, 東京：むぎ書房.
現代日本語研究会編(1999)『女性のことば・職場編』, 東京：ひつじ書房.
現代日本語研究会編(2002)『男性のことば・職場編』, 東京：ひつじ書房.
河野六郎(1977)「文字の本質」,『岩波講座 日本語8 文字』, 東京：岩波書店.
河野六郎(1979－80)『河野六郎著作集』, 第1－3巻, 東京：平凡社.
河野六郎(1994;1997)『文字論』, 東京：三省堂.
国語学会編(1980)『国語学大辞典』, 東京：東京堂出版.
国立国語研究所(1960;1964) 『話しことばの文型 (1) ——対話資料による研究——』, 東京：秀英出版.
国立国語研究所編(1978;1981)『日本語の文法 上 下』, 東京：大蔵省印刷局.
国立国語研究所(1988)『話しことばのコミュニケーション』, 東京：凡人社.

国立国語研究所(2004;2008)『日本語話し言葉コーパス』, http://www.kokken.go.jp/
国立国語研究所(2006)『言語行動における「配慮」の諸相』, 東京：くろしお出版.
ゴッフマン(1980)『ゴッフマンの社会学 4 集りの構造——新しい日常行動論を求めて』, 丸木恵祐・本名信行共訳 東京：誠信書房.
小西友七・南出康世(2001)『ジーニアス英和大辞典』, 東京：大修館書店.
小宮千鶴子(1986) 「あいづち使用の実態－出現傾向とその周辺－」, 『語学教育研究論叢』, 東京：大東文化大学語学教育研究所.
小室郁子(1995)「"Discussion"におけるturn-taking——実態の把握と指導の重要性」,『日本語教育』, 85号, 東京：日本語教育学会.
サックス・H, E.A.シシェグロフ, G.ジェファソン(2010)『会話分析基本論集 順番交替と修復の組織』, 西坂仰訳, 東京：世界思想社.
サーサス, ジョージ(1995)「序論 エスノメソドロジー ——社会科学における新たな展開」,『日常性の解剖学 ETHNOMETHODOLOGY 知と会話』, サーサス, G・H.ガーフィンケル・H.サックス・E.シェグロフ(1995) 所収.
サーサス, ジョージ(1998)『会話分析の手法』, 北沢裕・小松光一訳, 東京：マルジュ社.
G.サーサス, H.ガーフィンケル, H.サックス, E.シェグロフ(1995) 『日常性の解剖学 ETHNOMETHODOLOGY 知と会話』, 北沢裕・西坂仰訳, 東京：マルジュ社.
斉藤俊雄・中村純作・赤野一郎(1998)『英語コーパス言語学——基礎と実践——』, 東京：研究社.
佐久間まゆみ(1987)「段落の接続と接続語句」,『日本語学』, vol.6, 東京：明治書院.
佐久間まゆみ(2002)「接続詞・指示詞と文連鎖」,『複文と談話』, 東京：岩波書店.
佐久間まゆみ編(2003)『朝倉日本語講座 7 文章・談話』, 東京：朝倉書店.
佐久間まゆみ・杉戸清樹・半沢幹一編(1997;2005)『文章・談話のしくみ』, 東京：おうふう.
佐竹秀雄(1995)「若者ことばとレトリック」,『日本語学』, vol.14, no.11, 東京：明治書院.
佐竹秀雄(1997)「若者ことばと文法」,『日本語学』, vol.16, no.4, 東京：明治書院.
定延利之編(2002)『「うん」と「そう」の言語学』, 東京：ひつじ書房.
ザトラウスキー, ポリー(1991) 「会話分析における「単位」について——「話段」の提案」,『日本語学』, 10巻10号, 東京：明治書院.
ザトラウスキー, ポリー(1993)『日本語研究叢書5 日本語の談話の構造分析——勧誘のストラテジーの考察——』, 東京：くろしお出版.
サピア, エドワード(1998)『言語——ことばの研究序説——』, 安藤貞雄訳, 東京：岩波書店.
柴田武・酒井憲二・倉持保男・山田明雄編(1972;2009)『新明解国語辞典 第六版』, 東京：三省堂.

新村出編(1955;2008)『広辞苑 第六版』, 東京：岩波書店.
秦秀美(2002)「日・韓における感謝の言語表現ストラテジーの一考察」,『日本語教育』, 114号, 東京：日本語教育学会.
杉戸清樹(1987)「発話のうけつぎ」,『国立国語研究所報告92 談話行動の諸相 座談資料の分析』, 東京：三省堂.
杉戸清樹(1994)「録音を文字化する」,『日本語学』, 13巻5号, 東京：明治書院.
杉藤美代子(1993)「効果的な談話とあいづちの特徴及びそのタイミング」,『日本語学』, vol.12, no.4, 東京：明治書院.
鈴木重幸(1972;1997)『日本語文法・形態論』, 東京：むぎ書房.
砂川有里子(1989)「引用と話法」,『講座日本語と日本語教育4』, 東京：明治書院.
砂川有里子(2005)『文法と談話の接点――日本語の談話における主題展開機能の研究』, 東京：くろしお出版.
ソシュール, フェルヂナン・ド(1928;1940)『言語学原論』, 小林英夫訳, 東京：岩波書店.
ソシュール(1928) 岡書院刊行版の改訳新版.
ソシュール,フェルディナン・ド(1940;1972)『一般言語学講義』, 小林英夫訳, 東京:岩波書店.
ソシュール,フェルディナン・ド(2003)『フェルディナン・ド・ソシュール 一般言語学第三回講義 エミール・コンスタンタンによる講義記録』, 相原奈津江・秋律伶訳, 京都：エディット・パルク.
高橋太郎(1976;1981)「すがたともくろみ」,『日本語動詞のアスペクト』, 金田一春彦編 東京：むぎ書房.
高原脩・林宅男・林礼子(2002)『プラグマティックスの展開』, 東京：勁草書院.
滝浦真人(2008)『ポライトネス入門』, 東京：研究社.
田窪行則編(1997)『視点と言語行動』, 東京：くろしお出版.
田窪行則編(1999)『談話と文脈』, 東京：岩波書店.
竹林一志(2008)『日本語における文の原理―― 日本語文法学要説』, 東京：くろしお出版.
陳姿菁(2001)「日本語の談話におけるあいづちの類型とその仕組み」,『日本語教育』, 108号, 東京：日本語教育学会.
塚原渉・ワード,ナイジェル(1997)「理解を介さない会話現象としてのあいづち」,『言語』, vol.26, no.10, 東京：大修館書店.
辻大介(1996)「若者におけるコミュニケーション様式変化」,『東京大学社会情報研究所紀要』, 51号, 東京：東京大学社会社会情報研究所.
寺沢芳雄編(2002)『英語学要語辞典』, 東京：研究社.
寺村秀夫(1980)「名詞修飾部の比較」,『日英語比較講座 第2巻 文法』, 東京: 大修館書店.

寺村秀夫(1982)『日本語のシンタクスと意味 第1巻』, 東京：くろしお出版.
鄭玄淑(1996)「現代朝鮮語接続形-고について——その意味, 用法をめぐって——」,『朝鮮学報』, 第161輯, 天理：朝鮮学会.
鄭玄淑(2001)「Ⅰ-고, Ⅲ-서と動詞のアスペクト的特徴との関連性——アスペクト形式による用言分類を通して——」,『朝鮮学報』, 第180輯, 天理：朝鮮学会.
時枝誠記(1941:1976)『国語学原論』, 東京：岩波書店.
時枝誠記(1950;1966)『日本文法 口語編』, 東京：岩波書店.
富盛伸夫(2000)「ソシュールの言語思想」,『境界の「言語」』, 荒このみ・谷川道子編著, 東京：新曜社.
内閣告示・内閣訓令(1973)『送り仮名のつけ方』, 東京：大蔵省印刷局.
内閣告示・内閣訓令(1986)『常用漢字表 現代仮名遣い (付 人名用漢字)』, 東京：大蔵省印刷局.
内閣告示・内閣訓令(1991)『外来語の表記法』, 東京：大蔵省印刷局.
中田智子(1991)「会話に現れるくり返しの発話」,『日本語学』, vol.10, no.10, 東京：明治書院.
中光雄(国語教育プロジェクト)編(2001)『原色シグマ新国語便覧 増補改訂新版』, 東京：文英堂.
中園篤典(2006)『発話行為的引用論の試み——引用されたダイクシスの考察——』, 東京：ひつじ書房.
中島仁(2002)「現代朝鮮語の連体形「한」について」,『朝鮮学報』, 第183輯, 天理: 朝鮮学会.
中島和子(2005)「年少者評価法」, 日本語教育学会編(2005) 所収.
中西恭子(2002)「現代朝鮮語の連体形語尾-는について－-ㄹとの使い分けという観点から－」,『朝鮮語研究 1』, 東京: くろしお出版.
中西恭子(2004)「現代朝鮮語の引用構文について」,『朝鮮語研究2』, 東京：朝鮮語研究会.
永野賢(1986)『文章論総説』, 東京：朝倉書店.
西阪仰(2001)『心と行為』, 東京：岩波書店.
西原鈴子(1991)「会話のturn-takingにおける日常的推論」,『日本語学』, vol.10, 東京：明治書院.
仁田義雄(1992)『日本語のモダリティと人称』, 東京：ひつじ書房.
仁田義雄・村木新次郎・柴谷方良・矢沢真人(2000)『日本語の文法1文の骨格』, 東京：岩波書店.
日本語教育学会編(2005)『新版 日本語教育事典』, 東京：大修館書店.
日本コミュニケーション学会編(2011)『現代日本のコミュニケーション研究』, 東京：三修社.

野田尚史(1998)「「ていねいさ」からみた文章・談話の構造」,『国語学』, 194号, 東京：国語学会.

野田尚史(2002)「単文・複文とテキスト」,『複文と談話』, 東京：岩波書店.

野田尚史・益岡隆志・佐久間まゆみ・田窪行則(2002)『複文と談話』, 東京：岩波書店.

野間秀樹(1988)「<하겠다>の研究――現代朝鮮語のmood形式をめぐって――」,『朝鮮学報』, 第129輯, 天理：朝鮮学会.

野間秀樹(1990)「朝鮮語の名詞分類――語彙論・文法論のために――」,『朝鮮学報』, 第135輯, 天理：朝鮮学会.

野間秀樹(1993)「現代韓国語의 接続形<-다가>에 対하여――aspect・taxis・用言分類――」,『朝鮮学報』, 第149輯, 天理：朝鮮学会.

野間秀樹(1994)「現代朝鮮語の語彙分類の方法」,『言語研究Ⅳ』, 東京：東京外国語大学.

野間秀樹(1997a)「朝鮮語と日本語の連体修飾節(冠形節)構造」,『東京大学文学部朝鮮文化研究室紀要』, 第4号, 東京：東京大学文学部朝鮮文化研究室.

野間秀樹(1997b)「朝鮮語の文の構造について」,『日本語と外国語との対照研究Ⅳ 日本語と朝鮮語 (下)』, 国立国語研究所, 東京：くろしお出版.

野間秀樹(1998)「朝鮮語学概論 東京外国語大学 講義資料」, 東京外国語大学.

野間秀樹(2000)『至福の朝鮮語』, 東京：朝日出版社.

野間秀樹(2006)「現代朝鮮語の丁寧化のマーカー"-yo/-iyo"について」,『朝鮮学報』, 第199・200輯合併号, 天理：朝鮮学会.

野間秀樹(2007a)「試論：ことばを学ぶことの根拠はどこに在るのか」, 野間秀樹編著(2007)所収.

野間秀樹(2007b)「動詞をめぐって」, 野間秀樹編著(2007)所収.

野間秀樹(2008)「言語存在論試考序説Ⅰ――言語はいかに在るか――」, 野間秀樹編著(2008)所収.

野間秀樹編著(2010)『ハングルの誕生――音から文字を作る』, 東京：く平凡社(노마히데키(2011) 김진아・김기연・박수진 역 "한글의 탄생――문자라는 기적" 파주：돌베개).

野間秀樹編著(2012a)「文法の基礎概念」, 野間秀樹編著(2012)所収.

野間秀樹編著(2012b)「文をめぐって」, 野間秀樹編著(2012)所収.

野間秀樹編著(2012c)「文の階層構造」, 野間秀樹編著(2012)所収.

野間秀樹編著(2012d)「待遇表現と待遇法を考えるために」, 野間秀樹編著(2012)所収.

野間秀樹編著(2007)『韓国語教育論講座 第1巻』, 東京：くろしお出版.

野間秀樹編著(2008)『韓国語教育論講座 第4巻』, 東京：くろしお出版.

野間秀樹編著(2012)『韓国語教育論講座 第2巻』, 東京：くろしお出版.

野間秀樹編著(2018)『韓国語教育論講座 第3巻』, 東京：くろしお出版.

野間秀樹(2018)『言語存在論』, 東京：東京大学出版会.

野間秀樹・金珍娥(2004)『Viva! 中級韓国語』, 東京：朝日出版社.

野間秀樹・金珍娥(2007)『ニューエクスプレス 韓国語』, 東京：白水社.

野間秀樹・金珍娥・中島仁・須賀井義教(2010)『きらきら韓国語』, 東京：同学社.

野間秀樹・村田寛・金珍娥(2004)『ぷち韓国語』, 東京：朝日出版社.

野間秀樹・村田寛・金珍娥(2007)『はばたけ! 韓国語』, 東京：朝日出版社.

野村剛史(1991)「助動詞とは何か――その批判的再検討――」,『国語学』, 東京：国語学会.

橋内武(1999)『ディスコース――談話の織りなす世界』, 東京：くろしお出版.

橋本進吉(1934)『国語法要説』, 東京：明治書院.

橋本進吉(1948;1956)『国語法研究』, 東京：岩波書店.

橋本進吉(1958)『国語法研究 橋本進吉博士著作集 第二巻』, 東京：岩波書店.

橋本進吉(1959)『国文法体系論』, 東京：岩波書店.

蓮沼昭子(1995)「対話における確認行為「だろう」「じゃないか」「よね」の確認用法」,『複文の研究（下）』, 仁田義雄編, 東京：くろしお出版.

畠弘巳(1982)「コミュニケーションのための日本語教育」,『言語』, vol.11, no.13 (臨時増刊号), 東京：大修館書店.

服部四郎(1949)「具体的言語単位と抽象的言語単位」,『コトバ』, 2-12, 東京：国語文化学会 (国語学研究『コトバ』, 第27巻, 東京：ゆまに書房).

服部四郎(1967)『言語学の方法』, 東京：岩波書店.

服部四郎・大野晋・阪倉篤義・松村明編(1979)『日本の言語学 第四巻 文法Ⅱ』, 東京：大修館書店.

バフチン,ミハイル (2002)『バフチンの言語論入門』, 桑野隆,小林潔訳, 東京：せりか書房.

茂呂雄二編(1997)『対話と知』, 東京：新曜社.

浜之上幸(1991)「現代朝鮮語動詞のアスペクト的クラス」,『朝鮮学報』, 第138輯, 天理：朝鮮学会.

浜之上幸(1992)「現代朝鮮語の「結果相」＝状態パーフェクト――動作パーフェクトとの対比を中心に――」,『朝鮮学報』, 第142輯, 天理：朝鮮学会.

林四郎(1983)「日本語の文の形と姿勢」,『談話の研究と教育Ⅰ』, 国立国語研究所, 東京：国立国語研究所.

早津恵美子(1998)「日本語」,『世界の言語ガイドブック 2 アジア・アフリカ地域』, 東京：三省堂.

バンヴェニスト, エミール(1983)『一般言語学の諸問題』, 河村正夫・岸本通夫・木下光一・高塚洋太郎・花輪光訳, 東京：みすず書房.

舟橋宏代(1994)「談話の進行における日韓語母語話者の姿勢」,『平成6年度 日本語教育学会春秋大会予稿集』, 東京：日本語教育学会.

ブラウン, ペネロピ(2011)『ポライトネス 言語使用における、ある普遍現象 Politeness Some Universals in Language Usage』, 東京：研究社.

ブルームフィールド(1965)『言語』, 服部四郎序・三宅鴻・日野資純訳, 東京：大修館書店.

白峰子(2004)『韓国語文法辞典』, 大井秀明訳, 野間秀樹監修, 東京：三修社.

洪珉杓(2006a)「日韓両国人の言語行動の違い1――感謝と謝罪表現の日韓比較」,『日本語学』, 25巻5号, 東京：明治書院.

洪珉杓(2006b)「日韓両国人の言語行動の違い2――初対面の言語行動の日韓比較」,『日本語学』, 25巻6号, 東京：明治書院.

洪珉杓(2007)『日韓の言語文化の理解』, 東京：風間書房.

堀口純子(1988)「コミュニケーションにおける聞き手の言語行動」,『日本語教育』, 64号, 東京：日本語教育学会.

堀口純子(1991)「あいづち研究の現段階と課題」,『日本語学』, 10巻10号, 東京：明治書院.

堀口純子(1995)「会話における引用の「ッテ」による終結について」,『日本語教育』, 85, 東京：日本語教育学会.

堀口純子(1997)『日本語教育と会話分析』, 東京：くろしお出版.

前川喜久雄(2004)「日本語話しことばコーパスの概要」,『日本語話し言葉コーパス』, 国立国語研究所(2004)所収.

益岡隆志(1998)『モダリティの文法』, 東京：くろしお出版.

益岡隆志(2003)『三上文法から寺村文法へ 日本語記述文法の世界』, 東京：くろしお出版.

松井栄一編(2005)『小学館 日本語新辞典』, 東京：小学館.

松尾勇(1997)「朝鮮語の接続語尾-더니について」,『日本語と外国語との対照研究Ⅳ 日本語と朝鮮語(下巻)』, 東京：くろしお出版.

松村明編(1988;2006)『大辞林 第三版』, 東京：三省堂.

松村明編(1995;1998;2001)『大辞泉 増補・新装版』, 東京：小学館.

松下大三郎(1930;1974)『改撰標準日本文法』, 東京：勉誠社(1930を復刊).

松下大三郎(1977;1989)『標準日本口語法』, 東京：勉誠社.

松田陽子(1988)「対話の日本語教育学－あいづちに関連して－」,『日本語学』, vol.7, no.13, 東京：明治書院.

三尾砂(1948)『国語法文章論』, 東京：三省堂.

三上章(1955)『現代語法新説』, 東京：くろしお出版.

三上章(1963)『日本語の構文』, 東京：くろしお出版.

三上章(1972;2002)『現代語法新説』, 東京：くろしお出版.

水谷信子(1981)「外国語の修得とコミュニケーション」,『言語生活』, No.344, 東京：筑摩書房.

水谷信子(1983)「あいづちと応答」, 水谷修編(1983)所収.

水谷信子(1985;2001)『日英比較 話しことばの文法』, 東京：くろしお出版.

水谷信子(1988)「あいづち論」,『日本語学』, 7巻 12号, 東京：明治書院.

水谷信子(1993)「『共話』から『対話』へ」,『日本語学』, 12巻 4号, 東京：明治書院.

水谷信子(2001)「あいづちとポーズの心理学」,『言語』, vol.30, no.7, 東京:大修館書店.

水谷信子(2005)「話しことばの特徴」,『新版日本語教育事典』, 東京：大修館書店.

水谷修編(1983)『講座 日本語の表現3 話しことばの表現』, 東京：筑摩書房.

南不二男(1972)「日常会話の構造――とくにその単位について」,『言語』, vol.1 no.2, 東京：大修館書店.

南不二男(1983)「談話の単位」,『談話の研究と教育Ⅰ』, 国立国語研究所, 東京：国立国語研究所.

南不二男(1987)「談話行動論」,『国立国語研究所報告92 談話行動の諸相 談話行動の分析』, 東京：三省堂.

南不二男(1993)『現代日本語文法の輪郭』, 東京：大修館書店.

三牧陽子(2002)「待遇レベル管理から見た日本語母語話者間のポライトネス表示――初対面会話における「社会的規範」と「個人のストラテジー」を中心に――」,『社会言語科学』, 第5巻, 第1号, 東京：社会言語科学会.

村田寛(1998)「<連体形＋것 같다>をめぐって――現代朝鮮語のムード形式の研究――」,『朝鮮学報』, 第168輯, 天理：朝鮮学会.

村田寛(2000)「現代朝鮮語の<-ㄹ>連体形について」,『朝鮮学報』, 第175輯, 天理: 朝鮮学会.

メイナード, K.泉子(1987)「日米会話におけるあいづち表現」,『言語』, vol.16, no.12, 東京：大修館書店.

メイナード, K.泉子(1993)『会話分析』, 東京：くろしお出版.

メイナード, K.泉子(1997)『談話分析の可能性：理論, 方法, 日本語の表現性』, 東京：くろしお出版.

メイナード, K.泉子(2000)『情意の言語学――「場交渉論」と日本語表現のパトス――』, 東京：くろしお出版.

メイナード, K.泉子(2004)『談話言語学 日本語のディスコースを創造する構成・レトリック・ストラテジーの研究』, 東京：くろしお出版.

森岡健二(1994)『日本文法体系論』, 東京：明治書院.

森岡健二・宮地裕・寺村秀夫・川端善明編(1994)『講座日本語学9 敬語史』, 東京：明治書院.

森田良行(2002)『日本語文法の発想』, 東京：ひつじ書房.

守時なぎさ(1994)「話し言葉における文法表現『ッテ』について」, 『筑波応用言語学研究』, 第1号, つくば：筑波大学大学院博士課程文芸・言語研究科応用言語学コース.

森山卓郎(1995)「並列述語構文考」,『複文の研究（上）』, 仁田義雄編, 東京：くろしお出版.

森山卓郎(2005)「アノ・エート・マア——フィラー——」, 日本語教育学会編(2005)所収.

ヤーコブソン, R (1973)『一般言語学』, 田村すず子,村崎恭子,長嶋善郎,中野直子訳, 川本茂雄監修, 東京：みすず書房.

ヤーコブソン, R (1997)『言語とメタ言語』, 池上嘉彦,山中桂一訳, 東京：勁草書房.

山口明穂編(1988;1989)『国文法講座 別巻 学校文法——古文解釈と文法』, 東京：明治書院.

山崎敬一・好井裕明(1984)「会話の順番取りシステム——エスノメソドロジーへの招待」,『言語』, vol.13, no.7, 東京：大修館書店.

山田孝雄(1921)『日本文法講義』, 東京：宝文館.

山田孝雄(1936)『日本文法学概論』, 東京：宝文館.

山根智恵(2002)『日本語の談話におけるフィラー』, 東京：くろしお出版.

油谷幸利(2005)『日韓対照言語学入門』, 東京：白帝社.

油谷幸利(2006)「接続形式による日韓対照」,『朝鮮学報』, 第198輯, 天理：朝鮮学会.

柳慧政(2012)『依頼談話の日韓対照研究』, 東京：笠間書院.

好井裕明・山田富秋・西阪仰(1994;2004)『会話分析への招待』, 京都：世界思想社.

李麗燕(2000)『日本語母語話者の雑談における「物語」の研究——会話管理の観点から——』, 東京：くろしお出版.

渡辺実(1971;1997)『国語構文論』, 東京：塙書房.

Fairclough, Norman (2001) “Media Discourse 대중매체 담화 분석”, 이원표 역, 서울: 한국문화사.

Wardhaugh, Ronald (1994) “社会言語学”, 朴義載 訳, 서울: 한신문화사.

구현정・전영옥(2002) ‘구어와 구어 전사 말뭉치’, 서상규・구현정 공편(2002)所収.

구현정・전영옥(2005) “의사소통의 기법”, 서울: 박이정.

고영근(1974) ‘현대국어의 존대법에 대한 연구’, “語学研究” 第10券, 第2輯, 서울: 서울대학교 어학연구소.

고영근(1995) "단어 · 문장 · 텍스트", 서울: 한국문화사.
고영근(1999) "텍스트이론-언어문학통합론의 이론과 실제", 서울: 아르케.
국립국어연구원(1995) "한국 어문 규정집 한글 맞춤법 표준어 규정 외래어 표기법 국어의 로마자 표기법", 서울: 계문사.
국립국어연구원 편(1999) "표준국어대사전", 서울: 두산동아.
국립국어원, 문화관광부(2008) "21세기 세종계획 국어 특수자료 구축 현대 국어 구어 전사 말뭉치 개발 연구보고서", 1998년-2004년.
김태자(1987) "발화분석의 화행의미론적 연구――어학의 문학에로의 접근――", 서울: 탑출판사.
김하수(1989) '언어행위와 듣는이의 신호에 관한 화용론적 분석시도:담화 속의 '네' ', "말" 14호, 서울: 연세대학교 언어연구교육원.
권재일(1980) '현대 국어의 관형화내포문 연구', "한글" 제167호, 서울: 한글학회.
권재일(2004) '한국어 서술문 실현방법의 양상-구어 자료를 중심으로', 『朝鮮語研究2』, 東京：くろしお出版.
김동욱(2000) '한국어 추측표현의 의미차이에 관한 연구――'ㄴ것 같다', 'ㄴ듯 하다'와 'ㄴ가 보다', 'ㄴ 모양이다'의 의미차이를 중심으로', "國語學" 35, 서울:國語學会.
김차균(1980) '국어시제 형태소의 의미', "國語学" 10, 서울:國語學会.
김석득(1992) "우리말 형태론", 서울: 탑출판사.
나카니시교코[中西恭子](2001) ' 현대 한국어의 '-어 가지고'에 대하여', "冠嶽語文研究" 第26輯, 서울: 서울大學校 國語國文學科.
남기심(1971) '인용구문의 구조와 성격', "동방학지" 12, 서울: 연세대학교동방학 연구소.
남기심(1973) "국어 완형 보문법 연구", 대구: 계명대학출판부.
남기심(2001) "현대 국어 통사론", 서울: 태학사.
남기심 · 고영근(1985;1993) "표준 국어문법론 개정판", 서울: 탑출판사.
노대규 (1996) "한국어의 입말과 글말", 서울: 국학자료원.
노마히데키[野間秀樹](1996a) '현대 한국어의 대우법 체계', "말" 제21집, 서울: 연세대학교 연세어학원 한국어학당.
노마히데키[野間秀樹](1996b) '한국어 문장의 계층구조', "언어학" 제19호, 서울: 한국언어학회.
노마히데키[野間秀樹](2002a) "한국어 어휘와 문법의 상관구조", 서울: 태학사.
노마히데키[野間秀樹](2002b) '한국어 단어결합론의 심화를 위하여', "국어학" 제39호, 서울: 태학사.
노마히데키[野間秀樹](2006a)'단어가 문장이 될 때:언어장 이론', "*Whither Morphology in*

the New Millennium?", Seoul: Pagijong.

노마히데키[野間秀樹](2006b) '현대한국어의 용언의 분석적인 형태에 대하여', *"Whither Morphology in the New Millennium?"*, Seoul: Pagijong.

노마히데키[野間秀樹](2009)'대우표현과 대우법-몇 가지 시각',"한국어 교육 연구"제4집, 대전: 배제대학교 한국어교육연구서.

노석기(1990) '우리말 담화의 결속관계 연구', "한글" 제208호, 서울: 한글학회.

Norman Fairclough (2001) "Media Discourse 대중매체 담화 분석", 이원표 역, 서울: 한국문화사.

데이비드 리(David Lee) "인지언어학 입문", 임지룡,김동환 옮김, 서울: 한국문화사.

미카엘 스터브즈(1993) "담화분석——자연언어의 사회언어학적 분석", 송영주 옮김, 서울: 한국문화사.

민현식(1991) "국어의 시상과 시간 부사", 서울: 개문사.

Wardhaugh, Ronald (1994) "社会言語学", 朴義載 訳, 서울: 한신문화사.

朴勝彬[박승빈](1931) "朝鮮語学講義要旨", 京城: 普成專門学校.

박용익(1998) "대화분석론", 서울: 한국문화사.

반 다이크(Teun A. van Dijk)(1995) "텍스트학", 정시호 옮김, 서울: 민음사.

서상규 편 (1999) "언어 정보의 탐구 1", 서울: 연세대학교 언어 정보 개발연구원.

서상규 편(2003) "한국어 교육과 학습사전", 서울: 한국문화사.

서상규(2015a) "한국어 구어 빈도 사전1", 서울: 한국문화사.

서상규(2015b) "한국어 구어 빈도 사전2", 서울: 한국문화사.

서상규(2017a) "언어 현장의 다면성과 구어의 복합지식", 서울: 한국문화사.

서상규・김남길 편저(2017b) "의사소통의 다면성과 복합지식", 서울: 한국문화사.

서상규・구현정 공편(2002) "한국어 구어 연구(1) ——구어 전사 말뭉치와 그 활용", 연세대학교 언어정보개발연구원, 서울: 한국문화사.

서상규・구현정 공편(2005) "한국어 구어 연구(2)——대학생 대화 말뭉치를 중심으로", 연세대학교 언어정보개발연구원, 서울: 한국문화사.

서상규・한영균(1999) "국어정보학 입문", 서울: 태학사.

서정수(1980) '존대말은 어떻게 달라지고 있는가?-청자대우 등급의 간소화-', "한글" 제 167호, 서울: 한글학회.

서정수(1984) "존대법의 연구", 서울: 한신문화사.

서정수(1996) "국어문법", 서울: 한양대학교출판부.

서은아・남길임・서상규(2005) '문형연구', 서상규・구현정 공편(2005) 所収.

성기철(1983) "現代國語文法", 대구: 啓明大學校出版部.

송경숙(2003,2005) "담화 화용론 Discourse and Pragmatics", 서울: 한국문화사.
신지연(1988) '국어 간투사의 연구', "국어연구" 83, 서울: 국어연구회.
아르눌프 데퍼만(Arnulf Deppermann)(2002) "회화분석론", 박용익 옮김, 서울: 역락.
연세대학교 언어정보개발연구원(1998) "연세 한국어 사전", 서울: 두산동아.
오승신(1997) '담화상에서의 간투사의 기능', "말" 제22집, 서울: 연세대학교 연세어학원 한국어학당.
요하네스 페르(Johannes Fehr)(2002) "소쉬르, 언어학과 기호학 사이" 최용호옮김 서울: 인간사랑.
우형식(1998) "국어 동사 구문의 분석", 서울: 태학사.
兪吉濬[유길준](1906) "朝鮮文典", "歷代韓國文法大系" 第1部, 第1冊所収, 서울: 塔出版社.
유동석(1981;1986) ' '더'의 意味에 대한 管見', "冠嶽語文研究" 第6輯, 서울: 탑출판사.
윤석민(2000) "현대국어의 문장종결법 연구", 서울: 집문당.
이원표(1997) "담화연구의 기초", 서울: 한국문화사.
이원표(1999) '토크쇼에서의 말 끼어들기: 담화 기능과 사회적 요인', "담화와 인지" 제6권, 2호, 서울: 담화 인지 언어학회.
이원표(2001a) "담화분석 방법론과 화용 및 사회언어학적 연구의 실례", 서울: 한국문화사.
이원표(2001b) "담화분석", 서울: 한국문화사.
이익섭(1994) "사회언어학", 서울: 민음사.
이익섭・임홍빈(1983) "국어문법론", 서울: 학연사.
이정복(2001) "국어 경어법 사용의 전략적 특성", 서울: 國語學会.
이정복(2002) "국어 경어법과 사회언어학", 서울: 月印.
이정애(2002) "국어 화용표지의 연구", 서울: 月印.
이필영(1993) "국어의 인용구문 연구", 서울: 탑출판사.
이한규(1997) '한국어 담화표지어 '왜'', "담화와 인지" 제4권, 1호, 서울: 담화 인지 언어학회.
이한규(1999) '한국어 담화표지어 '뭐'의 의미', "담화와 인지" 제6권, 1호, 서울: 담화 인지 언어학회.
이호영(1996) "국어 음성학", 서울: 태학사.
이희승(1949) "초급국어문법", 서울: 박문출판사.
이희승・안병희(1998) "고친판 한글 맞춤법 강의", 서울: 신구문화사.
이희자・이종희(1999) "사전식 텍스트 분석적 국어 의미의 연구", 서울: 한국문화사.
임영철・김순미(1997) '사죄행위의 사회화용론적 일고찰–한일중 대학생을 중심으로', "사회언어학" 제5호, 1권, 서울: 한국사회언어학회.

임지룡(1992) "국어 의미론", 서울: 탑출판사.
임홍빈(1982;1986) '先語末{-더-}와 断絶의 様相', "冠嶽語文研究" 第7輯, 서울: 탑출판사.
임홍빈(1993) '다시 {-더-}를 찾아서', "國語學" 23, 서울: 國語學会.
임홍빈(1998) "국어 문법의 심층 2 —명사구와 조사구의 문법—", 서울: 태학사.
張奭鎮(1992) "話用論研究", 서울: 塔出版社.
장석진(1994) "종합문법론 —— 담화와 화용", 서울:서울대학교 출판부.
전영옥(2008) '구어와 문어에서의 감탄사 비교연구', 담화인지언어학회, 제30회 정기학술대회 발표논문집, 서울: 담화인지언어학회.
정희원(1991) '한국어의 간접화행과 존대표현', "화용론 논집" 제1호, 서울: 서울대학교 화용론 연구회.
정희자(2008) "담화와 문법(수정판)", 서울: 한국문화사.
조남호 · 이은경 · 김정남 · 이선웅(2005) "한국어 학습자용 말뭉치의 구축과 활용", 서울: 태학사.
조선 민주주의 인민 공화국 과학원 언어 문학 연구소 사전 연구실 편(1962) "조선말 사전", 東京: 학우서방.
조준학(1980) '話用論과 공손의 규칙', "語学研究" 第6券, 第1号, 서울: 서울대학교 어학연구소.
주경희(2000) '대화에서의 '좀' 의 기능', "국어국문학" 126, 서울: 국어국문학회.
최현배(1929;1994) "우리말본", 서울: 정음문화사.
페르, 요하네스(Johannes Fehr)(2002) "소쉬르, 언어학과 기호학 사이", 최용호 옮김, 서울: 인간사랑.
한글학회편(1995) "국어학 사전", 서울: 한글학회.
홍사만(2002) "한 · 일어 대조분석", 서울: 역락.
홍사만(2002) "국어 특수조사 신연구", 서울: 역락.
황적륜(1976) '國語의 尊待法', "언어" 제1권, 제2호, 서울: 한국언어학회.
허웅(1975) "우리 옛말본 15세기 국어 형태론", 서울: 샘 문화사.
허웅(1983) "국어학", 서울: 샘 문화사.

용어집glossary

| ㄱ |

강연형 담화 講演型談話

화자와 청자의 상호작용이 매우 약한 담화. 강연이나 낭독 등 대개 공적인 언어장에 나타난다. → 77

<kanjide (느낌으로)>문 感じで文

일본어에 자주 나타나는 비서술어문의 하나. 'kanjide感じで'로 끝나는 문장. '感じで'는 '느낌으로'라는 뜻. 'それのちょっと大きくしたような擴大した感じで.' (lit. 그걸 좀 크게 한 것 같은 확대한 느낌으로) 등 → 243-245

간투사 間投詞

일본어 문법에서 말하는 감동사, 감탄사, 한국 학교문법에서 말하는 감탄부사류를 본서에서는 간투사라고 부른다. interjection → 214, 215. 金珍娥(김진아 2012b:427-465)

결여구조 欠如構造

문법적으로는 필요한 전후의 요소가 나타나지 않는 구조. '개성적인.', '직업은 어떤?.'과 같이 뒤에 와야 할 체언이 나타나지 않고 연체형=관형사형으로 끝나는 '연체형종지문'이나, 일본어의 「に?」(에?) 와 같이 조사로 시작되는 문장이 그 전형적인 예이다. 반대로 필요 없는 요소가 나타나는 것이 '잉여구조'이다. → 346

공존 turn 共存ターン

상대의 턴(turn)과 시간적으로 평행하여 겹쳐지는, 즉 공존하는 턴 → 130

공존형 회화 스타일 共存型会話スタイル

상대와의 발화가 겹쳐지는 공존 턴이 상대적으로 많은 회화 스타일. 일본어는 한국어에 비해 상대적으로 공존 턴이 많아 공존형 회화 스타일이라 할 수 있다. → 200

관형사형 冠形詞形

'먹는', '읽을', '좋은'과 같은, 용언이 체언을 수식하는 형태. 본서에서는 한국어와 일본어 모두 '연체형'이라고 부른다. 형용사적인 역할을 하는 동사의 형태이므로 일반언어학에서는 형동사(形動詞)라고도 함. adnominal form → 214

구속담화 拘束談話

미리 준비된 '쓰여진 언어'의 텍스트가 있고 그 텍스트에 따라 말하는 담화 → 76

구어체 口語体

소위 회화체. 어디까지나 언어의 표현양식, 즉 문체나 표현의 일종이며 언어의 존재양식인 '말해진 언어'와는 별개의 것. 일본어의 '문어체'는 헤이안(平安) 시대의 '쓰여진 언어'를 중심으로 하는 고어의 문체를 말한다. 한국어의 '문어체'는 일반적으로는 고어를 가리키는 것이 아니라 '문장체' 정도의 의미로 사용되고 있으므로 혼동하지 않도록 주의가 필요하다. '구어체'는 애매한 용어이니 명확한 정의 없이 사용하는 것은 삼가는 것이 좋다. → 59-61, 188

글말체; 문장체 書きことば

쓰여진 언어에 주로 나타나는 표현이나 문체. 표현양식의 하나. 언어의 존재양식인 '쓰여진 언어'와 엄밀히 구별할 것. 이 글말체를 '문어체'라고 부르지 않는 것이 좋다. 특히 일본어에 대해 언급할 경우에는 피해야 한다. '구어체' 항목도 참조 → 36-37

기능지향발화 機能志向発話

맞장구발화, 필러(filler), 말시작발화 등 주로 담화수행적인 기능을 담당하는 발화 → 133

| ㄴ |

내용지향발화 内容志向発話

담화 안에서 주로 실질적인 내용이 담겨진 발화. 杉戸清樹(스기토 세이쥬 1987: 88)의 '실질적 발화'에 해당한다. 담화의 기능적인 역할을 주로 담당하는 '기능지향발화'에 대응되는 개념이다.→ 133

| ㄷ |

단선적 문자화 시스템 単線的文字化システム

담화의 문자화를 싱글 트랙(single track)으로 표기하는 문자화 시스템. 화자마다 행을 바꾸는 시나리오 등의 기법이 이것이다. 단선적 문자화 시스템에 대응하여, 발화를 멀티 트랙(multi track)으로 배열하여 표기하는 기법을 '복선적(複線的) 문자화 시스템'이라고 부른다. → 99-100

닫힌 비서술어문 閉じた非述語文

서술어로 한번 닫힌 후에 새롭게 열리지 않고 닫힌 요소가 후속하는 구조의 문장. '나는 학교에 가는데, 지금.' 등. '나는 학교에 가는데, 너는?' 등의 '열린 비서술어문' 에 대응하는 것 → 231-234

담화 談話

'말해진 언어'의 한 덩어리의 실현체. '쓰여진 언어'의 한 덩어리의 실현체인 '텍스트'와는 구별된다. discourse → 37. '회화', '대화'를 비롯한 담화의 하위범주에 대해서는 → 75

담화론 談話論

'말해진 언어'에 대한, 한 문장을 넘어서는 '담화' 레벨의 연구. discourse theory; discourse study → 17, 65. 金珍娥(김진아 2012a:487-491)도 참조

담화분석 談話分析

담화론의 핵심이 되는 분석방법. discourse analysis → 17, 70

담화의 단위 談話の単位

담화를 구성하는 여러 가지 단위. 동적인 단위로서의 turn(턴), 정적인 단위로서의 문장, 발화단위를 들 수 있다. 발화는 한 개 이상의 발화단위의 집합이다 → 156

담화통사론(discourse syntax) 談話統辞論

기존의 문장 단위가 아닌 담화의 상호작용 속에서, 즉 담화의 복수의 발화에 걸친 확대된 범위에서 통사론을 논의하는 분야나 사고 → 258

대동사 代動詞

다른 동사의 의미로 사용되는 동사. 일본어에서는 '思う'(생각하다), '言う'(말하다)의 의미로 사용된 'する'(하다) 등. 한국어에서는 '하다', '이러다', '그러다' 등이 있으며, '이렇다', '그렇다', '저렇다' 등 대형용사로 부를 만한 것도 보인다. proverb → 338-339. 龜井孝・河野六郎・千野榮一 편저(가메이 다카시・고노 로쿠로・지노 에이치 편저 1996:878-879)

대 사태 모달리티 対事態モダリティ

사태에 대한 화자의 태도가 나타나는 법성(法性. modality). 문장은 대개 사태를 나타내는 명제(proposition)와 그것을 포함하는 법성으로 이루어진다. 법성에는 사태에 대한 화자의 태도가 나타나는 '대 사태 법성'(對 事態 法性. event-oriented modality)과 청자에 대한 화자의 태도가 나타나는 '대 청자 법성'(對 聽者 法性. hearer-oriented modality)이라는 두 가지 측면이 있다 → 322-323. 野間秀樹(노마 히데키 1988:9-12, 2012a:36-39)

대 청자 모달리티 対聞き手モダリティ

청자에 대한 화자의 태도가 나타나는 법성(法性. modality). 문장은 대개 사태를 나타내는 명제(proposition)와 그것을 내부에 포함하는 법성으로 이루어진다. 법성에는 사태에 대한 화자의 태도가 나타나는 '대 사태 법성'(對 事態 法性. event-oriented modality)과 청자에 대한 화자의 태도가 나타나는 '대 청자 법성'(對 聽者 法性. hearer-oriented modality)이라는 두 가지 측면이 있다. → 322-323. 野間秀樹(노마 히데키 1988:9-12, 2012a:36-39)

대화 対話

두 사람 이상의 화자가 직접 대면하여 수행하는 회화. dialogue → 74-75

대화형 담화 対話型談話

화자와 청자가 직접 만나 상호작용에 의해 수행되는 담화. 개인 대 개인의 언어장(言語場)에 많이 나타난다. → 77

도치문 倒置文

'살기가 어려워서, 너무', '引っ越しちゃったの? 成城學園から.'(이사 왔어, 세이죠 학원에서?)와 같이, 문장이 한번 서술어로 종결되었으나, 해당 서술어에 필요한 성분이 서술어 뒤로 나와 있는 문장. 즉 통상의 통사적 구조와 어순이 다른 문장. 서술어문 내부의 문장 성분이 빠져 나와 있는 문장이다. 비서술어문의 하나. '매달린 문장'과는 구별한다. inversion sentence → 238-242

독립 turn 独立turn

상대의 turn과 시간적으로 겹치는 부분 없이 실현되고 있는 turn → 130-131, 141, 200

독립형 회화스타일 独立型会話スタイル

상대와 발화가 겹치지 않는 독립 turn이 상대적으로 많은 회화 스타일. 한국어는 일본어에 비해 상대적으로 독립형 회화 스타일이다. → 200

독백 独話

소리를 내어 혼자 하는 말. 혼잣말. 한 사람이 행하는 녹음이나 녹화 등. monologue → 75

| ㅁ |

말뭉치 コーパス corpus

언어분석의 대상이 되는 데이터, 재료의 집합체. 서상규・한영균(1999:27)의 정의 '일정한 규모 이상의 크기를 갖추고 내용적으로 다양성과 균형성이 확보된 자료의 집합체'에 보이는 바와 같이 그 데이터에는 양과 질이 요구된다 → 85-89. 龜井孝・河野六郎・千野榮一 편저(가메이 다카시・고노 로쿠로・지노 에이치 편저 1996:738)

말해진 언어 話されたことば

음성으로서의 존재양식을 가진 언어 즉 언어음으로 실현된 말. 문자로 실현된 말인 '쓰여진 언어'에 대립되는 개념. 표현양식인 '입말체'나 '회화체'와 엄밀히 구별할 것. spoken language → 35, 57-59

맞장구 발화 あいづち発話

듣고 있음, 이해, 동의를 나타내는 기능을 가진 짧은 표현 → 132. 杉戶清樹(스기토 세이쥬 1987:88)

매달린 문장 ぶら下がり文

문장이 한번 서술어로 끝맺은 후, 기출 성분과 구조적으로 직접 연관이 없는, 잉여적인 성분이 덧붙여진 구조의 문장. 비서술어문의 하나. '어쩔 수 없죠, 뭐.', 'うちも急行止まんないから,なんか.'(우리도 급행 서지 않으니까, 뭐.) 등 → 236-238, 314-317

매체담화 媒体談話

전화 등의 매체를 사용한 담화 → 78

명사되풀이문 名詞繰り返し文

기출의 절(節)에서 한 번 사용된 명사류를 다시 반복하는 문장. 비서술어문(非敍述語文)의 하나. '주부예요, 주부' 등 → 242-243

모달리티(modality) → 법성(法性)

무서술어문 無述語文

문장 속에 서술어를 하나도 포함하지 않은 문장. 본서에서는 사용하지 않는 용어로 본서에서 말하는 비절구조문(非節構造文)과 같다. 문말이 서술어로 통합되어 있지 않은 비서술어문(非敍述語文)에는 문장 속에 서술어가 나타나는 유서술어문(有敍述語文)과 무서술어문(無敍述語文)이 있을 수 있다. predicateless sentence → 182

문법 文法

언어에 내재하는 체계의 총체. '문장'이라는 단위를 최대단위자 최종적인 목표로 삼는, '문장을 만드는 규칙의 집합'과 같은 규칙론으로는 언어의 모습을 비추어 볼 수 없다. 문장을 넘어선 단위에도 문법이 나타난다. grammar → 22. 野間秀樹(노마 히데키 2012a:8)

문법론 文法論

문법을 논하는 분야나 문법에 대한 사고. grammar; grammatical theory → 18-21, 66. 野間秀樹(노마 히데키 2012a:9)

문어체 文語体

'쓰여진 언어'에서 주로 사용되는 문체의 하나. 어디까지나 언어의 표현양식 즉 문체나 표현의 한 종류이며, '쓰여진 언어'와는 다른 것. 일본어의 '문어체'는 헤이안(平安) 시대 등의 '쓰여진 언어'를 중심으로 하는 고어의 문체를 말한다. 한국어의 '문어체'는 보통은 고어를 가리키지 않고 현대어의 '문장체'의 의미로 사용되고 있는 경우가 많으므로 주의가 필요. 명확한 정의 없이 '문어', '문어체'라는 용어를 사용하는 것은 삼가는 것이 좋다 → 60-61, 188

문자화 文字化
녹화, 녹음된 영상이나 음성 등의 언어 데이터를 분석이나 처리가 가능한 문자 데이터로 만드는 작업. 문자뿐만 아니라 약간의 회화표기 기호류를 일정 기법에 따라 병용한다. 좌담회 등의 이른바 '녹음된 음성을 문장으로 옮겨 쓰는 것(テープ起こし)' 등과는 전혀 다른 과정의 작업이다. transcription → 85

문장 文
하나 이상의 단어가 법성을 수반하면서, 발화로서 실현된 문법적 실현체. sentence → 150, 154-158

| ㅂ |

발화 発話
하나 이상의 발화단위의 집합. utterance → 149, 154

발화단위 発話単位
하나하나의 문장으로 나누어진, 혹은 문장이 전후의 포즈(pause)나 상대의 발화 개입 등에 의해 나누어진 음성적 단위. 문장(sentence)은 문법적 실현체이며 발화단위는 음성적 실현체이다. 또 발화단위는 정적인 단위이며 turn은 동적인 단위이다. utterance unit → 154-156

방송형 담화 放送型談話

화자와 청자의 상호작용이 보이지 않는 담화. 시나리오에 따른 드라마나 영화, 뉴스 등 청자의 반응이 리얼 타임으로 화자에게 반영되지 않는 것. 미디어를 사용한 공적인 언어장에서 많이 보인다 → 77

법성, 모달리티(法性, modality) モダリティ

화자의 태도를 나타내는 기능=의미론적인 범주. 문장은 대개 사태를 나타내는 명제(proposition)와 그것을 포섭한 법성으로 이루어진다. 법성에는 사태에 대한 화자의 태도가 표현된 '대 사태 법성'(對事態法性. event-oriented modality)과 청자에 대한 화자의 태도가 표현된 '대 청자 법성'(對聽者法性. hearer-oriented modality)이라는 두 가지 측면이 있다. 한국어 문법론에서는 이 법성을 '양태성'(樣態性)이라 부르는 문법가도 있다 → 322-323. 野間秀樹(노마 히데키 1988:9-12, 2012a:36-39)

복선적 문자화 시스템 複線的文字化システム

복선(multi track)적으로 진행되는 담화를, 두 개 이상의 트랙으로, 즉 복선적으로 그린 문자화 시스템 → 98-99, 101-102

복합완충체 複合緩衝体

몇 개의 완충체가 중복되어 완충표현을 만드는 형태. '안정감{이나}그런} 게 있}지 않}으신가요?' '管理がずさんになっ {たり} とか} してんのかな} とか} 思っ} たんですけど.'(lit. 관리가 허술하게 됐거나든가 하는 걸까라든가 생각했는데요.)와 같은 형태. buffer complex → 342

부동사형(converb) 副動詞形

부사의 역할을 하는 동사 형태. 용언에 소위 연결어미가 붙은 형태. 동사

'하다'의 경우라면 '하고', '해서', '하니까', 종지형이 아닌 '해', 등은 부동사형. 일본어권의 한국어 문법에서 '접속형'이라고 부르는 것은 기본적으로 이에 해당한다. 일본어에서는 'して', 'するから', 'するので' 등의 종류. '접속형'을 볼 것. converb → 159. Ramstedt(1939)

부속어 시작문 付属語開始文

조사나 어미 등 부속어로 시작하는 문장. 부속어만으로 된 문장과 부속어로 시작하여 부속어에 실사가 후속하는 문장이 있다. 'ですよね'(-이죠), 'ね'(-죠), 'なので'(-서), 'ませんね'(-않죠), 'じゃない'(-이 아니야), 'って聞いた'(-라고 들었어) 등. 일본어 담화에서 많이 나타나며 완충표현으로서의 기능을 맡는다 → 333-338. 野間秀樹(노마 히데키 2012a:30-39, 2012b) 참조

비서술어문 非述語文

문말이 서술어로 통합되지 않은 문장. 문말이 서술어로 통합되어 있는 '서술어문'(敍述語文)에 대응하는 개념. 서술어가 하나 혹은 그 이상 나타나는 문장, 즉 절구조를 내부에 가지는 문장을 '절구조문'(節構造文), 서술어가 한 번도 나타나지 않는 문장은 '비절구조문'(非節構造文)이라고 부르고, '서술어문', '비서술어문'(非敍述語文)과 구별한다. '지금 막 패닉상태.'나 '去年?－今年'(작년? 올해) 등과 같이 서술어가 한 번도 나타나지 않는 것은 '비절구조문'인 동시에 '비서술어문'. 또 '어떻게 되세요, 나이가?', '寒いかな, なんて.'(추울까, 뭐)와 같이 서술어가 나타난 후에 서술어 이외의 요소가 나타나 종결되는 문장은 '절구조문'이자 동시에 '비서술어문'이다. 담화에서는 이 비서술어문이 결정적인 역할을 한다. non-predicate sentence → 178, 182-189. 野間秀樹(노마 히데키 2012c:222-223), 노마 히데키(2002a: 23-24)

비서술어문 버퍼 非述語文 buffer

완충표현을 실현하고 있는 비서술어문 → 270

비절구조문 非節構造文

절을 내부에 하나도 갖지 않은 문장 → 212. 野間秀樹(노마 히데키1997b:104, 2012c:237), 노마 히데키(野間秀樹2002a:25)

비주제담화 非主題談話

미리 준비한 주제 없이 이야기하는 담화 → 78

| ㅅ |

쓰여진 언어 書かれたことば

문자로서의 존재양식을 가진 말 즉 문자로 실현된 말. 표현양식인 '글말체'나 '문장체'와 엄밀히 구별할 것. written language → 35, 59-61

상(相). 아스펙트(aspect) アスペクト

工藤眞由美(구도 마유미 1995:301)는 일본어의 아스펙트를 이렇게 정의하고 있다. 문장을 구축하는 단위인 단어의 unmarked 형식(する : 하다)과 marked 형식(している : 하고 있다)에 의한, '완성상-계속상'이라는 상보적 대립으로 표현되는 문법적-형태론적 카테고리. 운동(시간적 전개성이 있는 동태적 사건)의 '내적 시간구성을 파악하는 방법의 차이'를 구분하여 나타낸다 → 317-326. 한국어와 일본어 양 언어를 논의하면서 野間秀樹(노마 히데키 2012a:82-98)는 다음과 같이 규정하고 있다. '아스펙트란 <시작－가운데－끝>과 같이 추이하는, 동작이나 변화 그 자체의 내적인 시간 속에서 동작을 어떻게 파악하느냐 하는 시각을, 동사의 형태에 의해 나타내는 문법범주이다'. 동사는

그것이 사용될 때, <간다><가고 있다><가 있다> 중 하나를 선택하여야 하듯이, 아스펙트 형식을 언제나 의무적으로 선택한다.

선조성 線条性 linearity

언어의 음 연쇄가 하나의 선처럼 시간 속에서 전개되는 성질 → 58, 101. ソシュール(소쉬르 1940;1972:101,146)

서술어 述語

용언을 핵으로 하는, 용언복합체, 내지는 용언의 복합적인 형태, 분석적인 형태로 된 문장을 통합하는 문장 성분. 언어의 형태로 실제로 나타난 문장 성분에 대해서만 말한다. 따라서 '생략된 서술어'와 같은 표현은 사용하지 않는다. predicate → 178, 211

서술어문 述語文

문말이 서술어(敍述語)로 통합되어 있는 문장. 문말이 서술어로 통합되어 있지 않은 문장은 '비서술어문'(非敍述語文. non-predicate sentence). 서술어가 하나 혹은 그 이상 나타나는 문장은 '절구조문'(節構造文), 서술어가 한 번도 나타나지 않는 문장은 '비절구조문'(非節構造文)이라고 불러 '서술어문', '비서술어문'과 구별한다. '어떻게 되세요, 나이가?', '寒いかな, なんて.'(lit. 추울까, 뭐), '樂しくて, 學校.'(lit. 재미있어서, 학교), '擴大した感じで.'(lit. 확대한 느낌으로) 등은 서술어가 나타나 있으나 뒤에 서술어 이외의 요소가 나타나 이어지고 있으므로 '서술어문'이 아니라 '비서술어문'이다. 또 예로 든 이 4개 문장은 문장 내부에 종지형, 접속형, 연체형 서술어가 나타나 절구조(節構造)를 내포하고 있으므로 '절구조문'이다. predicate sentence → 178, 182-184, 211-212. 野間秀樹(노마 히데키 2012b:222-223), 노마 히데키(2002a:23-24)

서술어문 버퍼 述語文 buffer

완충표현을 표현하는 서술어문 → 270

| ㅇ |

아스펙트(aspect) アスペクト → 상(相)

양태성 モダリティ → 법성(法性. modality)

언어 형성지 言語形成地

화자가 언어 형성기를 보낸 지역 → 90

언어장 言語場(linguistic field)

언어가 실제로 행해지는 시공간(時空間). 누가 누구에게, 어떤 장소에서 말하는가라는, 언어가 행해지는 장. 말하는 이나 쓰는이 즉 발화자(addresser)와 듣는이나 읽는이 즉 수화자(addressee) 중 적어도 한 편이 있어야 언어장이 성립된다. '말해진 언어'와 '쓰여진 언어' 양쪽에 언어장이 있다. 원리적으로 똑같은 언어장이 복수 존재할 수는 없다 → 68-69. 野間秀樹(노마 히데키 2008b:323-326, 2012:17)

얼버무려진 간투사 ぼかされる間投詞

'간투사+완충체'라는 구조의 완충표현에 나타나는 간투사. 'んーって言って'(lit. 응-이라고 해서), 'え?とかって'(lit. 에?라든가라고), 'あーっていう感じ(lit. 아-라고 하는 느낌)' 등에 나타나는 간투사를 말한다. 일본어에서 많이 보인다. 이하의 '얼버무리는 간투사'와 흥미로운 대조를 이룬다 → 333

얼버무리는 간투사 ぼかす間投詞

체언이나 용언 등의 뒤에 매달려 완충표현을 만드는 간투사. '어쩔 수 없죠, 뭐', '좀 약간 실망을 하면서, 그냥.', '그렇게 멀지는 않구, 예.', '그렇죠, 뭐.' 와 같이 한국어에서 많이 보인다. '얼버무려진 간투사'도 볼 것 → 333

연체형 連體形 ; **관형사형** 連体形

'먹는', '먹은', '먹을', '먹던', '먹었을' 등과 같이 용언이 체언을 수식하는 형태. 한국어 학교문법에서의 '관형사형', '관형형'에 해당된다. 본서에서는 통일적으로 '연체형'이라고 부른다. 한국어 문법에서 말하는 관형절, 일본어 문법에서 말하는 연체수식절을 만드는 용언의 형태. 일본어의 용언을 'する'(하다)로 대표적인 예로 들면, 'する(人)', 'した(人)', 'するであろう(人)' 등의 형태. 한국어의 용언을 '하다'로 대표적인 예로 들면, '하는', '한', '할', '하던', '했을' 등의 형태. 한국어에서는 연체형 즉 관형사형과 종지형은 언제나 형태가 다르지만 일본어에서는 '読む本'(읽는 책: 연체형)과 '本を読む'(책을 읽는다: 종지형)처럼 연체형과 종지형이 같은 형태가 될 수 있다. adnominal form → 305

연체형종지문; 관형사형종지문 連体形終止文

'그냥 시원한 향 나는.', '근데 좀 안 좋은.', '그 옆에 서울세관 있는.' '좀 늦어도 되지 이런.'; '個性的な.(lit. 개성적인.)', 'もうしっかり着てっていう.[연체형] lit. 이제 잘 입고라고 하는.)', 'もったいないみたいな.(lit. 아까워 같은.)', '聞く耳も暇な.(lit. 듣는 귀도 한가한.)', 'ご職業はどういった.(lit. 직업은 어떤?)'와 같이 연체형 즉 관형사형으로 끝나는 문장. 한국어와 일본어 모두에서 완충표현을 구성하는 중요한 문장유형의 하나 → 305, 308 312

연체사; 관형사 連体詞

일본어의 연체사와 한국어 학교 문법에서 말하는 관형사를 이 책에서는 통괄해서 편의적으로 '연체사'라고 부른다. → 214

열린 비서술어문 開いた非述語文

서술어로 한번 닫힌 후에 여는 요소가 후속하는 구조의 문장. '나는 학교에 가는데, 너는?' 등. '나는 학교에 가는데, 지금' 등의 '닫힌 비서술어문'에 대응하는 개념 → 231-234

완충화 緩衝化

예를 들어 '혼자예요.'(一人です)라고 말할 수 있는 표현을 '혼자 같은 느낌이에요.'(一人みたいな感じです)와 같은 완충표현으로 말하는 것. buffering → 267

완충기능문 緩衝機能文

한 문장 전체가 '완충표현'의 역할을 하는 문장. 문장 레벨이 아니라 발화 사이를 연결하는 담화 레벨의 완충 기능을 맡는다 → 329

완충체 緩衝体

완충표현을 구성하는 'みたいな'(lit. 같은), '感じ'(lit. 느낌)와 같은 완충표현을 구성하는 하나하나의 아이템. buffer → 267

완충표현 緩衝表現

문장으로서의 명확함을 잃게 하고, 애매하게 하거나 간접화하는 '화자의 modal한 태도'를 나타내는 표현. 완충화를 일으키는 완충체(buffer)를 가진 표현. 예를 들어 '좋아요'를 '좋은 것 같아요', '혼자예요'(一人です)를 '혼자 같은 느낌이에요'(一人みたいな感じです)와 같이 말하는 표현. 해당 문법형식이

나 단어가 본래 갖고 있는 기능을 그 나름대로 유지한 채로 담화나 텍스트 속에서 잉여화하는 효과를 보인다. buffering expression → 266, 268

용언복합체 用言複合体

용언에 여러 가지 접사(일본어 학교문법에서 말하는 '조동사'도 포함)나 조사가 붙어 합쳐진 구성체. '잡・으・시・었・겠・네・요' 등. 용언복합체 전체가 하나의 서술어의 역할을 맡는다. verb complex → 175. 龜井孝・河野六郎・千野榮一 편저(가메이 다카시・고노 로쿠로・지노 에이치 편저 1996:1371)

용언의 분석적인 형태 用言の分析的な形

보조적인 단어를 포함한 두 단어 이상으로 된 문법적 형태. 두 단어 이상으로 분석되면서 하나의 문법적인 기능을 맡는 형태. '종합적인 형태'에 대응하는 개념. '해 주다', '하고 있다', '할 수 있다', '할지도 모르다', '할 것 같다' 등. 분석적인 형태 전체가 하나의 서술어로서의 기능을 한다. 일본어와 한국어에 공통적으로 풍부하게 존재한다. 자립적인 용언에 접사나 어미가 결합된 '하겠다', '했겠지', '한단다' 등은 하나로 통합된 '종합적인 형태'이다. analytical form → 176 菅野裕臣(간노 히로오미 1981:139, 1988:1017, 1044), 野間秀樹(노마 히데키 2006b, 2012:77-78)

용언의 종합적인 형태 用言の総合的な形

한 단어로 통합된 용언의 형태. 한국어로 말하면 '해', '한다', '할게', '하겠지', '했겠다' 등과 같이 '용언의 어간+접미사+어미'의 구조를 가진 용언의 형태. '분석적인 형태'에 대립되는 개념. syntactical form → 173-178. 菅野裕臣(간노 히로오미 1981:139, 1988:1017, 1044), 野間秀樹(노마 히데키 2012a.77-78)

유서술어문 有述語文

문장 속에 서술어를 하나 이상 포함한 문장. 문말이 서술어로 통합되어 있는 문장, 즉 서술어문은 모두 유서술어문이다. 문말이 서술어로 통합되어 있지 않은 문장, 즉 비서술어문에는 문장 속에 서술어가 나타나는 유서술어문과 무서술어문이 있을 수 있다. '절구조문'도 볼 것 → 182

이형태 異形態

같은 형태소의 다른 음형의 실현체. 주격조사 '가'와 '이', 공손화 표시 '-요'와 '-이요', 동사에 결합되는 어미 '-는다'와 '-ㄴ다' 등. 정서법상은 어미 '-지요'와 '-죠'처럼 복수의 이형태들이 표준어로서 인정되는 것도 있고 '같아요'와 '같애요', '예쁘다'와 '이뿌다'와 같이 한 가지만이 인정되는 경우도 있다. allomorph → 103, 105, 109. 野間秀樹(노마 히데키 2012a:a60)

인용 引用

해당 말을 마치 다른 언어장(言語場)에서의 말인 것처럼 표현하는 기능. citation; quotation → 288. 野間秀樹(노마 히데키 2009b:25)

인용형 引用形

일본어에서는 피인용부의 서술어인 용언의 평서, 권유, 명령, 의문의 종지형에 조사 'と', 'って', 'とか' 등이 붙은 형태. 'すると', 'するって', 'するとか' 등. 한국어에서는 기본적으로는 용언의 평서, 권유, 명령, 의문의 '한다체' 종지형에, 접속형어미 '-고'나 '-며' 등, 연체형어미 '-는'이나 '-던' 등, 종지형어미 '-ㄴ다'나 '-ㅂ니다' 등이 붙은 형태. '한다며(인용접속형)', '한다는(인용연체형)', '한답니다(인용종지형)' 등. '인용형'은 형태론적인 관점에서의 명명이고, '좋다고 하던데.' 등 후속하는 인용동사까지 포함한 '인용구조'는 통사론적인 관점에서의 명명. → 289-293. 野間秀樹・金珍娥(노마 히데키・김

진아 2004:210-219), 野間秀樹 편저(노마 히데키 편저 2012:248-252)

입말체; 회화체 話しことば

'말해진 언어'에 주로 나타나는 표현이나 문체. 표현양식의 하나. 언어의 존재양식인 '말해진 언어'와 엄밀히 구별할 것. '구어체'라는 용어는 애매함으로 사용하지 않는 것이 좋다. '글말체'도 볼 것 → 36, 57

잉여구조 剰余構造

일단 문법적으로는 종료된 문장에, 실질적인 의미를 갖지 않는, 없어도 좋은 요소가 붙어 있는 구조, 즉 잉여적인 요소가 부가된 구조. '良かった{とか} 思っ} たりする} みたいな} 感じ} ですね.'(lit. 좋았다{라든가} 생각하} 거나 하는} 것 같은} 느낌} 이네요)와 같은 일본어 표현은 잉여적인 복수의 요소가 잇달아 나타나는 전형적인 잉여구조이다. 반대로 필요한 요소가 누락된 구조가 '결여구조'이다 → 346

| ㅈ |

자유담화 自由談話

미리 준비된 '쓰여진 언어'에 의한 텍스트를 갖지 않는, 자유롭게 말하는 담화 → 76

절 節

서술어를 가진 syntagmatic한 구조적 덩어리 '간다.' '좋아요.'처럼 용언 하나라도 절을 이룰 수 있다는 점에 유의. clause → 211. 野間秀樹(노마 히데키 2012a:45-46, 2012c)

절구조문 節構造文

절을 내부에 가진 문장 → 183, 212. 野間秀樹(노마 히데키 1997b:104, 2012c: 236), 노마 히데키(野間秀樹 2002a:25)

접속형 接続形

부동사형. 부사절을 만드는 용언의 형태. 한국어 학교문법에서 말하는, 용언에 '연결어미'가 결합한 형태는 기본적으로 접속형. 용언을 '하다'로 대표하면, '해', '해서', '하고', 하니까', '하므로' 등. 일본어의 용언을 'する'로 대표하면, 'して'(하고), 'するから'(하니까), 'するので'(하므로), 'しつつ'(하면서) 등의 형태. converb → 159, 325

제3종의 문장 第３種の文

하나의 발화가 종결된 것인지 아닌지, 구별하기 어려운 문장. 형태론적・통사론적・음성론적이라는 3가지 측면에서 '문장'의 단위를 측정한다. 본 연구의 조사에 의하면 간투사연속문, 부동사형연속문, 종지형연속문, 체언연속문, 인용연속문이라는 5가지 종류로 유형화할 수 있다 → 159-162

종지형 終止形

통사론적, 형태론적인 면에서 규정한 용언의 형태의 하나. 접속형, 연체형(관형사형), 명사형, 인용형에 대립되는 개념. 일본어 학교문법에서 말하는 '미연형'(未然形), '연용형'(連用形), '연체형'(連體形), '종지형'(終止形)…등의 활용형으로서의 종지형이 아니다. 한국어의 경우 '하다'를 예로 들면 '해.', '한다.', '하지?', '할게.', '했겠네.' 등은 모두 종지형. 일본어는 'する'(하다)를 예로 들면 'する.'(한다.), 'します.'(해요.), 'するだろうね.'(하겠지.), 'した.'(했어.), 'してあげたよ.'(해 줬어.) 등은 모두 종지형. 일본어 학교문법의 활용형으로서의 '종지형'은 'する'만을 가리키고 'するよ', 'するね'는 종지형에 종조사가 붙은 형태

로 본다. 'するよ', 'するね' 등의 형태도 이 책에서는 종지형으로 본다. → 121

주제담화 主題談話

미리 준비된 주제에 따라 말하는 담화 → 78

지정사 指定詞

한국어의 '-이다', '아니다' 2개와 일본어의 'だ'(-이다), 'である'(-이다), 'です'(-입니다, -이에요)의 통일적인 호칭으로서 이 책에서는 편의적으로 지정사라고 부른다 → 172-173, 214

직접담화 直接談話

매체를 사용하지 않고 직접 대면하여 수행하는 담화 → 78

| ㅊ |

체험객체화법 体験客体化法

한국어에서 '-더-'에 의해 실현되는 체험법의 무드(mood). 화자가 <체험한 것, 지각한 것, 처음으로 안 것>을 <체험했다, 지각했다, 처음으로 알았다 = 체험 시점> 이후에 체험 시점 이전에는 '몰랐던' 것처럼 기술하고, '객체화' 하는 계기를 가진 무드형식 → 30-305

| ㅌ |

turn(턴)

발화의 물리적인 지속적 수행. 한 명의 화자가 전후의 침묵이나 상대의 발화에 의해 발화를 멈출 때까지의 발화 수행. 발화행위의 동적인 단위.발화의 단순한 '순서'나 이야기의 '주도권', '발화권'이 아님 → 127-128

turn 이행 표지의 기능(turn 이행의 수행적 기능 turn移行の遂行的機能)
<지금은 화자 자신의 turn>임을 선언하는 기능. 맞장구 발화의 기능 중 하나. 그 맞장구 발화 자체가 turn이 이행했다는 것을 선언하는 기능. turn 이행의 수행적(performative) 기능이다. → 143-145

turn-exchanging system
turn이 어떻게 이행하는가 하는, turn 이행의 시스템. 복수의 발화자의 발화가 서로 겹치면서 진행되는 모습을 본다. turn-taking과 turn-giving의 양 측면을 포함하는 시스템 → 129-130

turn-giving
turn의 교환 양상의 하나. turn을 갖고 있던 화자, 넘기는 쪽에서 본 turn의 이행 → 129-130

turn 절단자(切斷子) ターン切断子(turn delimiter)
상대의 발화의 지속적인 수행을 끊는 기능을 가진 발화. 상대방이 말을 하는 데에 끼어들어 발화함으로써 상대방의 턴이 절단될 때 자신의 발화는 'turn 절단자'가 된다 → 152

turn-taking
turn의 교환 양상의 하나. turn을 받는 쪽에서 본 turn의 이행 → 129-130

turn 이행 turnの移行

어떤 하나의 turn에서 다음 turn으로 바뀌는 양상 → 130, 149

turn의 전개 turnの展開

여러 차례에 걸쳐 turn 이행이 계속되는 양상 → 149

turn 유발기능 turn誘発機能

상대나 화자 자신의 발화를 촉진시키는 맞장구 발화의 기능 → 143-145

텍스트 テクスト

'쓰여진 언어'의 한 덩어리의 실현체. '말해진 언어'의 한 덩어리의 실현체인 '담화'와는 구별된다. text → 37-38

택시스(taxis) タクシス

야콥슨(R.Jakobson)의 용어로, 말해진 어떤 사상(事象)과 또 하나의 사상(事象) 사이에 시간적인 전후관계(선행, 동시, 후속)나 원인관계, 또는 목적이나 양보관계 등의 의미를 표현하는 어휘-문법적인 카테고리. taxis → 320, 322, 325-326. 亀井孝・河野六郎・千野栄一 편저(가메이 다카시・고노 로쿠로・지노 에이치 편저 1996:886)

| ㅎ |

한 단어문 一語文

한 단어로 구성된 문장. 서술어문일 수도 있고 비서술어문일 수도 있다. 두 단어로 된 문장은 두 단어 문장, 세 단어로 된 문장은 세 단어 문장과 같이 부른다. one-word sentence → 184-187, 189

화자선정의 원칙 話者選定の原則

'말해진 언어'의 데이터를 수집할 때 담화에 참가하는 화자의 언어 형성지, 연령, 성별, 사회적 지위, 친소관계 등 화자의 여러 조건을 가능한 한 파악, 통제해야 한다는 원칙 → 91

형태소 形態素

의미를 나타낼 수 있는 언어음의 최소 단위. 기존의 문법론에서는 의미를 가진 언어음의 최소 단위로 인식되어 왔다. 예를 들면 /눈/(eye;snow), /이/(tooth;two;this), /학교/, /겠/, /면서/ 등. morpheme → 88. 野間秀樹(노마히데키 2012a:58)

회화 会話

두 사람 이상의 화자의 말 주고받기, 즉 복수의 화자의 발화 이행 및 발화 교환. 담화의 하위 범주의 하나. conversation → 74-75

사항 색인

| ㄱ |

| ㄴ |

| ㄷ |

| ㅂ |

| ㅅ |

| ㅇ |

| ㅈ |

| ㅍ |

| ㅎ |

인명 색인

| alphabet |

| ㅁ |

| ㅂ |

| ㅅ |

| ㅇ |

김진아金珍娥

메이지가쿠인대학(明治學院大學) 준교수로 재직 중이며 도쿄외국어대학 대학원에서 박사 전기과정, 후기과정을 수료하였다. 박사(학술). 전공은 담화론, 한국어와 일본어의 대조언어학, 한국어교육. 2005년도 NHK텔레비전 한글강좌 강사, 2014년도 연세대학교 객원연구원을 역임하였다. 저서에 『談話論と文法論――日本語と韓國語を照らす』(담화론과 문법론－한국어와 일본어를 비추다: 구로시오출판), 『ドラマティック・ハングル――君、風の中に』(드라마틱 한글－그대, 바람 속에: 아사히출판사), 공저에 『はばたけ！ 韓國語2 初中級編』(비상하라! 한국어2 초중급편: 아사히출판사), 『Viva! 中級韓國語』(Viva! 중급한국어: 아사히출판사) 등이 있다.

담화론과 문법론

초판 인쇄 2019년 5월 23일
초판 발행 2019년 5월 31일

지은이 김진아
펴낸이 이대현
편 집 홍혜정
표지그림 Lee Sang Nam
펴낸곳 도서출판 역락
서울시 서초구 동광로 46길 6-6 문창빌딩 2층
전화 02-3409-2058(영업부), 2060(편집부)
팩시밀리 02-3409-2059
이메일 youkrack@hanmail.net
역락 홈페이지 http://www.youkrackbooks.com
등록 1999년 4월 19일 제303-2002-000014호

ISBN 979-11-6244-213-5 93700

* 파본은 교환해 드립니다.
* 책값은 뒤표지에 있습니다.

이 도서의 국립중앙도서관 출판시도서목록(CIP)은 서지정보유통지원시스템 홈페이지(http://seoji.nl.go.kr)와 국가자료공동목록시스템(http://www.nl.go.kr/kolisnet)에서 이용하실 수 있습니다.(CIP제어번호 : CIP2019020134)